Ironía y violencia en la literatura latinoamericana contemporánea

BRIGITTE ADRIAENSEN
CARLOS VAN TONGEREN, EDS.

Esta publicación ha sido financiada por la Organización Neerlandesa para la Investigación Científica (NWO)

ISBN: 1-930744-82-X
© Serie *Nueva América*, 2018
INSTITUTO INTERNACIONAL DE
LITERATURA IBEROAMERICANA
Universidad de Pittsburgh
1312 Cathedral of Learning
Pittsburgh, PA 15260
(412) 624-5246 • (412) 624-0829 fax
iili@pitt.edu • www.iilionline.org

Colaboraron con la preparación de este libro:

Composición, diseño gráfico y tapa: Erika Arredondo
Correctores: Andrés Obando y Gustavo Quintero

ÍNDICE

Ironía y violencia en la literatura latinoamericana contemporánea: una introducción, BRIGITTE ADRIAENSEN y CARLOS VAN TONGEREN 7

Perspectivas teóricas, BRIGITTE ADRIAENSEN 21

Ironía y militancia política

La situación es catastrófica pero no es seria: ironía, violencia y militancia en América Latina, BRUNO BOSTEELS 41

Ironía y violencia en *Mano de obra* y *Fuerzas especiales* de Diamela Eltit, DIANNA C. NIEBYLSKI 59

Ironía e historia

El relato cómplice: ironía y violencia en la narrativa del Cono Sur, ANA MARÍA AMAR SÁNCHEZ 97

Ironía parabática contra violencia historiográfica – el caso de una novela argentina, BARBARA JAROSZUK 115

Ironía, melancolía, antídoto: encrucijadas conceptuales,
CARLOS VAN TONGEREN 135

Ironía y dictadura en el Cono Sur

El uso de etrategias irónicas en la producción literaria de los "hijos" de la última dictadura argentina: los casos de *Los topos* de Félix Bruzzone y *Diario de una princesa montonera* de Mariana Eva Perez, JULY DE WILDE & ILSE LOGIE 157

La ironía como juego en *Los sermones y prédicas del Cristo de Elqui* de Nicanor Parra, GENEVIÈVE FABRY 173

La ironía como cuestión de Wieder y muerte: *Estrella distante* de Roberto Bolaño, BENJAMIN LOY 189

La ironía en los cuentos sobre tortura y violencia militar de Mario Benedetti, DORDE CUVARDIC GARCÍA 205

Ironía y violencia en México

Parodia y género en la narcoficción mexicana, MARCO KUNZ   225

El *pharmakos* – un concepto irónico. La ironía inmanente en *2666* de Roberto Bolaño, HERMANN HERLINGHAUS   249

Ironías (in)visibles

Violencia y percepción alterada: hacia una definición de la ironía en el cine de Lucrecia Martel, STÉPHANIE DECANTE 269

El último héroe del kung-fu: fotografía e ironía en *Fuenzalida*,
de Nona Fernández, Gonzalo Maier 281

Miradas sobre la ironía en la narrativa de Juan José Saer,
François Degrande 291

Ironía y cinismo

Los saberes de Ismene: violencia, melancolía y cinismo
en *Insensatez* de Horacio Castellanos Moya, Teresa
Basile 311

El diario de un cínico (en dos partes): *Sebregondi se excede* y
Las hijas de Hegel de Osvaldo Lamborghini, Agnieszka
Flisek 329

Lista de autores 349

Ironía y violencia en la literatura latinoamericana contemporánea: una introducción

Brigitte Adriaensen
Radboud Universiteit Nijmegen - NWO

Carlos Van Tongeren
Radboud Universiteit Nijmegen - NWO

En la sociedad latinoamericana existe una larga tradición de aproximarse a la violencia desde la perspectiva de la ironía, desde los tiempos de la colonización hasta los de la globalización. En el proyecto de investigación *The Politics of Irony in Contemporary Latin American Literature on Violence,* llevado a cabo en la Radboud Universiteit Nijmegen entre el 2011 y el 2016,[1] nos propusimos explorar los vínculos entre la ironía –y sus formas contiguas como el cinismo, el absurdo, la parodia o el humor negro– y la violencia en la literatura latinoamericana contemporánea. El objetivo consistió en acercar dos paradigmas teóricos con una larga tradición: el campo de la llamada "ironología", por un lado, y el paradigma de los estudios de la violencia, por el otro. En la línea de estas consideraciones, la pregunta central del proyecto se podría formular así: ¿cuál es el alcance subversivo de la ironía y cómo debemos apreciar su dimensión ética y política en el discurso literario sobre la violencia?

En el ámbito teórico, se ha considerado que la ambigüedad de la ironía es un arma excelente para crear controversia y para cuestionar la historiografía oficial. Tradicionalmente, la ironía ha sido calificada como un tropo, como una figura retórica que se podría definir del modo siguiente: "la ironía es un modo indirecto y simulador que juega con el desvío entre dos sentidos en oposición" (Schoentjes 263, traducción nuestra). En ese sentido, la ironía puede permitir la apertura de una nueva forma de crítica tanto cultural como política, porque procede a cuestionar e interrogar de forma oblicua. En efecto, la ironía es una estrategia discursiva indirecta, que invita a la ambigüedad, a la distancia, y llama la atención sobre la falta de univocidad en el discurso. En ese sentido, el discurso irónico tiene una afinidad natural con el discurso literario, ya que ambos se orientan hacia dicha ambigüedad y polisemia. La ironía tiene así un claro potencial político, puesto que permite cuestionar de manera sutil las verdades establecidas. Piénsese sin más en las estrategias de Sócrates, quien, a través de su mayéutica, ya cuestionaba las ideas preconcebidas de sus interlocutores, y lo pagó con la muerte. Por ello mismo, no viene mal recordar la definición de la ironía como un discurso "epidíctico complejo" (Hamon 30, traducción nuestra): es un discurso, epidíctico, lo cual significa que implica una evaluación, y además complejo, por su carácter indirecto. Como también lo observa Pierre Schoentjes, podemos decir que la esencia de la ironía consiste en su "juicio crítico, atribuido al destino en el caso de la ironía de situación y a una persona en el caso de la ironía verbal" (Schoentjes 263, traducción nuestra). Es precisamente esta dimensión axiológica la que conlleva el fuerte filo afectivo de la ironía ("irony's edge", Hutcheon), por lo cual la ironía puede desencadenar emociones y liberar afectos reprimidos. Su potencial político no solo se sitúa, así, en el nivel puramente intelectual, sino también afectivo.

Por otra parte, el potencial político de la ironía radica asimismo en su nexo con la comunidad. Esta relación con la comunidad se podría establecer en dos sentidos. Por un lado, como lo explica Linda Hutcheon, la ironía siempre apela a una comunidad discursiva predisponible, existente (que en realidad está formada de diferentes comunidades o colectivos que se entrecruzan e incluso se contradicen), que comparte ciertas normas o valores (92). Por el otro, la ironía también puede materializar un espíritu comunitario donde éste todavía no existe. La ironía busca la complicidad y el consenso, incluso cuando no es seguro que vaya a encontrarlos. Esta visión de la ironía como "communal achievement" (13) ya fue destacada por Wayne Booth, y definida como "[...] joining, of finding and communing with kindred spirits" (13); de esa manera, la ironía compartiría con el humor y con la risa, como también lo recuerda Linda Hutcheon, su función como puente emocional y como constructora de conexiones intelectuales entre las personas (93). En una sociedad quebrada, traumatizada, como la mexicana, o la argentina, la ironía tal vez pueda ayudar a recobrar un sentido de la comunidad, al distanciarse de ciertos discursos o cierta historiografía establecida y posiblemente contribuye a la creación de una (nueva) comunidad de la memoria.

Sin embargo, sería arriesgado afirmar sin más el potencial subversivo de la ironía: Linda Hutcheon señaló que la ironía es una estrategia discursiva 'transideológica' (9), eso significa que puede servir fines muy diversos, tanto reaccionarios como emancipadores. En efecto, si bien la ironía lleva un potencial muy grande para cuestionar la violencia y ponerla a cierta distancia, su carácter indirecto y oblicuo simultáneamente nos debe poner en guardia y nos invita a estudiar detenidamente la forma en que es manejada e interpretada según los distintos trasfondos ideológicos y las diferentes comunidades de recepción. En ese sentido, la ironía construye comunidades, pero también excluye, y, por ello mismo, puede ser hiriente.

Por ahora, en otros estudios recientes sobre la violencia en el contexto latinoamericano (Carpenter; Polit Dueñas; Wirshing) no se ha reservado un lugar a la ironía en relación con la violencia. La excepción más llamativa es *Alegoría e ironía bajo censura en la Argentina del Proceso (1976-1983)* (2010), de Mara Favoretto, donde se estudian la alegoría y la ironía como dos estrategias retóricas complementarias en el discurso político, la literatura y sobre todo en la música rock de la Argentina dictatorial. Como el análisis literario de la ironía se limita a una sola novela, *Flores robadas en los jardines de Quilmes* (1980), de Jorge Asís, las conclusiones al respecto también son algo limitadas. Sin embargo, es interesante el ejemplo de Asís ya que permite ilustrar la versatilidad y el carácter transideológico de la ironía. En efecto, Favoretto muestra cómo la novela de Asís tuvo una recepción polémica, debido a que "la ironía facilita que *Flores robadas* se pueda interpretar como 'al servicio' de la ideología política gobernante o una táctica de la oposición" (283).

Aparte de esta obra, existen algunos estudios más que ya abordaron el tema lateralmente. Primero, conviene señalar el volumen *Humor y política en América Latina* (2006), editado por Yves Aguila, donde se reúnen contribuciones que relacionan el humor (y no tanto la ironía) y la política en la literatura latinoamericana (narrativa, relatos breves y poesía), incluyendo también algunas contribuciones sobre los grafitis y el periodismo. Otro libro pertinente en este contexto es *Humor político en tiempos de represión. Clarín, 1973-1983* (2013), donde

Florencia Levín estudia las viñetas humorísticas en el diario argentino *Clarín* desde el clima golpista anterior a 1976, hasta los consensos de la transición democrática con Alfonsín. Aunque su corpus difiere sustancialmente del nuestro, la prudencia con la que Levín evalúa el potencial subversivo del humor en circunstancias de violencia extrema nos parece una contribución importante. Efectivamente, las viñetas estudiadas por ella, procedentes de los años de la dictadura, no solo tendieron a la subversión de los sentidos hegemónicos, sino que algunas también legitimaron el orden existente.

En un contexto más global, cabe destacar un número reciente de la revista *The European Review of Humour Research*, titulado *Humor in Art and Activism*,[2] cuyas editoras Sruti Bala y Veronika Zangl se preguntan cuál es el potencial del humor en diferentes contextos de conflicto y de guerra (desde Bosnia, Siria, Eslovenia, Israel, Palestina, hasta Argentina o México). Las diferentes contribuciones analizan los límites y las posibilidades del humor (incluyendo la sátira, la parodia, el humor negro, la ironía, pero también las actividades de los payasos del *Clandestine Insurgent Rebel Clown Army* en el Reino Unido), examinando de qué manera la *performance* humorística permite renovar la protesta política, y cómo aquella se relaciona con las construcciones identitarias. Aparte de algunas excepciones, la mayoría de las contribuciones se centran pues en modalidades *no* literarias de la *performance* humorística.

Desde el paradigma de los Estudios del Trauma (Caruth; LaCapra; Craps), por otra parte, tampoco se ha prestado mucha atención a la importancia de la ironía o del humor. La antología *Rire, mémoire, Shoah* (2009), editada por Andréa Lauterwein, puede considerarse como un primer intento valioso de explorar las diferentes modalidades del humor en el acercamiento tanto literario como cultural al Holocausto. Lauterwein subraya el potencial terapéutico de la risa, apelando a los trabajos de Freud sobre los efectos catárticos del humor (1905). En la introducción al volumen, el cual reúne contribuciones sobre los chistes judíos en los campos de concentración, así como varios análisis de películas, obras de teatro o novelas sobre el Holocausto, ella sugiere que la risa permite la consolidación de comunidades discursivas, y la relajación de ciertas tensiones y emociones acumuladas. La risa crea, desde su perspectiva, el disenso necesario para que la memoria siga siendo un lugar de debate, que se (auto)cuestiona y se va modelando y remodelando a lo largo de la historia.

En resumidas cuentas, desde los estudios sobre la violencia y del trauma, la atención prestada a la ironía ha sido mínima hasta ahora. Por otra parte, los estudios de la ironía no han profundizado mucho en la relación de ésta con la violencia. Inspirado por el contexto inmediato de la Primera Guerra Mundial, Hugo von Hofmannsthal escribió en 1921 un artículo titulado "La ironía de las cosas" ["Die Ironie der Dinge"], donde explica el nexo entre la ironía (situacional, o como la llamaba él, "práctica") y la guerra:

> La esencia de la comedia es la ironía y no hay nada como perder una guerra para hacernos comprender la ironía que rige todas las cosas de este mundo. [...] La verdadera comedia pone a sus individuos en una red de relaciones con el mundo extraordinariamente ramificada; enfrenta entre sí a cada cosa y a cada individuo y todo lo enfoca en su relación con la ironía lo mismo que pasa con la guerra que a todos nos ha afectado y cuya sombra no nos ha abandonado ni nos abandonará por mucho tiempo. La guerra pone a todo en relación con todo, lo aparentemente pequeño con lo aparentemente grande, coloca un nuevo amo por encima del anterior mientras éste se deja dominar, asocia lo heroico con lo mecánico, lo patético con lo económico, y así sucesivamente. (citado en Schoentjes 60-61, traducción nuestra)

Por muy perspicaces que sean las reflexiones de Hugo von Hofmannsthal, se limitan en realidad a la relación entre la ironía situacional, que se suele definir como una ironía que se sitúa al nivel de los hechos, y que consiste en una inversión o un contraste entre nuestras expectativas y la realidad.

En el proyecto que hemos llevado a cabo queríamos ampliar esta reflexión también a otras modalidades de la ironía literaria, y examinar si había otras relaciones específicas entre la ironía y la violencia. Una de las hipótesis que planteamos, así, consistió en que el carácter indirecto y oblicuo de la ironía tal vez podía implicar una afinidad natural con la literatura e incluso con el trauma mismo. ¿No se podría pensar que el trauma –experimentado de manera indirecta, ya que no se puede vivir sino de manera compulsiva a través de su reconstrucción– podría encontrar un lugar de acogida evidente en la literatura (específicamente, en la literatura irónica), donde la ambigüedad y la "ilegibilidad" del texto literario reflejen la inaccesibilidad del trauma (Caruth 11). De hecho, es precisamente la ironía literaria la que —igual que el trauma— estimula una comunicación oblicua, indirecta (y su relación con la ambigüedad y la polisemia, en ese sentido, la podría emparentar con la literatura que expresa un trauma).

Para ampliar el diálogo y el debate sobre las problemáticas abordadas en el proyecto, el equipo de investigación organizó en octubre del 2013 un congreso internacional en la Radboud Universiteit Nijmegen. El presente libro es fruto de este congreso, y sus contribuciones abordan la funcionalidad de la ironía en la representación de distintos tipos de violencia en la literatura latinoamericana de las últimas décadas. Los autores atienden a las funciones poéticas, políticas y éticas de la ironía, dedicando un lugar especial a la reflexión teórica sobre la relación entre la ironía y la violencia en el campo de la literatura (novela, poesía y ensayo) principalmente.

Partimos del principio de la *diferencia* que atañe a varios factores: la variedad de localidades y experiencias de la violencia extrema (desde las dictaduras del Cono Sur pasando por Centroamérica hasta México); las épocas históricas sobre las que versan los textos literarios (desde la época rosista en Argentina, pasando por la militancia y la violencia de los 70 y 80, para terminar con la violencia sistémica a partir del neoliberalismo de los 90); las diversas propuestas literarias que los textos ofrecen tanto en sus matrices estéticas (la estética del cinismo, la predilección por la ironía o el humor negro) como en la elección de los géneros literarios y formas discursivas (la narrativa y la poesía posdictatorial en el Cono Sur, la narconovela mexicana). La diversidad, por último, también atañe a las diferentes definiciones de lo que se entiende por ironía: no hemos querido unificar los diferentes paradigmas utilizados por los contribuidores para articular su visión sobre la ironía (desde Hegel, pasando por Kierkegaard, hasta De Man, Hutcheon o Rorty), sino que nos pareció enriquecedor precisamente respetar esa diversidad.

El volumen se divide en varias partes que pretenden hacer caso de la diversidad de inquietudes teóricas asociadas con las contribuciones desde sus respectivos focos geográficos y culturales. Antes de arrancar con el primer apartado, Brigitte Adriaensen ofrece un recorrido por las principales inquietudes teóricas del proyecto de investigación que está a la base de este volumen y de los trabajos aquí recogidos.

El apartado que abre el volumen, "Ironía y militancia política", se dirige a los papeles de la ironía en la escritura literaria en torno a diversas experiencias de militancia en el Cono Sur. Bruno Bosteels, en su contribución "La situación es catastrófica pero no es seria: ironía, violencia y militancia en América Latina", discute la medida en que la ironía se situaría por defecto en las antípodas del compromiso político, ya que, para la realización y el mantenimiento de este último, haría falta una rígida toma de posición que el distanciamiento irónico, a primera vista, desestabilizaría. Bosteels explora cómo la ironía puede ayudar a replantear tales conceptos tradicionales de resistencia y militancia, proponiendo una visión de la ironía como un posicionamiento militante *más* y no *menos* radical. Anclando este planteamiento en una refinada lectura de distintas postulaciones teóricas sobre la ironía, desde Hegel a De Man, Bosteels emprende una lectura detallada de *Historia del llanto* (2007) del argentino Alan Pauls, novela que escenifica una sutil manipulación de los afectos por parte del personaje principal, así como un escepticismo radical frente a nociones establecidas de bondad y felicidad. De este modo, la novela de Pauls ejemplifica que la ironía puede tener un lugar destacado en la reflexión sobre el legado de la militancia política o, más precisamente, sobre el tornarse impolítico o antimilitante de la militancia.

Dianna Niebylski, en "Ironía y violencia en *Mano de obra* (2002) y *Fuerzas especiales* (2013) de Diamela Eltit", ahonda en las funciones de la ironía en el proyecto narrativo de la chilena Diamela Eltit, autora comprometida —desde su obra temprana hasta en las últimas novelas estudiadas por Niebylski— con el retrato de diversos submundos castigados por la violencia extrema. Niebylski observa que hasta la fecha la ya vasta bibliografía crítica sobre la obra de Eltit no ha querido abordar la ironía; hecho que en su visión puede deberse por un lado al interés de muchos críticos por destacar el compromiso ético-político de la autora, y por otro, a la densidad lingüística y multiplicidad retórica que los textos de la escritora chilena poseen. En este contexto, Niebylski realiza una sutil lectura de diversas instancias de ironía en las novelas *Mano de obra* y *Fuerzas especiales*, mostrando cómo funcionan en estas obras las referencias paródicas, las risas incómodas, el humor negro y una ironía desconcertante en los retratos de la opresión, la precariedad laboral y los espacios urbanos militarizados de la sociedad neoliberal.

El siguiente apartado del volumen, titulado "Ironía e historia", reúne tres artículos que bien se centran en el papel de la ironía dentro del seguimiento literario de la violenta historia de las sociedades del Cono Sur, o bien proponen un acercamiento a la historia de la ironía misma. Ana María Amar Sánchez, en "El relato cómplice: ironía y violencia en la narrativa del Cono Sur", analiza tres relatos que en su óptica marcan un comienzo y una clausura para la inflexión entre la ironía y la violencia en la narrativa argentina del siglo XX: "Una semana de holgorio" (1919-1922) de Arturo Cancela; "El General Rosca, conquistador de la nada" (1996) de Juan Sasturain; y "El pasado" (1999) de Martín Rejtman. Amar Sánchez examina cómo la ironía opera al servicio de un modo de contar oblicuamente, es decir, un modo de relatar la violencia que no la nombra expresamente y que continuamente cuestiona lo narrado. La oblicuidad de la ironía se haría reconocible en el relato de Cancela, que aborda la semana trágica durante el mandato represivo de Hipólito Yrigoyen y cuestiona irónicamente el sinsentido de la lógica del racismo; en el texto de Sasturain (que cuenta con ironía la presencia de la violencia en distintos episodios de la historia política de la nación argentina); y en el texto de Rejtman (que marca las pautas de un ciclo más reciente de narraciones de la violencia, enfocado por una parte en la memoria de las dictaduras durante el periodo democrático y, por otra, en el tornarse económico de la violencia).

El artículo de Barbara Jaroszuk también se ocupa de los papeles de la ironía con respecto a la articulación de una historiografía de la violencia. El artículo de Jaroszuk se interesa por una serie de novelas argentinas, escritas después del final de la última dictadura, que emplean la ironía para revisar el pasado decimonónico. La obra en la que Jaroszuk ancla su análisis es *Los cautivos* (2000) de Martín Kohan, novela que parodia una tradición literaria e intelectual en torno a los orígenes de la nación argentina, introduciendo momentos de parodia e ironía parabática en las oposiciones clásicas de civilización y barbarie sobre las que tradicionalmente se ha apuntalado la historiografía oficial.

El artículo de Carlos van Tongeren elige otro enfoque, pues no parte de un análisis de la ironía y la violencia en una selección de textos literarios, sino que examina la encrucijada conceptual entre la ironía y la melancolía, que ha tenido relevancia históricamente y que vuelve a tener peso en la crítica latinoamericana contemporánea. Su trabajo

"Ironía, melancolía, antídoto: encrucijadas conceptuales" pasa revista a distintas etapas en el pensamiento sobre la ironía y melancolía, desde el paradigma hipocrático de la melancolía hacia el Romanticismo europeo y el deconstructivismo, situando la diversidad de relaciones entre estos conceptos en un primer plano, y discutiendo críticamente algunas perspectivas teóricas según las que la ironía puede tener efectos curativos para el dolor melancólico.

La siguiente sección, "Ironía y dictadura en el Cono Sur", continúa con buena parte de las reflexiones ya iniciadas anteriormente, pero enfocándose de manera más específica en las funciones de la ironía en la literatura escrita a partir de las experiencias de las últimas dictaduras del Cono Sur. July De Wilde e Ilse Logie, en su contribución "Estrategias irónicas en la producción literaria de los 'hijos' de la última dictadura argentina", estudian cómo dos novelas recientes de Mariana Eva Perez y Félix Bruzzone articulan una nueva mirada sobre la herencia del pasado dictatorial, empleando la ironía como un vehículo de distanciamiento frente al vacío dejado por los desaparecidos, y en un segundo momento, frente a los discursos identitarios vigentes desde la era democrática. Así, llegan a demostrar que la ironía no ha perdido su importancia en una época frecuentemente asociada con la retórica de la sinceridad, al tiempo que subrayan la notable diversidad de sentidos de la ironía en el discurso literario posdictatorial en Argentina.

Geneviève Fabry, en su artículo "La ironía como juego en *Los sermones y prédicas del Cristo de Elqui*, de Nicanor Parra" indaga en un inclasificable e híbrido libro del poeta chileno, publicado en plena dictadura. La voz incierta que está al habla en los sermones de Parra se encuentra a caballo entre las posiciones del loco y del santo, entre las extravagancias y la denuncia política. Y este doble filo, precisamente, complejiza cualquier diagnóstico de las posibles dimensiones críticas del texto, abriendo una gama de posiciones que pueden ser adoptadas por el lector para acercarse al mismo. Fabry demuestra que *Los sermones y prédicas del Cristo de Elqui* (1977) se inscribe en una larga tradición literaria de complicidades entre las figuras del loco y del santo, pero añadiendo a ella una ironía vital que convierte el juego en una importante clave de escritura y lectura.

El artículo de Benjamin Loy, "La ironía como cuestión de Wieder y muerte: *Estrella distante* (1996) de Roberto Bolaño" atiende a la presencia de la ironía en la obra de un autor que sin duda es uno de los que más atención crítica ha recibido respecto del tratamiento literario de la violencia y el trauma en América Latina. Loy atiende a los distintos filos de la ironía que confluyen en la novela *Estrella distante*, desde la complicidad de la ironía con la crueldad, el sadismo y el desprecio hacia su capacidad para cuestionar radicalmente las historiografías únicas e impostoras. Loy examina estas encrucijadas entre la ironía y otras posturas frente a la historia, la violencia y la modernidad en el contexto específico de la dictadura chilena y de las prácticas de las vanguardias artísticas que Bolaño retoma en su novela.

Otro autor fundamental a propósito de la reflexión literaria sobre la violencia dictatorial es Mario Benedetti, abordado por Dorde Cuvardic García en su trabajo "La ironía en los cuentos sobre tortura y violencia militar de Mario Benedetti". Pasando revista a distintos cuentos del autor uruguayo, Cuvardic muestra cómo la ironía cuenta con manifestaciones verbales y situacionales, sirviendo más en general para denunciar la participación de los individuos en formas sistemáticas e institucionales de la violencia.

El apartado "Ironía y violencia en México" contiene dos contribuciones que anclan la reflexión sobre la ironía en el contexto de la violencia que lleva asolando la sociedad mexicana desde hace varias décadas. Marco Kunz, en su contribución "Parodia y género en la narcoficción mexicana", ofrece un detallado panorama de los distintos tipos de ficción literaria que se han ocupado de la violencia relacionada con el narcotráfico. Kunz muestra que la ficcionalización del mundo del narco es paródica desde sus orígenes, por el hecho de que no siempre pueda basarse en una realidad claramente definida. Entonces, si la ficción deviene hegemónica sobre la realidad, siendo capaz de influenciar las concepciones del público sobre una mundo crudo, arduo y generalmente poco conocido, Kunz muestra cómo la narconarrativa parodia un referente ausente, acudiendo para ello a distintos códigos de representación, como la novela detectivesca, el periodismo de investigación y el *western*.

Hermann Herlinghaus, en "El *pharmakos* – un concepto irónico. La ironía inmanente en *2666* de Roberto Bolaño", discute la relación entre la ironía y la lógica del chivo expiatorio en la novela *2666* de Roberto Bolaño. Es esta una lógica que afecta a la construcción de posiciones para víctimas y perpetradores dentro de comunidades nacionales y globales, un problema que aparece en *2666* (2004) con respecto a diferentes contextos históricos y culturales. Herlinghaus explora una lógica en la cual el *pharmakos* –la víctima inadecuada– empieza a tener cierta susceptibilidad inmanente a la agresión. Centrando su lectura en "La parte de los crímenes" –sin duda la más conocida de *2666*– Herlinghaus plantea preguntas significativas sobre la medida en que los cuerpos de las jóvenes trabajadoras en la frontera norte de México podrían estar sujetas a los "castigos" artificialmente creados desde un orden opaco y corrupto. La ironía que, al decir de Herlinghaus, atraviesa la totalidad de la novela de Bolaño complejiza notablemente la formulación de cualquier respuesta unívoca a esta pregunta.

El apartado "Ironías (in)visibles" se ocupa de distintas manifestaciones de ironía en el campo visual. Stéphanie Decante, en su trabajo "Violencia y percepción alterada: hacia una definición de la ironía en el cine de Lucrecia Martel", se interroga sobre la presencia de la ironía en el film *La mujer sin cabeza* (2008) de Lucrecia Martel. La cineasta argentina trabaja con una superposición de planos, sonidos, ruidos, susurros y otros impulsos sensoriales que desembocan en una perturbación de la capacidad sensorial de los personajes y espectadores. Decante, evocando el legado de la ironía socrática, demuestra que este complejo trabajo fílmico de Martel, con múltiples planos visuales y auditivos, está dotado de una peculiar forma de ironía, que obliga a una suspensión de las opiniones y de los marcos morales de referencia que permitirían dar un sentido a la historia contada.

Luego, Gonzalo Maier, en su trabajo "El último héroe del kung-fu: fotografía e ironía en *Fuenzalida*, de Nona Fernández" discute los cruces entre ironía y fotografía en una novela chilena en la que las fotos familiares catalizan la articulación de una memoria irónica de la infancia en dictadura. En la novela de Fernández, la ironía ocupa un lugar axial dentro del proceso de construcción de una memoria en el presente, de la articulación de una vida, cuestionando continuamente el léxico último de la propia actividad memorialística.

François Degrande, en su artículo "Miradas sobre la ironía en la narrativa de Juan José Saer", se interroga sobre los modos en que la ironía está al servicio del relato de la violencia en la narrativa de Juan José Saer. Estableciendo un triángulo de ideas y conceptos recurrentes entre las obras de Freud, Borges y el propio Saer, Degrande emprende un recorrido por la presencia de la ironía en las mesas de juego, por su relación con el disimulo y el vuelco y por la complejidad de sus sentidos antifrásticos. De este modo, y recordando que Saer contempla la ficción literaria como una antropología especulativa, Degrande evidencia que en la narrativa del argentino hay mucha cabida para las pequeñas ficciones que emanan de las ambigüedades de la ironía.

Si en la ficción saeriana la relación entre ironía, violencia y juego da a veces lugar a un cinismo mordaz, el último apartado de nuestro volumen profundiza en algunas aristas del cinismo en la ficción latinoamericana contemporánea. Teresa Basile, en "Los saberes de Ismene: violencia, melancolía y cinismo en *Insensatez* de Horacio Castellanos Moya", estudia cómo el autor salvadoreño cruza en su novela los testimonios de la violencia extrema en Guatemala con una tradición satírica. De este modo, la novela de Castellanos Moya trabaja para efectuar una liberación de la angustia a través del humor y las prácticas quínicas, dirigidas al desenmascaramiento no solamente del cinismo del Estado, sino también del desencanto revolucionario.

Desde otra perspectiva, Agnieszka Flisek examina en "El diario de un cínico (en dos partes): *Sebregondi se excede* y *Las hijas de Hegel* de Osvaldo Lamborghini" los impulsos cínicos y quínicos que empujan dos novelas cortas de Osvaldo Lamborghini, desembocando en una escritura que ironiza sobre los códigos del género autobiográfico, que desenmascara procesos de canonización literaria y que deviene, de cara al lenguaje del poder, también una escritura de la diferencia, del afuera, y del desdoblamiento de lo reconocible y conocido.

Notas

[1] El proyecto fue subvencionado por la Comisión Neerlandesa de la Investigación Científica (NWO). El equipo consistió en Brigitte Adriaensen, Gonzalo Maier y Carlos van Tongeren. Le agradecemos mucho a María Paz Oliver su ayuda con la edición del presente manuscrito.
[2] <www.europeanjournalofhumour.org>.

Obras citadas

Aguila, Yves. "Paco Ignacio Taibo II: Quand l'humour flirte avec la politique". *Humour et politique en Amérique Latine/Humor y política en América Latina*. Yves Aguila, ed. Bordeaux: Presses Universitaires de Bordeaux, 2006. 173-92.

Bala, Sruti & Veronika Zangl. *Humor in Art and Activism. European Review of Humour Research* 3.2/3 (2015).

Booth, Wayne. *A Rhetoric of Irony*. Chicago: U of Chicago P, 1974.

Carpenter, Victoria, ed. *A World Torn Apart. Representations of Violence in Latin American Narrative*. New York: Peter Lang, 2007.

Caruth, Cathy. *Unclaimed Experience: Trauma, Narrative and History*. Baltimore: The John Hopkins UP, 1996.

Craps, Stef. *Postcolonial Witnessing. Trauma Out of Bounds*. New York: Palgrave Macmillan, 2012.

Favoretto, Mara. *Alegoría e ironía bajo censura en la Argentina del Proceso (1976-1983)*. Lewiston, NY: The Edwin Mellen Press, 2010.

Freud, Sigmund. *Der Witz und seine Beziehung zum Unbewussten*. Leipzig y Wien: Deuticke, 1905.

Hamon, Philippe. *L'Ironie littéraire*. Paris: Hachette Université, 1996.

Hofmannsthal, Hugo von. "Die Ironie der Dinge." *Gesammelte Werke in Einzelausgaben. Prosa IV*. 1921. Frankfurt am Main: Fischer Verlag, 1966. 40-44.

Hutcheon, Linda. *Irony's Edge. The Theory and Politics of Irony*. London: Routledge, 1994.

LaCapra, Dominick. *Writing History, Writing Trauma*. Baltimore: The John Hopkins UP, 2001.

Lauterwein, Andréa, ed. *Rire, Mémoire, Shoah*. Paris: Éditions de l'Éclat, 2009.

Levín, Florencia. *Humor político en tiempos de represión. Clarín, 1973-1983*. Buenos Aires: Siglo XXI, 2013.

Polit Dueñas, Gabriela. *Narrating Narcos. Culiacán y Medellín*. Pittsburgh: Pittsburgh UP, 2013.

Schoentjes, Pierre. *Poétique de l'ironie*. Paris: Éditions du Seuil, 2001.

Wirshing, Irene. *National Trauma in Postdictatorship Latin American Literature*. New York: Peter Lang, 2009.

Perspectivas teóricas

BRIGITTE ADRIAENSEN
Radboud Universiteit Nijmegen - NWO

¿Cómo se podría definir la relevancia de la ironía ante la violencia política y su representación en la actualidad? En el contexto latinoamericano, las teorías de Jacques Rancière sobre las políticas de la estética han sido utilizadas para definir nuevos modos de fabricar y recortar lo sensible (*Le partage du sensible*). En esta línea de pensamiento, la violencia a menudo se relaciona con las estéticas anti-representativas y anti-miméticas, asociadas a una escritura en la cual no se privilegia la representación de la violencia, sino la presencia aguda de la materialidad y del afecto, formulada en términos de 'veracidad' o 'autenticidad'. En efecto, en los proyectos contemporáneos se observa una renovada preocupación por el registro íntimo (el giro subjetivo y afectivo), un interés por la dimensión subversiva de la vida cotidiana, una nueva configuración de la figura del autor y el surgimiento de la autoficción. Sin embargo, así se suele plantear, el aparente predominio de lo subjetivo no implica la cancelación de lo político: al contrario, presenciamos un "retorno de la política al primer plano de la escena" (Martín Barbero), pero la experiencia comunitaria se define de forma diferente a lo que fue la costumbre en los años de la militancia de los sesenta o setenta.[1] ¿Cuál es la relación de la ironía con ese retorno de la política?

El énfasis en conceptos como 'autenticidad', 'sinceridad' y lo 'afectivo' puede explicar el descrédito de la ironía. Efectivamente, a partir de los años noventa del siglo XX, la ironía empezó a caer en desgracia. Sin duda fueron los novelistas estadounidenses los primeros en deslegitimarla. Fue legendario, en ese sentido, el ensayo "E Unibus

Pluram: Television and U.S. Fiction" (1993) de David Foster Wallace, quien tomó un anuncio publicitario de coches para ilustrar hasta qué punto la ironía había permeado ese discurso. Explica el autor cómo la ironía permite que el código televisivo promocione algo, al mismo tiempo que se distancie de sus propios estereotipos, como por ejemplo las imágenes artificiales de felicidad. Foster Wallace critica con vehemencia esta pose irónica inculcada por los medios de comunicación, porque a su juicio ha generalizado una actitud intelectual que no solo evita *tomar* posición sino que incluso vuelve sospechoso *preguntar* por la posición del ironista (67-68).

Más tarde, la crítica de la ironía posmoderna y apolítica fue continuada por otros novelistas, como Dave Eggers o Jonathan Franzen.[2] Pero también en *Le Destin des images* (2003), Rancière hace suya esa definición negativa de la ironía como fenómeno por excelencia de lo posmoderno y la vuelve a situar en el contexto mediático:

> [...] toutes les formes de critique, de jeu, d'ironie qui prétendent perturber la circulation ordinaire des images n'ont-elles pas été annexées par cette circulation même? [...] Les procédures de la coupure et de l'humour sont devenues elles-mêmes l'ordinaire de la publicité, le moyen par lequel elle produit à la fois l'adoration de ses icônes et la bonne disposition qui naît à leur égard de la possibilité même d'ironiser. (36)

El ataque a las torres gemelas de Nueva York, en septiembre del 2001, consolidó la mala fama de la ironía de manera radical. Fue entonces cuando se multiplicaron los comentarios en los medios de comunicación estadounidenses sobre el supuesto 'fin' de la ironía. Por dar solo un ejemplo, el editor en jefe de la revista *Time*, Roger Rosenblatt, escribió el 24 de septiembre del 2001 una columna con el significativo título "The Age of Irony Comes to an End", que incluía el pasaje siguiente:

> One good thing could come from this horror: It could spell the end of the age of irony. For some 30 years –roughly as long as the Twin Towers were upright– the good folks in charge of America's intellectual life have insisted that nothing was to be believed in or taken seriously. [...] Who but a slobbering bumpkin would think: "I feel your pain"? The ironists, seeing through everything, made it difficult for anyone to see anything. The consequence of thinking that nothing is real [...] is that one will not know the difference between a joke and a menace. No more. The plains

that plowed into the World Trade Center and the Pentagon were real. The flames, smoke, sirens –real. The chalky landscape, the sirens of the streets –all real. I feel your pain –really.

La posición apolítica, cerebral, distante de la ironía parecía en adelante impensable, incluso supondría una falta de ética. El ataque a las torres gemelas hacía indispensable tomar una posición tal vez menos política que afectiva. Esa definición de la ironía como fenómeno posmoderno, apolítico por excelencia, incompatible con la afectividad, se hizo dominante.

Sin embargo, sería falso decir que realmente haya un consenso absoluto con respecto a la impotencia de la ironía. Como nos lo recuerda Bruno Bosteels en su contribución al presente volumen, Gayatri Spivak vuelve a mencionar la ironía desde una perspectiva más positiva cuando intenta contestar la pregunta "What's Left of Theory?" (2013). A dicha pregunta, que significa tanto "¿Qué queda todavía de la teoría" como "¿Qué hay a la izquierda de la teoría?", ella responde lo siguiente: "Triumphant global finance/world trade can only be resisted with irony" (217, traducción mía). Entonces, parece ser que coexisten varias concepciones de la ironía: una ironía posmoderna, cómplice, apolítica, que es insostenible en un contexto de trauma intenso como el ataque a las torres gemelas. En el contexto del capitalismo tardío actual, en cambio, la ironía que propone Spivak puede entenderse como una ironía que cuestiona el discurso de la felicidad imperante, que llama la atención sobre la violencia camuflada que implica el neoliberalismo y que reivindica el derecho a la duda, y, para hablar con Hegel y Kierkegaard, a la "negatividad infinita, absoluta".

La pregunta que se plantea entonces, es la siguiente: ¿es posible transponer esa discusión al contexto latinoamericano? ¿Qué trascendencia tuvo este debate en América Latina, donde, al tiempo que se produjo el auge del posmodernismo en Estados Unidos, imperaba la violencia, o por lo menos, se luchaba con el trauma que ésta había impuesto? En esa misma época se multiplicaban los testimonios de las víctimas en el Cono Sur, en Colombia se lidiaba con la violencia impuesta por el narcotráfico y la variedad de actores implicados en él, mientras que en México la guerra sucia de la dictablanda hacía desaparecer los oponentes políticos bajo un velo de pacificidad inquietante. En su contribución a este volumen, Bruno Bosteels plantea lo siguiente al respecto: "En América Latina, con mayor razón en el contexto del legado todavía abierto de las guerras sucias y las dictaduras, puede parecer inapropiado hablar de la ironía" (41).

Como ya lo argumentó Dianna Niebylski en otro contexto,[3] la difícil compatibilidad entre la ironía y la violencia en América Latina no se puede entender tampoco fuera de la discusión generada con respecto al género del testimonio. La defensa de este género –pensemos en *Against Literature* (1993) de John Beverley como su exponente más paradigmático– llegó a su auge precisamente en la época en que en los Estados Unidos la ironía posmoderna estaba en su momento de mayor esplendor. Los estudios subalternos ponderaban que la literatura era de por sí sospechosa, y ello no por su contenido o la posición política de su autor, sino por la mera forma. Y en este contexto, la ironía tomó un papel clave de nuevo: "Testimonio invites a complicity between reader and writer that cannot be sustained in the novel [...] which usually entails an ironic distance on the part of both novelist and reader from the fate of the protagonist" (77). Así, haciendo eco de la postura que ya adoptó Gyorg Lúkacs en su *Teoría de la novela* (1920), Beverley sostiene que la novela es un género cuyo contenido o mentalidad es irónica por definición, lo cual resulta problemático para los representantes de los estudios subalternos, ya que esa distancia en tiempos de violencia extrema no se considera apropiada.[4]

Las críticas a esta posición anti-literaria del grupo de estudios subalternos no se hicieron esperar, y tuvieron eco todavía en *Tiempo pasado* (2005) de Beatriz Sarlo, donde la autora se opone a una defensa demasiado ingenua y utópica del género testimonial. Efectivamente, sin cuestionar el valor judicial y moral del testimonio, Sarlo cuestiona lo que llama la "fetichización de la verdad testimonial" (63), indicando que "las narraciones en primera persona se mueven por el impulso de cerrar los sentidos que se escapan; no sólo se articulan contra el olvido, también luchan por un significado que unifique la interpretación" (67). En ese sentido, en las primeras décadas después de la última dictadura en la Argentina, se podría decir que los testimonios se consideraban como una "'sanación' de identidades en peligro" (68), donde se expresaba un trauma intenso, y donde no había lugar para la ironía, cuya característica principal consiste precisamente en abrir el sentido único de la interpretación.

Siguiendo a Elsa Drucaroff en *Los prisioneros de la torre. Política, relatos y jóvenes en la postdictadura* (2011), un cambio sustancial tuvo lugar con la siguiente generación. En los noventa, postula, ya hubo más distancia, y los debates sobre la "Verdad" del testimonio sí se podían plantear:

> La narrativa anterior [de los 70 y 80] entona grito, acusación, proclama, denuncia, reflexión, explicación sesuda; si bromea es con un fin serio: criticar y denunciar; si juega [...] es para hacer preguntas filosóficas que no son juego. [...] La nueva se toma menos en serio. Predomina la socarronería, una semisonrisa que puede llegar a carcajada o apenas sobrevolar, pero señala siempre una distancia que no se desea recorrer: la que llevaría a tomarse demasiado en serio. (21-22)

Drucaroff establece una distinción sutil entre dos modalidades de juego: un juego serio, que critica y denuncia, y otro juego leve, socarrón, que consiste en no tomar las cosas en serio, precisamente.

Por otra parte, conviene apuntar que las reflexiones tanto de Sarlo como de Drucaroff no se pueden sin más extrapolar fuera del contexto argentino. Si bien el testimonio ha sido un género muy prolífico también en otras partes del subcontinente, en ningún otro país el discurso de los militantes y de las víctimas de la dictadura ha recibido después tanto apoyo oficial como en Argentina, donde los organismos en defensa de los derechos humanos o la apertura de juicios contra los militares implicados forman ejemplos evidentes de la política kirchnerista que fomentó la memoria de manera estructural. El hecho de que el discurso político definiera de manera tan clara su posición en cuanto al conflicto armado, también explica por qué el humor y la ironía florecieron a partir de ese momento de la "institucionalización" de la memoria. La memoria, de esa manera, se convirtió en un terreno de cultivo excelente para la ironía: como ya lo explicó Philippe Hamon, la ironía es un discurso epidíctico complejo, un discurso que expresa de manera oblicua un juicio de valor. El hecho de que el conflicto armado se tradujera en un "esquema actancial" tan claro en el discurso oficial, donde los buenos y los malos fueran netamente definidos, invitó a que la ironía empezara a cuestionar tal concepción y empezó a desmoronar, a menudo desde dentro (desde la perspectiva de los hijos mismos) la repartición unívoca de papeles –la del militante víctima, o la del militante heroico– en la memoria oficial.

De todos modos, lo que ilustra bien esta discusión, es que importa tener en cuenta la dimensión temporal. Como decía Adorno, hay que saber reírse a tiempo. Por un lado, Adorno postuló que "sin el sentido de la seriedad alemana, Hitler nunca habría tomado el poder. En los países occidentales, habría caído presa de la risa" (*Critical Models* 208-09, la traducción es mía). Por otro lado, Adorno también negaba la posibilidad de reírse *a posteriori* del régimen de los nazis en Alemania. Ante la pregunta de si sería posible representar el fascismo de manera cómica o paródica sin traicionar a las víctimas, su respuesta era negativa: "El lado grotesco, cursi, subalterno, y la afinidad de Hitler y los suyos con la prensa sensacionalista y el espíritu burlón son innegables. Reírse de esto, es imposible" (*Notes to Literature* 251-52, la traducción es mía). Sin embargo, poco a poco fueron surgiendo ejemplos de aproximaciones lúdicas y humorísticas al Holocausto, en las cuales la ironía tuvo un papel mayor o menor. Piénsese en películas como *La vita è bella* (1997) de Benigni o más recientemente *Inglorious Basterds* (2009) de Tarantino o en la instalación del artista polaco Libera, titulada *Lego Concentration Camp Set* (1996), donde el espectador se ve invitado a reconstruir, con las piezas de Lego, el campo de concentración, incluyendo los muñecos que representan a los soldados y a las víctimas.[5]

La pregunta es hasta qué punto la ironía, aparte de la risa y del humor, contribuye a contrarrestar la indiferencia de la historia y el consenso del discurso oficial de la memoria. ¿Puede la ironía liberar los afectos reprimidos, para estimular la actividad de los procesos de la memoria? ¿Se puede considerar la ironía como un modo de transmisión de la memoria, una forma para estimular la memoria colectiva por su dimensión social? Como decía Philippe Hamon, "l'ironie est à la fois dia-bolique (elle crée une opposition entre naïfs et complices) et symbolique (elle crée une solidarité entre les complices)" (151). Entonces, ¿quién puede usar la ironía o el humor con respecto al trauma que inflige la violencia? En el contexto argentino, cada vez más se acentúa la importancia del humor entre la generación de los "hijos", su uso de estrategias humorísticas durante los escraches, pero también su sentido del humor negro cuando, por ejemplo, la asociación decide que el mejor lugar para celebrar el día de la madre o del padre es la orilla del Río de la Plata, que es un lugar de memoria por excelencia del régimen dictatorial argentino (Sosa 95). También en la literatura, la presencia del humor y de la ironía, en obras de escritores jóvenes como Mariana Eva Perez (*Diario de una princesa montonera* [2012]), Félix Bruzzone (*Los topos* [2008]) o Pola Oloixarac (*Las teorías salvajes* [2008]) se vuelve más patente, como ya lo destacó Elsa Drucaroff (21-22) y como se desprende del artículo de De Wilde y Logie en el presente volumen.

No obstante, como se señaló anteriormente, habría que cuidarse ante una generalización de la situación argentina. Está claro que en otras partes del subcontinente latinoamericano, el testimonio no tuvo el mismo auge, ni tampoco se generalizó una narrativa unívoca sobre el pasado de la violencia. Sin ir más lejos, el caso de México es totalmente distinto. No solo sigue habiendo una negación flagrante de la violencia del estado en los años 60 y 70, sino que además la violencia relacionada con el narcotráfico, que se incrementó de manera vertiginosa a partir de los 2000, cuenta apenas con testimonios. Como demostré en otra ocasión, la situación mexicana difiere en primer lugar de la argentina por la contemporaneidad de los hechos; el conflicto, además, no se deja reformular en un sistema actancial tan claro. Hay mucha confusión con respecto a la repartición de los papeles, y eso se debe en parte a que carecemos todavía de la distancia necesaria, pero también a que se trata de un conflicto donde los factores económicos (los carteles como grandes empresas multinacionales y transnacionales) juegan un papel esencial, incluso si es evidente que también este conflicto implica, por supuesto, una clara dimensión política (Ayotzinapa lo demostró más claramente que nunca). Sin embargo, la relativa escasez de testimonios en el caso mexicano también explica por qué hasta ahora no se ha consolidado una narrativa clara sobre lo que está ocurriendo, por lo cual tampoco la ironía tiene un terreno tan claro donde anclarse. De ahí mismo que la parodia, no tanto orientada hacia el discurso político, sino más bien hacia ciertos géneros cinematográficos (como el *western*, véase la contribución de Marco Kunz), así como el humor negro y el cinismo sean las figuras prevalecientes en la producción cultural sobre el narcotráfico en México.[6]

Para dar cuenta de esa diversidad, el proyecto de investigación que se llevó a cabo en la Radboud Universiteit Nijmegen, titulado *The*

Politics of Irony in Contemporary Latin American Literature on Violence (2011-2016), analizó el potencial político y subversivo de la ironía en tres géneros literarios de la literatura latinoamericana: la novela posdictatorial, la novela policial y la narconovela. Si bien se podría argumentar que estos géneros no se pueden definir de forma muy rigurosa, ya que en realidad únicamente el policial se suele considerar propiamente como un género, mientras que la novela posdictatorial y la narconovela más que por ciertas características formales se definen por su relación con cierta temática (la dictadura o el narcotráfico), la subdivisión fue fructífera porque nos permitió abarcar tres corpus diferentes, cuya representación de la violencia es muy diversa. De hecho, el criterio que resultó decisivo para el análisis de la ironía dentro de los tres corpus consistió no tanto en los rasgos formales del género, como en el tipo de violencia al que se refería, así como a la relación que se estableció con aquella.

Se podría decir, en este sentido, que la primera línea de investigación, centrada en la novela postdictatorial, analizó el nexo entre la ironía y las memorias de la violencia dictatorial en el Cono Sur. Como ya apuntamos anteriormente, el criterio de la temporalidad, de la *memoria* de la violencia, y de la distancia con la que se puede percibir esta violencia, es clave para que surja la ironía. Sin embargo, cabe hacer un apunte importante en este contexto: habría que resguardarse de una visión demasiado tajante sobre la aparición del humor y de la ironía a partir de la generación de los hijos, o en la llamada "nueva narrativa argentina", desde los años 90. Hugo von Hofmannsthal ya señaló que "no hay nada como perder una guerra para hacernos comprender la ironía que rige todas las cosas de este mundo" (en Schoentjes 60), y efectivamente, ya bastante temprano se encuentran otros ejemplos de la ironía situacional en novelas de autores que eran adultos durante la dictadura. Así, novelas como *Villa* (1995) de Luis Gusmán, o *El fin de la historia* (1996) de Liliana Heker utilizan la ironía situacional para resaltar los contrastes, las tensiones y las dificultades que conllevó la represión, y para mostrar cómo la división entre perpetradores y víctimas no siempre resulta unívoca. Este mismo procedimiento lo volvió a utilizar también Martín Kohan, un autor que forma parte de la categoría que Gamerro llamó los "*bystanders*" (113), los espectadores que observaron sin estar implicados directamente, a diferencia de los llamados "testigos directos" como Heker y Gusmán. Efectivamente, en *Dos veces junio* (2002), Martín Kohan introduce la ironía situacional para mostrar estos contrastes tan dolorosos e inesperados, como la cercanía física de un estadio de fútbol con un centro de detención, es decir: del júbilo y del festejo frente a la tortura y el dolor intenso.

También en la obra de Daniel Guebel se encuentran muchos ejemplos de la ironía, por ejemplo en *El terrorista* (1998) o en *La vida por Perón* (2004), esta vez no tanto orientados hacia la dimensión irónica de la situación en sí de la guerra, sino más bien hacia el discurso militante peronista mismo. En un momento en que todavía el discurso político no había tomado partido a favor de la militancia, Daniel Guebel ya aportó algunos apuntes críticos sobre la mitificación de Perón y sobre la vacuidad del discurso militante en sí. Una posición que, si bien durante mucho tiempo parece haberlo relegado a los confines de la academia, más recientemente ha recibido una atención más matizada de los críticos.[7] Tal desmitificación de la militancia ha sido un proceso continuado precisamente en la prosa más reciente de los hijos (como en *La casa de los conejos* [2011], de Laura Alcoba, o en *Diario de una princesa montonera* [2012], de Mariana Eva Perez).

Por otra parte, sería importante distinguir todavía entre el papel de la ironía en la literatura posdictatorial argentina, y la chilena, por ejemplo. Si la literatura argentina contemporánea, especialmente la de los hijos, se destaca por la recurrencia frecuente de la ironía, el humor negro y el sarcasmo, en el caso de la literatura chilena sobre la dictadura todavía el uso de la ironía no se ha generalizado tanto. Así, en el 2002 Darío Oses destacó la marcada ausencia de obras posdictatoriales escritas con humor, ironía, o ya más generalmente, desde alguna estética ajena al testimonio o la alegoría. Desde su perspectiva, esta ausencia sería "producto tal vez de los traumas más recientes" (229).

En su tesis doctoral elaborada en el marco del presente proyecto, y titulada "Postdictadura en segundo grado. La ironía en cinco obras chilenas (1973-2012)", Gonzalo Maier parte de esta observación de Oses para estudiar la "excepcionalidad de la ironía" (13) en un corpus de cinco obras chilenas, compuesto por *Batman en Chile* (1973), de Enrique Lihn, *¡Arre! Halley ¡Arre!* (1986) y *La bandera de Chile* (1991) de Elvira Hernández, en *Estrella distante* (1996) de Roberto Bolaño y *Fuenzalida* (2012) de Nona Fernández. Lo que resulta especialmente llamativo en este corpus, es que los cinco textos no manejan la ironía para reflexionar de forma directa sobre la violencia política, sino que todos lo hacen a través de la parodia de un intertexto (el cómic de Batman, el discurso televisivo, la fotografía, las películas de Bruce Lee). A ese respecto, apunta Maier:

> La presencia de estos intertextos nos obliga a pensar, por supuesto, en su utilidad. En primera instancia, [...] si la ironía de por sí opera remarcando la distancia, al introducir un intertexto sobre el que se fija el filo de la ironía, esa distancia parece aún mayor. Es decir, se podría pensar que al menos con estos intertextos se pretende aumentar la distancia entre el ironista y su blanco. (206)

Además, cabe añadir que los intertextos precisamente "podrían servir también como señas de pertenecía comunitaria ya sea por aceptación o rechazo" (206). La idea de la comunidad, así, se vuelve clave, dado que la ironía, como ya lo aseveró Linda Hutcheon, busca reafirmar la comunidad tanto mediante la inclusión como la exclusión. En el caso de la literatura posdictatorial chilena, se utiliza pues la ironía para construir la comunidad de un modo particular, y "parece pertinente aventurar que las comunidades quebradas, que ya no se reconocen en los mitos anteriores –el Chile republicano, por dar un ejemplo evidente–, a ratos requieren de la ironía para saber qué valores aún comparten y cuáles no" (208).

La segunda línea de investigación que trabajamos, centrada en la novela policial, se enfocó más bien en la relación entre ironía y militancia. ¿Cómo se compagina la ironía con los proyectos utópicos de la revolución, tan presentes en la narrativa policial de Taibo II o Leonardo Padura? ¿Equivale la ironía a la utopía, el idealismo, o al contrario, es pura negatividad? Si bien a primera vista Kierkegaard insistía en la negatividad absoluta de la ironía, sobre todo en el contexto del Romanticismo alemán, en su libro clásico *The Concept of Irony* (1841) acaba por rescatar el potencial subversivo de la ironía llamada 'controlada'. Su modelo lo representa Sócrates, quien conseguía desestabilizar el poder, a través de su discurso del disenso. Después de Kierkegaard son muchos los debates que han seguido sobre el idealismo, el carácter utópico de la ironía y su negatividad inherente, que la aproxima al cinismo. Entonces, ¿cómo se utiliza la ironía para hablar de los proyectos revolucionarios en América Latina? Si bien esta pregunta se presenta también en novelas relacionadas con la posdictadura, como *Museo de la revolución* (2006) de Martín Kohan o incluso en el retrato irónico del militante en *Las teorías salvajes* (2008) de Pola Oloixarac, es un asunto clave en la narrativa policial. ¿Cuál es el lugar de la ironía en los representantes de la narrativa policial en lengua española que comparten un perfil izquierdista, como lo son el español Manuel Vázquez Montalbán, Paco Ignacio Taibo II en México o Leonardo Padura en Cuba?

A esta pregunta responde Carlos van Tongeren en su tesis doctoral, "Trayectorias del compromiso. Comicidad y melancolía en la narrativa policiaca de Manuel Vázquez Montalbán, Paco Ignacio Taibo II y Leonardo Padura Fuentes" (2015). Partiendo de la relación entre los conceptos teóricos de la comicidad y la melancolía, Van Tongeren demostró cómo la ironía, la sátira, la parodia y el humor sirven para trazar las trayectorías del compromiso político y social que confluyen en el género policial. En este sentido, no solamente se opone a una lectura del humor como procedimiento puramente formulaico y desideologizado en esta narrativa (Aguila; Lepage), sino también busca interferir en la idea de que el humor y la ironía siempre esconden un núcleo de tristeza y melancolía. Así, destaca la necesidad de ampliar el enfoque habitual sobre el género policial, a menudo centrado en la melancolía o el desengaño del detective, hacia las funciones creativas y la "plusvalía" (Zupançiç) de los variados tipos de comicidad que aparecen en la narrativa policial.

La última línea que exploramos fue la relación de la ironía y del humor negro con la violencia, a menudo presentada como espectáculo, en la literatura sobre el narcotráfico. La influencia del paradigma de *la nouvelle violence*, de la "estética Tarantino" en esta literatura parece evidente. ¿Pero cómo se relacionan el espectáculo, el afecto y la ironía en estos casos? ¿Cómo se pone en escena, irónica o humorísticamente, lo abyecto, el cuerpo desmembrado, mutilado, y cuáles son los límites éticos y los potenciales políticos de la estética de la violencia en este caso?

Al nivel de la discusión académica, circulan diferentes hipótesis con respecto a la presencia del humor en la narconovela, y su relación con la ética y la memoria. Por una parte, ciertos críticos como Marco Kunz ("Vuelta al narco"), insisten en que muchas narconovelas se basan en los modelos del cine *western* (*Chinola Kid* de Hilario Peña), y se podría añadir del cine de *la nouvelle violence* (Tarantino, Robert Rodríguez), ajenos al contexto y a la vivencia real de la tragedia que supone el narcotráfico para gran parte de la población mexicana. Según esta visión, se trata de novelas que explotan el sensacionalismo, hablan de México y del narcotráfico como si fuera un plató de cine, hablan de la violencia por medio del humor frívolo y a veces la degustación cínica de la imagen de lo abyecto. En otras palabras, se relaciona el uso del humor con la ausencia de memoria colectiva. Se suele constatar así que la indiferencia moral y emocional ante la violencia lleva así a un uso cuestionable del humor, que está orientado principalmente hacia el consumo, el sensacionalismo y la diversión.

En su libro *Narrating Narcos* (2013), en cambio, Gabriela Polit Dueñas toma una posición muy diferente: ella decide estudiar la producción literaria en dos ciudades centrales en el narcotráfico, Medellín y Culiacán, partiendo de algunas observaciones que son cruciales en este contexto: primero, no se trata de una literatura escrita desde la indiferencia moral y emocional, más bien al contrario: la literatura procedente de estos lugares permite que la memoria cobre forma, dé cuerpo a las experiencias traumáticas, y apele a una comunidad de lectores que es ávida de leer estos relatos porque dan una voz a sus vivencias diarias. En segundo lugar, Polit Dueñas apunta brevemente que en estas historias, el humor ocupa un lugar esencial (7). El humor crea aquí una comunidad de la memoria y tiene un papel importante en la reconstrucción del tejido social, largamente dañado en el contexto del narcotráfico.

Ambas posiciones tienen, por supuesto, su mérito. Por nuestra parte, trabajando sobre diversas novelas mexicanas, como *Fiesta en la madriguera* (2010), de Juan Pablo Villalobos, *Perra brava* (2010), de Orfa Alarcón, *Arrecife* (2012), de Juan Villoro o la antología de cuentos *Ese modo que colma* (2010), de Daniel Sada, analizamos la función específica del humor negro, el cinismo y la ironía en este contexto literario donde la dimensión abyecta de las cabezas cortadas y la espectacularización televisiva de la violencia ocupan el primer plano. Es llamativo que diversos textos utilicen la ironía para criticar esta comodificación de la violencia, su explotación en los medios de comunicación, distanciándose de tal espectáculo. Por otra parte, el humor negro también acompaña con frecuencia la descripción de los "crímenes expresivos" (Franco 21), los crímenes que mutilan los cuerpos en función de una cierta lógica o semiótica, donde el 'castigo' corresponde con una acusación concreta (el traidor, el adúltero, etc.) que se suele manejar en el contexto del narcotráfico. Siguiendo a Julia Kristeva, destacamos en ese contexto que "rire est une façon de placer ou de déplacer l'abjection" (*Pouvoir de l'horreur* 15).[8]

Como se desprende de lo anterior, las tres líneas de investigación presentadas intentaron combinar dos perspectivas: por un lado la tradición retórica de la ironía, donde ésta se define como una estrategia discursiva implícita que expresa un juicio de valor, y por otro lado, una tradición filosófica más amplia que ofrece una definición menos restringida de la ironía, como modalidad que permite cuestionar ciertas verdades establecidas o ciertos discursos fundados en certezas, para hablar con Rorty. En otras palabras, una ironía que pone las cosas a distancia, y que las cuestiona, una ironía cuya calidad esencial es la de interrogar. O, para añadir una tercera dimensión, con la contribución de Ana María Amar Sánchez, la ironía es una estrategia propia del *contar oblicuo*, que no tanto sirve como un "velo figurativo que oculta la verdad", sino que la revela sin decirla:

> Podría pensarse a la ironía como una de las formas del relato elusivo, sesgado, en tanto presupone lo no dicho, cuenta "sin decir", o mejor, diciendo "otra cosa", trabaja la inversión y el doble sentido. Establece un juego con lo silenciado, la ambigüedad, la antítesis, la reticencia, la alusión; provoca, en suma, una elipsis. Por estas razones, considero la ironía como una de las estrategias de lo que llamo el *contar oblicuo*, muy presente en los narradores del Cono Sur en los que el relato "al sesgo" para dar cuenta de la violencia parece dominante y forma parte ya de una tradición canónica. (99)

Ese contar oblicuo, por otra parte, no pocas veces insiste precisamente en la complejidad y la inestabilidad de la palabra escrita, tal como lo demuestra Dianna Niebylski en su análisis de la obra de Diamela Eltit. La ironía interroga, oblicuamente, siembra dudas y ambigüedad.

Aparte de demostrar el potencial crítico que puede tener la ironía tanto en el contexto de la dictadura o del narcotráfico, como en las circunstancias actuales de violencia sistémica generalizada, en una sociedad donde el neoliberalismo afecta específicamente a América Latina, cabe añadir todavía otro elemento. En efecto, si estamos entrando en una guerra sobre el afecto, como dice Hermann Herlinghaus, donde América Latina ocupa el lugar de las marginalidades afectivas (14), ¿cuál es el lugar de la ironía en este terreno de la afectividad? ¿Se podría decir, pensando en Rancière, que la ironía propone una forma nueva de distribución de lo sensible? ¿Es así que emerge una nueva 'estructura de sentimiento' ('structure of feeling', Raymond Williams), donde la ironía, a pesar de su fin proclamado después de 9/11, recobra terreno? Como explica Herlinghaus, refiriéndose en su contribución a la novela *2666* de Roberto Bolaño, es precisamente la sobriedad de la ironía, la que narra lo atroz desde lo oblicuo, y la que "suspende la catarsis moralista. Una tal catarsis permitiría hacer 'digerible', afectivamente hablando, lo inaguantable. En el no permitir el alivio de un (deseado) desenlace rectificador reside el verdadero compromiso de la novela", y, podríamos decir, en un sentido más general, de la ironía misma. En la misma línea se podría situar la contribución de Dianna Niebylski, quien analiza la ironía en la obra de Diamela Eltit como una figura incompatible con la catarsis, en el sentido de que no permite una lectura cerrada o unívoca, y que se define "no sólo [por] la inestabilidad, sino [por] la indecibilidad" (75), y además, en el caso de Eltit, "está siempre interferida y atravesada por el cuerpo" (62).

A modo de conclusión, entonces, quisiéramos afirmar que no compartimos el pesimismo que mostró David Foster Wallace, cuando dijo que "[l]a ironía posmoderna y el cinismo se han convertido en un fin en sí mismas, en una medida de la sofisticación en boga y el desparpajo literario. [...] La ironía ha pasado de liberar a esclavizar." Sin embargo, no es cuestión ni de demonizar ni de idealizar la ironía, sino de ver cómo opera en los textos literarios, y cómo se relaciona con los discursos de la memoria, con los discursos revolucionarios y con la estética de la violencia. Esto es lo que nos ofrecen las contribuciones que siguen.

Notas

[1] Este también fue el presupuesto de la circular del congreso 'Imaginar el futuro: nuevas estrategias de resistencia y nuevas formas de resiliencia', organizado por Ilse Logie y Geneviève Fabry en noviembre del 2016, en el marco de la red de investigación VYRAL (http://www.redvyral.com/).

² Como explica Pierre Schoentjes, esta actitud negativa ante la ironía también se inscribe en una larga tradición: "Si le propos est ailleurs, la critique exprimée dans *E unibus pluram* rejoint étonamment jusque dans les termes la mise en garde de Valéry" (74).
³ Véase Niebylski, "On the Politics" (2011).
⁴ Para Lúkacs, la ironía corresponde con el gesto principal de la novela: crear una totalidad desde la condición subjetiva del autor, o sea, construir una realidad *objetiva* a sabiendas de que el origen de ésta siempre va a ser limitado y *subjetivo*. Para una discusión sobre la teoría de Lúkacs en el contexto de la cultura y literatura latinoamericanas, véase Beverley, *Against Literature* y *Essays on the Literary Baroque*.
⁵ Para más detalles, véase Adriaensen, "Le Jeu comme mis en scène" (2015).
⁶ Para una elaboración más detallada de este argumento, véase Adriaensen "Irony, Humour and Cynicism" (2015).
⁷ Véanse Reati, "*La vida por Perón*" (2015) y Mandolessi y di Marco, "El fin de las utopías" (2015).
⁸ Véase Adriaensen, "Cultural representations" (2015).

OBRAS CITADAS

Adorno, Theodor. *Notes to Literature. Volume Two.* New York: Columbia UP, 1992.

―――― *Critical Models: Interventions and Catchwords*. New York: Columbia UP, 2005.

Adriaensen, Brigitte. "Le Jeu comme mise en scène de l'ineffable. Représentations ludiques de la guerre dans le jeu didactique, le cinéma, l'art et la littérature actuels". *Guerre et jeu*. Achim Küpper y Kristine Vanden Berghe, eds. Tours: Presses Universitaires François-Rabelais, 2014. 185-202.

―――― "Irony, Humour and Cynicism in Relation to Memory: A Contrastive Analysis between the Argentinian and the Mexican Literary Field". *Alter/nativas* 5 (2015).

―――― "Cultural Representations of Contemporary Mexican Drug Culture: Dark Humour and Irony in Relation to the Abject". *European Journal of Humour Research* 3/2-3 (2015): 62-79.

―――― y Marco Kunz, eds. *Narco ficciones en México y Colombia*. Madid/Frankfurt am Main: Iberoamericana/Ververt, 2016.

―――― y Gonzalo Maier, eds. *Todas las mundos posibles. Una geografía de la obra de Daniel Guebel*. Rosario: Beatriz Viterbo, 2015.

Aguila, Yves. "Paco Ignacio Taibo II: Quand l'humour flirte avec la politique". *Humour et politique en Amérique Latine/Humor y política en América Latina*. Yves Aguila, ed. Bordeaux: Presses Universitaires de Bordeaux, 2006. 173-92.

Beverley, John. *Against Literature*. Minneapolis: U of Minnesota P, 1993.

_____ *Essays on the Literary Baroque*. Woodbridge: Tamesis, 2008.

Drucaroff, Elsa. *Los prisioneros de la torre: política, relatos y jóvenes en la postdictadura argentina*. Buenos Aires: Emecé, 2011.

Foster Wallace, David. *A Supposedly Fun Thing I'll Never Do Again. Essays and Arguments*. Boston: Little, Brown and Company, 1999.

Franco, Jean. *Cruel Modernity*. Durham: Duke UP, 2013.

Gamerro, Carlos. "Remembering Without Memories". *Journal of Romance Studies* 13/3 (2007): 110-15.

Hamon, Philippe. *L'ironie littéraire*. Paris: Hachette Université, 1996.

Herlinghaus, Hermann. *Narcoepics: A Global Aesthetic of Sobriety*. New York: Bloomsbury, 2013.

Kristeva, Julia. *Pouvoir de l'horreur. Essai sur l'abjection*. Paris: Éditions du Seuil, 1980.

Kunz, Marco. "Vuelta al narco en ochenta ficciones". *Narcoficciones en México y Colombia*. Brigitte Adriaensen y Marco Kunz, eds. Madrid y Frankfurt am Main: Iberoamericana/Vervuert, 2016. 53-80.

Küpper, Achim y Kristine Vanden Berghe, eds. *Guerre et jeu*. Tours: Presses Universitaires François Rabaleis, 2014.

Lepage, Caroline. "L'humour dans la littérature noire latino-américaine: du sauvetage au naufrage". *Humour et politique en Amérique Latine*. Yves Aguila, ed. Bordeaux: Presses Universitaires de Bordeaux, 2006. 193-248.

Maier, Gonzalo. "Postdictadura en segundo grado. La ironía en cinco obras chilenas (1973-2012)". Tesis de doctorado. Radboud Universiteit Nijmegen, 2015.

Mandolessi, Silvana y José di Marco. "El fin de las utopías: fracaso y perplejidad en *El terrorista*". *Todos los mundos posibles. Una geografía de la obra de Daniel Guebel*. Brigitte Adriaensen y Gonzalo Maier, eds. Rosario: Beatriz Viterbo, 2015. 175-92.

Niebylski, Dianna. "On the Politics of Irony and the Ethics of Humor in Roberto Bolaño's Unfinished *2666*". Conferencia leída en el congreso *The Art and Politics of Irony*, Montreal, 12-14 abril de 2012.

Pauls, Alan. *Historia del llanto*. Barcelona: Anagrama, 2007.

Polit Dueñas, Gabriela. *Narrating Narcos. Culiacán y Medellín*. Pittsburgh: Pittsburgh UP, 2013.
Rancière, Jacques. *Le Destin des images*. Paris: Ed. La Fabrique, 2003.
_____ *Le partage du sensible*. Paris: La fabrique éditions, 2000.
Reati, Fernando. "*La vida por Perón:* política montonera, retórica y representación". *Todos los mundos posibles. Una geografía de la obra de Daniel Guebel*. Brigitte Adriaensen y Gonzalo Maier, eds. Rosario: Beatriz Viterbo, 2015. 79-98.
Rosenblatt, Roger. "The Age of Irony Comes to an End". *Time*, 24 de noviembre 2001.
Sarlo, Beatriz. *Tiempo pasado*. Buenos Aires: Siglo XXI, 2005.
Sosa, Cecilia. "Humour and the Descendants of the Disappeared: Countersigning Bloodline Affiliations in Post-dictatorial Argentina". *Journal of Romance Studies* 13/3 (2013): 75-87.
Schoentjes, Pierre. "Gentille fée ou vilaine sorcière". *Silhouettes de l'ironie*. Genève: Droz, 2007. 345-70.
Spivak, Gayatri Chakravorty. *An Aesthetic Education in the Era of Globalization*. Cambridge: Harvard UP, 2013.
Van Tongeren, Carlos. "Trayectorias del compromiso. Comicidad y melancolía en la narrativa policiaca de Manuel Vázquez Montalbán, Paco Ignacio Taibo II y Leonardo Padura Fuentes". Tesis de doctorado. Radboud Universiteit Nijmegen, 2015.
Zupançiç. *The Odd One In. On Comedy*. Cambridge: MIT P, 2008.

Ironía y militancia política

*La situación es catastrófica pero no es seria:
ironía, violencia y militancia en América Latina*

Bruno Bosteels
Cornell University

1

En su libro reciente *An Aesthetic Education in the Era of Globalization* (2012), Gayatri Chakravorty Spivak parece otorgarle un papel importante a la ironía en la lucha a favor de su programa por una educación estética en la era de la globalización. En una de las diez tesis de la "Coda" con la que concluye "What's Left of Theory?" (un ensayo cuyo título –ligeramente irónico– podríamos traducir o bien como "¿Qué queda de la teoría?" o bien como la pregunta "¿Qué hay a la izquierda de la teoría?"), apunta Spivak: "El triunfo del capital financiero global o del comercio mundial solo puede ser resistido mediante la ironía" (217, traducción mía).[1] Como se trata de una tesis, sin mucha elaboración anterior o posterior, no queda demasiado claro de qué manera la ironía se convertiría en una palanca necesaria –cuando no exclusiva– en la resistencia contra la globalización o el capital financiero. De hecho, no es nada evidente que la ironía pueda usarse tan fácilmente en un proyecto político, ideológico o pedagógico. Todo lo contrario: la lógica de la ironía parece ir en la dirección opuesta a cualquier politización, en la medida en que nociones por otro lado tan tradicionales como la resistencia, la movilización o la militancia a primera vista presuponen siempre un nivel de compromiso subjetivo con una causa –una base de interés sustancial– que se ve típicamente interrumpido por la característica inestabilidad del uso de la ironía. Ésta sería entonces la pregunta inicial lanzada por Spivak: ¿cómo puede imaginarse una resistencia irónica a la lógica implacable del capital, si la ironía suspende la estabilidad de cualquier compromiso subjetivo –individual o colectivo– necesario para fundamentar la resistencia?

El distanciamiento intrínseco en la figura de la ironía, que se debe al carácter diferido de su estructura retórica o tropológica, en principio parece ser refractario, si no incompatible con cualquier ilusión de presencia o de inmediatez. Parafraseando el ya clásico trabajo sobre la ironía recopilado en *La ideología estética* (1996) de Paul de Man, a quien Gayatri Chakravorty Spivak había dedicado su libro anterior, *Critique of Postcolonial Reason* (1999), podemos decir que la ironía en tanto "parábasis permanente", es decir la interrupción de la capacidad del sujeto para postularse en tanto absoluto que coincida consigo mismo, parecería ir en contra de la supuesta evidencia que por otro lado requiere cada toma de posición ideológica, cualquiera que sea –conservadora o utópica, capitalista o comunista–.

En palabras de Søren Kierkegaard, citadas por de Man, la ironía corresponde a una "negatividad infinita absoluta" (235) que en la práctica, como tenía que admitir el crítico literario Wayne Booth, corre siempre el riesgo de resultar imparable; más técnicamente hablando, de Man se refiere a Friedrich Schlegel para definir la ironía en términos de una interrupción de la continuidad discursiva, mediante un abrupto cambio de dirección o de registro:

> Pero para Schlegel, la parábasis no es suficiente. La ironía no es solo una interrupción; es (y ésta es la definición que él da de la ironía), nos dice, una "permanente parábasis", parábasis no solo en un punto sino en todos los puntos, que es la forma como él define la poesía; la ironía está por todas partes, la narrativa puede ser interrumpida por cualquier lugar. (253)[2]

Sin duda es en este sentido como podemos entender también el papel de la ironía en la resistencia en contra de la globalización o del capital financiero, según la tesis de Spivak. La ironía, entonces, serviría para interrumpir la continuidad del relato triunfalista de la globalización como sinónimo de la democratización. Y, de forma todavía más general, significaría la interrupción de todo relato y de toda teoría del relato, pequeño o grande:

> De este modo, se podría decir que cualquier teoría de la ironía es la ruptura, la necesaria ruptura, de cualquier teoría narrativa, y resulta irónico, como se suele decir, que la teoría aparezca siempre en relación con las teorías de la narrativa, cuando la ironía es precisamente la que constantemente hace imposible alcanzar una teoría de la narrativa que sea consistente. (254)

Pero a lo que voy es que tal lectura de la ironía como resistencia, o como ruptura de la narrativa dominante y su teoría, presupone justamente un vuelco radical en nuestros conceptos de la resistencia, el compromiso, o la militancia subjetiva. Y es a este vuelco radical al que quiero referirme en las reflexiones que siguen, ya que nos permitirá asimismo plantear un diagnóstico crítico –a través de la ironía– del nudo ideológico entre violencia y militancia en la historia reciente de América Latina. De lo que se tratará, al fin y al cabo, será de entender cómo la ironía, lejos de volver imposible una posición ideológica consistente, debido a su funcionamiento como interruptor permanente de la inmediatez de todo posicionamiento militante, permite una postura irrefutablemente más radical, capaz incluso de demostrar las cegueras inherentes a cualquier crítica tradicional de la ideología.

2

Como contrapunto inicial a las tesis de Spivak o de Man, respectivamente más inspiradas en los trabajos sobre estética de Friedrich Schiller y Friedrich Schlegel, basta pensar en la ironía tal y como la piensa una figura canónica como Georg Wilhelm Friedrich Hegel. Al fin y a cabo, de Slavoj Žižek a Catherine Malabou, Hegel hoy parece ocupar nuevamente un lugar central en la discusión sobre la época que nos toca vivir en cuanto a la cultura, la educación, la filosofía o la estética. Sin embargo, a pesar de ser tal vez el filósofo de la globalización por excelencia, como queda ejemplarmente confirmado –para bien o para mal– en sus *Lecciones sobre la Filosofía de la historia* (1830), Hegel nunca vio mucha utilidad en el concepto de ironía, tan de moda por otro lado entre sus contemporáneos en el Romanticismo alemán, a los que por esta misma razón no dejaba de criticar. Entender por qué Hegel, al menos en lo que dijo explícitamente, se opuso de manera tan feroz al uso dominante de la ironía entre sus contemporáneos también nos permitirá entender mejor en qué medida la ironía podría resumir, hasta cierto punto, el movimiento de la dialéctica hegeliana.

Del propio Hegel, específicamente, podemos deducir al menos dos conceptos de ironía: uno individual o subjetivo y otro transindividual o histórico. Y si ambos conceptos tienen connotaciones que para él son en parte peyorativas, en cambio para generaciones posteriores

—muchas veces en un retorno consciente a aquellos contemporáneos de Hegel en el Romanticismo alemán, como Schlegel, a los que él repudiara— cobrarían un valor, si no ideal, entonces cuando menos ética o moralmente superior.

El primer concepto podemos encontrarlo en el tratamiento hegeliano de la figura de Antígona en Sófocles cuando se la lee a la luz de lo que dice el filósofo alemán de la mujer o de la feminidad en general como "la eterna ironía de la comunidad", comunidad ética universal que bajo el efecto corrosivo de su ironía justamente se disuelve y regresa a la mera y simple particularidad natural, en la forma de la singularidad vacía de la familia. Así, en la *Fenomenología del espíritu* (1807), citada en la traducción de Wenceslao Roces, escribe Hegel:

> Mientras que la comunidad sólo subsiste mediante el quebrantamiento de la dicha familiar y la disolución de la autoconciencia en autoconciencia universal, se crea su enemigo interior en lo que oprime y que es, al mismo tiempo, esencial para ella, en la feminidad en general. Esta feminidad –la eterna ironía de la comunidad– altera por medio de la intriga el fin universal del gobierno en un fin privado, transforma su actividad universal en una obra de este individuo determinado e invierte la propiedad universal del Estado, haciendo de ella el patrimonio y el oropel de la familia. (254)[3]

Contrariamente a lo que podría pensarse, Antígona no es el mejor ejemplo de esa feminidad como eterna ironía de la comunidad. Al contrario, si bien Hegel cita la obra de Sófocles en dos ocasiones diferentes de la *Fenomenología*, en ambas ocasiones la heroína trágica aparece como el paradigma de una determinación ética inmaculada. Según Hegel, el comportamiento de Antígona, aunque ciertamente culpable y por lo tanto justamente castigado, es todavía anterior a las dudas y las diferenciaciones que solo más tarde se abrirán en el seno de la comunidad ética primitiva, dividiéndola y escindiéndola para siempre, hasta su autodisolución en la moralidad superior que se manifestará en la ley humana a nivel del gobierno o del Estado.

Antígona entonces no es una figura irónica para Hegel. Por un lado, la hermana de Polinices encarna la certeza inquebrantable de "un comportamiento simple y claro" hacia las leyes, las cuales por consiguiente aparecen como "espíritus no escindidos y claros para sí mismos" o como "figuras celestiales sin mácula", en palabras del propio

Hegel: "*Son*, y nada más: esto es lo que constituye la conciencia de su relación. Por eso estas leyes valen para la Antígona de Sófocles como el derecho *no escrito e infalible* de los dioses" (254, énfasis en el original). Aquí, en referencia a este derecho no escrito e infalible, es donde aparece la primera cita de la tragedia clásica en la *Fenomenología*:

> *No de hoy ni de ayer, sino de siempre*
> *Este derecho vive, y nadie sabe cuándo ha aparecido.* (254)

Cualquier indagación en el origen de este derecho no escrito e infalible corre el riesgo de deshacer la primitiva certidumbre ética que le infunde a la heroína trágica. "*Son*", dice enfáticamente Hegel sobre las leyes a las que no puede dejar de obedecer Antígona. Y añade:

> Si inquiero su nacimiento y las circunscribo al punto de su origen, voy ya más allá de ellas; pues yo soy de ahora en adelante lo universal y ellas son lo condicionado y lo limitado. Y si tienen que legitimarse ante mi modo de ver, es que ya he movido su inconmovible ser en sí y las considero como algo que para mí tal vez es verdadero y tal vez no. La disposición ética consiste precisamente en atenerse firme e inconmoviblemente a lo que es lo justo, absteniéndose de todo lo que sea moverlo, removerlo y derivarlo. (254)

Lejos de escoger libremente un destino que al mismo tiempo podría no escoger, Antígona se hace la depositaria de una certeza ética inmediata y se mantiene fiel en esta actitud inconmovible. ¿No estamos viendo aquí, de hecho, el funcionamiento de cualquier firmeza en la toma de posición política o ideológica, además de ética? ¿Y no es esta firmeza la que necesariamente empieza a tambalearse cuando se adopta una postura irónica?

Una actitud irónica, justamente, da siempre ese paso más allá de las leyes, y se regodea en destacar el origen contingente, el nacimiento violento, y la precaria legitimidad de lo justo; en moverlo, removerlo y retrotraerlo a un acto meramente subjetivo de la voluntad humana, la cual —se insiste— es siempre frágil, arbitraria y finita; y, de este modo, mostrar lo limitado y lo condicionado de todo aquello que se supone absoluto o incondicional. En cambio, vemos que lejos de encarnar "la eterna ironía de la comunidad", como sería el caso de la feminidad en general para Hegel, Antígona representa lo inquebrantable de una convicción que la ironía vendría a socavar.

Por otro lado, en un pasaje anterior de la *Fenomenología del espíritu*, Antígona tampoco representa para Hegel una figura de la feminidad irónica, sino que la retrata como una infractora cuyo conocimiento previo de la ley, aunque sea vista ahora en su mera contingencia, confirma aún más la unión de la realidad y la sustancia en su disposición ética. "Puede ocurrir que el derecho, que se mantenía al acecho, no se haga presente en su figura peculiar para la conciencia actuante, sino solamente en sí, en la culpabilidad interior de la decisión y de la acción", admite Hegel.

> Pero la conciencia ética es una conciencia más completa y su culpa más pura si conoce previamente la ley y la potencia a las que se enfrenta, si las toma como violencia y desafuero, como una contingencia ética y comete el delito a sabiendas, como Antígona. (277)

En otras palabras, en el mundo primordial de la tragedia griega, según Hegel, el reconocimiento de la culpa no contradice sino que eleva el nivel de certeza ética: "La conciencia ética debe, en virtud de esta realidad y de su obrar, reconocer lo contrapuesto a ella como realidad suya, debe reconocer su culpa" (277-78). Y aquí es donde aparece la segunda cita de la *Antígona* de Sófocles en la *Fenomenología*: "*Porque sufrimos, reconocemos haber obrado mal*" (278).

El reconocimiento de la culpa no interrumpe la profunda eticidad de Antígona. Más bien lo contrario, en vez de una interrupción o una división vemos una superación de la dualidad:

> Este reconocimiento expresa la dualidad superada del fin ético y de la realidad, expresa el retorno a la disposición ética, que sabe que sólo rige el derecho. Pero, con ello, lo que obra renuncia a su carácter y a la realidad de su sí mismo y ha perecido. Su ser consiste en pertenecer a esta ley, a su ley ética, como a su sustancia; y al reconocer lo contrapuesto, esto ha dejado de ser la sustancia para él; y, en vez de su realidad, ha alcanzado la irrealidad, la disposición. (278)

Aquello que Hegel llama la eterna ironía de la comunidad, y que según él está asociada con la feminidad, solo aparece como tal cuando se disuelve esta esencialidad del derecho en una burla desenmascaradora de toda su severidad patriarcal:

> De este modo, la severa sabiduría de la edad madura, que, muerta para la singularidad, para el placer y el goce, lo mismo que para la actividad real, sólo piensa en lo universal y se preocupa de ello, pasa a ser un objeto de burla para la petulancia de la juventud sin madurez y de desprecio para su entusiasmo. (281)

Típicamente es así como las generaciones jóvenes se burlan de la seriedad de sus mayores y tornan en objeto de burla su entusiasmo ético-político.

En suma, por contraste con el mundo ético primordial de Antígona, con sus leyes inquebrantables que aparecen inmediatamente como leyes divinas más que como invenciones humanas, podemos definir la primera figura hegeliana de la ironía como una ironía subjetiva que opone lo finito a lo infinito, la particularidad a la universalidad, la mediación a la inmediatez y lo humano, o demasiado humano, a lo divino.

El segundo concepto hegeliano de la ironía, en cambio, se puede asociar con la famosa "astucia de la razón" y funciona en cierto modo de forma inversa a la ironía privada o individual asociada con la eterna feminidad. Esta vez es en sus *Lecciones sobre la Filosofía de la historia*, más claramente que en cualquier otra obra, donde Hegel argumenta que las pasiones individuales, aún en su particularidad, cumplen a pesar suyo el fin último y universal de la razón en la historia:

> Lo particular tiene su interés propio en la historia; es un ser finito y como tal debe perecer. Es lo particular lo que se utiliza en la lucha y resulta en parte destruido; y de esa lucha y esa desaparición de lo particular surge lo universal, a lo que nada de aquello turba. La Idea no se expone al conflicto, la lucha y el peligro; se mantiene apartada de todo ataque y daño y envía al combate a la pasión para que en él se consuma. Podríamos calificar como astucia de la razón a ese dejar obrar por ella a las pasiones, de suerte que sólo al medio del que se vale para llegar a la existencia alcanzan pérdidas y daños. Porque sólo la apariencia fenoménica es en parte nula y en parte positiva. Lo particular es demasiado pequeño frente a lo universal; y los individuos son, en consecuencia, sacrificados y abandonados. La Idea paga tributo a la existencia y a la caducidad no por sí misma, sino por medio de las pasiones individuales. (*La razón en la historia* 135-36)

Ahora no es el elemento subjetivo del libre albedrío o la arbitrariedad lo que le permite a un individuo distanciarse irónicamente de las convicciones que reinan en el mundo ético inmediato. Al contrario, son los elementos subjetivos, los caprichos individuales y las posiciones particulares que son burlados por el avance objetivo de la historia universal. Lo irónico en este caso consiste en el hecho de que los individuos –incluso los "grandes individuos" como Abraham o Alejandro Magno a los que Hegel llama "héroes" de la historia universal– pueden actuar de una forma que luego se ve contradicha a nivel supraindividual.

Así como fuimos a contrapelo de la lectura tradicional de Antígona, aquí también hay que insistir en el hecho de que para Hegel la astucia es tan solo obra de la razón, no del espíritu. Aparece como astucia tan solo porque la razón parece servirse de los intereses y las pasiones individuales como si fueran instrumentos inertes que no afectaran desde dentro a la universalidad de la Idea, la cual queda al contrario como "apartada de todo ataque y daño". En realidad, para entender cabalmente el movimiento dialéctico del pensamiento de Hegel, también en este segundo caso hay que ir más allá de la posible ironía contenida en la noción de la astucia: habría que pasar de la razón, con su oposición inerte de las pasiones individuales frente a la Idea universal, a la verdadera dialéctica del espíritu. "Lo que el texto viene a decir es, pues", siguiendo el comentario de Félix Duque, el hecho de que:

> [...] sirviéndose de la naturaleza (las inclinaciones y pasiones humanas), la razón (mediadora, por definición: *ratio* es *relatio*) transforma históricamente la Idea (lógica, intemporal) en Espíritu (real, temporal). Y 'hombre' no es ninguno de esos procesos (¡no "cosas"!), sino el portador, el *continuum* o exactamente el *sujeto* de todos ellos. Un sujeto que se va constituyendo en ese complejo movimiento. (10-11)

Quedarse en la posible ironía que opera en las astucias de la razón, en otras palabras, significa no captar el verdadero movimiento dialéctico del espíritu en la historia, determinada por la finalidad interna, no transcendente, de sus fines.

Por eso, lo que en la ironía le causa conflicto a Hegel, hasta tal punto que, como bien dice Paul de Man, estalla en ira contra Schlegel, es que amenaza siempre con interrumpir el movimiento continuo de la dialéctica. En su capacidad para negar cualquier determinación concreta, reduciéndola o bien a la contingencia de un postulado arbitrario del yo o bien a la trascendencia inerte de un principio puro e impersonal colocado por encima de la historia, la ironía ciertamente tiene un lado de virtud que le permite a la razón suspender lo dado a favor del concepto o del juicio sobre lo dado. Así, el paso de lo finito a lo infinito está garantizado desde el interior de una finitud que ahora se pone en marcha para autocancelarse y elevarse a la vez. En este sentido, aunque generalmente prefiere no admitirlo, hay un lugar especialmente eficaz para el uso de la ironía incluso dentro de la severa dialéctica hegeliana. Sin embargo, lo malo según Hegel es que en la ironía esta virtud –la fuerza disolvente de la negatividad– puede negarse asimismo a ser subsumida o relevada, según el famoso esquema de la *Aufhebung*, como simple momento o fase en el imparable avance de la dialéctica subjetiva o histórica. Para Hegel, en cualquier caso, la ironía contradice el compromiso necesario para la actualización del espíritu en la dialéctica de lo finito y lo infinito, lo singular y lo universal, el inconsciente y la conciencia, el individuo y el Estado.

Inversamente, las mismas razones que explican la aversión de Hegel ante la ironía también pueden invocarse para celebrarla e incluso para movilizarla como un arma poderosa en contra de toda la pesada maquinaria del pensamiento dialéctico. Así, por ejemplo, de Jacques Derrida a Judith Butler, el lugar de la mujer –sobre todo de la hermana– en el avance de la fenomenología hegeliana, que va de la familia a la sociedad civil y al Estado, no marcaría una etapa que queda por superar hacia la moralidad del Estado, sino que señala un momento que es desde siempre ya la consumación singular de una eticidad incondicional. Y, en cuanto al ardid o la astucia de la razón, de Karl Marx a Toni Negri, vemos asimismo cómo las contrafinalidades de la historia, lejos de reducirnos como seres humanos a ser simples medios o herramientas en un proceso inconsciente cuyas leyes serían tan férreas como son ignoradas por nosotros mismos, prefigurarían la posibilidad de un comunismo que ya estaría gestándose en el vientre del capitalismo realmente existente.

Podríamos también describir el panorama actual diciendo que hoy en día es la ironía la que es movilizada no solo en contra de la "bella totalidad" de los griegos (la cual es vista como una simple fantasía retrospectiva de parte de los románticos alemanes) sino también en contra de toda la lógica de la "superación dialéctica" de las dualidades entre lo real y lo ideal, el hecho y el derecho, lo histórico y lo conceptual. Más que una generalización epocal de la "conciencia infeliz", vivimos un momento en el que todo compromiso ideológico se torna fácilmente el objeto de una crítica irónica y burlona. Es como si, en ausencia del "mundo ético inmediato" de Antígona y sin ilusiones acerca de la "encarnación" de la moralidad en la razón del Estado, no hubiéramos salido nunca de ese largo presente desgarrado por la ironía que según las figuras de la *Fenomenología del espíritu* va del Imperio Romano a las novelas de Laurence Sterne o Denis Diderot.

3

En América Latina, con mayor razón en el contexto del legado todavía abierto de las guerras sucias y las dictaduras, puede parecer inapropiado hablar de la ironía en estos términos. Tomándonos la libertad de parafrasear y extender los dípticos de César Vallejo en uno de sus famosos *Poemas humanos* (1939), podríamos preguntarnos:

> Un albañil cae de un techo, muere y ya no almuerza
> ¿Innovar, luego, el tropo, la metáfora?
> Un comerciante roba un gramo en el peso a un cliente
> ¿Hablar, después, de cuarta dimensión?
> Un banquero falsea su balance
> ¿Con qué cara llorar en el teatro?
> Un paria duerme con el pie a la espalda
> ¿Hablar, después, a nadie de ironía y violencia? (128-29)

Ya desde el título de esta intervención, queda marcada la voluntad de interrogar y socavar la moralidad implícita en tales preguntas retóricas. La frase "La situación es catastrófica pero no es seria" en efecto es una inversión irónica del dicho "La situación es seria pero no catastrófica", muchas veces invocada por el filósofo esloveno Slavoj Žižek para hablar de nuestra situación actual. De lo que se trataría es de ver hasta qué punto uno se puede permitir ironías parecidas en el contexto de la historia y la política recientes en América Latina. Y preguntarse asimismo si no hay formas de salir del dilema en que la situación de violencia sistémica, por un lado, y el legado de la militancia política, por el otro, parecen plantear una especie de prohibición moral del uso de la ironía. En otras palabras, la seriedad de la catástrofe parece prohibir la ligereza de su inversión irónica.

Repito: la ironía supone distanciamiento, repliegue, separación o ruptura de cualquier punto de convicción ideológica. Inversamente, el efecto de no-inmediatez de la ironía resulta siempre sospechosa para quien busca la transparencia universal de la comunidad, el derecho, o la cosa pública. Contradice, o parece contradecir, el compromiso necesario para cualquier militancia. Instala la subjetividad en la mala conciencia, o en la buena conciencia que revela el inevitable mal detrás de cualquier bien. Por eso, la ironía no parece ser tan fácilmente admisible en círculos militantes. El humor sin duda sí que se admite y hasta se celebra, el sarcasmo también, pero al menos en tanto sentimiento o respuesta individual, la ironía no parece fácilmente compatible con las necesidades de un proyecto político, ya que instala al sujeto de la ironía en una posición de exterioridad y superioridad a la vez con respecto al proceso colectivo en curso. En última instancia solo parece admisible la ironía colectiva, también llamada astucia de la razón en un sentido no estrictamente hegeliano, ya que reafirma los derechos de lo histórico por encima de lo particular y coloca los fines últimos de lo colectivo —aunque estos fines sean involuntarios, inconscientes o conocidos tan solo por una vanguardia iluminada— en un pedestal por encima de los individuos que le sirven de simples medios o mediaciones.

Sin duda hace falta seguir indagando más a fondo en esos usos de la ironía. En ciertos casos, como ahora quisiera ilustrar a través de la novela *Historia del llanto*, pueden incluso adquirir los rasgos de una forma de ironía enarbolada como la bandera de una nueva militancia que más bien parece ser una antimilitancia, por lo menos si se considera la situación en términos de la idea tradicional del compromiso político, pero que quizá sería mejor llamar una militancia post-política o impolítica en contra de la militancia.

Historia del llanto (2007), la primera novela en la trilogía de Alan Pauls sobre las secuelas de los años setenta en la Argentina, aborda el tema de la militancia partiendo del conflicto entre la intimidad y la política. A través del cruce entre lo subjetivo y lo histórico, entre lo individual y lo colectivo, o entre la mera sensibilidad y la posición política que uno no podía no adoptar en aquellos años, se vuelve a plantear aquí el viejo problema de su articulación dialéctica o bien, cuando los viejos esquemas fallan, su desarticulación. Este vínculo entre la cosa pública y los asuntos íntimos del corazón es lo que Pauls llama su "ballena blanca", la obsesión que motiva todas sus búsquedas, incluyendo en *Historia del llanto* la pregunta por la posible fusión entre la sexualidad y la política: "Tiembla, se le seca la boca, el corazón se le acelera. ¿Es política eso? ¿Es sexo?" (118) se pregunta él –"él" siendo el protagonista sin nombre de la historia– cuando se prepara para leer una revista de la guerrilla montonera.

La parte de la sensibilidad en *Historia del llanto* arranca con una anomalía, con un don de precocidad excepcional que se vive –que "él" vive– primero como "un atributo congénito" y luego como un "privilegio" que le sirve desde niño a la hora de "comparecer" ante su padre, es decir, su excepcional capacidad para ser todo oído y conseguir que la más abigarrada colección de individuos le confiesen efusivamente sus intimidades para que él responda, al menos ante su padre, con el poder de sus lagrimales: "Escuchar, llorar, a veces, muy de vez en cuando, también hablar. Hablar, cuando se da, es el estadio superior. [...] Pero lo máximo, el colmo, la función de gala de la escena íntima con su padre es cuando habla de sí, cuando 'se expresa', cuando dice 'lo que le pasa'" (33). Todo parecería indicar entonces que estamos siendo testigos de un caso ejemplar de "educación sentimental" cuyo valor supremo consistiría en la autenticidad, la sinceridad o la transparencia de la efusión personal, si no fuera por el hecho de que desde muy temprano el niño percibe su don como un medio de ganancia en una economía moral perversa: "Considera las lágrimas como una especie de moneda, un instrumento de intercambio con el que compra o paga cosas. [...] Con el llorar, por lo pronto, compra la admiración de su padre" (32). Así, a partir del uso calculado de los afectos, el niño poco a poco se va entregando a una verdadera misión que, más que obedecer a la llamada concienzuda de su fuero interno, consistirá en desenmascarar todas las pretensiones falsas de inmediatez, ternura, complicidad o compañerismo de ruta. De esta forma, un uso tan sutil como permanente de la ironía revela hasta qué punto, paradójicamente, la fragilidad puede servir de garantía para una radicalidad literalmente incomparable, excepcional y quizá más lúcida que cualquier convicción ideológica tradicional.

En *Historia del llanto* el símbolo de este uso irónico de la finitud humana es Superman frente a la kriptonita verde o roja, es decir, el superhéroe digno de ser idolatrado no por sus proezas sino por sus momentos de defección que a "él" le hacen pensar en lo impensable, que sería la muerte del hombre de acero:

> Para que sobrevenga es absolutamente imprescindible la intervención de alguna de las dos llamadas piedras del mal, la kriptonita verde, que lo hace flaquear pero no lo mata, la roja, la única capaz de aniquilarlo, llegadas ambas desde su planeta natal como recordatorios de la vulnerabilidad que el mundo humano, quizá menos exigente, se empeña en hacerle olvidar. (10)

A partir de este punto de defección, simbolizado en la finitud consubstancial del superhéroe, "él" desde niño va descubriendo su verdadera misión que consistirá en ser más exigente que todos para recordarle al mundo la fragilidad de su poder, el dolor de su felicidad, y así evitar todas las coartadas y las ilusiones fáciles.

Aquí, en otras palabras, vemos posiblemente cuál puede ser la función educativa de la ironía, su papel en la formación de una nueva fe —la fe no en el progreso sino en el sufrimiento—, no en la capacidad infinita del hombre para desplegar el continuo dialéctico de su poderío sino en el reconocimiento de su radical e insuperable finitud:

> El dolor es su educación y su fe. El dolor lo vuelve creyente. Cree sólo o sobre todo en aquello que sufre. [...] En la felicidad, en cambio, como en cualquiera de sus satélites, no encuentra más que artificio; no exactamente engaño ni simulación, sino el fruto de un artesanado, la obra más o menos trabajosa de una voluntad, que puede entender y apreciar y a veces hasta comparte, pero que por alguna razón, viciada como está por su origen, siempre parece interponer entre él y ella una distancia, la misma, probablemente, que lo separa de cualquier libro, película o canción que representen o giren alrededor de la felicidad [...] La dicha es lo inverosímil por excelencia. (16)

Usando la fuerza disruptiva de la ironía como una crítica de la ideología más eficaz que cualquier manual de materialismo histórico, la figura de "él" se hace asimismo un antiplatónico impertérrito. La sombra de la desconfianza doblada por la petulancia de la incredulidad cae sobre el menor atisbo arquetípico de Lo Bueno o Lo Feliz: "[...] todo cuanto haga con Lo Feliz, como después, también, con Lo Bueno en general, está ensombrecido por la desconfianza –y por Bueno él entiende grosso modo el rango de sentimientos positivos que otros suelen llamar bondad humana" (16-17). Crítica de la ideología, sí, hermenéutica de la sospecha, sin duda, incredulidad hacia los grandes relatos, también, pero antes que nada y por encima de todo: lucidez y certeza de poder vivir por fin sin coartadas. Es la obsesión de alguien que si todavía cree en algo, es únicamente en su capacidad para no dejarse engañar:

> En todo está siempre la voluntad, casi la obsesión, que pone en práctica con una lucidez y un encarnizamiento asombrosos, de comprobar la sospecha de que toda felicidad se erige alrededor de un núcleo de dolor intolerable, una llaga que la felicidad quizás olvide, eclipse o embellezca hasta volverla irreconocible pero que jamás conseguirá borrar –no, al menos, a los ojos de los que, como él, no se engañan, no se dejan engañar, y saben bien de qué subsuelo sangrante procede esa belleza. Y su tarea, la de él, que no recuerda haber elegido pero muy pronto adopta como una misión, es despejar las frondas que la ocultan, sacar la herida oscura a la luz, impedir por todos los medios que alguien, en algún lugar, caiga en la trampa, para él la peor imaginable, de creer que la felicidad es lo que se opone al dolor, lo que se da el lujo de ignorarlo, lo que puede vivir sin él. (17-18)

Historia del llanto, en este sentido, usa lo que Hegel en sus comentarios de la *Fenomenología* dice, por cierto irónicamente, sobre el papel de la cultura o la educación, capaz de ponerse siempre por encima de todos los valores creados, burlándose de su "núcleo idiota y recóndito", porque nunca puede o quiere crear otros; capaz de entrever la impostura que se esconde detrás de todo intento de complicidad, porque la "astucia" de la razón revelada tan solo a un individuo excepcionalmente talentoso le permite sentirse dueño o amo de la historia con tal de que se la revele ahora en su lado oscuro o irracional:

> [...] cuando el signo de alguna forma de felicidad, no importa si es tenue o flagrante, parece apelar a su complicidad o solicitar su consideración. Lo único que atina a hacer en esos casos, y lo hace sin pensar, de manera mecánica, respondiendo a alguna clase de programación secreta, es comportarse como un consumidor entrenado, siempre alerta para detectar la astucia con que pretenden engañarlo: cargar contra, desgarrar el velo sonriente con que la dicha se le presenta, atravesarlo y dar con el oscuro coágulo de dolor que oculta y del que según él, y ésa es quizás una de las cosas que más lo sublevan, esa especie de parasitismo nunca confesado no

hay más que alimentarse. Eso cuando se le da por hacer algo. Porque las más de las veces ni llega a eso. La desazón es tal, y tan abrumador el desánimo que lo invade, que baja los brazos, se deja caer, desvía la cara para mirar hacia otro lado. (19-20)

"Desgarrar el velo sonriente de la dicha" bien podría resumir el credo detrás del nuevo uso de la ironía. La fórmula es tan brillante como eficaz, pero revela además el aspecto profundamente hegeliano (o antihegeliano, ya que tratándose de la ironía eso da lo mismo) de la época que nos toca vivir.

¿Cuál es la figura que en última instancia se va formando en esta ironía con su misión de militancia impolítica o antimilitante? Si seguimos el comentario a Hegel de Alexandre Kojève podemos decir que es una nueva instancia de cierto tipo de intelectual, siempre oscilando al borde entre la santidad y la bufonería. "Esta individualidad es el intelectual. Su 'hacer no cambia nada y no arremete contra nada'. Actividad contenida en sí misma, expresándose a sí misma: actividad literaria", resume Kojève en su comentario a esa sección en la *Fenomenología del espíritu* (sección subtitulada "El reino animal del espíritu y el engaño, o la cosa misma") donde Hegel habla del mundo de la cultura. Y añade el comentarista:

> Es una mentira o un engaño (*Betrug*) el que el intelectual pretenda sacrificar sus intereses egoístas, empíricas a favor de lo Verdadero, lo Bello, el Bien absolutos (*die Sache Selbst*). Porque esos supuestos valores "eternos" no existen para Hegel. Lo que cuenta es la *negación* (activa) de un valor concreto, ya realizado en el tiempo y en el espacio. Ahora bien, el intelectual no niega nada; por consiguiente, tampoco crea nada, solamente manifiesta su "naturaleza": es un animal "espiritual" (*das geistige Tierreich*). (90-93, traducción mía)

¿Cuál es la meta de este tipo de intelectual? Mostrar su individualidad, su carácter y su talento. ¿Y cuál es el medio que usa para alcanzar tal meta? De nuevo, nada más que su propio talento y su genialidad. Escribe Hegel:

> En efecto, lo que parece ser una realidad previamente encontrada es en sí su naturaleza originaria, que sólo tiene la apariencia de un ser –una apariencia que radica en el concepto del obrar que se desdobla, pero que se proclama como su naturaleza originaria en el interés que encuentra en ella. Y asimismo

> el cómo o el medio es determinado en y para sí. Y el talento no es, igualmente, otra cosa que la determinada individualidad originaria, considerada como medio interior o como el tránsito del fin a la realidad. Pero el medio real y el tránsito real son la unidad del talento y de la naturaleza de la cosa presente en el interés; aquél presenta en el medio el lado del obrar, éste el lado del contenido, y ambos son la individualidad misma, como compenetración del ser y del obrar. (*Fenomenología* 235-36)

¿No será éste también el talento, el dominio individual e incluso el genio innegable de un autor como Alan Pauls? Su genialidad, en este sentido, sería comparable a la de otros escritores latinoamericanos con un manejo igualmente magistral de la ironía, como por ejemplo Fernando Vallejo o Roberto Bolaño. Pero entre críticos y escritores más jóvenes es aún más común poner la ironía al servicio de una nueva militancia antimilitante, dedicada a desgarrar el velo de todas las creencias ideológicas y exhibir el lado vacío de todos los compromisos políticos.

Como la ironía, este mundo de la cultura y la educación que quizá corresponda a la educación estética que hoy en día tiene en mente Gayatri Chakravorty Spivak como una forma de resistencia en la era de la globalización, efectivamente habla lo que Hegel llama el "lenguaje del desgarramiento" para desenmascarar el engaño o la impostura que se esconde detrás de todos los valores. "El lenguaje de la *Zerrissenheit* revela la enajenación y la inversión de todos los valores", comenta Kojève. "El mundo en el que vive es el mundo donde todos se critican y todo es criticado; cada día, inversión de todos los valores. Pero el mundo real, por su parte, no es modificado por ese lenguaje. [...] Cree que el 'espíritu verdadero' es representado por su charlar desgarrador –'*das allgemeine Sprechen und zerreissendes Urteilen*'. Cree que su discurso es invencible y que mediante él domina el mundo" (130-31). Superman frente a la kriptonita roja o verde puede servir de modelo para este nuevo discurso irónico porque representa las virtudes invencibles de la finitud contra todos los engaños de lo infinito –incluyendo los engaños y las imposturas de la dialéctica de la historia al estilo de Hegel o Marx mediante las cuales solía justificarse la militancia izquierdista. Dicho en otras palabras, lejos de todos los viejos compromisos con la revolución o el pueblo unido, en la época de cierta militancia antimilitante, parece ser que irónicamente es el superhéroe débil y derrotado el que jamás será vencido.

Notas

1. El texto de Spivak había sido publicado previamente bajo el título "From Haverstock Hill to the U.S. Classroom: What's Left of Theory?" en el volumen colectivo *What's Left of Theory? New Work on the Politics of Literary Theory*, ed. Judith Butler, John Guillory y Kendall Thomas (New York y London: Routledge, 2000). En inglés la frase reza: "Triumphant global finance/world trade can only be resisted with irony".
2. Se trata de la transcripción de una conferencia que Paul de Man originalmente dio en la Ohio State University, el 4 de abril de 1977.
3. En alemán, la expresión que usa Hegel es *die ewige Ironie des Gemeinwesen*, palabra esta última que también podría traducirse como el "ser-común", la "cosa común" o la "cosa púbica", para distinguirla de la otra palabra, *Gemeinde*, que suele traducirse como "comunidad".

Obras citadas

Booth, Wayne. *A Rhetoric of Irony*. Chicago: U of Chicago P, 1974.

Butler, Judith, John Guillory, y Kendall Thomas, eds. *What's Left of Theory? New Work on the Politics of Literary Theory*. New York: Routledge, 2000.

De Man, Paul. "El concepto de ironía". *La ideología estética*. 1996. Manuel Asensi y Mabel Rochart, trads. Madrid: Cátedra, 1998. 231-60.

Duque, Félix. "Dar razón de la libertad en Kant y en Hegel". *Tópicos* 12 (2004): 10-11.

Hegel, Georg Wilhelm Friedrich. *Fenomenología del espíritu*. 1807. Wenceslao Roces, trad. Ciudad de México: Fondo de Cultura Económica, 1966.

―――. *La razón en la historia*. 1837. César Armando Gómez, trad. Madrid: Seminarios y Ediciones, 1972.

Kojève, Alexandre. *Introduction à la lecture de Hegel*. Paris: Gallimard, 1947.

Pauls, Alan. *Historia del llanto*. Barcelona: Anagrama, 2007.

Spivak, Gayatri Chakravorty. *An Aesthetic Education in the Era of Globalization*. Cambridge: Harvard UP, 2013.

Vallejo, César. *Poemas humanos*. 1939. Lima: Laberintos/Centro Peruano de Estudios Culturales, 2008.

Ironía y violencia en Mano de obra *y* Fuerzas especiales *de Diamela Eltit*

DIANNA C. NIEBYLSKI
University of Illinois at Chicago

Son múltiples las violencias que han preocupado y siguen preocupando a Diamela Eltit: la violencia estatal e institucional, la violencia sistémica, la violencia doméstica, la violencia de género, la violencia simbólica. Desde *Lumpérica* (1983), su primera novela, hasta *Fuerzas especiales* (2013), el proyecto narrativo de esta autora, una de las voces más relevantes de la literatura hispanoamericana, ha girado obsesivamente a los efectos macabros de estas violencias en los cuerpos más periféricos de la periferia (el "cuarto mundo" que la autora viene recreando durante más de tres décadas).[1] Un elenco cruel, abyecto, a veces repugnante de cuerpos heridos, sangrantes, babeantes, ha guiado y trastornado el imaginario de la autora en todas sus novelas, impulsándola a su vez a violentar las bisagras de la gramática, a hacerle guerra al lenguaje, a desarmar los discursos ideológicos y epistémicos que rigen las convenciones de la representación mimética y de la estética realista.[2] El resultado es una escritura desnaturalizada, excesiva, agresiva, irritada y con frecuencia intencionalmente irritante: una escritura rigurosamente reacia a la transparencia, al didacticismo y a la clausura: una escritura, de hecho, absolutamente resistente a la catarsis. Dada la particularidad de la escritura eltitiana, es raro el estudio sobre las novelas de la autora que no haga hincapié en los mecanismos u operaciones que desbordan o desvían el sentido del relato. Igualmente raro, sin embargo, es el estudio que reconoce la presencia o la importancia de la ironía como elemento constitutivo de la indeterminación y de la ambigüedad característica de la obra de esta autora. Cuando la ironía se menciona, queda siempre de lado, como nota al pie de la página, como si no hubiera nada más que decir al respecto. Hasta ahora no ha habido ningún intento –al menos no publicado– por teorizar los usos o la función de la ironía en la obra de esta autora, y mucho menos del papel de la ironía en relación a los mundos ultra violentos que recrean las novelas.

A pesar de la insistencia con que Eltit ha subrayado la distancia que media entre el desenfado polifónico de su escritura y la confianza en la comunicabilidad del habla y del sujeto hablante de los textos testimoniales hispanoamericanos más comentados y estudiados durante las últimas décadas, nadie cuestiona la pulsión que lleva a la autora a testimoniar en contra de las fuerzas que directa o indirectamente oprimen y excluyen a los grupos o las poblaciones marginales que conforman los imaginarios eltitianos. No repetiré ahora los muy polémicos debates de la supuesta superioridad del testimonio no literario sobre la novela con intenciones testimoniales que ocuparon tanta tinta a fines de la década de 1980 y primera parte de 1990, pero vale la pena recordar que en esa primera línea de ataque en contra del testimonio novelado o la ficción testimonial, la ofensiva contra una escritura como la de Eltit residía en parte en acusar la distancia intelectual que presupone toda creación literaria –en contraste con la reacción visceral y emotiva del testimonio (no letrado) de la víctima–.[3] Aunque supuestamente todo estudioso de la obra de la autora se opondría a las distinciones demasiado maniqueas de estos primeros defensores del testimonio, es comprensible que quienes se acercan a la obra de Eltit atraídos mayormente por la tenacidad con que la autora denuncia una realidad castigada por la violencia y la injusticia no se interesen en explorar un registro irónico porque podría complicar los términos del compromiso ético de la autora con dicha realidad.

Un estudio pormenorizado del registro irónico y las posibles funciones de la ironía en la trayectoria novelística de Eltit requeriría un repaso igualmente pormenorizado de su extensa obra, y por lo tanto excede los parámetros de este artículo. En cambio, a partir de una conceptualización inicial sobre la dificultad de localizar y clasificar la ironía en la obra de la autora en general, propongo investigar la operación de la ironía –y del también mayormente ignorado humor negro– en dos novelas recientes de la autora: *Mano de obra* (2002), novela que explora de manera alucinante la violencia del mercado sobre el sujeto periférico de la posmodernidad, y *Fuerzas especiales*, novela que recrea la creciente y preocupante intervención policial en los sectores marginales de la población chilena (pero podría ser latinoamericana) en los Estados neoliberales supuestamente democráticos del siglo XXI.

DE LA IRA CONVULSIVA A LA IRONÍA DE LA LENGUA ABYECTA

Propongo que la reticencia de la crítica para examinar la ironía en la novelística de la autora, se debe, en primer lugar, a que la gran parte —casi la totalidad— de los estudios sobre la novelística de Eltit hacen resaltar, naturalmente, la labor contestataria y el compromiso político de dicha novelística. La suya es una obra que busca insistentemente dejar constancia de lo irrepresentable de la violencia y la violación, de la opresión y de la marginalización, preocupaciones que en general rehúyen el siempre posible engaño o guiño de la ironía. Es arriesgado introducir la ironía en el discurso de la experiencia límite.

En segundo lugar, sin embargo, es indudable que la reticencia de la crítica para descodificar el operativo irónico en la obra de Eltit se debe también a la densidad sintáctica y semántica de la escritura de esta autora, densidad que hace difícil distinguir entre la ironía y otras operaciones discursivas contiguas: la alegoría, la paradoja, la hipérbole, incluso la metáfora y la mentira. Como bien señala Linda Hutcheon en su influyente tratado sobre la teoría y las políticas de la ironía, la operación irónica está siempre expuesta al malentendido.[4] Pero el carácter marcadamente polisémico de la escritura de Eltit intensifica la natural ambigüedad entre la ironía y las otras operaciones discursivas que acabo de enumerar. En un estudio muy temprano sobre las novelas *Lumpérica* y *Por la patria* (1986), Djelal Kadir nota que Eltit negocia la distancia entre la paradoja y la ironía "con inconsolable austeridad" (181, traducción mía). Kadir no ahonda en esta observación, pero lo acertado del juicio contribuyó significativamente a mi investigación sobre el tema. La mayor legibilidad de las novelas recientes de Eltit hace que el acto de diferenciar entre uno y otro procedimiento —paradoja o ironía— sea menos arduo. Sostengo, sin embargo, que uno de los retos que supone descodificar la escritura de la autora reside precisamente en medir el balance de esta negociación.

Otro factor que contribuye a la dificultad de localizar, clasificar y descodificar el posible papel de la ironía en la obra de la autora es, por supuesto, el carácter intensamente alegórico de su obra –particularmente de aquellas novelas escritas durante la dictadura– incluida *Los vigilantes* (1994). Las reflexiones de Paul de Man sobre la contigüidad retórica y axiológica entre alegoría e ironía podrían haber indicado otro rumbo en los estudios eltitianos, pero las muy acertadas lecturas sobre la función y la política de la alegoría en las obras tempranas de Eltit se centran en lo dramático y traumático de estas mismas y evitan tramitar con la ironía que pueda o no pueda estar presente.[5] Valdría la pena examinar hasta qué punto la ironía y la alegoría se intensifican y se neutralizan mutuamente, y con qué efecto; o preguntarse si la distancia que hoy nos separa del violento trauma histórico recogido en estas novelas hace más posible –o permisible– una lectura que admita la intervención irónica en el proyecto político de esa escritura.

El influyente ensayo "The Concept of Irony" ["El concepto de la ironía"] (1977) de Paul de Man es apenas anterior a la publicación de *Lumpérica*. La negatividad vertiginosa de la ironía, señala de Man, hace que toda práctica literaria –pero especialmente la escritura posmoderna– no pueda sino ser irónica: para de Man la escritura –como la ironía– posterga incesantemente el significado, o el cierre de significado. Eltit comparte plenamente este interés en la indecibilidad del lenguaje, de modo que desde esta perspectiva sería posible argumentar que el proyecto novelístico de la autora es esencialmente irónico. Hay, sin embargo, un abismo insalvable entre la ironía demaniana y la práctica escrituraria de Eltit, y ese abismo se llama cuerpo, o mejor aún, cuerpo abyecto. Para de Man, la ironía presupone un sujeto enteramente constituido por el lenguaje, un lenguaje marcadamente incorpóreo o des-incorporado. A diferencia del vértigo potencialmente irrefrenable que moviliza la ironía demaniana, la propulsión irónica en la novelística de Eltit está siempre interferida y atravesada por el cuerpo –la presencia de la lengua– una lengua frecuentemente hipertrófica, nos alerta al hecho de que cuando hay ironía en la obra de Eltit ésta pasa por la lengua –una lengua que, con frecuencia, es una lengua sucia–.

La lengua sucia nos remite a otro posible intertexto para descodificar el procedimiento irónico en la autora. Eltit reconoce su atracción por el lenguaje o la escritura "minoritaria" tan convincentemente teorizada por Deleuze y Guattari.[6] La escritura "minoritaria" –una máquina para producir alteridades–, es una escritura que confunde y corroe desde el espacio de lo simbólico las estructuras del poder. La influencia del pensamiento deleuziano en la obra de la autora se evidencia en la materialidad desbordada, dislocada, y divagante de su escritura. Los sujetos que habitan la obra de Eltit, a pesar de su potencial alegórico, no son nunca tipos (ni arquetipos ni estereotipos); son ensamblajes de órganos desencajados y adoloridos que sin embargo insisten en su derecho a líneas de fuga.

Tampoco Deleuze explica del todo la operación irónica eltitiana. Si bien la distancia irónica que separa un signo de otro, un posible significado de otro, en las novelas de la autora permiten múltiples modalidades discursivas, no hay lugar en esta distancia, sin embargo, para el proyecto utópico deleuziano. Para Eltit, comprometida con el proyecto de hacer reverberar las violencias y los desastres que la obsesionan, la escritura no puede darse el lujo de abandonar su potencial contestatario. Aún distorsionado y traicionado por las trampas del lenguaje, las maniobras discursivas en Eltit cumplen una función ética y no solo estética. Es posible ver en la ironía superior de Deleuze la contrapartida o la antítesis de la ironía absoluta demaniana. Mientras que en de Man la "ironía de la ironía" opera a través de la negatividad, la "ironía superior" (que para Deleuze es más humor que ironía) se proyecta hacia una positividad que rebasa toda dialéctica. En última instancia ambas conceptualizaciones reducen la operación irónica al abismo del sinsentido, un abismo al que la escritura de Eltit se acerca constantemente pero al que nunca sucumbe. Simplificando, la ironía demaniana opera en un plano puramente estético; la de Deleuze apunta hacia un goce que va más allá de una ética; ni una ni otra puede asumir la intervención política a la que Eltit dice mantenerse fiel.

Capitalismo salvaje: mercado, parodia irónica y malas palabras en *Mano de obra*

Una docena de ensayos ya publicados sobre *Mano de obra* señalan el colapso de la colectividad obrera y el desgaste del cuerpo del empleado de bajo nivel social ante la indiferencia automatizada del capitalismo tardío. Solo algunos de estos artículos mencionan la ironía –en general en referencia a un capítulo particularmente sarcástico de la primera parte o al uso del insulto soez y la mala palabra local (o nacional) de la segunda–.[7]

A través de los títulos que hacen referencia a periódicos proletarios –la mayoría comunistas y anarquistas– del movimiento obrero chileno en la primera mitad del siglo XX, la primera parte de *Mano de obra* yuxtapone el fuerte activismo y solidaridad gremial en el Chile de comienzos del siglo XX a la erosión de estos movimientos obreros en el Chile neoliberal de la globalización. Para Nelly Richard la alusión a los periódicos cuyos nombres encabezan los capítulos de la primera parte es una manera de introducir en la novela el "fervoroso recuerdo de un ayer obrerista, sindicalista" para hacer presente el "peso heroico de tiempos en que la fuerza del trabajo, de la 'mano de obra', todavía producía, además de mercancías, revueltas e insurrecciones" (sp).[8]

Para apreciar la distancia irónica que separa el discurso de la prensa obrerista de la realidad experimentada por el empleado del supermercado es necesario recurrir a un ejemplo emblemático del tipo de retórica que animaba a dicha prensa.[9] El primer capítulo de la novela hace alusión al periódico *Verba Roja*, una de la más importantes y duraderas publicaciones del movimiento obrero anarquista, dado que estuvo en circulación desde 1918 hasta 1927. Una rápida investigación de las publicaciones de dicho periódico me permitió rescatar un texto titulado "El cartel del presidio", fechado noviembre de 1919. En éste el anarquista Julio Rebosio Barrera expresa su admiración ante el dolor y el temor del obrero encarcelado, seguramente por haberse unido a una huelga del sindicato, animando al obrero a mantenerse firme:

> Yo he contemplado tus lágrimas, he escuchado tus sollozos, he oído tus clamores y mirado la visión de tus pupilas dolientes: eso basta. Pon todo eso bajo la égida de un ideal de justicia; has [sic] de su voluntad un arco tenso, vibrante; ponle tu corazón como una flecha de luz y lánzalo hacia las más altas y celestes prominencias de la vida… (citado en Muñoz sp)

El pasaje es emblemático no solo del resto de la carta sino del estilo de *Verba Roja* en general. La retórica empleada por el escritor anarquista de comienzos del siglo XX expresa un dinamismo dramático, persuasivo y solidario. La función de la carta es convencer al obrero de que el desgaste y el sufrimiento actual serán premiados en un futuro no muy lejano.

Contrapuesto a la alusión de la retórica incandescente y solidaria de *Verba Roja*, la primera parte de la novela revela a un empleado de supermercado que describe su propia desintegración física y psíquica ocasionada por la brutal automatización que el mercado –el supermercado– le impone.[10] En lugar de la solidaridad explícita de *Verba Roja* y de los otros periódicos a los que aluden los títulos de la primera parte, la voz del narrador en la primera parte va narrando su propia desintegración como sujeto.[11] Ante la vigilancia de los supervisores, las nuevas prácticas de venta y consumo, y la agresión del cliente, el empleado que narra esta parte de la novela debe morderse la lengua para no gritar o llorar. Su aislamiento y su sensación de rechazo son absolutos: "no cuento para nadie" (14); "[el cliente] me odia porque sí" (27); "[los supervisores lo vigilan] con sus gestos amenazadores cargados de una reprobación odiosa" (19).

El uso de la metáfora y la metonomia en la prensa obrera "El cartel del presidio" ("pupilas dolientes", "lágrimas", "sollozos") se sustenta en la ética solidaria de la retórica obrerista. Por el contrario, el realismo cinematográfico (que no literario) que caracteriza la descripción fisiológica del narrador en *Mano de obra* registra la desintegración del personaje obrero sin una mínima dosis de empatía: "pongo en marcha el ojo. Este ojo mío, dispuesto como un gran angular, sigue el orden de las luces. [...] Cierro el ojo. Parpadeo una y otra vez hasta que recobro la visión. Y consigo esta maravillosa sonrisa, mi estatura, el movimiento armónico de mis manos" (16).[12] La desintegración que tiene lugar en *Mano de obra* no es una mera fragmentación estructuralista y posestructuralista (lacaniana) del sujeto; es un desmoronamiento físico y ontológico sin tregua –una abyección sin fin–.[13]

Junto con la importantísima presencia de la prensa obrera –a la cual no puedo hacer justicia en esta ocasión– cabe señalar otras alusiones o intertextos relevantes. Por un lado, la presencia de César Vallejo, fácilmente reconocible, hace hincapié en lo surreal y lo absurdo de la situación en que se encuentra el obrero. Por otra, las ubicuas alusiones a la retórica de la mística cristiana facilitan la identificación del blanco discursivo paródico en esta primera parte de la novela. En el capítulo que abre la novela los clientes son equiparados a los peregrinos y mártires medievales: "llegan con sus rodillas rotas, sangrantes, dañadas después de poner fin a una peregrinación exhibicionista. [...] Ingresan como mártires de mala muerte, famélicos, extemporáneos, pero al fin y al cabo, orgullosos de formar parte de la dirección general de las luces" (15-16). Parodiando esta obsesión con el consumo aun en un supermercado de la periferia, el empleado-narrador nota la "devoción fanática" de los clientes hacia los productos: "[t]ocan los productos igual que si rozaran a Dios. Los acarician con una devoción fanática (y religiosamente precipitada) mientras se ufanan ante el presagio de un resentimiento sagrado, urgente y trágico" (15).[14]

El filósofo francés Dany-Robert Dufour, cuyas obras, *El arte de reducir cabezas. Sobre la servidumbre del hombre liberado en la era del capitalismo total* (2007), y *Locura y capitalismo* (2002) han sido traducidas al castellano, ha acuñado la frase "el divino mercado" para referirse precisamente al fanatismo del consumo en la era contemporánea. La ironía de la frase no hace sino destacar lo que Dufour, entre varios otros, considera la sociedad del consumo obsesivo que caracteriza al capitalismo sin fronteras de la era global. Para Dufour, discípulo de Lyotard, la muerte de Dios en la era moderna deja lugar a un vacío que es llenado por el mercado neoliberal. Dice Dufour en una entrevista:

> este vacío trascendente de Dios fue reemplazado por la nueva Providencia [...], que es la Providencia del mercado. Es el mercado el que se presenta como un nuevo dios: potencia, omnipotencia; podría hacer todo, regular todo. Así que estamos ante una especie de nuevo dios. El problema es que este nuevo dios no cumple sus promesas –sus promesas divinas, puedo decirlo. (citado en Aguado y Paulin)

La ironía que sostiene esta parodia del mercado como una nueva religión se intensifica hasta llegar a convertirse en un sarcasmo abiertamente blasfemo en el capítulo "*El Obrero Gráfico*". Este es el capítulo que normalmente se menciona cuando se menciona la ironía y la sátira en la novela. Lo que distingue a este capítulo de los demás, sin embargo, es solo el grado de sarcasmo y la violencia psíquica que adquiere la voz del narrador. Obligado a hacer el papel de San José en el pesebre viviente que los empleados del súper deben representar para estimular las compras de las fiestas navideñas, el empleado, ahora abiertamente borracho, y por lo tanto más paranoico y esquizofrénico que en otros capítulos, se ve poseído por Dios. "Dios me posee constantemente como si yo fuera su ramera. Se me sienta (ya lo dije) encima de la palma de la mano o trepa, a duras penas, por mi espalda o se cuelga de una de mis piernas o se introduce de lleno en mi interior hasta oprimir los conductos de mi agobiado corazón" (62). Más tarde en el mismo capítulo –uno de los dos capítulos más largos de esta parte– el cansancio y el desprecio que siente el empleado al ser obligado a formar parte de una actuación tan hipócrita se vuelve intolerable, y la parodia de la unión mística se transforma en una herejía surrealista:

> [e]l insuperable fuego de Dios se aproxima para palparme y recorrerme y obligarme al refinado oficio de su puta preferida. Será el ardor. Ah, el roce con esta consagrada y ambigua cercanía. Me inflamo y noto cómo y en cuánto se eriza la superficie de mi piel. Pero el maldito puto no me satisface con la gracia divina que le asignan. (63)

Animado por el pisco que bebe a escondidas mientras hace el papel de San José, es difícil decidir si la blasfemia sardónica que caracteriza estos pasajes es el resultado de una fe desencantada o de un escepticismo que no descarta el milagro. Al mismo tiempo, la mezcla de amargura y humor negro en este capítulo revela la consciencia de la posición autorial detrás del narrador, una consciencia que acusa la apropiación del rito religioso del pesebre de Navidad por el canibalismo salvaje del mercado.

Convertido en sensaciones que no parecen filtrarse a través de una conciencia individual sino residir sin mediación alguna en los nervios desnudos de algún órgano particular (la boca, el pie, la uña, la mano, el ojo), el empleado registra su frustración y su ira en más de una ocasión: "Cargo mi ira, mi odio, mi miseria" (72), "Odio la turba y los desmanes de los agitadores y me parece insoportale la sola imagen de la mancha sangrienta en el producto" (58). La biopolítica del neoliberalismo acusa una vez más la influencia de Deleuze –la neurosis, la multiplicación e intensificación del gesto y del lenguaje violento–, y esto es lo que condiciona los escenarios públicos y domésticos de *Mano de obra*. La alienación y la desigualdad del individuo –convertido ahora no en un insecto sino en una serie de órganos demasiado reformateados y agotados para armarse como organismo–, y la falta de autonomía del empleado que es sometido a una rutina insensata se cristaliza en un capítulo a la mitad de la segunda parte, un capítulo que no es sino una suma interminable de las vejaciones y humillaciones a las que deben someterse con la esperanza de que tal servilismo les permita seguir trabajando en esas mismas condiciones:

> [e]xtenuados por la monotonía rígida de los estantes, por la profusión serial de los clientes. Cansados de cargar las mercaderías (pesadas, pesadas) de un lado para otro [...] Desplomados y humillados porque nadie se dirigía a nosotros como correspondía. Desolados ante la reiteración de preguntas idiotas, acostumbrados penosamente a que nos gritaran, que nos obligaran a disfrazarnos. Que nos vistieran de viejos pascueros en Navidad, de osos, de gorilas, de plantas, de loros, de pájaros locos [...] Que nos impusieran el deber de bailar cueca el 18, de bailar jota el 12 de octubre. (110-11)

El subtítulo que encabeza la segunda parte hace alusión al periódico chileno más representativo del movimiento obrero publicado entre 1970 y 1973, censurado definitivamente el día después del golpe de Estado de 1973.[15] Dicha publicación fue conocida por su estilo informal y su irreverencia verbal y gráfica, y por su apoyo (no exento de crítica) al gobierno de la Unidad Popular. Detrás del lenguaje desenfadado y de la malicia de las caricaturas había, sin embargo, una crítica social que acusaba la desigualdad social, la hipocresía, la corrupción y que apoyaba sin reparos al obrero chileno. Dada la estructura de la primera parte de la novela, no es de sorprender que, a partir de esta referencia a uno de los portavoces más populistas y más libres de la prensa chilena, la segunda parte de la novela escenifique la paulatina destrucción de la frágil colectividad que los empleados del supermercado deciden formar para compartir los gastos de vivienda y manutención diaria. Si en la primera parte presenciamos la desintegración corporal del sujeto obrero —convertido al final en una suma caótica de órganos y mecanismos automatizados pero carentes de autonomía—, en la segunda parte esta desintegración se intensifica bajo la constante presión de la biopolítica ejercida por el poder del mercado y el temor al despido; pero ahora esta desintegración corporal se manifiesta —constante y agresivamente— en la descomposición y progresiva "corrupción" o contaminación de la retórica comunicacional necesaria para mantener un mínimo contrato social. La distancia irónica que separa a uno y otro registro discursivo y el humor grotesco que subyace la parodia intertextual son indispensables para sugerir la compleja red de intertextos a los que alude la segunda parte de la novela; intertextos que efectúan una concientización de la farsa inoperante de la enunciación civilizada –aquella que Andrés Bello consideraba necesaria para el mantenimiento de la sociedad civil– como la violencia anárquica pero impotente del insulto grosero.

Es evidente que la vida doméstica del grupo de empleados en la segunda parte de la novela transcurre simultáneamente a las escenas que presenciamos en la primera parte. Pierre Bourdieu sostenía que el neoliberalismo presupone la destrucción de estructuras colectivas que da paso al culto del individuo. Otros pensadores posmodernos –Deleuze, Jameson, Žižek– concuerdan con Bourdieu en que el mercado neoliberal y el culto al consumo necesitan y animan la destrucción del proyecto colectivo moderno (gremios, sindicatos), pero difieren de éste último en cuanto a la composición del sujeto víctima de la biopolítica del capitalismo tardío.[16] En *Mano de obra* la pérdida de la solidaridad colectiva conlleva la pérdida de autonomía y de integridad del sujeto, y viceversa.

La voz narrativa en primera persona plural que escuchamos en la parte titulada "Puro Chile" se tensa entre dos códigos discursivos: por una parte esta voz se esfuerza por reproducir un registro retórico caracterizado por su excesiva cordialidad y su banalidad; por otra, la voz rompe una y otra vez en la grosería, y así se van acumulando los insultos más groseros del argot chileno. Comentando sobre los intereses que la animaron a escribir la novela en una entrevista con Claudia Posadas, Eltit revela que quiso explorar

> cómo la desarticulación de las organizaciones laborales (el sujeto obrero, las estructuras sindicales) conducían a una pérdida de discurso, que se permuta en cambio de expresiones que remiten a la esfera de un lenguaje residual conformado básicamente por 'malas palabras' o 'garabatos', como decimos en Chile, y cómo ese lenguaje considerado 'violento' empieza a naturalizarse y a reemplazar amplias zonas discursivas. (234)

Según Jean Franco, la grosería o la mala palabra es el último indicio de identidad nacional en la novela. Nelly Richard, Ana Forcinito y Michael Lazzara (entre otros) abordan este aspecto de la novela, con conclusiones dispares en cuanto a las posibilidades redentoras o subversivas de este registro comunicativo.

Propongo, sin embargo, que el filo irónico apunta a ambos registros discursivos como propiamente chilenos, aunque pertenecientes a distintas clases: junto con la parodia de la palabra sucia del pobre maleducado e iracundo vemos la parodia de la gramática civilizada y civilizatoria de Andrés Bello en el esfuerzo por reconocer o halagar a uno o a otro compañero. La empatía y la cortesía son gracias del habla aprendida de los manuales de buen comportamiento que la clase media considera obligatoria y al que, juzgando por la frecuencia con que alguno de ellos corrige la lengua malhablado de otro, los empleados aspiran –al menos al inicio de su convivencia–. La buena gramática con la que Andrés Bello esperaba formar una colectividad de voces bien educadas aquí está filtrada por la retórica convencional de los modales burgueses. La "feminización" de la cortesía en esta parte de la novela podría acusar la influencia de las primeras matronas de la burguesía chilena al hacer eco de los primeros manuales de urbanidad.[17]

Según varios estudiosos, el género epidéitico –la rama de la retórica que se ocupa de la oración valorativa, y en particular del elogio y del vituperio–, ocupó un papel importante en las letras de Antonio de Nebrija y por lo tanto en la gramática que se importa y se impone en la América hispana. Un siglo y medio más tarde, Andrés Bello, para quien la sistematización y defensa de la buena dicción y la buena gramática era un proyecto íntimamente relacionado con la formación de la opinión pública y el establecimiento de modales de comportamiento cívico, escribía que "[L]a gramática de una lengua es el arte de hablarla correctamente, esto es, conforme al uso de la gente educada" (7). De allí, entonces, que el narrador o narradora en primera persona plural de la segunda parte de la novela comience cada capítulo ensayando los elogios aburguesados más horteras aunque –sospecho– momentáneamente sinceros. Como parte del considerable esfuerzo de la voz narrativa en la segunda parte de la novela por mantener el orden y la cordialidad entre los empleados que comparten la casa, el elogio ocupa un lugar prominente: "Isabel era una promotora excelente" (81); [Gloria] "Tenía buenos modales [...] era honrada y limpia. Queríamos a Gloria" (86); "Enrique era tan generoso con nosotros" (93); "Nos sentíamos tan orgullosos de ella" (95); "Había bastantes promotores pero ninguna lucía como Isabel. Estaba preciosa, preciosísima Isabel. Tenía un estilo, una mirada, un porte, un peinado, una manera mucho más armónica de caminar" (96); "Con una habilidad cercana a la magia, convertía a esa carne sanguinolenta en un espectáculo. Y con una concentración admirable, se volcaba a los tallarines. [...] Sus manos trazaban una suerte de malabarismo que deshacía la catástrofe que portaban los productos" (127); "Decía que Andrés era una persona excelente, que le gustaba como trabajaba, que admiraba su débil sonrisa y la delicadeza con que guardaba los paquetes" (114).

Con el motivo de proteger al lenguaje de la contaminación de vocablos de baja procedencia, Bello consideraba que los neologismos contribuirían a corromper el habla y por consiguiente desatarían la barbarie. Es evidente por el contexto que el tipo de neologismo que le preocupa es el que proviene de lo popular –del habla baja–. En un artículo sobre la espectacularidad del tipo de violencia criminal que tanto preocupa a los medios de comunicación masiva y de ese modo contribuye a crear la imagen de Latinoamérica como una de las regiones más violentas del mundo, Rosana Reguillo explica que para entender los brotes de violencia actual (relacionados con el narcotráfico, el trabajo migratorio o la xenofobia) se necesita no solo prestar atención a la nueva geopolítica global, sino reconocer los efectos de la violencia fundacional simbólica y sistémica sobre la región. La violencia simbólica ejercida por "la palabra blanca", dice Reguillo en "Violencias y después", sigue agrediendo a sectores enteros de la población latinoamericana, la cual cuando puede –o cuando no resiste más la injusticia de esta violencia sistémica– opta por la violencia directa (12).[18]

Esta lucha entre la adaptación al uso de la buena gramática y el insulto callejero reflejan el peso de la tradición –una tradición impuesta por la palabra de quienes, con las mejores intenciones liberales, buscaban afirmar la posibilidad de una igualdad política sin ocuparse de una justicia económica y dejando de lado a un gran sector de la población. La rapidez con que el elogio se torna en vituperio marca el filo irónico que acusa como vacío un buen gusto o una buena gramática que resulta totalmente inapropiada a la violenta precariedad –al estado de emergencia– en que viven estos sujetos. Por ello no es de sorprender que los elogios se trastoquen en insultos groseros, muchas veces en la misma frase, siempre en el mismo capítulo. Después de admitir que "Enrique era tan generoso con nosotros. Nos dejaba mirar los programas en su tele" y "[r]esultaba reconfortante, después de todo, que Enrique nos quisiera tanto" (93), los empleados se encuentran con que Enrique no puede pagar la cuota mensual del televisor y el equipo de música. Cuando Enrique pide la ayuda del grupo, los demás se niegan terminantemente, y lo que hace unas horas era generosidad ahora es "una huevada": "Enrique siempre ha sido bastante huevón con la plata" (96). En otro capítulo, inmediatamente después de notar que Isabel "quería y respetaba a Alberto" (88) se descubre que dicho Alberto está organizando un sindicato (lo que significa el despido de todos si los supervisores se enteran que comparten casa), y esto lleva a la misma Isabel a exclamar "que cómo Alberto podía ser tan mierda, tan chucha de su madre" (88). Al insulto de Isabel le siguen otros, acusando la insensatez del único empleado en la novela que aún cree en la viabilidad de una unión obrera. Enrique lo llama "saco de huevas", Gloria un "[c]uliado envidioso" (89). Mientras avanza la narración, más se recogen las voces en directo y más rápido se torna la valoración positiva en insulto soez. A pesar de que la primera persona plural quiere convencernos de que el grupo se respeta y se quiere, lo que finalmente caracteriza los intercambios entre ellos es el miedo y la ira. La mala palabra revela más y más urgentemente la total impotencia de estos sujetos que no tienen otro modo de resistir –de rebelarse– contra la farsa impuesta por una gramática y unas reglas de comportamiento que están hechas para otras circunstancias o para quienes tienen la seguridad y la comodidad de no tener que preocuparse de su bienestar económico.

Mientras que Eltit ha de estar consciente del peso intertextual de Andrés Bello en la ironía, que marca lo absurdo de insistir en que estos sujetos al borde del desempleo y del desalojo hablen "con propiedad" aún con dolor de encías, después de rebanarse un dedo trozando pollos, o con el vómito en la boca o con las tripas fuera de control, creo importantísimo señalar que –quiera la autora o no– es el fantasma de Adam Smith el que marca la necesidad de un acercamiento irónico al triángulo trabajo - empresa - palabra. En su tratado *An Inquiry into the Nature and Causes of the Wealth of Nations*, más conocido como *Wealth of Nations* (1776), Smith funda la religión del capitalismo liberal –o del liberalismo económico– argumentando los beneficios de la división del trabajo y la necesidad de que el Estado permita la más libre expansión y operación del mercado. Menos conocida por quienes no somos expertos en la historia de la economía o del pensamiento filosófico liberal es la estrecha conexión que Adam Smith establece entre la importancia del dominio de las distintas ramas de la retórica (con fines comunicativos y pragmáticos), el progreso económico y la conducta moral del ciudadano.

Aunque la expresión "hablar con propiedad" todavía se escucha y se entiende, la conexión etimológica entre "propiedad" en el sentido metafórico y propiedad como pertenencia ha dejado de ser evidente a primera vista.[19] Para Smith el dominio de la epidéitica como rama de la retórica era tan necesaria que el manejo de la persuasión, precisamente porque el enunciado epidéitico –el elogio o el vituperio– al ser valorativo, relacionaba la retórica con la ética. El autor de *The Wealth of Nations* consideraba que, con el triunfo de la política liberal, la opinión pública conquistaría el lugar antes ocupado por el soberano o por la iglesia para regir el comportamiento de los ciudadanos. De allí la importancia del dominio de esta retórica. Gran admirador de Jonathan Swift por su manejo de la epidética, Smith no descuidaba el valor del ridículo para amonestar o reformar a quien necesitaba ser amonestado, aunque es lógico asumir que "culiado" y "chucha de su madre" no entraban –ni aún en traducción– en su lista de vituperaciones recomendables. Conviene recordar que Andrés Bello conocía muy bien la obra de Adam Smith y quienes estudian la ensayística de Bello afirman ver la influencia del padre del liberalismo económico en el padre de la gramática hispanoamericana.[20]

La ironía que marca el contraste entre el enunciado vacío pero socialmente aceptable del habla cortés y la mala palabra tiene el efecto de desenmascarar la farsa inoperante de esta comunidad de empleados. No se trata, sin embargo, de una ironía distante e intelectual sino de un gesto intermedio entre la crueldad de un Artaud y la risa grotesca del carnaval. El espacio irónico que media el elogio (quizás falso pero quizás momentáneamente sincero) del insulto que estalla a cada momento se sustenta de la mierda, la sangre, el vómito, el cuerpo bestializado, pero mientras que en el carnaval medieval esta risa grotesca sirve una función catártica que garantiza la restauración del orden, en esta parte de la novela el humor negro provocado por esta constante explosión de la grosería o la mala palabra no otorga ningún respiro a estos sujetos que se van desintegrando física y psíquicamente a través de la novela.

Dance macabre: picaresca posmoderna, abyección e ironía en Fuerzas especiales

"Un mundo sitiado y en estado de alerta; un pequeño universo de bloques habitacionales cercado por la violencia, el hostigamiento policial y el miedo. Un miedo que se imprime en cada página de esta novela y que condiciona cada acto, cada palabra de su protagonista". Es con estas palabras que la contratapa de la novela prepara a los lectores para enfrentar la terrorífica zona urbana en que transcurre la episódica trama. Aquí la pobreza y el desempleo conviven con el crimen, la droga y los tiroteos callejeros, mientras las Fuerzas Especiales policiales a las que alude el título de la novela hostigan sin tregua a los habitantes del barrio. A la violencia arbitraria y furiosa perpetrada de los carabineros se suman el miedo, la ira y la traición de los habitantes de la población hacia sus propios vecinos o familiares. Paralelamente, sin embargo, el título de la novela alude también –como ha notado la autora– a las "fuerzas especiales" requeridas para poder sobrevivir en tales circunstancias.

La autora ha dicho que en *Fuerzas especiales* quiso captar el asedio policial de uno de tantos barrios marginales chilenos, poblaciones que han sido sometidas desde hace años a una vigilancia, control y maltrato que poco se diferencia de las represalias militares durante la época de la dictadura y en mucho se asemeja a un estado de sitio. El Estado chileno defiende la intervención policial en estas zonas urbanas señalando que la violencia ocasionada por el elemento criminal peligra constantemente la vida y la propiedad de los habitantes de estos lugares. Aunque estos operativos policiales cuentan con sus defensores dentro y fuera de las poblaciones intervenidas, la prensa chilena no ha escatimado sus críticas ante la excesiva fuerza con que estas tropas de élite desempeñan su papel de restauradores del orden. Ciertos sectores de la prensa han llegado a acusar una posible "colombianización" del Estado chileno en los últimos años, notando que la progresiva militarización de estas intervenciones policiales en ciertos sectores desagregados de la población indica un regreso a las políticas de seguridad de la ultra derecha.[21] Al igual que la autora, quienes critican estas maniobras represivas, temen que el Estado, bajo la excusa de eliminar el elemento criminal, elimine todo movimiento de oposición (huelguistas, estudiantes y minorías). Creadas en 1979 bajo Pinochet, las Fuerzas Especiales de Carabineros chilenos tienen una preparación militar especializada, están fuertemente armados y —según sus críticos— operan con casi total impunidad.

La trama de la novela es mínima y, como siempre ocurre en la narrativa de Eltit, se caracteriza por lo episódico, lo elíptico y lo contradictorio de los detalles que se van acumulando a través de la narración. Podríamos decir que la trama es un rompecabezas de la destitución —otro más en la trayectoria de la autora—. Mientras la policía espía, golpea, encarcela y a veces mata a los habitantes del bloque, una joven se prostituye en el cubículo de un cibercafé para mantener a la poca familia que le queda. Ésta la integra un padre en paro y desmoralizado por la pérdida de sus dos hijos mayores (encarcelados o quizás asesinados), quien termina golpeado por la policía y más tarde desaparece, quizás también asesinado por la policía; una hermana traumatizada porque el Estado le ha quitado a sus dos hijos pequeños y cuyos esfuerzos por recuperarlos son premiados con un latigazo en la espalda; y una madre cuyo simulacro de orden doméstico no logra disimular su resentimiento hacia la hija que los mantiene prostituyéndose —quizás por ser la única que hasta ahora no ha sido blanco de la policía—.

En el espacio del cibercafé donde trabaja la narradora, dos amigos forman un trío solidario con la anónima joven: Omar, "el mejor chupapico del ciber" (13), quien se prostituye mientras sueña con descubrir y promover a las próximas superestrellas de la música rapera-lumpen, y Lucho, encargado del cibercafé y de alquilar los cubículos para sus diversos usos, cuyo ánimo parece mantenerlos a flote hasta que un golpe de un carabinero casi le parte la cabeza en dos. Al trío de amigos se une a veces la guatona Pepa, vecina de la narradora cuya gula y gordura le hacen imposible ejercer su antiguo oficio de prostituta en los minúsculos cubículos del cibercafé.[22] El miedo y el hambre están presentes en todo momento, pero también la amistad, el pan y las repugnantes hamburguesas con que las mujeres esperan engordar para pasar desapercibidas ante la policía, la música y las risas (amargas); y —de un modo antes no visto en la obra de la autora— la Red electrónica y los videojuegos.

El resumen de la contratapa que cité antes nos prepara para un relato traumático ("Un mundo sitiado […] cercado por la violencia").

Por otro lado, el epígrafe de la novela, "Soy una Juana de Arco electrónica, actual", sugiere desde el comienzo la posibilidad de una resistencia a la victimización no exenta del humor y de la ironía. La frase proviene del título de un ensayo de Severo Sarduy escrito en 1985, que sirve de introducción a las obras de teatro reunidas en *Para la voz*. Sarduy, quien durante años se ganó la vida trabajando en Radio Francia Internacional, demostró un marcado interés por la radiofonía.[23] Escrito en la década de 1980, Sarduy, travestido en Juana de Arco (una joven mística "travestida" en soldado) se actualiza a través de la modernidad de la radio. En *Fuerzas especiales* la referencia a la santa del epígrafe se va aclarando gradualmente a medida que la narradora lleva la cuenta de su propio martirio –el malestar físico provocado por la prostitución–, el hostigamiento de la policía, el rechazo y el maltrato a los que es sometida por la familia a la que mantiene. Desde el comienzo, sin embargo, la descripción de la opresión física y psíquica de la narradora permite aperturas para el humor negro, la ironía y las líneas de fuga provistas por la red electrónica. A comienzos del siglo XXI, la narradora/Juana de Arco de Eltit se actualiza a través de la pantalla de una vieja computadora y su acceso a los mundos virtuales le permite un escape de su paupérrima realidad.

En el contexto de la novela de Eltit, el epígrafe de Sarduy sugiere la posibilidad de una lectura picaresca y grotesca para la situación en que se encuentra la narradora. Hostigada por una fuerza paramilitar que supera cualquier capacidad de defensa legítima, la protagonista puede ser imaginada –en cuanto prostituta y mártir de su situación– como una especie de pícara y mártir a la vez. A primera vista el carácter experimental y posmoderno de la narrativa de Eltit pareciera oponerse al realismo moralizador que asociamos con *Lazarillo de Tormes*, *La hija de la Celestina*, *La lozana andaluza*, *Guzmán de Alfarache* o *El buscón*, pero una lectura detenida de *Fuerzas especiales* revela no pocos paralelos importantes entre esta última y las narraciones de temprano realismo social en las letras hispanas.[24] Como los lazarillos, mendigos, prostitutas y otros personajes picarescos, los de *Fuerzas especiales* recurren a la artimaña, al engaño, al soborno, al subterfugio –a lo ilícito en general– con el solo propósito de sobrevivir un día más. A las convenciones de la picaresca pertenecen la obsesión con el hambre y la preocupación con el negocio del sexo. A diferencia de los pícaros del Renacimiento y del Barroco, la movilidad física de los personajes en la novela de Eltit es mínima –casi no salen de sus departamentos de treinta metros cuadrados o de los apretados cubículos donde se prostituyen–. Pero dichos personajes compensan su encierro físico con horas de peregrinaje diario por la red electrónica. A pesar de las malas condiciones del cibercafé en que trabajan, la narradora y sus amigos entran y salen de ámbitos tan o más diversos que los espacios recorridos por los lazarillos, prostitutas o prófugos de la picaresca española. De este modo la novela de Eltit mantiene y parodia la conexión entre la vida itinerante y la sexualidad transgresiva, conexión que la picaresca femenina explota al máximo.

Tanto la picaresca como *Fuerzas especiales* hacen uso del humor negro, pero la comicidad característica de la picaresca es satírica y, como noté, moralizante, mientras que en la novela de Eltit predomina la ironía inestable y un sarcasmo que no apunta a la moraleja sino a la incongruencia y al disgusto generalizado. Como en la picaresca, sin embargo, tanto la ironía como el humor negro contribuyen al alto grado de incomodidad y humillación que sentimos como lectores al compartir las duras revelaciones de estos narradores mal-hablantes, amorales y brutalmente maltratados por una sociedad que –como en la España del siglo XVII– busca criminalizar no ya al criminal pobre sino a la pobreza como crimen.[25] Es indudable que la tonalidad y la actitud característica de la picaresca es la sátira –repartida casi igualmente entre todas las capas sociales. Distanciándose de la picaresca barroca, en *Fuerzas especiales* la sátira es menos frecuente, menos militante y apenas moralista. Lo que sí caracteriza la novela es una ironía oscura y pesimista y un humor negro que ocasiona la risa de algunos personajes pero rara vez la de la narradora o el lector.

VIOLENCIA, HAMBRE Y ABYECCIÓN

En la picaresca los personajes marginales están constantemente sometidos a los golpes y azotes de sus amos, de la autoridad, o de otros desesperados dispuestos a mutilarse unos a otros por un pedazo de pan o un trago de vino. En *Fuerzas especiales* el maltrato físico y psíquico, el insulto verbal, el miedo y el hambre son parte de la rutina diaria de los personajes que habitan en los "bloques" de la población marginal sitiada por la policía. Por su necesidad de prostituirse para sobrevivir, la narradora y su amigo Omar se exponen a un maltrato físico y mental a diario. La madre de la narradora es una mujer cuya frustración se expresa en gestos de violencia con frecuencia casi sádica hacia ambas hijas (aunque por distintas razones).[26] El padre, a quien la pérdida de sus hijos varones lo ha convertido en un parásito para la familia, ejerce una violencia psicológica en los demás miembros de su familia a través de su silencio y sus sospechas. El maltrato familiar hacia la narradora es particularmente cruel cuando consideramos que ella es la única que trabaja para mantenerlos. Por su parte, los carabineros tienen *carte blanche* para azotar, golpear, mutilar, desalojar y encarcelar a individuos y familias enteras. Un vecino que trae a la familia la noticia de la desaparición (y la casi segura muerte) del padre comenta "que se lo habían llevado, dijo, con bastante violencia, se lo llevaron a empujones, le pegaron uno o dos puñetes, dos combos, le pegaron unas patadas, lo golpearon bastante en el suelo, le sacaron sangre de los oídos, dijo" (130). La narradora regresa una y otra vez al hostigamiento policial sobre la población, cuyas balas, "lumas" (bastones) y sus perros de ataque aterrorizan y aturden sin descanso a la población. El espacio físico de las viviendas –de por sí minúsculas y de mala construcción– delata la violencia a la que son expuestos sus habitantes: ya casi no quedan cristales en las ventanas, las paredes están llenas de agujeros (también ocasionados por las balas) por los que se cuelan gatos, ratas y cucarachas.[27] Cuando la policía abandona el barrio por unas horas los sábados, por la noche se llena de risas pero también de balas, en este caso las balas de las pandillas y contrabandistas que se matan entre ellos.[28]

A la narración de la violencia localizada de su barrio/población, la narradora va sumando una lista interminable de enormes cantidades y nombres de distintas armas de combate: "dos mil Webley-Green 455 [...] mil trescientas Baretta Target 90" (11); "[...] treinta y cuatro mil Astra M1021" (13); "tres mil pistolas Bruni 8 mm" (14); "quince mil gorras Wermacht" (15); "trescientos Winchester calibre .270" (18), y así sucesivamente hasta el final. La lista alude casi seguramente a las armas que se compran y venden en uno de los sitios de la red electrónica que visita la narradora mientras es penetrada anónimamente, en turnos de media hora, por los "lulos" (penes) de clientes igualmente anónimos en el cibercafé. El efecto de esta letanía es el de hacernos conscientes de que la violencia diaria de la que es objeto esta población en manos de estas fuerzas armadas es el microcosmos de una red de militarización a nivel mundial. Así lo presiente la madre, cuando les hace notar a sus hijas que la policía "sirve a la metalización del mundo" (26).

Aterrorizados por la policía y sujetos a una inseguridad constante, todos los personajes de la novela tienen momentos en que se acusan unos a otros de traición o de posible traición. Tanto la familia como los amigos de la narradora se preguntan por qué algunos (la narradora entre ellos) se han salvado, hasta ahora, de los golpes de la policía. Y todos parecen dispuestos a dejar sufrir o inclusive morir al prójimo si las circunstancias los obligan a escoger ellos y el resto. El egoísmo de los personajes en la novela se entiende como otra modalidad de la violencia pero también como un efecto natural de la inseguridad y del temor constante que experimentan ante el asedio ininterrumpido de las fuerzas policiales y las pérdidas que han sufrido.[29] Los familiares de la guatona Pepa y de Omar están encarcelados, los hermanos de la narradora o están en la cárcel o quizás muertos. La hermana de la narradora se debate entre episodios de risa convulsiva y cínica, de depresión y de furia a causa de que la policía le ha quitado a sus hijos pequeños —no sabemos dónde están ahora los niños—, aunque parecen estar a cargo del estado.[30]

Expuestos en todo momento a la violencia y al temor, los personajes de la novela son ejemplos paradigmáticos de abyección: sangran, supuran, lloran, sudan (de miedo), gritan, sufren de un hambre constante, y comen cuando y cuanto pueden. Así es como la narración se va llenando de imágenes de cuerpos hambrientos o deformados por la mala alimentación o la falta de alimentación (el cuerpo del padre es un cuerpo anoréxico). La obsesión de la narradora con reunir suficiente dinero para sus fricas (hamburguesas) diarias y el hambre de la guatona Pepa interrumpen constantemente la narración.

> Dice que tiene una hambre constante, que se muere de hambre y que cada mañana se desata en ella el deseo de comer mil pollos [...] Me comería mil pollos y trescientas empanadas de queso o quinientas de pino, dice [...] El Lucho, el Omar y yo no sabemos qué decirle, como calmar su hambre y entendemos bien a la guatona porque el Lucho, el Omar y yo también comeríamos lo mismo que ella, comeríamos más que la guatona. (125)

La novela presenta, por lo tanto, todo un desfile carnavalesco y grotesco de deformidades: la obesidad de la guatona Pepa y la gordura que buscan mantener a toda costa la narradora, su hermana y su madre esperando así ser invisibles ante la codicia o la rapacidad de los carabineros);[31] la mueca constante en la boca de Omar, quien ya no puede reír por el dolor que le causa su "boca chupapico" (103); la cabeza partida en dos de Lucho, la espalda azotada y la frente sangrante de la hermana de la narradora, las costillas rotas del padre, la animalización de los policías (particularmente evidente en el sueño de Omar), y las múltiples transformaciones que la narradora o los demás personajes anticipan para sus propios cuerpos o los cuerpos de los carabineros.

Lo que distingue el tratamiento del cuerpo abyecto en esta novela de otras anteriores es la casi total falta de interés en una explicación psicoanalítica como fuente de la abyección dramática en la novela. Mientras que en varias novelas anteriores –particularmente aquellas que exponen la compleja crueldad de los lazos entre madre e hija– la narración invita a especulaciones sobre la abyección como herida psíquica, en *Fuerzas especiales* la violencia externa determina la violencia familiar desde el comienzo. No tenemos acceso a un cuadro familiar anterior a la vigilancia y al castigo policial. Por ello mismo sostengo que Bataille y Bajtín son referencias más útiles que Kristeva para entender el funcionamiento del cuerpo abyecto en esta novela.[32] Tanto Bataille como Bajtín auscultan el cuerpo abyecto en relación a la marginalización social: el primero –influenciado por Engels y por Marx– asocia lo "informe" ("l'informe") con la repulsión que suele provocar en la clase media el cuerpo de "los miserables" de la sociedad.[33] El crítico ruso, por su parte, es quien mejor y más detenidamente ha desarrollado la relación entre la abyección del cuerpo grotesco con la materialidad de la pobreza (y de la represión y la subversión del cuerpo "bajo"). Ambos, además, comentan sobre la relación entre lo abyecto (como lo in-forme o lo grotesco) y el baile, el sexo, y la risa, relacionando la abyección con la orgía, el carnaval e –indirectamente– la estética grotesca y el realismo social de la picaresca.[34]

En el capítulo más carnavalesco de la novela, "Los gritos en las calles", la narradora imagina una especie de escape a la vez carnavalesco y funéreo a raíz del cansancio y el insomnio provocado por los ruidos, el hambre y el miedo. Durante una noche de sábado –la única tarde de la semana en que la policía se retira por unas horas de los bloques– ella se imagina a sí misma riendo y bailando en las calles del barrio, calles que durante el sábado por la noche se llenan de risas, música y balas –ahora de las balas de las pandillas o contrabandistas que deben aprovechar la ausencia de la policía para llevar a cabo sus negocios y sus venganzas–. Un barroquismo de imágenes abyectas enlaza el desfile de cuerpos abyectos que pueblan esta saturnalia: los cuerpos sufrientes de los esclavos transportados al Brasil en el siglo XIX, los cuerpos que ríen, lloran y bailan en las calles del barrio, y el cuerpo de la narradora como geisha inmune a las balas de los policías. El capítulo entero parece aludir a la danza de la muerte o *danse macabre* de la Edad Media, danza en que la orgía y el baile servían de preludio a una muerte abyecta y violenta y el fantasma de la muerte infectaba a los cuerpos con una vitalidad tan macabra como efímera.

Ni en la orgía ni en el carnaval ni en la *danse macabre* puede faltar la risa, y es notable –tratándose de una novela de Eltit– el número de veces en que los personajes estallan en risas incontrolables en el curso de la narración. Proyectadas por bocas y lenguas hambrientas, temerosas, enloquecidas por la humillación o por el dolor, estas risas son cínicas o paranoicas, pero nunca objeto de alegría compartida. Al contrario, como expresión de agresión, de burla o de defensa, la risa en la novela es otra modalidad de la abyección y por lo tanto destructiva o auto-destructiva. Cuando uno de los vecinos les dice a la narradora y a su hermana que solo las rejas de sus edificios "marcan la diferencia" entre los departamentos y así "humaniza[n]" las incómodas ratoneras en que viven, la incongruencia absurda del comentario provoca "una risa desenfrenada en mi hermana" provocando a su vez la furia y los insultos del vecino. Este la llama "mugrienta" e "inmunda" (113), dejando patente la relación entre el cuerpo abyecto o grotesco y el humor grotesco –el único posible– de los personajes de la novela. Cuando la hermana no estalla en risas cínicas lo hace con una risa paranoica, igualmente irrefrenable.[35] No sabemos nada del tipo de chiste que colecciona Lucho para luego repetirlos ante sus amigos hasta agotarlos ("hasta que le pedimos que se calle […] o no le pedimos que se calle pero no podemos reírnos más porque tenemos nuestras medias horas" [139]), pero suponemos que la obsesión con repetir estos chistes hasta el cansancio convierte a su humor en un mecanismo de defensa y no en una oportunidad para afianzar la amistad a través de la risa compartida.[37] En efecto –con la posible excepción de las comedidas risas de la narradora y Omar ante los repetidos chistes de Lucho– la risa tiene el efecto de alienar aún más a los personajes. Como ocurre con todo y con todos en esta novela, el ánimo de los personajes va de un extremo a otro: imposible encontrar la "compostura" o la cordura en circunstancias tan apabullantes.[37]

Del cuerpo abyecto al cíborg, del miedo y el odio a la ironía y el humor negro

Si de la cintura para abajo la joven narradora de *Fuerzas especiales* no es más que una genitalidad devaluada y dolorida, de la cintura para arriba es un cuerpo cuya subjetividad es intervenida por la tecnología y la informática. Su anexión/adicción a la pantalla –a la realidad virtual de la Red– le provee un escape del dolor y de la abyección a la que está condenada, y también le permite acceso a sistemas de saberes y mecanismos de poder de los que ella (y los marginales como ella) siempre habían estado excluidos. También provee a muchos de los personajes el único acceso posible a los familiares encarcelados o distantes –cuando la policía desconecta los celulares varios personajes (entre ellos la guatona Pepa y la madre de la narradora) quedan traumatizados–. En su "Cyborg Manifesto" (1991), Donna Haraway explica que al conectarse física o virtualmente a la máquina, la ciborg, "hija bastardo del capitalismo", transgrede los límites ontológicos, epistemológicos y morales de los discursos formativos y reformatorios de Occidente. Lo deforme del ciborg hace peligrar la uniformidad de los discursos de la modernidad occidental y le da al marginado, y particularmente a la marginada transgresora, el poder de sobrevivir.[38] El interés en el potencial resistente de la tecnología en *Fuerzas especiales* es nuevo en la obra de Eltit, y es probable que sin el epígrafe de la novela y la imagen de la "Juana de Arco electrónica" que flota sobre la narración esta lectora difícilmente hubiera pensado en el cuerpo devaluado de la narradora como un cuerpo empoderado por la tecnología. Cabe tener en cuenta que como todo en Eltit, esta tecnología está concebida en y para un "cuarto mundo"; es decir que está minada por la precariedad. Aun así, el final de la novela (o el breve capítulo que le sigue a lo que suponemos es el final de los bloques habitacionales), parece animar la posibilidad de imaginar un potencial posmoderno y no solo pre-moderno para la narradora.[39] Es evidente que esta incorporación de la tecnología al cuerpo pre-moderno de la miseria resulta en un híbrido monstruoso, un híbrido que requiere una lengua y un discurso igualmente "deforme". De allí que la narración de la novela esté constantemente interrumpida por gritos, llantos, y especialmente por las risas macabras o paranoicas que discutí anteriormente.

Según Haraway en el texto citado, el discurso del cíborg, como el del monstruo, solo puede efectuarse a través de la ironía.[40] En *Fuerzas especiales* la ironía es la modalidad expresiva adecuada para seres cuyas posibilidades de sobrevivencia y de resistencia dependen de su habilidad de interrumpir la ley reformatoria (o re-formatoria) de la policía y del estado, una ley que busca imponerse silenciando el habla in-forme o deforme, contaminada de miedo y odio, de afecto y compasión, de los habitantes de los bloques. Una ironía a veces apenas discernible, otras veces nada sutil, caracteriza con frecuencia las observaciones de la narradora. Como en la picaresca, tanto la ironía como el humor negro contribuyen al alto grado de incomodidad y humillación que sentimos como lectores al compartir las duras revelaciones de estos narradores mal-hablantes, amorales y brutalmente maltratados por una sociedad que –como en la España de los siglos XVI y XVII– busca vengarse de la criminalidad que resulta de la pobreza eliminando (encarcelando, golpeando o haciendo morir de hambre) a los pobres.

Los ejemplos abundan: sobre el miserable cibercafé en el que trabaja y donde antes trabajaban (también como prostitutas) su madre y su hermana, dice: "El cíber ha sido maravilloso con toda la familia, con mi mamá, mi hermana y yo [...] El cíber es todo para mí, milagroso, gentil. Yo venero la neutralidad de la computadora que me protege hasta de los crujidos de mí misma" (13-14); sobre las batallas entre su madre y su hermana cuando esta última se defiende del peine y la peineta de su madre: "[...] los gritos de mi hermana azotándose la cabeza contra las exactas cuatro paredes. Con la frente rota por los golpes mientras que mi madre las emprendía en contra de ese pelo ayudada por la sangre que estaba allí para humedecer y reafirmar el rígido peinado que mi hermana no soportaba" (31). Tratando de averiguar los efectos de los golpes que la policía infligió en las costillas de su padre: "Tengo que buscar en alguno de los sitios de huesos para comprender cómo reaccionaron sus costillas al lumazo o en qué lugar se incrustó la quebradura" (50). Sobre Omar y su insistencia en que se hagan perforar quirúrgicamente los tímpanos para evitar enloquecer con los ladridos de los perros de la policía: "[...] me dice que busquemos una forma artesanal, me dice que la sordera nos aliviaría la vida que nos queda, me dice que el tímpano es la parte más estúpida del oído" (117). Sobre uno de los grupos raperos que Omar sigue con interés: "El vocalista rapeaba su himno sexual a la pobreza con una voz realmente insignificante" (144).

La ironía más sarcástica se reserva para los carabineros y detectives que vigilan y hostigan a los bloques. En una ocasión nota que los policías "están enfurecidos [...] porque no mataron a nadie hoy y expresan su odio con palabras defectuosas [...] mientras los niños afiebrados festejan los golpes [...] y afirman que quieren ser policías mientras [...] alaban las botas, las hebillas, la fortaleza plástica de los escudos" (39); en otra ocasión nota "la falla imperdonable de la policía que no acude a matarnos ni a herirnos los sábados y rompe la rutina de la semana y nos impide bailar al ritmo tecno o ultra hopero de sus balas. Unas balas más sinfónicas y más auténticas que las nuestras" (43). Sobre un operativo policial en su edificio en que la policía no mata a nadie y solo encarcela a unos vecinos dice que:

> hoy se trata de un operativo blando revestido de una irrelevante dosis de violencia [...] entendemos que, esta vez, los bloques van a conservar un número importante de vecinos. Que se quedarán los vecinos en sus departamentos porque ya no saben dónde meterlos, qué hacer con ellos, dónde o cómo alimentarlos, cómo vestirlos y a cuál cárcel derivarlos. (66-67)

Descripción que resulta ilustrativa especialmente en sus referencias a los "pacos" y los "tiras" que asedian a la población. Al relatar los comentarios sobre la agresión en aumento pero nada original de los policías: "Afuera los pacos y los tiras ejecutan las órdenes que les dieron. Han adoptado las estrategias más obvias [...] Se pueden ahorrar esta comedia, me dijo [Omar] ayer" (144). Al describir el movimiento de los penes de los policías y detectives que usan sus servicios (como prostituta) sin pagarle: "El lulo del paco es rápido, con un ritmo siempre vertical... sube y baja en medio de un ritmo rígido pero no marcial [...] Pero los tiras tienen un movimiento medio circular que se manifiesta tal como si alguien estuviera revolviendo con una lentitud exasperante el azúcar en una taza de té" (126).

Los dos capítulos finales están escritos con una ironía sostenida. Ante la desaparición de más y más vecinos: "Quiero volver al departamento para examinar unas fotos que conseguí imprimir y ratificar nuestra existencia ahora que los pacos y los tiras vuelan como moscardones o como abejas o como murciélagos o como sombras por mi cerebro". En el mismo capítulo, en un pasaje que hace eco del final de *Impuesto a la carne* (2010): "Moriré sola. Llegaré a una fosa común o alguien regalará mis huesos para un experimento. Lo vi en un sitio. O venderá mis huesos como si fueran restos chinos que se van a comerciar por internet. Me convertiré en un adorno de sobremesa para una casa australiana" (161). Teme o la evacuación de la familia o la mudanza de su madre y su hermana hacia otra parte de la ciudad, y sin embargo critica la moda que ve con frecuencia en los sitios de internet, notando que "[l]os vestidos de novia de las últimas colecciones son fastuosos y deslavados porque no pueden salir del blanco y eso cansa" (163). Al final de lo que sin duda es uno de los dos finales de la novela: "Un avión comercial cruza el cielo. El dios de mentira nos dio vuelta la espalda y se subió al avión sin decir una sola palabra acerca de la resurrección y de la vida eterna para los cuerpos bloques" (163).

Al comienzo de mi discusión sobre la novela noté que las contradicciones que recorren la narración señalan no solo la inestabilidad sino también la indecibilidad de la voz narrativa. Como noté al inicio de esta parte, el título de la novela se refiere no solo a las llamadas Fuerzas Especiales policiales chilenas sino que busca revalidar y valorar las fuerzas especiales requeridas por estas poblaciones intervenidas por la violencia estatal. Estas fuerzas incluyen el humor negro, la risa convulsiva, maliciosa o cruel, y –aparentemente, al menos en el caso de algunos personajes– un sentido de la ironía lo suficientemente desarrollado como para apreciar la oscura comicidad de lo grotesco de sus vidas. Es en el intersticio entre el pesimismo plenamente justificado y el optimismo aparentemente irracional de la narradora que los lectores debemos medir el grado de ingenuidad o de cinismo, o la dosis de ironía, con que la narradora puede decir que el cibercafé en el que se prostituye, hambrienta y dolorida, "es todo para mí, milagroso, gentil"; que un "operativo blando, inofensivo" es uno en que los Carabineros, armados con impresionantes equipos bélicos, despliegan solo "una irrelevante dosis de violencia" (66), a quejarse de "la falla imperdonable de la policía que no acude a matarnos ni a herirnos los sábados y rompe la rutina de la semana y nos impide a bailar al ritmo tecno o ultra hopero de sus balas" (43). La ironía situacional que separa a estos enunciados de realidad a la que apunta la novela parece poco discutible (ninguna ironía es "indiscutible"). En cambio, el tono siempre neutro de la voz narrativa, sumado al hecho de que la narradora se contradice constantemente, hace difícil decidir si la misma narradora capta la ironía de sus propios enunciados. En esta inestabilidad reside, en buen grado, la fuerza magnética de la novela.

Conclusión

En la introducción comenté la posible y hasta probable influencia del pensamiento de Paul de Man y de Gilles Deleuze en el manejo de la ironía empleado por Eltit, señalando al mismo tiempo por qué en última instancia la ironía en la narrativa de Eltit no se adapta a ninguno de estos modelos (y mucho menos a otras definiciones más tradicionales de la ironía). Como espero haber demostrado a través de la discusión de sus novelas *Mano de obra* y *Fuerzas especiales*, en Eltit la ironía es un modo de exponer o exhibir las enormes contradicciones e injusticias sociopolíticas que su obra acusa aunque siempre desde una estética reacia a toda retórica panfletaria. En las novelas que he discutido en esta ocasión el uso de la ironía apunta hacia un compromiso con la complejidad y la inestabilidad de la palabra escrita. Mis referencias al famoso "Cyborg Manifesto" de Haraway en mi análisis de *Fuerzas especiales* podría sugerir una última filiación entre el uso de la ironía que discuto en estas novelas y una aproximación a la ironía mucho más atenta al papel del género y del cuerpo que las discutidas en la primera parte. Para Haraway la ironía es la modalidad discursiva adecuada para combatir la pretensión de resolver contradicciones entre elementos, términos o realidades incompatibles; sirve más para confundir y mezclar percepciones que para clarificar lo enunciado.[42] Aunque los puntos de contacto entre la feminista norteamericana y la escritora chilena son importantes –comparten una fuerte preocupación con la expresión verbal en relación al poder y un feminismo abierto a la hibridez conceptual además de ontológica– es evidente que Haraway y Eltit se mueven en círculos disciplinarios y en contextos geopolíticos demasiado distintos para atribuirles otros rasgos comunes que los mencionados. Hay que notar, además, que Haraway no teoriza la ironía: la supone una herramienta eficiente o coeficiente. No hay tal eficiencia en la escritura de Eltit. Más disímil aún es el contraste entre la ambición de Haraway (a través de la década de 1990) por elaborar un discurso feminista-materialista capaz de sustentar "the dream of a common language" ["la esperanza de un lenguaje comunitario"].[43] Como bien demuestran las novelas discutidas aquí, y sus novelas en general, Eltit rechaza terminantemente la idea de un lenguaje común. La ironía le vale, en parte, para insistir en que no hay ni puede haber tal lenguaje, por más que lo deseen gramáticos, economistas o gobernantes. En su narrativa la ironía –nunca obvia, como espero haber ilustrado– deja vislumbrar una consciencia que aboga por la incertidumbre, molesta y desanimada pero no del todo fatalista, de quien sospecha una mala jugada de casi todo y casi todos pero sigue en el juego. El videojuego que imagina la narradora y sus amigos al final de *Fuerzas especiales* deja en suspenso el final (quizás fulminante) de los habitantes de "los bloques" en la novela. El "Demos vuelta la página" (176) que cierra *Mano de obra* tiene el mismo efecto suspensivo. Aunque sería poco sensato negar lo irónico de estos finales, es igualmente insensato determinar si la ironía en ellos apunta a una leve esperanza o a un desesperanzado pesimismo. Es más que probable que la autora reviva esta indeterminación en carne y palabra propia en todas y cada una de sus obras.

NOTAS

[1] Al tratar la conjunción entre violencia e ironía en las obras señaladas, este trabajo no puede entrar a fondo en la historia de la violencia dentro de la literatura latinoamericana. Otros estudios han notado el papel constitutivo de la violencia como un factor ineludible de la literatura latinoamericana desde sus orígenes, no solo desde sus orígenes republicanos sino desde los comienzos de la colonización. Para una bibliografía inicial sobre el tema, véase "Introduction: Violence Past and Present" (2011) de Paula Ehrmantraut y Dianna Niebylski.

[2] Es indudable que los experimentos sintácticos y lingüísticos de la autora son parte de una larga tradición experimental que en Chile como en otros países latinoamericanos data de la primera parte del siglo XX. Como noto a continuación, la experimentación novelística de Eltit sigue la vertiente de José Donoso en prosa, pero con una fuerte influencia de la poesía y el teatro experimental chilenos.

[3] A comienzo de la década de los 80, estudiosos como John Beverley y George Yúdice, entre otros, insistían en que la autenticidad del testimonio en primera persona narrado por la víctima sobre la recreación literaria del trauma, residía en parte en la ausencia de una distancia irónica que presuponía toda (re)creación literaria de una realidad traumática. En uno de sus primeros ensayos, John Beverley notaba que la ausencia de ironía es lo que garantiza una auténtica complicidad entre el narrador y el lector en el género testimonial. Anota Beverley: "*Testimonio* invites a complicity [...] between reader and writer that cannot be sustained in the novel [...] which [...] usually entails an ironic distance on the part of both novelist and reader from the fate of the protagonist" (77). Aunque es indudable que la volatilidad o la volubilidad requerida por la operación irónica parece ser poco compatible con la gravedad de la experiencia traumática, la rigidez conceptual de estas primeras teorizaciones sobre el testimonio resultan en categorizaciones y exclusiones lamentables. Treinta años más tarde y ahora en otro contexto histórico-político, la contienda –académica y popular– sobre los méritos y defectos de la ironía continúa. En los meses posteriores al 11 de septiembre los editores de revistas tan distintas pero tan influyentes en la opinión pública como *Time* y *Vanity Fair* (entre otras) se sumarían al bando que proclamaba la necesaria antítesis entre la ironía y la autenticidad.

[4] En *Irony's Edge* (1994) Hutcheon ilustra con magistral detalle la rapidez con que la ironía está abierta al malentendido, pero es cierto que casi todos aquellos que han teorizado la ironía hacen hincapié sobre este riesgo de la operación irónica.

[5] Aun cuando el estudio de la alegoría considera cuidadosamente lo críptico y retórico del estilo de la autora, la lectura alegórica de estas novelas más tempranas excluye toda consideración de la ironía. El excelente análisis de Idelber Avelar (1999) sobre lo alegórico–apocalíptico en *Lumpérica* y *Los vigilantes* deja en evidencia que dado este marco discursivo, hasta la imposibilidad de "afirmar cualquier principio oposicional" ("writing no longer able to affirm any oppositional principle" 185) se convierte, "pura y simplemente" ("pure and simple") en un brote de angustia.

[6] En traducción al español véase, en particular, *La lógica del sentido* y *Diferencia y repetición*.

[7] Jean Franco considera que la novela –además de irónica y satírica– es un ejemplo magistral del humor negro, pero su análisis se limita a estudiar "la representación de la 'lógica' del capitalismo avanzado y sus efectos grotescos, deshumanizadores y hasta cómicos en sus víctimas" (147).

[8] En "Tres recursos de emergencia" Richard describe elocuentemente el contraste entre este pasado activista y la desintegración del sujeto obrero en manos del nuevo orden empresarial – un orden que busca automatizar el cuerpo del empleado. Sostengo, sin embargo, que la ironía que marca el registro paródico e hiperbólico del soliloquio del empleado no nos permite experimentar el recuerdo "fervoroso" al que alude esta siempre brillante lectora de Eltit sin una mayor investigación histórica, o al menos la ayuda de Google.

[9] El hecho de que es necesaria esta investigación nos alerta a la dificultad de apreciar esta maniobra irónico-paródica en la novela.

[10] Como descubrimos al final de esta parte de la novela, el narrador de esta primera parte (un narrador en primera persona) es un compuesto de todos los empleados del supermercado que se nombran y distinguen en la segunda parte de la novela.

[11] Nota Julio Ortega en "El sistema de Diamela Eltit" (2008) que en la novela "la sociedad que ha remontado la crisis ha borrado la memoria crítica del Sujeto, deshumanizándolo como materia prima (sp)".

[12] Según Cristian Opazo, la materialidad y el hiperrealismo de la novela hacen eco de las propuestas de Antonin Artaud para un teatro realista no mimético (232-34). Es sabido que Eltit estudió las propuestas teatrales de Artaud en los años 70 como preparación para sus *performances* en el grupo. El detalle riguroso, al que Artaud llamaba "cruel", intensifica

la descripción de los síntomas (el dolor en la encía, el parpadeo del ojo) descritos por el narrador.
[13] La novela se aproxima aquí a la disolución del sujeto aludida por Deleuze en sus reflexiones sobre Bacon. Agradezco a Isabel Quintana esta distinción y la referencia al Bacon de Deleuze.
[14] Eva Núñez-Méndez examina en detalle este aspecto de la novela en "La Diamela Eltit de *Mano de obra*: mistica de los trabajadores" (2014).
[15] El periódico fue fundado por el periodista Eugenio Lira Massi y José Gómez López. Massi se exilia en París inmediatamente después del golpe de Estado pero muere poco después. Se sospecha que su muerte puede haber sido un asesinato político. El estilo del periódico, tipo tabloide, se caracteriza por sus virulentas críticas y una retórica ofensiva y a veces obscena.
[16] Al mismo tiempo, es importante notar que, con sus conceptos de "comunidad desobrada", "immunitas", "impolítica" y "multitud" Nancy, Esposito y Virno complejizan considerablemente esta noción de comunidad y acusan la nostalgia que pensadores como Žižek o Jameson parecen sentir por lo que consideran comunidades absolutistas o inoperables. Pero esta discusión no entra dentro del marco de este trabajo, en parte porque *Mano de obra* presume la pre-existencia, en el temprano siglo XX, de una comunidad obrera castigada pero activa y esperanzada.
[17] Entre estos se encuentra el famosísimo *Manual de Urbanidad y buenas maneras* (1863) de otro venezolano, Manuel Antonio Carreño, lectura obligatoria en las escuelas de las Repúblicas hispanoamericanas hasta avanzado el siglo XX. Más conocido como "El Manual de Carreño", este libro fue de referencia obligatoria para las clases acomodadas y los que aspiraban al ascenso social.
[18] En este sentido la frágil comunidad que se arma y desarma a diario dentro de la casa está basada tanto en la necesidad de poder pagar el alquiler como en la atmósfera hobbesiana de miedo y sospecha que define las relaciones entre ellos.
[19] En inglés el término "propriety", usado para describir un comportamiento adecuado a las circunstancias, fue en un momento sinónimo de "property", dejando implícito que la propiedad en el comportamiento era derecho y legado de la clase propietaria.
[20] Amplío estas reflexiones sobre la relación entre economía, liberalismo y retórica en la novela de Eltit en un trabajo de próxima aparición.
[21] Véase adaptación del artículo de Hugo Guzmán en *Le Monde Diplomatique* de 2010 en *H.B. Sitio de Historia*. "La colombianización de la derecha". <historiabarriga.blogspot.com>
[22] También aparece con frecuencia un vendedor ambulante del barrio; un hombre cuya mujer acaba de abandonarlo y a quien la policía extorsiona. Los habitantes del barrio sospechan que el hombre es un informante pero la narradora no deja de comprarle sus "fricas".
[23] "Como la santa guerrera, oigo voces. No me ordenan ningún sacrificio, ninguna oblación de mi cuerpo, de mi persona. Sólo que no escribo más que para esas voces" (30). En la imagen de Sarduy predomina, como noté, la voz; en la "Juana de Arco" de Eltit la imagen ocupa una primera plana. No es que la voz no tenga un papel importante en la novela sino que las voces de los personajes –con frecuencia mal moduladas, afónicas o cacofónicas– se interrumpen y a veces se ahogan bajo el ruido ensordecedor de las balas, de los ladridos de los perros policiales, de los gritos callejeros.
[24] No ignoro las grandes diferencias estilísticas y hasta ideológicas entre *Lazarillo de Tormes* (1554) y *El buscón* (1626). Los paralelos que aquí noto, sin embargo, son comunes a la picaresca en general.
[25] Varios estudiosos de la picaresca tradicional y de las repercusiones del género en la narrativa posmoderna hacen hincapié en los enormes cambios geopolíticos y socioeconómicos que caracterizaron a la España del siglo XVII y ciertos paralelos con las políticas neoliberales de la era actual. En su artículo "Renaissance Poverty and Lazarillo's Family: The Birth of the Picaresque Genre" (1979), Javier Herrero hace hincapié en la creciente criminalización de la pobreza y la creciente intolerancia hacia los pobres en la España de los siglos XVI y XVII.

[26] El ejemplo más memorable de esta frustración convertida en sadismo ocurre en la escena en que la narradora describe los esfuerzos de la madre por sujetar el pelo de la hermana mientras esta lucha por dejarlo suelto: "era su pelo el que degeneraba los peores disturbios entre mi madre y mi hermana. [...] La peineta que se interponía entre ambas detonaba un infierno entre las cuatro paredes. Con la frente rota por los golpes mientras que mi madre las emprendía en contra de ese pelo ayudada por la sangre que estaba allí para humedecer y reafirmar el rígido peinado que mi hermana no soportaba porque quería el pelo suelto, muy negro y suelto para escamotear su cara del espejo o rehuir la violencia de las miradas" (30-31).

[27] De modo que la violencia ambiental es un efecto directo de la violencia policial. La narradora teme que su tos y sus problemas pulmonares sean el resultado de las bombas lanzadas por los carabineros: "He tosido a lo largo del día y no dejo de pensar que la ocasionó el agua tóxica que lanzan los carros o las nubes irrespirables que esparcen las bombas. Pienso en los químicos. Toso y pienso" (111).

[28] La novela recalca esta violencia armada entre los habitantes de los bloques en el capítulo "Los gritos en la calle", capítulo que parece ser una especie de saturnalia carnavalesca y melancólica a la vez.

[29] En varios momentos de la novela hay alusiones a un pasado pre-policial en el que las relaciones personales y comunitarias eran mucho más saludables y esperanzadoras. Ejemplo de esto es el recuerdo de la narradora de la intimidad que la unía a Omar antes de que el encarcelamiento de sus familias y la presencia de los carabineros los haya convertido en vecinos de los cubículos en los que se prostituyen (135-36).

[30] Cuando la narradora imagina la fiesta que quisiera dar cuando les devuelvan a los niños, su hermana "[la] miró de una manera que me dio miedo, pensé que me iba a morder una mano o que me mordería la cara, porque ella ya lo ha hecho más de una manera artera e impulsiva [...] completamente indiferente a mi dolor" (102).

[31] En otra ocasión nota que la protección materna no logra vencer la sensación del "conjunto de catástrofes y por eso nos daba hambre y nos poníamos proporcionalmente más gordas. Las tres. Pero nuestra gordura, provocada siempre por infames circunstancias, era necesaria porque así nos parecíamos como mujeres y sabíamos que ese exceso, esa grasa y esa precisa azúcar nos iba a proteger ante los pacos y los tiras pues nos volvíamos indistinguibles" (56).

[32] El interés de Eltit por los cuerpos abyectos, particularmente los cuerpos abyectos femeninos ha sido ampliamente comentado, casi siempre dentro de los parámetros establecidos por Julia Kristeva en su teorización de lo abyecto como un elemento necesario en la formación de la subjetividad. Kristeva reconoce su deuda a Bataille, pero el suyo es un Bataille interferido por Lacan y, por otro lado, por *Purity and Danger* (1966) de Mary Douglas. Como es sabido, en *Poderes de la perversión (Pouvoirs de l'horreur)* (1982), Kristeva describe la expulsión de lo abyecto como una condición necesaria para la formación de la identidad del sujeto. Sobre estas líneas, ver, entre otros, la monografía de Mary Green (2007) sobre Diamela Eltit; "El cuerpo-mujer. Un recorte de lectura a la narrativa de Diamela Eltit" (1993) de Raquel Olea; o "Diamela Eltit y el imaginario de la virtualidad" (1993) de Julio Ortega. Véanse también mis comentarios al respecto en mi artículo "Blood Tax: Violence and the Vampirized Body in *Impuesto a la carne*" (2011).

[33] En su ensayo "La abyección y las formas miserables" Bataille señala que el término "miserable" en referencia al pobre ya había dejado de inspirar piedad y en cambio se asociaba con lo abyecto. No ignoro que la filosofía de Bataille en relación a lo abyecto y lo obsceno es problemática desde el punto de visto del género y la sexualidad.

[34] Bataille al asociar lo abyecto con la danza y la orgía; Bajtín al considerar al cuerpo grotesco y a la genitalidad "baja" en relación al carnaval y a la risa obscena en la Edad Media. Como han notado ambos –y otros después de éstos– lo deforme o lo grotesco carnavalesco reconcilia eros (el goce, las líneas de fuga) a tánatos. La novela intenta oponer a las Fuerzas Especiales autoritarias y represivas de la policía las fuerzas especiales de la narradora y de sus

amigos como estrategias de resistencia, pero de una resistencia que se sabe incongruente y posiblemente ineficiente. En este contexto me ha sido útil la lectura de Julián Gutiérrez-Albilla (2008) sobre este tipo de abyección en relación a la subjetividad feminista y *queer* en el arte contemporáneo.

[35] "Hace dos días que [su hermana] experimenta intermitentes ataques de llanto y de risa" (115). Al mismo tiempo, la narradora considera la posibilidad de que su hermana quiera reírse de la policía hasta provocarlos para matarla.

[36] "Lucho nunca sabe cuándo dejar de contar chistes porque son una obsesión para él, una verdadera epidemia que lo invade y no puede, no puede parar hasta que el Omar le da un grito y entonces recobra algo parecido a la compostura y sonríe de manera anémica" (139).

[37] Cuando la narradora decide ponerle un límite de cinco minutos a la copulación con un "lulo" recuerda que su hermana había dicho "que todo tiene un límite en esta vida" y a continuación se había reído del cliché "una porquería de frase" (99).

[38] Según Haraway, la escritura del cíborg tiene que ver con la capacidad de sobrevivencia a través del empoderamiento que resulta de la conexión con las nuevas tecnologías: "cyborg writing is about the power to survive, not on the basis of original innocence, but on the basis of seizing the tools to mark the world that marked them as other" (175). La versión más conocida del ensayo, revisada y ampliada, aparece en 1991 en *Simians, Cyborgs and Women: The Reinvention of Nature*.

[39] Sobre la presencia del cuerpo-ciborg en la literatura latinoamericana, véase el libro de Andrew Brown, *Cyborgs in Latin America* (2010).

[40] En la versión más temprana del "manifiesto" mencionado, la primera versión del "Manifiesto para Ciborgs", Haraway pone la ironía en primera plana al titular su ensayo "The Ironic Dream of a Common Language for Women in the Integrated Circuit: Science, Technology, and Socialist Feminism in the 1980s or a Socialist Feminist Manifesto" (1983). La ironía, en la opinión de esta autora, confunde y rehúye el principio de claridad y la monovisión característica del discurso falogocéntrico. Se nota claramente la influencia de Derrida en Haraway, y más en sus primeros escritos. En la versión de 1991 hay más énfasis en la "blasfemia" que en la ironía, y Haraway responde a sus críticos detallando más sutilmente que tipo de "lenguaje común" puede beneficiar al movimiento feminista.

[41] "Irony is about contradictions that do not resolve into larger wholes, even dialectically, about the tension of holding incompatible things together because both or all are necessary and true" (149).

[42] Haraway ambicionaba superar los binarismos del feminismo de la segunda parte del siglo XX y al mismo tiempo combatir la militarización androcéntrica de la tecnología a través de un feminismo aberrante capaz de usar la tecnología para sus propios medios.

Obras citadas

Aguado, Angélica M. y José J. Paulín. "Entrevista con Dany-Robet Dufour. La muerte de dios postmoderna". *La Jornada*. 2 jul. 2006. <www.jornada/unam.mx>. 2006.

Avelar, Idleber. *The Untimely Present. Postdictatorial Latin American Fiction and the Task of Mourning*. London: Duke UP, 1999.

Bakhtin, Mikhail. *Rabelais and His World*. Hélène Iswolsky, trad. Bloomington: Indiana UP, 1984.

Bataille, Georges. "Abjection and Miserable Forms". *More & Less*. Sylvère Lotringer, ed. Pasadena, CA: Art Center of College and Design, 1999.

_____ "L'Abjection et les formes misérables". *Essais de sociologie, Oeuvres complètes*. Vol. 2. Paris: Gallimard, 1970. 217-21.

Bello, Andrés. *Gramática de la lengua castellana destinada al uso de los americanos*. 1847. <www.cervantesvirtual.com>.

Beverley, John. *Against Literature*. Minneapolis: U of Minnesota P, 1993.

Brown, J. Andrew. *Cyborgs in Latin America*. New York: Palgrave Macmillan, 2010.

Carreño, Manuel Antonio. *Manual de urbanidad y buenas maneras para uso de la juventud de ambos sexos*. New York: Appleton and Co., 1863.

De Man, Paul. "The Concept of Irony". *Aesthetic Ideology*. Andrezej Warminski, trad. Minneapolis: U of Minnesota P, 1996. 163-84.

Deleuze, Gilles. *Diferencia y repetición*. María Silvia Delpy y Hugo Boccacece, trad. Buenos Aires: Amorrortu, 2002.

_____ *Lógica del sentido*. Miguel Morey, trad. Madrid: Paidós, 2011.

_____ y Félix Guattari. *Kafka. Por una literatura menor*. México D.F.: ERA, 1999.

Douglas, Mary. *Purity and Danger*. London: Routledge, 1966.

Dufour, Dany-Robert. *El arte de reducir cabezas. Sobre la servidumbre del hombre liberado en la era del capitalismo total*. Madrid: Paidós, 2009.

_____ *Locura y democracia. Ensayos sobre la forma unaria*. Ciudad de México: Fondo de Cultura Económica, 2002.

Ehrmantraut, Paola, y Dianna Niebylski. "Violence and the Latin American Imaginary: Preliminary Reflections". *Arizona Journal of Hispanic Cultural Studies* 15 (2011): 79-86.

Eltit, Diamela. *Fuerzas Especiales*. Santiago de Chile: Planeta, 2013.

_____ *Mano de obra*. Santiago de Chile: Planeta, 2002.

Esposito, Roberto. *Communitas: The Origin and Destiny of Community*. Timothy Campbell, trad. Palo Alto: Stanford UP, 2009.

Forcinito, Ana. "Desintegración y resistencia: corporalidad, género y escritura en *Mano de obra* de Diamela Eltit". *Anclajes* 14/1 (2010). <www.scielo.org.ar>.

Franco, Jean. "Malas palabras: sobre *Mano de obra* de Diamela Eltit". *Provisoriamente. Textos para Diamela Eltit.* Antonio Gómez, ed. Rosario: Beatriz Viterbo, 2007. 143-53.

Gómez, Antonio, ed. *Provisoriamente textos para Diamela Eltit.* Rosario: Beatriz Viterbo, 2007.

Green, Mary. *Diamela Eltit. Reading the Mother.* Rochester, NY: Tamesis, 2007.

Gutiérrez-Albilla, Julián. "Desublimating the Body: Abjection and the Politics of Feminist and Queer Subjectivities in Contemporary Art". *Angelaki: Journal of the Theoretical Humanities* 13/1 (2008): 65-84.

Guzmán, Hugo. "La 'colombianización' de la derecha chilena". *Le Monde Diplomatique* (2010). <historiabarriga.blogspot.com.ar>.

Haraway, Donna. "A Cyborg Manifesto. Science, Technology, and Socialist-Feminism in the Late Twentieth Century". *Simians, Cyborgs and Women: The Reinvention of Nature.* New York: Routledge, 1991. 149-81.

____ "The Ironic Dream of a Common Language for Women in the Integrated Circuit: Science, Technology, and Socialist Feminism in the 1980s or a Socialist Feminist Manifesto". (1983). <homepages.herts.ac.uk>.

Herrero, Javier. "Renaissance Poverty and Lazarillo's Family: The Birth of the Picaresque Genre". *PMLA* 94/5 (1979): 876-86.

Hutcheon, Linda. *Irony's Edge. The Theory and Politics of Irony.* London: Routledge, 1994.

Kadir, Djelal. "A Woman's Place. Gendered Histories of the Subaltern". *The Other Writing. Postcolonial Essays in Latin America's Writing Culture.* West Lafayette: Purdue UP, 1993. 179-201.

Kristeva, Julia. *Powers of Horror. An Essay on Abjection.* Leon S. Roudiez, trad. New York: Columbia UP, 1982.

Lazzara, Michael J. "Estrategias de dominación y resistencia corporales: las biopolíticas del mercado en Mano de obra, de Diamela Eltit". *Letras y proclamas: la estética literaria de Diamela Eltit.* Bernardita Llanos M., ed. Santiago de Chile: Cuarto Propio, 2006. 155-63.

Llanos, Bernardita M.,ed. *Letras y proclamas: la estética literaria de Diamela Eltit.* Santiago de Chile: Cuarto Propio, 2006.

Lofringer, Sylvere, ed. *More & Less*. Pasadena, CA: Art Center of College and Design, 1999.

Muñoz, Víctor. "Oro peruano y represión obrera. Los últimos días del anarquista Julio Rebosio Barrera". *Anarkismo.net*. 12 feb. 2009. <www.anarkismo.net>.

Nancy, Jean Luc. *The Inoperative Community*. Peter Connor, Lisa Garbus, Michael Holland y Simona Savney, trads. Minneapolis: U of Minnesota P, 1991.

Niebylski, Dianna. "Blood Tax: Violence and the Vampirized Body in *Impuesto a la carne*". *Arizona Journal of Hispanic Cultural Studies* 15/1 (2011): 107-21.

_____ "Hacia una estética de la carencia: estrategias formales de resistencia en Diamela Eltit". *La Torre (TE)* 38 (2005): 480-500.

Núñez-Méndez, Eva. "La Diamela Eltit de *Mano de obra*: mistica de los trabajadores". *Hispanófila* 152 (2008): 87-100.

Olea, Raquel. "El cuerpo-mujer. Un recorte de lectura en la narrativa de Diamela Eltit". *Revista Chilena de Literatura* 42 (1993): 165-71.

Opazo, Cristián. "Diamela Eltit y las reinvenciones del teatro chileno". *Redes locales/ redes globales: la narrativa de Diamela Eltit*. R. Carreño, ed. Madrid: Iberoamericana, 2008. 225-37.

Ortega, Julio. "Diamela Eltit y el imaginario de la virtualidad". *Una poética de literatura menor. La narrativa de Diamela Eltit*. Juan Carlos Lértora, ed. Santiago de Chile: Cuarto Propio, 1993. 53-81.

_____ "El sistema de Diamela Eltit". *La ciudad literaria de Julio Ortega*. <blogs.brown.edu>. 2008.

Posadas, Claudia. "Un Territorio de zozobra. Entrevista con Diamela Eltit". *Inti: Revista de Hiteratura hispánica* 55/1 (2002): 229-40.

Reguillo, Rosanna. "Violencias y después. Culturas en reconfiguración". <educiac.org.mx>.

Richard, Nelly. "Tres recursos de emergencia: las rebeldías populares, el desorden somático y la palabra extrema". <www.letras.s5.com>.

Sarduy, Severo. "Para la voz". *Obra completa*. Tomos I y II. Madrid: Fondo de Cultura Económica, 1999.

Smith, Adam. *An Inquiry into the Nature and Causes of the Wealth of Nations*. 1776. An Electronic Classics Series Publications. Jim Manis and The Pennsylvania State University, 2005. <eet.pixel-online.org>.

Ironía e historia

El relato cómplice: ironía y violencia en la narrativa del Cono Sur

ANA MARÍA AMAR SÁNCHEZ
University of California-Irvine

El nexo entre dos términos como violencia e ironía despliega múltiples alternativas: ambos suscitan numerosas vías para la reflexión y el análisis. Más aún, la relación entre ellos plantea diversos problemas cuando se trata de pensar textos de la literatura argentina y establecer un corpus. Violencia y Argentina evocan en el lector las dictaduras militares, en especial la última, y el genocidio padecido. Esto es lógico; no solo hemos vivido una pesadilla cuyas sombras todavía nos alcanzan, sino que el arte, la literatura en particular, ha elaborado –y sigue haciéndolo– numerosos discursos, versiones, ficcionales o no, con los cuales contar el horror. Es decir, no se trata solo de establecer qué inflexiones de la ironía interesan, sino también qué textos, qué representaciones de la violencia podrían conformar un determinado corpus. Los relatos elegidos para este trabajo marcan de algún modo el inicio y la clausura de una particular relación entre violencia e ironía en el siglo XX.

Violencia e historia se encuentran unidas en la Argentina desde los inicios mismos de la independencia y la construcción de una nueva nación: siempre han luchado a muerte dos proyectos de nación, dos formas de concebir el mundo, la cultura, el tipo de Estado que deberíamos ser. Desde ese comienzo, la violencia y la sangre han estado presentes en la resolución –o imposible solución– de los conflictos. La literatura ha tomado parte de estos combates y podemos encontrar ejemplos ya en los años de la independencia. De hecho, el relato fundante de nuestra narrativa, "El matadero" (1840/1871), es un ejemplo excelente del vínculo entre ironía, violencia y política, pero me voy a limitar al siglo XX y tomaré tres relatos: en primer lugar, un cuento o *nouvelle* de Arturo Cancela, titulado "Una semana de holgorio", escrito en 1919 y publicado en 1922 en la colección *Tres relatos porteños*. Luego "El General Rosca, conquistador de la nada" de Juan Sasturain, muy ligado a otros dos textos también incluidos en su colección *Zenitram* editada en los años 90. Y, finalmente, un cuento de la misma década, pero de un narrador más joven: "El pasado" de Martín Rejtman. Autores de diferentes generaciones y, sobre todo, cuentos que representan –e ironizan– momentos dramáticos de la nación, escenas claves de la violenta historia del siglo XX.

Pensar la ironía en relación con la violencia es pensarla vinculada a la política; en verdad, la ironía actúa como un arma política. Esto implica considerar varias condiciones de la ironía: es siempre una visión "desde afuera" de aquello que se ironiza, por lo tanto establece algún tipo de distanciamiento con el objeto ironizado. Así, claro, resulta funcional para reírse del enemigo, burlarse y marcar una superioridad sobre él. Esta "distancia irónica", ese aparente desapego y la autoconsciencia –puesto que la distancia irónica siempre presupone autorreflexión– señalan una postura de algún modo "superior"; se trata de una actitud evaluadora, casi siempre peyorativa. ¿Qué puede entonces significar el uso de la ironía para contar la violencia? Wayne Booth ha mostrado que la relación entre la ironía y el receptor es política por naturaleza dado que consigue establecer "una forma de comunidad", cierto tipo de consenso.[1] En efecto, los textos que narran la violencia con estrategias irónicas establecen una doble complicidad, exigen que el lector comparta presupuestos literarios y políticos. Esta complicidad de la ironía permite alejarse del horror de la violencia, "reducirla", neutralizar el miedo que provoca; logra, de algún modo, un triunfo intelectual sobre ella. Tiene, en resumen, una función liberadora. Decimos que supone distancia y que a través de ella se hace una lectura política de los hechos contados, lectura que difiere totalmente de otras versiones sobre los mismos hechos –y esto es evidente en los textos aquí analizados–. La ironía podría en este sentido pensarse como un discurso subversivo; porque reduce el objeto, es una mirada a través de un lente que destroza lo solemne, lo ridiculiza, "achica" lo pensado como serio o heroico, propio de la historia oficial y, a la vez, se aleja de las dramáticas representaciones de otras formas literarias.

La ironía se ejerce sin duda sobre hechos o personajes pero simultáneamente sobre –y a través de– el modo de contarlos. Tan cercana a la parodia, el humor y la sátira, apunta a una referencia externa (violenta e histórica, en el caso que nos interesa) y a un código sobre el que se construye, ya sean géneros literarios, lenguajes o temas. Ante ambas referencias, interna y externa, establece una relación de complicidad con el lector en la medida en que éste reconoce aquellos elementos que le permiten leerla (tal como ocurre con la parodia). Esto quiere decir que la ironía política y la literaria o cultural corren paralelas en este discurso: se ironizan coyunturas, episodios, hechos, a través de una escritura que, a su vez, ironiza las formas, los géneros, sobre los que está construida. Presupone entonces sujetos cómplices, un saber común en cuanto a los códigos ironizados y en cuanto al conocimiento de los hechos narrados; complicidad en la risa, en el juego irónico, en la inflexión paródica. Desconocer esos significados, ser incapaz de descifrar lo implícito o, incluso, no compartirlo obtura el sentido y provoca el rechazo. La ironía entonces plantea problemas de interpretación, exige una suerte de intercambio, una competencia, como señala Linda Hutcheon, lingüística, genérica e ideológica.[2]

Podría pensarse a la ironía como una de las formas del relato elusivo, sesgado, en tanto presupone lo no dicho, cuenta "sin decir", o mejor, diciendo "otra cosa", trabaja la inversión y el doble sentido. Establece un juego con lo silenciado, la ambigüedad, la antítesis, la reticencia, la alusión; provoca, en suma, una elipsis. Por estas razones, considero la ironía como una de las estrategias de lo que llamo el *contar oblicuo*,[3] muy presente en los narradores del Cono Sur en los que el relato "al sesgo" para dar cuenta de la violencia parece dominante y forma parte ya de una tradición canónica. "Leer la ironía" [dice Booth] es, en cierta forma, como traducir, como decodificar, como descifrar, y como mirar detrás de una máscara" (66).[4] Forma sesgada en la que predomina el *no decir* de manera expresa lo que realmente se quiere decir, la ironía problematiza la fijación del sentido, impone una mirada altamente autoconsciente y carente de inocencia sobre lo narrado; de ahí la semejanza de estrategias y sus límites lábiles con la parodia y el humor. De hecho, tanto Booth como Hutcheon señalan la amplitud del término y las dificultades –o la inutilidad– de ceñir el concepto de ironía. Me inclino a aceptar la afirmación de Hutcheon, quien la considera un procedimiento permeado por el humor, una estrategia retórica presente en diversos grados en la parodia y la sátira. Este "no dicho" que la distingue es el espacio donde puede leerse la posición del enunciador, su ética política; en verdad, la ironía implica siempre una postura del sujeto frente a los hechos (entendiendo a este sujeto como sujeto de la escritura). El juicio crítico, el discurso político transcurre en la superposición de significados, de contextos semánticos: entre lo que se dice y lo que se quiere dar a entender. Se ha definido la ironía como un velo figurativo que oculta la verdad;[5] sin embargo creo que, por el contrario, la ironía la revela sin decirla: se dice A cuando se quiere decir B, pero al decir A se está dando a entender, se desnuda B. He leído los textos elegidos a partir de estas reflexiones.

Arturo Cancela, un autor algo olvidado en el presente pero muy conocido en la primera mitad del siglo XX en la Argentina, escribió "Una semana de holgorio" en 1919.[6] No por casualidad el prólogo al cuento se cierra con datos muy precisos: la firma –A.C.– y la fecha –"Buenos Aires, febrero de 1919"– sitúan claramente el relato a un mes de los hechos que no se mencionan nunca en forma precisa, pero que cualquier lector de la época o conocedor de la historia argentina puede reconocer.[7] El relato cuenta desde una muy particular perspectiva los acontecimientos de la llamada *semana trágica* ocurrida durante la presidencia de Hipólito Yrigoyen, quien gobernaba desde 1916. Hay que recordar que su administración quedó marcada por las sangrientas represiones de esa semana de enero en Buenos Aires contra la huelga organizada por los anarquistas y, más tarde –entre 1920 y 1921–, de los obreros en la Patagonia, ambas ejecutadas por el ejército. En el primer caso también participaron en la represión organizaciones nacionalistas como la Liga Patriótica Argentina. Esa semana de violencia dejó setecientos muertos y provocó ataques a anarquistas, comunistas, inmigrantes y, sobre todo, judíos, iniciando así lo que se conoce como el primer pogrom en América Latina. A pesar de los rumores de golpe de Estado, el orden constitucional se mantuvo; pero en la segunda presidencia de Yrigoyen se producirá el primer golpe, el de Uriburu, en 1930. Tenemos entonces en esa semana la prehistoria o el germen de lo que vendría después: los sucesivos gobiernos *de facto* cada vez más frecuentes y más sangrientos hasta llegar a la terrible dictadura de 1976.

El cuento narra ese episodio fundante de la violencia del siglo XX en Argentina y lo hace con un gesto irónico que se manifiesta desde el título mismo: "Una semana de holgorio" para designar la semana trágica.[8] A esto se agrega un epígrafe tomado de un poema de Guido Spano, poeta muy reconocido en los comienzos del siglo XX y hoy casi olvidado.[9] El fragmento elegido celebra la condición porteña: "He nacido en Buenos Aires / ¡Qué me importan los desaires / con que me trate la suerte! / Argentino hasta la muerte / He nacido en Buenos Aires" (69). Es decir, desde el comienzo, el relato juega con la antítesis y sugiere significaciones que serán desmentidas por los hechos narrados.

Luego de ese epígrafe continúa el prólogo ya mencionado en el que A.C. presenta al protagonista y narrador, a través de cuya muy personal mirada los lectores viviremos esa semana de violencia.[10] El prólogo define a este personaje "como alguien que no está formado de la pasta de los héroes" (71); en verdad, se trata de un "niño bien" que vive entre el cabaret y el hipódromo, que nada entiende ni le importa lo que pasa y que se ve involucrado en algunas de las violentas escenas de la semana, unas veces por casualidad y otras por estupidez.[11] El "héroe" es entonces alguien que no puede asumir un discurso heroico o político ni narrar con lucidez los acontecimientos. Su mirada está marcada por la ceguera y el egoísmo de clase. De este modo los episodios en los que participa adquieren un aspecto farsesco y desprovisto de sentido. El narrador pierde desde el comienzo toda autoridad y seriedad; es lo opuesto del historiador o el periodista que podrían darnos una visión de los hechos. El autor del prólogo se encarga de descalificarlo por su actitud que "en los días trágicos que acaban de transcurrir, difícilmente puede inspirar sentimientos épicos [...] resulta discutible su autoridad de historiador" (72). También se encarga de establecer la complicidad con el lector y la distancia con el protagonista; la mirada de éste, absolutamente subjetiva, sin "respeto por la historia", sin capacidad de interpretación política y, por el contrario, llena de conclusiones absurdas, deja los hechos en la sombra y requiere de un lector que conozca el contexto y pueda comprender la ironía que se genera en la diferencia entre ese contexto y el relato.

Todo el cuento trabaja con el doble sentido, la inversión, la necesidad de recuperar el "otro" significado implícito. Como se dijo, ya el prólogo permite ver al narrador irónicamente y establecer la "superioridad" del autor y del lector sobre él; a la vez, su relato –más allá de las intenciones del protagonista– también se vuelve irónico en la medida en que podemos confrontar sus interpretaciones con los hechos. Su fe en la policía, en la seguridad de la ciudad, por ejemplo, se ve rápidamente puesta en cuestión: "soy porteño y sé que la absoluta regularidad de las calles de la capital permite orientarse a cualquiera y que gozamos de una profusa iluminación municipal y un excelente servicio de policía" (81). Poco después se hallará perdido en calles sin pavimentar, en tinieblas y gracias a su encuentro con un policía quedará en medio de un enfrentamiento en una comisaría. Su relato de la refriega en la que se ve envuelto por error, en la que cae preso al ser confundido con un peligroso "subversivo" y de la que se escapa por casualidad, reduce al absurdo la violencia de la lucha:

> Nos hallamos en medio de una baraúnda indescriptible: gritos, descargas, estrépito de cristales rotos [...] me apelotono en un rincón del patio y aguardo a que pase la tormenta [...] el tumulto ha ido organizándose [...] el último elemento de trinchera es una pequeña barrica que se resuelve a ir rodando hasta el centro de la calle [...] disparo mi máuser contra la desobediente barrica. (84-85)

La ausencia de valor, la confusión, la falta de sentido reduce el episodio a una farsa muy distante de la relación que podemos encontrar en cualquier crónica de los episodios de esa semana. Quiero enfocarme especialmente en una escena central de este relato en la que el narrador camina por la calle Corrientes y ve un "espectáculo desacostumbrado":

> Pequeños grupos de jóvenes con brazaletes bicolores, armados de palos y carabinas, detienen a todos los individuos que llevan barba y les obligan a levantar las manos en alto [...] los de las carabinas les pinchan con ellas el vientre, y otros, desarmados, se cuelgan de las barbas del sujeto. Según me informan, este original procedimiento tiende a estimular entre los barbudos el amor a la Nación Argentina. Como soy lampiño, me creo a cubierto de semejante recurso pedagógico [...] En el camino advierto que otros grupos apedrean las casas de comercio, los nombres de cuyos propietarios abundan en consonantes. ¿Por qué les tienen tanto odio a las consonantes? ¿Acaso las vocales solas pueden componer un idioma? (96)

La escena describe el ataque de los miembros de la Liga Patriótica a los judíos en un episodio que es digno antecedente de la "noche de los cristales". La aparente "inocencia" del discurso del narrador, su incomprensión de los acontecimientos y de sus implicaciones, permiten descifrar y mirar "detrás de la máscara" –como diría Booth–, develar la verdad que se dice al no decirla. La ironía entonces *deshace la lógica de la violencia*, destruye la lógica de los futuros fascistas, expone en todo su esplendor la sinrazón del racismo y lo ridiculiza. Diría que nos permite reír de la Liga Patriótica, risa que de alguna manera nos consuela y nos libera o atenúa el miedo latente y aún retrospectivo para los que leemos el texto casi cien años después.

Pero esa ironía y esa risa se congelan en el desenlace de la escena: un viejo que no acata la orden de levantar los brazos (debido a que es manco) es asesinado frente al narrador. El relato del episodio diluye el doble discurso, el juego de implícitos y sobreentendidos; la muerte clausura toda posibilidad de ironía, de humor o burla –lo mismo que ocurría en nuestro iniciático relato "El matadero"–. No hay espacio para la ambigüedad, la descripción de la muerte es seguida por las reflexiones del protagonista: "yo no había visto morir a nadie. Tenía por eso la idea de que la muerte es un espectáculo aparatoso y trascendental [...] Nada de eso, sin embargo. Es el incidente más trivial que se pueda imaginar" (97). Y el relato retoma de a poco el registro irónico: "Usted se pone en torno del brazo izquierdo la cinta del gato de su casa o la liga de la mucama, coge su revólver, sale a la calle y le pega un tiro en el corazón al primer hombre humilde que le parezca sospechoso. Con eso [...] ha consolidado las instituciones y ensayado su puntería" (97).

La muerte o, mejor, esta particular forma de muerte por razones políticas, parece entonces el único momento en que la visión distante y superior que caracteriza la ironía se suspende. Es que este violento modo de morir funcionaría como un límite para la ironía; de allí, seguramente, la dificultad para encontrarla en los textos que narran la violencia extrema de los periodos dictatoriales.[12]

La "participación" del narrador en los acontecimientos –participación que él describe muy bien: "ya no me acuerdo de mi aventura de días pasados y me entero de las noticias de la huelga con toda la buena fe de un espectador desinteresado" (98)– se cierra con una entrevista con el comisario que lo había confundido con un "peligroso subversivo". Al enterarse de quién es –un "niño bien", de "alta sociedad"– el policía exclama: "¡Pero amigo! ¿Cómo no me dijo usted que era socio del Jockey?" (102).[13] Esa frase clausura el dramático episodio (que nunca lo fue para nuestro narrador), vuelve absurda la tragedia y demuestra la inutilidad de la huelga y la violencia sufrida: todo seguirá igual, nada ha pasado. Por eso el protagonista regresa a su casa con sus amigos cantando a gritos en un auto "¡Viva el presidente del Soviet!" (102). Grito vacío ya de contenido, sin consecuencias ni peligro alguno habida cuenta de quiénes son y cuándo lo pronuncian. La violenta semana ha terminado y también termina el relato; al lector le queda la versión del narrador, absurda y sin ningún significado político o histórico de lo ocurrido. A su vez, el cuento ha desactivado los discursos "serios" sobre lo acontecido, ha demostrado que nada ha pasado realmente, no ha habido consecuencias políticas importantes, solo setecientas muertes, tan triviales como la del viejito manco. El lector puede entonces coincidir con la mirada irónica de A.C. –en el prólogo– acerca de la estupidez del narrador y lo inútil de la violencia transcurrida; puede comprender que la tragedia se ha vuelto banal y que la inversión en el título resulta oportuna: *holgorio* parece la palabra apropiada para calificar la versión de los acontecimientos y para encubrir todo el dramático sentido que se oculta a la vez que se expone en el relato.

Juan Sasturain publica en los años 90 "El general Rosca, conquistador de la nada" que, junto con otros dos cuentos de la misma antología, *Zenitram*, conforman un gran relato, un despliegue de más de cien años de violenta historia argentina en clave irónica, satírica y paródica: pasado, presente y futuro, desde el momento de constitución de una moderna nación a fines del siglo XIX hasta una posible era posmenemista. Las tres historias se abren a la lectura irónica desde los nombres mismos de sus protagonistas: Rosca, San Jodete y Zenitram –héroe este último que emula a Superman pero cuyo nombre es resultado de la lectura al revés de su apellido: Martínez–.

"El general Rosca..." invierte la figura del General Roca, "héroe" del siglo XIX para la historia oficial, que conquistó el llamado "desierto" y masacró a los pueblos originarios del sur. Rosca, según especula el mismo narrador, puede ser una combinación de Rosas, jefe de la primera campaña al "desierto", y de Roca, jefe de la segunda. Sin embargo, Rosca se asemeja mucho más a una ridícula versión de este último, al menos tal como ha quedado fijado en los triunfalistas relatos de la historia oficial. La experiencia de Rosca es la contracara del pasado "glorioso" del genocida Roca: como él, intenta conquistar el "desierto" que en este caso es verdaderamente "la nada". Su expedición y su delirante "encuentro con los indios" se diluyen en pleno siglo XX, en el año 1930, coincidiendo con el primer golpe militar de la historia argentina. El narrador cuenta y adjetiva con ironía la historia; vale como ejemplo la descripción de la estatua del héroe:

> Es una estatua ecuestre de base demasiado pequeña para su pretendido esplendor. El general aparece empinado sobre los estribos y el caballo caracoleante que en realidad nunca tuvo pedalea en el aire apenas apoyado en tierra por las patas traseras [...] el efecto resultante es de inestabilidad: el general Rosca [...] parece a punto de ser desmontado. El duro suelo pampeano está más cerca de sus frágiles espaldas que la escurridiza gloria del extremo de su sable extendido. (46)[14]

El cuento, desde el presente, hace la revisión de un genocidio anterior ejecutado por un militar que sentó las bases de la nación, uno de los artífices del proyecto modernizador llevado a cabo en el siglo XIX por la llamada "generación del 80". Rosca se proyecta así como el patético fantasma, la imagen opuesta del héroe y genocida –héroe que llegó a presidente de la Nación–. El cuento de Sasturain funciona como un espejo invertido e irónico de la versión gloriosa sobre la conquista del desierto, por una parte y, por otra, de los relatos dedicados a cantar esas glorias.[15] Es la contra-historia de un pasado, tal como ha sido narrado o construido por el discurso oficial, y de un héroe muy glorificado durante la dictadura militar –y éste es un punto clave de la función política del texto con respecto a su presente: la última campaña de Roca se hizo en 1879 y en 1979 la dictadura celebró los 100 años de tamaña "gesta heroica" consistente en asesinar indios, quitarles las tierras y repartirlas entre los amigos–. El relato entonces tiene un protagonista que en los años 20 emula ridículamente al "militar glorioso" de fines del siglo XIX, pero, escrito en los 90, es casi una referencia directa a los recientes militares genocidas. Un pasaje del cuento lo confirma: "Nadie le hizo caso, nadie dio lugar a sus reclamos. Ni siquiera los militares, ocupados como estaban en inaugurar el golpe de Estado [...] pero ésa es otra historia, triste, repetida y sin la locura romántica del general Rosca" (57).[16] De este modo, el texto ejercita la ironía como arma política en tanto Rosca destruye, reduce a "una aventura de alucinados" la gloria, las hazañas y la violencia de la campaña de Roca y del relato histórico: "toda empresa aventurera [...] necesita de un obstáculo a vencer, la oposición de cualquiera de las manifestaciones genéricas del Mal [...] el problema del general Rosca [...] fue encontrar al enemigo" (52). Lo encuentra en algunos "inusitados salvajes": un "mítico capitanejo mapuche octogenario" y un grupo de "gritones y veteranos indígenas" que hablan en castellano, a los que "les falta vigor y gimnasia guerrera" (52-53).[17] La "hazaña" militar del general Roca, se traduce, en el caso de Rosca, en el sorpresivo ataque de su "turba de disfrazados" (56) a un circo; el regreso triunfal del primero en un retorno a Buenos Aires en tren, mirando desde la ventanilla "la Nada que empecinadamente había conquistado" (57).[18]

La crónica del narrador no solo erosiona el relato épico sobre el héroe y sus hazañas militares, sino que corroe desde el comienzo mismo otro género de gran tradición en el sur: el relato de los viajeros extranjeros que desde la época colonial dejaron sus impresiones sobre "esas tierras salvajes". El cuento de Sasturain explora sus tópicos e ironiza sobre la ignorancia de sus autores; no es casual entonces que esté enmarcado por la mención de un supuesto y "detestable ensayo", *South of the Border*, de un norteamericano, George Miles, en el que relata sus impresiones de viaje por Latinoamérica, aunque solo "estuvo una semana en Buenos Aires, lo reportearon en *La Nación*, vio un Boca-River y comió asado en Sierra de la Ventana" (45). La ironía del narrador hacia el "soberbio yanqui" duplica la de éste en relación con Rosca, cuya aventura recoge "burlonamente" en un capítulo titulado "Cornelius Roska (*sic*) and the Empty Empire". Este típico relato de viajero es calificado al comienzo como "imagen fuera de foco de un libro nunca traducido" (46) y vuelve a aparecer en el final del cuento y de la historia, cuando nadie se acuerda ya de Rosca: "tuvo que venir un yanqui [...] a contarnos irónica y prejuiciosamente una aventura demasiado estúpida o patética para nuestros oídos" (57). El narrador diferencia claramente la ironía soberbia del yanqui de su propia y múltiple ironía: hacia el yanqui —en un gesto de defensa contra el imperio— que se burla de Rosca, hacia los relatos de viajeros ignorantes y de falsas gestas heroicas, hacia el militar genocida del siglo XIX y, por asociación, hacia los militares genocidas del XX. Se ve entonces cómo el relato no pretende ridiculizar (y ésa es la fundamental diferencia con el del viajero arrogante) la figura de Rosca, sino que a través de este último –y de la risa que provoca su absurda aventura– destruye la épica militar del "héroe" Roca.[19]

Si la historia del General Rosca va hacia atrás para ironizar pasado y presente, la historia contemporánea define la vida de "San Jodete, apóstol de la desgracia" quien repite muletillas como "Patria o Colonia" o "Hay que joderse, hermano del Sur" (100). En este caso, el juego irónico explora las posibilidades que da el imaginario de la cultura popular ligado a la política: el cuento sigue al protagonista desde sus comienzos como cantor de tangos hasta que, víctima de la dictadura, "un falcon verde y sin chapa lo levantó mientras arengaba a los paseantes" (90) y se cierra con su muerte durante "la agonía de la dictadura" (91). Su vida entonces se corresponde con momentos bien precisos de la historia argentina: la muerte de Perón, la dictadura militar, "la desventurada aventura de Malvinas" (91). De forma paralela el cuento deja atrás el irónico humor del comienzo, cuando la figura "pintoresca" es casi una parodia cómica del costumbrismo tanguero, para transformarse en un relato sobre la dictadura y sobre la pérdida. Otra vez, en el momento de la máxima violencia, el texto, como en el caso de Cancela, se sustrae a la ironía para concluir en un melancólico final en que la patética figura de San Jodete se esfuma en el olvido. El tercer cuento, "Zenitram", tiene como protagonista a nuestro Superman de América del Sur que no solo invierte su nombre, sino la trayectoria victoriosa del personaje norteamericano. Como en el caso del General Rosca, sus rídiculas hazañas exponen la violencia, esta vez, del héroe norteamericano. Zenitram ha transgredido "las reglas impuestas desde el norte"; por eso, un ex compañero viene a matarlo y le recuerda: "Sabías que no debías involucrarte, meterte con la historia, con la política [...] sabías que no podías hacer política" (232). Decadente, envejecido, fracasado y víctima de la violencia del imperio, su final en el que, nuevamente, ha desaparecido todo rastro de humor o ironía, representa en un futuro de ciencia ficción el desastre al que parece haberse precipitado el país en la década del noventa.

Los tres protagonistas son anacrónicos, reiteran historias del pasado (Roca, los "tangueros" de los cuarenta y cincuenta, Superman) en un tiempo al que parecen no pertenecer. La enunciación irónica se enfoca (a través de los nombres imposibles de los personajes, de sus aventuras absurdas, de la adjetivación del narrador) en el resultado de esos anacronismos. En verdad son víctimas y desnudan lo que se esconde detrás de la epopeya, de la ideología del cómic y del héroe norteamericano, de los relatos supuestamente científicos de los viajeros extranjeros, de las convenciones de los mitos populares: una historia de violencia soterrada que padecen esos antihéroes perdedores y oculta algunas verdades de nuestra historia. De hecho, Sasturain es uno de los pocos autores (junto con el uruguayo Delgado Aparaín) en los que la ironía es el vehículo para contar el fracaso; la narrativa de la derrota, cuando es política, raras veces admite un perdedor que nos haga sonreír, que implique una mirada con humor, reductora de su patética o trágica condición.[20]

Los relatos de Sasturain se ubican en el momento de cierre del ciclo dictatorial –así como Cancela lo abre, antes del primer golpe de Estado, el de Uriburu–. Este *corpus*, que mira el drama de la historia con ironía, con humor, desarticulando a la vez que exponiendo la tragedia, podría completarse –o confirmarse– con un cuento como "El pasado" de Martín Rejtman, también publicado en los 90. De hecho podríamos pensar que con él se abre otro ciclo en el que, ya lejos de la tortura y la muerte, la ironía impera en todo el relato. ¿Cómo narrar la violencia más allá de la dictadura y sus secuelas explícitas? En democracia ¿cuál fue la forma de violencia que coronó el proyecto cívico militar de la dictadura? Sin duda, el gobierno constitucional de Menem y su corolario, el de De la Rúa; en ellos la violencia política se vuelve abiertamente económica –retoma las causas mismas de la dictadura–. Durante ese periodo no solo no habrá justicia ni castigo a los genocidas (una de las formas de violencia más duras que hemos vivido) sino que el proyecto económico lleva al exilio a otra generación de argentinos. El relato entonces contará esa violencia final producto de un evidente plan que no se interrumpe sino hasta el 2003. Los noventa son también la violencia misma –otra forma de violencia– y hay una extensa narrativa que buscará representarla de muy diversos modos. El cuento de Rejtman elige la ironía y la parodia como los tópicos de una literatura ya de larga trayectoria: las historias de inmigración que giran sobre la partida de una clase media pauperizada, del intelectual sin futuro. Relatos que han pensado, desde la utopía o desde el rechazo, la llegada e inclusión de los extranjeros en la Argentina o la experiencia traumática del emigrante a Estados Unidos. ¿Cómo hacer para contar esa violencia del desgarro que representa la partida, la búsqueda de otro mundo donde se trata de sobrevivir? Si la ironía trabaja por medio de diversas estrategias, aquí puede observarse una de ellas claramente: el cuento sigue el procedimiento de exagerar hasta lo inverosímil casi todos los tópicos presentes en los relatos de inmigración. A su vez, estos tópicos han sido despojados de toda afectividad y emoción; la impasibilidad del punto de vista construye de por sí una distancia irónica absoluta que elimina la condición dramática, frecuente en esa narrativa, y la banaliza: la violencia del desarraigo, la ilusión de un pronto regreso, las razones económicas de la partida, la dificultad con un idioma extraño, el encuentro con gente a quien en verdad no se entiende, el fracaso de la relación con el familiar que ha partido antes, se ha vuelto otro y ya no significa nada en la propia vida, la crueldad, en fin, del contacto con un mundo que se percibe hostil.

El protagonista y narrador, un escritor fracasado, a quien la situación económica lo ha reducido a una vida casi miserable, quiere cobrar un cheque enviado por su hermana desde Estados Unidos. Al no poder cambiarlo toma una decisión: "viajar, cobrar el dinero, y volver a Buenos Aires en el vuelo siguiente" (28). Este proyecto, paródico de la fantasía inmigrante de que una breve permanencia permita regresar con dinero suficiente, da lugar a una "experiencia americana" disparatada y sórdida, marcada por la incomprensión y el aislamiento en el mundo de los hispanos y afroamericanos en un Chicago del que nada conocemos, excepto sus barrios marginales. Su estancia, más larga de lo planeado, lo muestra completamente ajeno a los códigos de una cultura y de un mundo que le son incomprensibles y a los que su hermana –una extraña ya para él– se ha asimilado. Sin embargo, su punto de vista, indiferente, sin emoción, recurriendo al absurdo para contar una historia que sería dramática o conmovedora en otras versiones, provoca un efecto irónico que se ejerce sobre el episodio mismo –el conocido viaje en busca de "una mejor suerte" gracias a la crisis– y sobre la tradición narrativa a la que alude.

En el epílogo se encuentra el climax de toda la estrategia con que se representa la violencia soterrada de la experiencia migrante: el narrador se despierta al lado de una desconocida con quien apenas puede comunicarse y ni siquiera recuerda dónde la conoció ni qué habló con ella.[21] Ante un comentario de esa extraña que lo sorprende, nuestro narrador decide no hacer ninguna pregunta "no por vergüenza ni miedo a lo desconocido, sino para no romper la intimidad que existe entre nosotros" (35). Esta frase, con la que se clausura el cuento, es una inversión casi grotesca de todas las relaciones sostenidas por el protagonista: nada lo une con nada ni con nadie, no comparte la lengua, poco entiende y, desde luego, ninguna comunicación ni intimidad real ha existido. La violencia y la tragedia que representan la brutal soledad, el silencio y ausencia de afectos que rodean al personaje se desnudan en este cierre sorprendente. La absurda experiencia y su desenlace –igualmente absurdo– pueden desconcertar al lector sin código en común, pero arranca una sonrisa irónica o burlona a quien recuerda el discurso oficial sobre la inmigración, conoce la historia latinoamericana o ha leído la narrativa sobre el tema.

Estos cuentos proponen un abanico de alternativas que cubre el arco de la relación entre violencia e ironía en sus dos momentos, inicial y, quizá, final. No son los que suelen asociarse a las formas más obvias de violencia en las coyunturas más conocidas; sin embargo, pasan revista a casi cien años de violenta historia argentina: desde un episodio que preanuncia los horrores del siglo XX hasta sus resultados finales y más cercanos. La ironía es una manera de representar que, contando "sin decir" o diciendo de otra manera –apelando a tácticas diversas que erosionan distintas voces, creencias, discursos– exige la participación y el conocimiento del lector para completar o dar sentido. Esa complicidad tiene a su vez una esencial función política: nos permite leer con otra clave la irracionalidad estúpida del racismo y la hipocresía del poder en Cancela; deshacer la épica de un general genocida o de un imbatible héroe salvador en Sasturain; nos permite, en fin, reconocer el sinsentido –y también la violencia– que se esconde en el discurso triunfalista del "sueño emigratorio" en Rejtman. De algún modo, sonreír y gozar de la ironía cuando reduce y pulveriza la solemnidad y el miedo que provocan ciertos hechos y figuras, implica para nosotros un triunfo, quizá un consuelo o una breve liberación de nuestras más terribles pesadillas.

Notas

[1] "Hasta en la más amable de las ironías siempre es posible imaginarse una víctima [...] Toda ironía construye inevitablemente una comunidad de creyentes, aún cuando haga exclusiones" (Booth 57).

[2] "En términos bakhtinianos, la ironía es como la parodia: un fenómeno diálogico, en el sentido en que se presenta esta suerte de intercambio entre el autor y el lector. Las competencias del lector [...] entran en juego [...]. La competencia *lingüística* [...] donde el lector tiene que descifrar lo que está implícito [...]. La *genérica* presupone su conocimiento de las normas literarias y retóricas que constituyen el canon, la herencia institucionalizada de la lengua y de la literatura [...] la más compleja podría llamarse *ideológica* (en el sentido amplio del término)" ("Ironía, sátira y parodia" 187, énfasis de la autora).

[3] Desarrollo este concepto en "El trazo oblicuo. Representaciones sesgadas del horror en la narrativa del Cono Sur" (2013).

[4] En este mismo sentido pueden leerse las consideraciones de Valeriano Bozal, para quien la ironía posee la eficacia de "un *instrumento* estético" que "no se limita a decir 'eso no es lo que tal cosa es' [...]: saca a la luz el simulacro, pero también aquello sobre lo que el simulacro se ha ejercido" (99-100, la bastardilla es del autor).

[5] Véase Colebrook, *Irony* 1-21.

[6] Arturo Cancela (1892-1957) fue autor de varios relatos humorísticos y paródicos; es conocido principalmente por sus *Tres relatos porteños* (1922), la novela *Historia funambulesca del profesor Landormy* (1944) y la sátira política *Film porteño* (1933).

[7] De hecho el cuento se publicó por primera vez en *La Novela Semanal* el 10 de febrero de 1919, pocos días después de los acontecimientos a los que alude.

[8] Cancela no ha interesado demasiado a la crítica y los pocos trabajos existentes se ocupan principalmente de sus novelas. Un ensayo de María Cecilia Di Mario es una de las contadas excepciones: pone en contacto este cuento de Cancela con una crónica testimonial, *Pesadilla* (1929) de Pinie Wald, y una obra de teatro, *Huelga* (1919), de Gonzalo Bosch; es decir, distintas representaciones, con diverso signo ideológico, de la *semana trágica*. Propone "una lectura a contrapunto de tres arquetipos epocales. Crónicas y ficciones, escritores y personajes conforman de esta manera apenas un fragmento del entramado textual que dio cuenta de un episodio clave en la historia de las luchas obreras en la República Argentina" (39).

[9] Carlos Guido Spano (1827-1918) es autor de dos libros de poesía: *Hojas al viento* (1871) y *Ecos lejanos* (1895); Cancela cita el poema "Trova", acaso el más conocido del autor.

[10] La aventura del narrador Julio Narciso Dilon está fechada a la manera de un diario privado; a él también se le atribuyen los títulos y la división en capítulos.

[11] El protagonista parece responder a una de las características que Roland Breeur le atribuye al estúpido en su Introducción al tratado *Sobre la estupidez* (1937): "el tonto auténtico no tiene conciencia de su propia estupidez [...] La estupidez indica una carencia de una correcta comprensión; un hombre es estúpido porque no es consciente de esa carencia" (23). A partir de esta evidente condición del protagonista, le será fácil al lector establecer su complicidad con A.C., autor del prólogo.

[12] La ironía se suspende frente a la muerte violenta por motivos políticos; ese discurso que dice sin decir, que soslaya, funciona de modo semejante a la narración *oblicua* que busca un camino sesgado para contar la violencia extrema. Estos procedimientos recuerdan lo que señala Rancière a propósito de lo que llama *la imagen intolerable*: "el tratamiento de lo intolerable es una cuestión de visibilidad [...] El problema es construir otras realidades [...] otras comunidades de las palabras y las cosas, de las formas y las significaciones" (102).

[13] El Jockey fue, hasta avanzado el siglo XX, el club por excelencia al que pertenecía la oligarquía argentina.

[14] Estatua que evoca y es, a la vez, la contracara de la que homenajea al general Roca en pleno centro de la ciudad de Buenos Aires.

[15] Bozal sostiene que "el ironista [...] pone en duda lo sublime como forma de la historia, pero no niega la historia" (100); mantiene la distancia y busca en ésta la experiencia estética que, justamente, "empieza en el ejercicio de la ironía" (101).

[16] El narrador hace otra alusión al golpe de Estado un poco antes, al explicar el motivo del nombre Rosca, que es en verdad "un invento [...] que aludía irónicamente al malestar castrense del momento que pronto desembocaría en la revolución del 6 de septiembre de 1930" (49). La referencia es obvia para un lector argentino ya que "rosca" se utiliza coloquialmente como sinónimo de complot.

[17] Asimismo, "la campaña al desierto" de Rosca y sus frustrados encuentros con los indios son cita irónica de uno de los textos clásicos de la literatura argentina del siglo XIX, *Una excursión a los indios ranqueles* (1870) de Lucio V. Mansilla. También notorio miembro de la "generación del '80", Mansilla narra, instaurándose como protagonista, su expedición militar a territorio ranquel con el supuesto fin de establecer negociaciones y tratados de paz.

[18] Una doble ironía es que regrese a la ciudad en un tren de la línea llamada "General Roca": un tren que atraviesa las tierras arrasadas por Roca y lo homenajea al mismo tiempo. Rosca sufre así la humillación de su fracaso y del viaje en el tren que lleva el nombre de su triunfante contracara.

[19] El relato evoca asimismo un film estrenado en 1986, *La película del rey* de Carlos Sorín, en el que un director de cine intenta filmar la vida de un aventurero francés, Orélie Antoine de Tounens, que en el siglo XIX se autoproclama rey de la Patagonia y la Araucanía. Ambos proyectos, la filmación y el reinado, comparten la condición de aventura delirante y también el inevitable fracaso. Lo mismo que en el caso Rosca se trata de empresas disparatadas intentadas por personajes alucinados y de ningún modo marcadas por la violencia genocida de las campañas militares.

[20] Me ocupé de esta narrativa en mi libro *Instrucciones para la derrota* (2010), donde leo el cuento "San Jodete, apóstol de la desgracia" como un relato paradigmático centrado en un antihéroe ético. La novela breve *La balada de Johnny Sosa* (1987) del uruguayo Mario Delgado Aparaín es el otro texto, y casi el único, con un similar tratamiento de la derrota.

[21] "No puedo acordarme ni dónde la conocí, ni cómo, ni de lo que hice en la casa [...] Ni siquiera me fijé en qué calle queda la casa de Lucy. No tengo suficientes recuerdos de la noche anterior como para llenar diez minutos de tiempo" (34).

Obras citadas

Amar Sánchez, Ana María. "El trazo oblicuo. Representaciones sesgadas del horror en la narrativa del Cono Sur". *Memorias en tinta. Ensayos sobre la representación de la violencia política en Argentina, Chile y Perú*. Lucero de Vivanco, ed. Santiago de Chile: Ediciones de la Universidad Alberto Hurtado, 2013. 49-60.

_____. *Instrucciones para la derrota. Narrativas éticas y políticas de perdedores*. Barcelona: Anthropos, 2010.

Barbe, Katharina. *Irony in Context*. Philadelphia: John Benjamins Publishing Company, 1995.

Booth, Wayne. *Retórica de la ironía*. Madrid: Taurus, 1974.

Bozal, Valeriano. *Necesidad de la ironía.* Madrid: Visor, 1999.
Breeur, Roland. Introducción. *Musil/Erdmann: Sobre la estupidez.* Madrid: Abada, 2007. 19-50.
Cancela, Arturo. *Tres relatos porteños.* Buenos Aires: Capital Intelectual, 2010.
Colebrook, Claire. *Irony.* London: Routledge, 2004.
De Man, Paul. *Aesthetic Ideology.* Minneapolis: U of Minnesota P, 1996.
Di Mario, María Cecilia. *De crónicas y escrituras en la Semana Trágica.* Buenos Aires: Ediciones del Centro Cultural de la Cooperación, Cuaderno de trabajo No. 83, 2008.
Hutcheon, Linda. "Ironía, sátira y parodia. Un aproximación pragmática a la ironía". *De la ironía a lo grotesco.* Hernán Silva, ed. Ciudad de México: Universidad Autónoma Metropolitana, 1992. 173-93.
_____ *Irony's Edge: the Theory and Politics of Irony.* London: Routledge, 1994.
Lang, Candace. *Irony/Humor.* Baltimore: The Johns Hopkins UP, 1988.
Mansilla, Lucio V. *Una excursión a los indios ranqueles.* Caracas: Biblioteca Ayacucho, 1984.
Rancière, Jacques. "La imagen intolerable". *El espectador emancipado.* Ariel Dillon, trad. Buenos Aires: Manantial, 2010. 85-104.
Rejtman, Martín. *Velcro y yo.* Madrid: Lengua de Trapo, 1999.
Sasturain, Juan. *La mujer ducha.* 1996. Buenos Aires: Sudamericana, 2001.
Silva, Hernán, ed. *De la ironía a lo grotesco.* Ciudad de México: Universidad Autónoma Metropolitana, 1992.
Vivanco, Lucero de, ed. *Memorias en tinta. Ensayos sobre la representación de la violencia política en Argentina, Chile y Perú.* Santiago de Chile: Ediciones de la Universidad Alberto Hurtado, 2013.
Zubieta, Ana María. *Humor, nación y diferencias. Arturo Cancela y Leopoldo Marechal.* Rosario: Beatriz Viterbo, 1995.

Ironía parabática contra violencia historiográfica – el caso de una novela argentina

BARBARA JAROSZUK
Uniwersytet Warszawski

Desde que la Argentina recuperó la democracia en 1983, en la narrativa argentina se puede observar, según parece, una fuerte tendencia a volver al siglo XIX para reinterpretar los hechos históricos bien establecidos y comentados por la llamada historia oficial.

En su libro titulado *La invención de la Argentina* del año 1991 Nicolás Shumway, comentando los principios de la historiografía argentina, escribe:

> ¿Cuál visión del pasado se volvería oficial? En una palabra, ¿quién construiría el panteón nacional? El creador de la historia oficial fue el archirrival de Alberdi y Urquiza: Bartolomé Mitre. General, intelectual y político, Mitre fue un incansable defensor del privilegio porteño, que encaró la escritura de la historia como un campo de batalla más donde Buenos Aires podía triunfar. (208)

La historia oficial creada por Mitre –ayudado por Vicente Fidel López, historiador y compañero de Domingo Faustino Sarmiento del Salón Literario– y desarrollada en las décadas posteriores por otros, la analiza también Norberto Galasso, el autor de la *Historia de la Argentina. Desde los pueblos originarios hasta el tiempo de los Kirchner*, publicada en el año 2011. En el primer capítulo de su libro, Galasso afirma que la visión mitrista, creada en la segunda mitad del siglo XIX, es decir en el momento de la consolidación de la Argentina, y que durante muchas décadas funcionó como la única verdadera, neutra, indiscutible, presentaba la historia argentina desde la perspectiva de la clase dominante, es decir desde la perspectiva de la élite oligárquica. Según Bartolomé Mitre y sus continuadores, explica Galasso, el proceso histórico era impulsado exclusivamente por grandes hombres, como por ejemplo Domingo Faustino Sarmiento o el propio Mitre. Si, accidentalmente, uno de estos "padres de la patria" representaba otra perspectiva ideológica, como por ejemplo José de San Martín o, especialmente, Juan Bautista Alberdi, se presentaba de una manera deformada según las exigencias de la historia oficial. Otros, cuyas biografías no se dejaban deformar, como el famoso Juan Manuel de Rosas o Martín Miguel de Güemes, eran simplemente silenciados o execrados. La historia mitrista era, subraya Galasso, liberal-conservadora, o sea interpretaba y valoraba "los acontecimientos históricos desde un enfoque ideológico que hacía eje en el libre juego del mercado y la apertura al exterior, vaciado del contenido democrático que el liberalismo tuvo en la Revolución Francesa e impregnado de una concepción elitista y antipopular" (9), europeísta y antiamericanista, porteñista y antiprovincial, por supuesto machista y, en fin, exclusivista.

Y, precisamente, esta versión de la historia, hasta bien entrado el siglo XX, se enseñaba en las escuelas, predominaba en los medios de comunicación, en los discursos y la iconografía oficial y se celebraba en las estatuas y en las denominaciones de calles, lo que podría, a la luz de las afirmaciones de Shumway y Galasso, calificarse como un tipo de violencia simbólica,[1] ejercida por una parte de la sociedad sobre el resto de ella. Tan solo la irrupción del llamado radicalismo en la política argentina y su ascenso al poder en 1916 gestaron una nueva corriente historiográfica: la nueva escuela histórica que empezó, tímidamente, a socavar las bases de la historia oficial, dando paso, a lo largo del siglo XX, a diversas escuelas revisionistas. No obstante, algunos historiadores contemporáneos sostienen que, pese a los esfuerzos revisionistas, la historia oficial sigue predominando en los medios de comunicación, en el discurso oficial y, especialmente, en los colegios.[2]

Parece que estas controversias y estos problemas con la historia nacional –que a principios del siglo XXI siguen lejos de estar resueltos– incitan también a muchos escritores a volver a diferentes etapas del pasado, entre otras, a las iniciales, las decimonónicas. Hasta tal punto que la historia y especialmente la historia decimonónica parece constituir uno de los ejes temáticos de la narrativa argentina reciente.

Por supuesto, novelas y cuentos dedicados al siglo XIX se publicaban también antes. En los años 70 y 80, por ejemplo, salieron textos tan importantes como *Jauría* (1974) de David Viñas, *Respiración artificial* (1980) de Ricardo Piglia, *Ansay o los infortunios de la gloria* (1984) de Martín Caparrós, *En esta dulce tierra* (1984), *La revolución es un sueño eterno* (1987) de Andrés Rivera y *La ocasión* (1988) de Juan José Saer. No obstante, en los años 90 y 2000 el interés por esa época fundacional no cesa. Enumeremos algunos ejemplos: *La liebre* (1991) y *Un episodio en la vida del pintor viajero* (2005) de César Aira; *El amigo de Baudelaire* (1991), *La sierva* (1992) y *El farmer* (1996) de Andrés Rivera; *Montevideo* (1997) de Federico Jeanmaire; *Las nubes* (1997) de Juan José Saer; *La princesa federal* (1998) de María Rosa Lojo; *La patria de las mujeres: una historia de espías en la Salta de Güemes* (1999) de Elsa Drucaroff; *El sueño del señor juez* (2000) de Carlos Gamerro; *El inquietante día de la vida* (2001) de Abel Posse; *Cielo de tambores* (2001) de Ana Gloria Moya; *El informe* (1997) y *Los cautivos* (2000) de Martín Kohan, y también dos tomos de sus cuentos: *Muero contento* (1994) y *Una pena extraordinaria* (1998). Al siglo XIX en mayor o menor grado hacen referencia también otras novelas, ubicadas en el siglo XX o XXI, como por ejemplo *La lengua del malón* (2003) de Guillermo Saccomanno o *María Domecq* (2007) de Juan Forn.[3]

Lo que resulta muy interesante es que la mayoría de estos textos parecen inscribirse en las tendencias revisionistas y antioficiales ya por el mismo hecho de que subrayen la multitud de las historias y la imposibilidad –epistemológica e incluso ontológica– de lo que el ya citado editorial de *La Nación* califica como "la historia verdadera". Hacen lo que Martín Kohan en su artículo titulado "Historia y literatura: la verdad de la narración" describe así:

> En principio se diría que la literatura, al incorporar ciertos materiales y ciertos mecanismos provenientes del discurso de la historia, o más aún al tornarse, decididamente, "novela histórica", logra adquirir un plus de referencialidad que permite que la representación gane en inmediatez, dado que, en relación con el discurso literario puramente ficcional, el discurso de la historia en sí mismo dispone de un grado mayor de referencialidad: su sistema de representación se orienta, de una manera más directa, hacia los denominados "acontecimientos reales". Se da el caso de que la literatura se ha acercado al discurso histórico, pero no para intensificar sus posibilidades de construir una representación más inmediata de lo real, sino, por el contrario, como

una forma de acentuar la mediación: no como un atajo que le permitiera cortar camino, sino como un rodeo que se lo alarga [...]. Mientras en el discurso histórico, como en todo relato "realista", debido al predominio de sus propósitos referenciales, la propia representación intenta, para imponerse mejor, pasar inadvertida, en los textos de la literatura argentina a los que nos estamos refiriendo la historia ingresará plenamente pero para engrosar y destacar la mediación que constituye, en sí misma, toda representación. (245-47)

Según la visión de Kohan –que, obviamente, tiene mucho que ver con el pensamiento de Hayden White– la historia misma funciona menos como una secuencia de "hechos reales" que hay que describir de una manera neutra, y más como un discurso, una narración, una serie de textos de diferentes tipos: orales y escritos, históricos, periodísticos y, en fin, literarios. Todos estos textos –aunque algunos de ellos tengan "un grado mayor de referencialidad" que otros– presentan "los acontecimientos reales" según las exigencias de ciertas ideologías, entrando así en la lucha por la hegemonía en el campo cultural, para decirlo con palabras de Pierre Bourdieu, y, por extensión, en el campo político. Se trata entonces, según Kohan, a la hora de referirse a la historia entendida de esta manera, de reflexionar sobre la escritura y los mecanismos retóricos que la constituyen, implicados en el proceso mismo de narrar esta lucha, deconstruyendo los mitos creados por los representantes de diferentes "bandos".

Esta visión de las relaciones entre la literatura y la historia concuerda, dicho sea de paso, con las famosas tesis de Seymour Menton que ya en el año 1993 observó las mismas tendencias en la llamada nueva novela histórica (NNH) de los años 1979-1992, subrayando, como uno de sus seis rasgos, "la subordinación de la reproducción mimética de cierto periodo histórico a la presentación de algunas ideas filosóficas [...] [como] la imposibilidad de conocer la verdad histórica o realidad" (42). Dejando de lado la pregunta si se deberían o no calificar las novelas enumeradas por Menton y, en consecuencia, otras parecidas como "nuevas",[4] hay que reconocer que este tipo de textos en el ámbito argentino se publican no solo –como lo demuestra Kohan en su artículo– en los años 70 y 80, sino también –y en gran número– en las décadas siguientes, hasta hoy día.[5]

Parece que el florecimiento de este tipo de literatura se debe en el marco mundial al desarrollo de tendencias democráticas, poscoloniales, sociocríticas y feministas, y en el marco argentino también a una cierta transformación del clima literario y político, que se puede observar en los últimos años. Elsa Drucaroff en su libro dedicado a la nueva narrativa argentina (NNA),[6] titulado *Los prisioneros de la torre. Política, relatos y jóvenes en la postdictadura* (2011), a la hora de analizar las diferencias entre los representantes de la NNA y las generaciones literarias anteriores señala varios cambios: 1) cambio de estatus epistemológico del sujeto que en vez de luchar por una causa justa –como los representantes de las llamadas generaciones militantes– pone todas las causas justas en tela de juicio y siempre duda de la posibilidad de resolver los problemas que lo rodean; 2) cambio de tono que deja de ser serio y se vuelve irónico, socarrón; 3) cambio de estética, ya que "los nuevos" muy a menudo rechazan el realismo; 4) cambio de tema o, para utilizar el término de David Viñas, la aparición de nuevas manchas temáticas.

En un artículo anterior, titulado "Nueva narrativa argentina. Relatos de los que no se la creen" (2007), Drucaroff llega a explicarlo de una manera muy ilustrativa:

> La entonación es eso que más conecta al lenguaje con las vísceras, el cuerpo, el contexto inmediato, la valoración o actitud ante lo que nos rodea. Gritar, susurrar, acusar, quejarse, ordenar, proclamar, denunciar, explicar, dudar, bromear, ponerse serio, todo eso se manifiesta también con los tonos de la voz y la literatura también hace sonar entonaciones de papel. La narrativa anterior entona grito, acusación, proclama, denuncia, reflexión, explicación sesuda; si bromea es con un fin serio: criticar y denunciar; si juega (como jugaron, cada uno a su modo, Cortázar y Borges), es para hacer preguntas filosóficas que no son juego. Serio concierto sinfónico que inevitablemente tendrá timbales en su parte culminante: ésa es la música de gran parte de la buena literatura anterior. La nueva se toma menos en serio. Predomina la socarronería, una semisonrisa que puede llegar a carcajada o apenas sobrevolar, pero señala siempre una distancia que no se desea recorrer: la que llevaría a tomarse demasiado en serio. (sp)

La palabra clave aquí es la "distancia". Porque la semisonrisa señalada por Drucaroff como típica de "los nuevos" no tiene, según parece, nada que ver con la falta de seriedad: no tomarse demasiado en serio no significa evitar cuestiones serias; significa distanciarse, a la hora de tocar las cuestiones serias, tanto de sus propias opiniones como de las opiniones de otros; significa dudar. Lo que, por supuesto, no conlleva ningún tipo de indiferencia, al contrario, Drucaroff señala también que "los nuevos", al mismo tiempo, rompen (al menos desde un momento determinado, o sea desde la crisis del fin del milenio) lo que ella diagnostica como "el tabú del enfrentamiento", es decir la postura –observable en los años posteriores a la caída de la dictadura y, especialmente, en la época del menemismo– de evitar en la vida pública y, como consecuencia, en la literatura todo tipo de confrontación: generacional, de clase, de género etc. En este sentido la NNA refleja la situación de la sociedad argentina que después de la crisis y desde el principio de la era del kirchnerismo se polariza ideológicamente cada vez más –porque "los nuevos", sin perder la ya comentada posibilidad de distanciarse, no dejan de "meter cizaña"–. También en el campo historiográfico.[7]

Aquí quiero ocuparme de una novela que, inscribiéndose en las tendencias señaladas arriba, parece socavar las bases ideológicas de la historia oficial establecida por los padres de la patria recurriendo a la ironía: *Los cautivos* (2000) de Martín Kohan. El texto, sin duda alguna, renuncia a la estética realista y, además, a primera vista no tiene mucho que ver con ningún hecho histórico. No obstante, parece funcionar como una suerte de juego metahistórico. Sin embargo, antes de pasar al análisis, tengo que tratar de ubicarme en el mapa de las largas discusiones acerca del concepto mismo de ironía.

Los que se dedican al estudio del fenómeno se dividen en dos grupos: unos, asustados por las posibilidades destructivas de la ironía, intentan, a través de diferentes definiciones más o menos precisas, limitar el campo de su influencia;[8] los otros, por el contrario, celebran la fuerza liberadora de la ironía, valorándola positivamente tanto en el nivel individual como social. La primera tradición, muy antigua y rica, la representan, por ejemplo, Wayne Booth, que en su *Retórica de la ironía* (1974), admitiendo que algunos tipos de ironía realmente llevan al infinito, quiere controlar el tropo, o Pere Ballart que repite el gesto en el ámbito hispano; la segunda, cuyas fuentes Paul de Man busca en los textos fragmentarios del romántico alemán Friedrich Schlegel, encuentra su culminación –por lo menos hasta ahora– tanto en los escritos del mismo Paul de Man como en el pensamiento de Harold Bloom o Richard Rorty.

Los representantes de la segunda tradición (como, dicho sea de paso, también muchos de los representantes de la primera, entre otros, Hegel) sacan la ironía del campo de la retórica para transformarla en "el tropo de los tropos", una categoría –en el caso de Bloom, de Man y Rorty– posestructuralista, aplicable a todos los aspectos de la actividad lingüística del ser humano. Paul de Man, recurriendo al análisis de varios fragmentos de Schlegel, define la ironía como una permanente parábasis y dice que:

> [...] cualquier teoría de la ironía es la ruptura, la necesaria ruptura, de cualquier teoría narrativa, y resulta irónico, como se suele decir, que la ironía aparezca siempre en relación con las teorías de la narrativa, cuando la ironía es precisamente la que constantemente hace imposible alcanzar una teoría de la narrativa que sea consistente. Ello no quiere decir que no debamos seguir trabajando en dicha teoría, pero debemos ser conscientes de que siempre resultará interrumpida, alterada, rota por la dimensión irónica que necesariamente contendrá. (31)

Justo aquí aparece una pregunta muy importante: ¿en qué elemento lingüístico se produce esta parábasis? O sea: ¿en qué elemento del texto tiene lugar la parábasis como tal? De Man, otra vez recurriendo a Schlegel con su teoría de una lengua auténtica, responde: en cada elemento lingüístico, en cada elemento del texto. ¿Por qué? Por la naturaleza misma del lenguaje que circula fuera de control, hecho de palabras que, según Goethe, se comprenden mejor entre ellas que por quienes hacen uso de ellas.[9] La misma visión del lenguaje, una visión profundamente irónica, le permite a Harold Bloom elaborar su teoría de las influencias literarias, presentada en el famoso libro *La ansiedad de la influencia* del año 1973: los poetas, en su lucha por un espacio en la tradición literaria, pueden afirmarse individualmente a través de la malinterpretación de sus predecesores precisamente gracias a esta propensión del lenguaje mismo a la parábasis (13).

Esta idea tiene unas consecuencias políticas muy graves en el pensamiento de Richard Rorty. En su libro titulado *Contingencia, ironía y solidaridad* (1989) el filósofo norteamericano describe la postura que define como ironista-liberal. El sujeto ironista-liberal es consciente de la contingencia de su léxico último, o sea de las palabras que le permiten a cada uno justificar sus acciones, creencias y vida. La contingencia, aunque motivada históricamente, parece tener sus raíces lingüísticas en la parábasis analizada por de Man. El sujeto ironista[10] rortiano percibe, entonces, todos los léxicos últimos como constructos poéticos, por lo que no ve ninguna diferencia entre "lo filosófico" y "lo literario". Estos constructos, según el sujeto ironista, no se pueden valorar como más o menos verdaderos; algunos, simplemente, son más actuales que otros.

Lo que quisiera hacer ahora, es demostrar de qué manera la novela de Kohan se puede leer dentro de esta tradición de entender la ironía. A la luz de lo dicho anteriormente sobre el concepto de ironía queda claro que lo que me va a interesar más no es el aspecto cómico[11] de la novela, aunque lo cómico constituye en ella un factor muy importante y se vincula a procedimientos paródicos, que parecen ser la base constructiva del libro. Primero definamos los conceptos. Refiriéndose a la parodia, Linda Hutcheon explica:

> La parodia [...] se define normalmente no como fenómeno *intratextual*, sino como modalidad del canon de la intertextualidad. [...] efectúa una superposición de textos. En el nivel de su estructura formal, un texto paródico es la articulación de una síntesis, una incorporación de un texto parodiado (de segundo plano) en un texto parodiante, un engarce de lo viejo en lo nuevo. Pero este desdoblamiento paródico no funciona más que para marcar la *diferencia*: la parodia representa a la vez la desviación de una norma literaria y la inclusión de esta norma como material interiorizado. [...] Aunque los satiristas siempre pueden decidir la utilización de la parodia como dispositivo estructural, es decir, como vehículo literario de sus ataques sociales (por consiguiente, extratextuales), la parodia no puede tener como "blanco" más que un texto o convenciones literarias. (177-78)

En el caso de *Los cautivos* "el blanco literario" queda más que evidente ya que tenemos en la novela numerosas referencias –paródicas, como vamos a ver en adelante– a cuatro textos clásicos, fundadores y pertenecientes a una tradición intelectual muy concreta. El título de la novela, *Los cautivos*, hace referencia, por supuesto, a la obra de Esteban Echeverría, el autor del poema romántico *La cautiva*. Ubicando la acción de la primera parte[12] de su texto en los años 30 y 40 del siglo XIX, en un lugar perdido en la pampa, donde un grupo de gauchos observa con una atención obsesiva una casa, en la que reside un escritor misterioso (explícitamente identificado en la novela con Echeverría), Kohan ficcionaliza una de las situaciones más arquetípicas de la tradición literaria argentina y a la vez uno de los momentos clave de la biografía de Echeverría: el momento, entre 1839 y 1840, en que el escritor, perseguido ya por el poder rosista, busca refugio en la estancia Los Talas (cuyo nombre, por otra parte, aparece en la novela de Kohan varias veces) donde supuestamente escribe uno de sus textos más famosos, "El matadero" (1840-1871). La presencia de "El matadero" en la novela de Kohan, sin embargo, no se limita, como voy a demostrar, a esta alusión evidente a las circunstancias de su creación. No obstante, *Los cautivos* se construye también a base de otros textos pertenecientes al canon de la literatura argentina del siglo XIX. A Luciana, una de las protagonistas, enamorada de Echeverría, en sus intentos de llegar a Uruguay la ayuda "un joven fogoso y vehemente, que se llamaba Daniel Bello", que "se proponía intentar la fuga en una embarcación propicia, junto con otros opositores decididos al exilio" (139) y que instantáneamente identificamos como uno de los protagonistas de *Amalia* (1851) de José Mármol. Además, *Los cautivos* parece funcionar —en varios niveles— como una gran alusión a otro texto fundamental de la época: *Facundo* (1845) de Domingo Faustino Sarmiento, aunque el mecanismo de esta alusión resulta, como vamos a observar, mucho más sutil que en el caso de Echeverría.

La tesis del presente artículo es que la parodia observable en *Los cautivos* funciona como señal de la presencia de la ironía parabática a la que se debe la fuerza revisionista del texto. Y como explica Hutcheon, aunque "los teóricos reconocen que el grado de efecto irónico en un texto, es inversamente proporcional al número de signos manifiestos necesarios para lograr este efecto [...] esos signos tienen que existir y hacerlo en el interior mismo del texto para remitir al lector a la intención evaluativa codificada" (179). Analicemos, entonces, los mecanismos textuales que permiten calificar el texto de Kohan como paródico.

Sobre todo llama la atención la figura del narrador[13] que podría describirse como plural, conflictivo y elitista. El que habla en la novela nunca se presenta como un "yo", lo que resulta muy significativo; habla en primera persona del plural, como un "nosotros", diciendo por ejemplo: "Es nuestra la mediación" (28); "Hablar, como lo hicimos" (50); o "Entendamos" (51). Parece identificarse de esta manera con un grupo y, simultáneamente, oponerse a "ellos", o sea a sus protagonistas, los gauchos. Separado de ellos por una distancia temporal considerable

—lo que se puede deducir, por ejemplo, del fragmento siguiente: "Esta gente tenía la costumbre, no del todo erradicada en los tiempos que siguieron..." (22)– decididamente no comparte su punto de vista y lo subraya varias veces. Dice, por ejemplo: "Levantaban polvareda sin saberlo: la polvareda les iba quedando a sus espaldas, y ellos avanzaban sin mirar para atrás" (14); o: "Todo esto quedaba lejos de los paisanos y no había manera alguna de que se enteraran" (105).

Sin embargo, decir que el que habla en la novela no comparte el punto de vista de los gauchos es poco decir ya que el narrador "colectivo" de *Los cautivos* se dedica sobre todo a subrayar o incluso crear conflictos y oposiciones entre su propio mundo (el mundo de la civilización) y el mundo de los gauchos (el mundo de la barbarie). La novela empieza con un capítulo en que dos peones, Tolosa y Gorostiaga, se describen de la manera siguiente:

> Nadie sabe por qué razón andaban siempre juntos Tolosa y Gorostiaga, si no hacían más que pelearse todo el día. (Debe hacerse a un lado, por anacrónica y por impertinente, toda interpretación que aspire a la psicología; interpretaciones del tipo: peleaban justamente porque andaban siempre juntos, o del tipo: andaban siempre juntos justamente porque peleaban). [...] Ahora, por ejemplo, iban cabalgando a la par, el uno y el otro, a campo traviesa. (La idea es figurada: faltando señales o referencias que indicaran un sentido determinado, no había manera de establecer si en tal o en cual dirección se marchaba a campo traviesa. Y sin embargo, estos jinetes presentían, con una especie de instinto animal que acaso les contagiaban las bestias por ellos montadas, que andaban a campo traviesa, o que andaban en una dirección que alguna vez sería a campo traviesa, aunque ahora no lo fuera). (13)

En el fragmento inicial ya tenemos varios elementos significativos típicos del discurso del narrador colectivo de *Los cautivos*: 1) el ya mencionado distanciamiento temporal; 2) el discurso –lleno de repeticiones y pseudoanalítico–; 3) la pseudocientificidad visible en la "definición" de la psicología; 4) la manera de tratar a los gauchos como seres básicos cuya postura puede analizarse en términos del "instinto animal" y nunca en términos de la "psicología", aplicable exclusivamente a los seres más desarrollados.

Esta oposición entre "seres básicos" y "seres desarrollados", "los bárbaros" y "los civilizados", vuelve en el texto todo el tiempo y constituye, en general, uno de los elementos de la novela que más llama la atención del lector. Los gauchos se describen de una manera obsesivamente negativa y funcionan en el texto como "esta clase de seres" (16), "estos brutos" (17), "estos miserables" (18), "seres embrutecidos" (21), "esta gente" (22), "estos seres" (24) "más brutos que los propios animales" (23), "estas bestias" (23), "estos seres tan básicos" (51), etc. En un momento dado el narrador afirma que creer en los signos, como lo hacen los gauchos, "es propio de las culturas primitivas, e incluso de esas formaciones que, de tan primitivas, ni siquiera el nombre de cultura merecen" (19), aunque también anota que una vez "habían encendido un fueguito. (Sí: estos brutos, aunque brutos, tenían ya conocimiento del fuego y de las técnicas adecuadas para provocarlo)" (20).

En el marco de la oposición entre "la barbarie" y "la civilización" el narrador elitista siempre se pone del lado de lo supuestamente culto, contrastado con lo exageradamente bruto, y al comentar el comportamiento de sus protagonistas dice:

> A juzgar por las apariencias, la casa estaba vacía. (Los paisanos, en realidad, no juzgaban, más bien presentían o intuían, o en el mejor de los casos prejuzgaban, casi siempre por vía de error. Lo de juzgar lo decimos nosotros. Sí les cabe, en cambio, y mucho, la idea de apariencia, ya que el suyo era un mundo enteramente llano, hecho todo de superficies y carente por completo de alguna forma de profundidad). (34)

¿Y con qué élite se identifica el narrador? Dadas las referencias explícitas a Echeverría o Mármol la respuesta a la pregunta parece bastante obvia. Tampoco cabe duda de que las descripciones de los gauchos en *Los cautivos*, que constituyen un *leitmotiv* obsesivo de la primera parte de la novela, se deben leer como una suerte de alusión a varios fragmentos de *Facundo*, donde leemos, por ejemplo, que "la vida del campo [...] ha desenvuelto en el gaucho las facultades físicas, sin ninguna de las de la inteligencia" (Sarmiento 74) o que en la sociedad de los gauchos "la cultura de espíritu es inútil o imposible" (101).

En este sentido la novela de Kohan es una variación digresiva y juguetona sobre uno de los temas más importantes de la tradición argentina: el tema de la civilización y la barbarie, establecido como eje del pensamiento nacional por Domingo Faustino Sarmiento, uno de los padres de la patria, y presente también en los textos de Echeverría y de Mármol. Comentando la generación del 37, David Viñas escribe:

> [...] los textos del romanticismo argentino pueden ser leídos en su núcleo como un progresivo programa del "espíritu" y la literatura contra el ancho y denso predominio de la "bárbara materia"; el circuito que va desde los planteos del 37 ó 38 que postulan una síntesis entre "el espíritu" y "lo material", entre Europa y América, pasando al dilema excluyente de Civilización o Barbarie, hasta llegar al darwinismo social con que se mutila esa dicotomía y se justifica la liquidación de la "Barbarie" entre 1860 y el 80, lo evidencia. (13-14)[14]

Viñas resume así, de manera extremadamente concisa, la trayectoria de las ideas de los miembros del Salón Literario,[15] que (independientemente del desarrollo ideológico de sus participantes) terminan contribuyendo a la creación de una tradición intelectual sobre la base de la cual un poco después, en otras circunstancias políticas, se establecerá, entre otras cosas, también la historiografía oficial, mitrista. La novela de Kohan, que retoma en *Los cautivos* tanto la retórica como la ideología y el imaginario de los representantes de la generación del 37, con su liberalismo europeizante, su elitismo "civilizatorio" y su determinismo geográfico, vuelve a las fuentes del pensamiento que predominará en la Argentina hasta bien entrado el siglo XX y, tal vez, hasta hoy día.

Sin embargo, como ya ha sido señalado, la novela retoma las oposiciones clásicas paródicamente, ya que los contrastes entre lo individual y la masa, lo culto y lo bruto y, en fin, lo civilizado y lo bárbaro se ven reflejadas en *Los cautivos* de una manera significativamente deformada. ¿Dónde reside la parodia? Primero, en la exageración observable tanto en la mayoría de los fragmentos antes citados como también, por ejemplo, en el fragmento en que todos captan el doble sentido de una frase de un personaje y el narrador anota, como siempre, entre paréntesis, como si se lo explicara al lector al que se dirige: "El hecho era evidentemente excepcional. Apenas conseguían los paisanos enunciar frases que tuvieran un sentido. Lograr una frase que llegara a tener dos era un suceso ciertamente esporádico: acaecía muy de vez en vez" (36).

La exageración se puede observar también en el nivel del lenguaje utilizado que, por otra parte, parece servirle al narrador para distanciarse de los protagonistas. Así se explica uno de los rasgos más distintivos de *Los cautivos*: su artificialidad retórica. El efecto se obtiene, como ya hemos podido observarlo en los fragmentos citados anteriormente, sobre todo gracias a la manera muy precisa, muy detallada de describir cualquier cosa, por más nimia que sea. Uno de los conflictos entre Tolosa y Gorostiaga se describe, por ejemplo, así:

> Tolosa no se quedó atrás. Carraspeó y, tras carraspear, le devolvió la escupida a Gorostiaga. Fue tan certero como había sido el otro: le dio también en plena cara, pero un poco más abajo, más cerca de la boca, de la boca ruda y soez de Gorostiaga, por lo que un hilo delgado llegó incluso a deslizarse hacia la barba. [...] Era flema, evidentemente, pero una flema más espesa, menos líquida que coloidal, y de tonos verdosos en degradé. (16-17)

El fragmento, con su discurso menos científico que precientífico o incluso pseudocientífico (que también explica el hecho de que el narrador se sirva de la primera persona del plural), nos lleva al segundo mecanismo textual responsable del carácter paródico del texto de Kohan. El hecho es que el narrador de *Los cautivos* muchas veces se desacredita a sí mismo, ya que a menudo resulta ser ignorante (como en el fragmento inicial de la novela, ya citado, donde su definición de la psicología instantáneamente provoca dudas acerca de sus competencias)[16] y, además, recurre a métodos narrativos y fuentes de autoridad anacrónicos. Sin pertenecer él mismo al mundo decimonónico (ya que, como he señalado antes, se sitúa explícitamente en los tiempos posteriores), parece recurrir a los discursos precisamente de ese tiempo, presentes, en forma más o menos desarrollada, también en los textos de Echeverría, Mármol y Sarmiento, o sea al determinismo, al evolucionismo y a su producto posterior –el naturalismo, entendido como una corriente en sociología, que se desarrolló en la segunda mitad del siglo XIX y que postulaba la posibilidad de reducir los fenómenos sociales al nivel de los fenómenos naturales–.

El afán naturalista del narrador de *Los cautivos* lo demuestran ya los títulos de los capítulos de la primera parte de la novela que son los siguientes: "El chajá", "Las moscas", "Las ranas", "El gallo", "Los grillos", "Las chicharras", "Los caranchos", "La lombriz", "La perdiz", "Las hormigas", "El perro", "El chimango", "El ciempiés". La referencia al mundo animal, que no se explica suficientemente por el contenido de los capítulos, constituye, sin embargo, una suerte de marco semántico para la primera parte del libro. No obstante, el naturalismo aparece aquí, además, en una versión extremadamente simplificada, ya que el narrador intenta no tanto analizar el funcionamiento de la sociedad humana a través de las leyes del mundo natural como simplemente animalizar a la gente (lo que, dicho sea de paso, lo une con el narrador de *El matadero*). Hablando de los protagonistas, que en muchas ocasiones son comparados a los perros, dice por ejemplo: "(Entre los paisanos, al igual que entre los perros, el sentido del olfato ocupaba un lugar primordial, en especial en lo atinente a las prácticas sexuales)" (62); o: "Estaban deprimidos y angustiados. (Nada de honduras, nada de metafísica: también un perro al que su amo llega e ignora [...] se deprime y se angustia" (45-46). La reacción de los paisanos a la luz que se ve en la casa del patrón provoca el comentario siguiente: "Los paisanos se agruparon y se quedaron quietos, extasiados, como ganados por un efecto de hipnosis, en la contemplación de ese fulgor. (Hágase la prueba con otros primitivos habitantes de la llanura, como por ejemplo la liebre o el conejo, y se obtendrá un mismo efecto)" (26).

Además, el narrador plural, elitista y conflictivo se presenta como omnisciente: siempre sabe en qué piensan los protagonistas en sus momentos más íntimos. Sabe, por ejemplo, que Luciana, abusada sexualmente por Maure, su padre, "pensó en un caballo" (22) y que Tolosa, cabalgando por la pampa sin pensar en nada, de repente "pensó algo" (14). Sabe también que "lo que el patrón hiciera o dejara de hacer estaba tan por encima de lo que ellos [los gauchos] opinaran, incluso en el secreto de los pensamientos que nunca se dicen, estaba tan fuera del alcance de sus endebles pareceres [...] que no tenían derecho ni siquiera a la curiosidad" (42). El problema empieza cuando el narrador le presenta al lector el punto de vista de las hormigas: "Se ensañaron con ellos [los peones]; los picaron, al principio, como defensa territorial, pero después los picaron por gusto nomás" (83). Precisamente en este momento la omnisciencia, ya antes un poco sospechosa y hasta cierto punto anacrónica, parece llegar al punto del absurdo máximo. El lector empieza a darse cuenta de que el narrador grotesca y continuamente se aprovecha de su posición.

Todos estos mecanismos textuales permiten llevar al absurdo una de las oposiciones centrales de la historia oficial, enraizada en el pensamiento de la generación del 37: la oposición entre la élite educada y por lo tanto digna de crear la historia y el discurso historiográfico, y las masas populares, ignorantes y por lo tanto justamente excluidas de la participación activa y consciente en los procesos históricos. Sin embargo, por el hecho de que el narrador de *Los cautivos* descontextualiza dicha oposición temporalmente, hablando desde una perspectiva muy posterior, la novela de Kohan parece criticar no tanto las propuestas de la generación del 37, sino más bien los modos petrificados de aplicar, de una manera anacrónica, su pensamiento a la realidad política y social transformada. Y aquí llegamos, finalmente, al mecanismo que –siendo más profundo– está detrás de los mecanismos paródicos de la novela: la ironía parabática.

Si, según los teóricos posestructuralistas de la ironía, cada enunciación, por el carácter mismo del lenguaje, es como una puerta abierta a su propia negación, es posible servirse de la oportunidad con fines conscientemente destructivos. Y precisamente esto es lo que hace el autor modelo[17] del texto de Kohan: sirviéndose de un narrador demasiado entusiasta frente a las oposiciones clásicas de la cultura argentina, aprovecha la parábasis del lenguaje y efectúa una suerte de malinterpretación bloomiana para defenderse –como los poetas de *La ansiedad de la influencia*– de la violencia simbólica de la historia oficial. Malinterpreta a sus predecesores, o sea los representantes de la generación del 37, conscientemente utilizando su discurso de una manera temporalmente descontextualizada y ya por este hecho exagerada (como lo hacían durante décadas los representantes de la historiografía oficial). En otras palabras: gracias a los procedimientos narrativos mencionados antes, diciendo lo mismo dice lo contrario. De Man, caracterizando la relación entre la historia y la ironía, afirma que es "muy difícil concebir una historiografía, un sistema de la historia, que esté protegido de la ironía" (38). Parece que el texto de Kohan se puede leer como ejemplificación de esta tesis ya que aprovechando la propensión del lenguaje a la parábasis socava las bases de la historiografía oficial, mitrista, y da lugar a nuevas interpretaciones del proceso histórico en la Argentina. Interpretaciones que, por supuesto, tampoco estarán protegidas de la ironía.

Notas

[1] Voy a entender el término según lo define Pierre Bourdieu, primero, en "Fundamentos de una teoría de la violencia simbólica" (el original francés se publicó en 1970) y después en muchos otros textos, como por ejemplo *Razones prácticas. Sobre la teoría de la acción* (1994) donde el autor explica: "La violencia simbólica es esa violencia que arranca sumisiones que ni siquiera se perciben como tales apoyándose en unas 'expectativas colectivas', en unas creencias socialmente inculcadas" (173) o *Meditaciones pascalianas* (1997) donde escribe: "La violencia simbólica es esa coerción que se instituye por mediación de una adhesión que el dominado no puede evitar otorgar al dominante (y, por lo tanto, a la dominación) cuándo sólo dispone para pensarlo y pensarse o, mejor aun, para pensar su relación con él, de instrumentos de conocimiento que comparte con él y que, al no ser más que la forma incorporada de la estructura de la relación de dominación, hacen que ésta se presente como natural" (224-25). La violencia simbólica así definida por Bourdieu se ejerce a través del lenguaje y modelos culturales (aquí Bourdieu subraya el papel del sistema educativo) que unos grupos sociales les imponen a otros. En la misma dirección va con su teoría de la violencia Slavoj Žižek en *Sobre la violencia. Seis reflexiones marginales* (el original se publicó en 2008), aunque parece que en su clasificación de las formas de la violencia –la subjetiva, la simbólica y la sistémica– el fenómeno analizado por Bourdieu se realiza no solamente como la violencia simbólica sino también como la sistémica.

[2] Luis Alberto Romero, en un texto publicado en el año 2002 en *Clarín* y titulado "Una brecha que debe ser cerrada", afirmó que los historiadores profesionales se encontraban en desacuerdo con esa historia mitrista que se enseñaba en las escuelas. El tema de los modelos historiográficos presentados en diversos niveles de la educación vuelve en el artículo reciente de Luciana Vázquez titulado "La historia que se cuenta en las aulas" (2014). También en las reseñas de algunos libros históricos publicados últimamente se puede leer que los autores de dichos libros todavía repiten los estereotipos de proveniencia mitrista: por ejemplo, Emiliano Vidal titula su reseña del libro de Miguel Ángel De Marco, publicado en 2012 y titulado *Belgrano, artífice de la Nación, soldado de la Patria*, "Belgrano, otra vez mirada mitrista". Mientras tanto, en el editorial del diario *La Nación* (fundado por Mitre) del 14 de julio de 2012, titulado "La nueva historia oficial", leemos que el discurso oficial, o sea aquí: el discurso kirchnerista, "con la voluntad de amañarlo todo a su entera voluntad no sólo busca esculpir una visión favorable al 'modelo' y sus presuntos beneficiarios políticos, económicos y sociales para esta turbulenta etapa nacional, sino también incursiona con frecuencia en el pasado a fin de confeccionar un relato a medida de sus propósitos" y que por encima de estos afanes "se prolonga la verdadera historia, la que fue forjada a lo largo de doscientos años por las ilusiones, esfuerzos y hazañas de muchas generaciones de argentinos". Los partidarios de estas opiniones critican, por ejemplo, la aparición en el mapa cultural argentino de nuevos centros de estudios históricos como el recientemente creado Instituto Nacional de Revisionismo Histórico Manuel Dorrego, que, según uno de sus creadores, Felipe Pigna, quiere "compensar la mirada hegemónica del liberalismo de derecha [...] con una mirada distinta que tiene que ver con las luchas populares, con la historia de nuestro pueblo, con personajes olvidados" (Pombinho, "Las tres mujeres más importantes"). Como vemos, se trata de una lucha ideológica entre varios modelos historiográficos –una lucha, por cierto, sumamente politizada, lo que tampoco extraña.

[3] Algunos de los textos los comento en mi artículo titulado "Modos de resistencia: la narrativa argentina reciente frente a la historia oficial de la Argentina del siglo XIX" (2006) en que trato de clasificar las estrategias de las que se sirven los textos en sus intentos revisionistas.

[4] Me refiero aquí al artículo polémico de Łukasz Grützmacher, titulado "Las trampas del concepto 'la nueva novela histórica' y de la retórica de la historia postoficial" (2006) y dedicado a la crítica del concepto.

Ironía parabática contra violencia historiográfica • 131

5   La tendencia la describe también Magdalena Perkowska en su monografía *Historias híbridas. La nueva novela histórica latinoamericana (1985-2000) ante las teorías posmodernas de la Historia* (2008), analizando la obra de autores provenientes de diferentes países hispanoamericanos, entre los cuales a la Argentina representan Sylvia Iparraguirre y Tomás Eloy Martínez.
6   Hay que tener en cuenta que los términos "la nueva narrativa argentina" y "la narrativa de la posdictadura" no son sinónimos: Drucaroff percibe una gran diferencia entre la producción de los años 80, justo después de la caída de la dictadura, y la narrativa que inauguran textos como *Historia argentina* (1991) de Rodrigo Fresán, *Nadar de noche* (1991) de Juan Forn, *El muchacho peronista* (1992) de Marcelo Figueras o *Rapado* (1992) de Martín Rejtman.
7   Es posible que las recientes reinterpretaciones literarias de la historia argentina tengan que ver con el clima actual de revisar –en varios niveles– los problemas vinculados a la última dictadura. Sin embargo, para relacionar el discurso historiográfico oficial con la ideología sobre la que se apoyaba la dictadura y, sobre todo, para analizar si –y, en el caso de la respuesta afirmativa, cómo– se señala el nexo en diferentes textos literarios es necesario un estudio aparte.
8   Paul de Man en su conferencia del año 1977 titulada *El concepto de ironía* enumera tres métodos de neutralizar los efectos de la ironía, es decir su reducción a: 1) a una práctica estética; 2) a una dialéctica del yo como una estructura reflexiva; 3) a un elemento de la dialéctica de la historia.
9   Lo mismo, aunque tomando como punto de partida de sus estudios lacanianos, afirma Slavoj Žižek cuando en *El sublime objeto de la ideología* (1989) escribe que el sujeto "no puede encontrar un significante que sea 'el suyo', que siempre dice demasiado poco o en exceso: en suma, *algo diferente* de lo que quería o pretendía decir" (228).
10 El problema del liberalismo rortiano lo dejo de lado ya que, aunque fundamental para el pensamiento de Rorty, no es necesario para hablar de la ironía.
11 La relación entre lo cómico y la ironía es, obviamente, muy compleja. Algunos, como por ejemplo Sigmund Freud, tratan de relegar "la ironía a una subespecie de lo cómico" (Hutcheon 176), pero aquí lo cómico y la ironía se van a tratar como dos fenómenos separados.
12 La segunda parte, muy diferente de la primera, aunque parece que complementaria –tanto en el nivel de la estructura narrativa como en el nivel de la trama– requiere un análisis aparte.
13 Lo analizo también en mi artículo "Civilización y barbarie otra vez. *Los cautivos* de Martín Kohan como novela revisionista" (2013).
14 La evolución ideológica de la generación del 37 la explica también Félix Weinberg en *El Salón Literario de 1837* (1977) y los autores del tomo *Resonancias románticas. Ensayos sobre historia de la cultura argentina (1820-1890)* (2005).
15 Viñas escribe en *Literatura argentina y realidad política. De Sarmiento a Cortázar*: "*El matadero* y *Amalia* (1974), en lo fundamental, no son así sino comentarios de una violencia ejercida desde afuera hacia adentro, de la 'carne' sobre 'el espíritu'. De la 'masa' contra las matizadas pero explícitas proyecciones heroicas del Poeta" (13).
16 Aquí viene a la mente el fragmento de *Respiración artificial* de Ricardo Piglia, en que Emilio Renzi, comentando el error de Sarmiento que atribuye la frase famosa "Las ideas no se matan" a Fourtol, observa: "Sarmiento cita mal. En el momento en que quiere exhibir y alardear con su manejo fluido de la cultura europea todo se le viene abajo, corroído por la incultura y la barbarie. A partir de ahí podríamos ver cómo prolifera, en Sarmiento pero también en los que viene después [...] esa erudición ostentosa y fraudulenta" (131).
17 Me sirvo aquí del término muy útil de Umberto Eco, explicado en *Lector in fabula. La cooperación interpretativa en el texto narrativo* (el original italiano apareció en 1979) y, también, en la serie de conferencias impartidas en inglés en el año 1994, tituladas *Seis paseos por los bosques narrativos*, donde Eco define el concepto así: "[...] el autor modelo es una voz que habla afectuosamente (o imperiosa, o subrepticiamente) con nosotros, que nos quiere a su

lado, y esta voz se manifiesta como estrategia narrativa, como conjunto de instrucciones que se nos imparten a cada paso y a las que debemos obedecer cuando decidimos comportarnos como lector modelo" (22-23).

OBRAS CITADAS

Anónimo. "La nueva historia oficial". *La Nación* 14 de julio 2012. N. pag.

Ballart, Pere. *Eironeia. La figuración irónica en el discurso literario moderno*. Barcelona: Quaderns Crema, 1994.

Batticuore, Graciela, Klaus Gallo, y Jorge Myers, comps. *Resonancias románticas. Ensayos sobre historia de la cultura argentina (1820-1890)*. Buenos Aires: Eudeba, 2005.

Bloom, Harold. *La ansiedad de la influencia*. Caracas: Monte Ávila, 1991.

Booth, Wayne. *Retórica de la ironía*. Madrid: Taurus, 1986.

Bourdieu, Pierre. *Meditaciones pascalianas*. Thomas Kauf, trad. Barcelona: Anagrama, 1999.

_____ *Razones prácticas. Sobre la teoría de la acción*. Thomas Kauf, trad. Barcelona: Anagrama, 1999.

Bourdieu, Pierre, y Jean-Claude Passeron. "Fundamentos de una teoría de la violencia simbólica". *La Reproducción. Elementos para una teoría del sistema de enseñanza*. Vol 1. Madrid: Editorial Popular, 2001. 15-85.

De Man, Paul. *El concepto de ironía*. Valencia: Episteme, 1996.

Drucaroff, Elsa. *Los prisioneros de la torre. Política, relatos y jóvenes en la postdictadura*. Buenos Aires: Emecé, 2011.

_____ "Nueva narrativa argentina. Relatos de los que no se la creen". *Perfil*. 19 de agosto 2007. <margendelecturablogspot.com.ar>.

Echeverría, Esteban. *El matadero; La cautiva*. 1871. Madrid: Cátedra, 1995.

Eco, Umberto. *Lector in fabula. La cooperación interpretativa en el texto narrativo*. Barcelona: Lumen, 1981.

_____ *Seis paseos por los bosques narrativos*. Barcelona: Lumen, 1996.

Galasso, Norberto. *Historia de la Argentina. Desde los pueblos originarios hasta el tiempo de los Kirchner*. Buenos Aires: Colihue, 2011.

Grützmacher, Łukasz. "Las trampas del concepto 'la nueva novela histórica' y de la retórica de la historia postoficial". *Acta Poética* 27 (2006): 141-68.

Hutcheon, Linda. "Ironía, sátira y parodia. Una aproximación pragmática a la ironía". *De la ironía a lo grotesco*. Hernán Silva, ed. Ciudad de México: Universidad Autónoma Metropolitana Iztapalapa, 1992. 173-93.

Jaroszuk, Barbara. "Civilización y barbarie otra vez. *Los cautivos* de Martín Kohan como novela revisionista". *Itinerarios* 18 (2013): 33-54.

_____ "Modos de resistencia: la narrativa argentina reciente frente a la historia oficial de la Argentina del siglo XIX". *Soy lo prohibido. Algunas (es)calas literarias: de La Habana a Buenos Aires*. Ángeles Mateo del Pino, ed. Valencia: Aduana Vieja, en prensa.

Kohan, Martín. *Los cautivos*. Buenos Aires: Sudamericana, 2010.

_____ "Historia y literatura: la verdad de la narración". *Historia crítica de la literatura argentina*. Vol. 11. Elsa Drucaroff, ed. Buenos Aires: Emecé, 2000. 245-59.

Menton, Seymour. *La nueva novela histórica de América Latina, 1979-1992*. Ciudad de México: FCE, 1993.

Perkowska, Magdalena. *Historias híbridas. La nueva novela histórica latinoamericana (1985-2000) ante las teorías posmodernas de la Historia*. Madrid y Frankfurt am Main: Iberoamericana/Vervuert, 2008.

Piglia, Ricardo. *Respiración artificial*. Barcelona: Anagrama, 2001.

Pino, Ángeles Mateo del, ed. *Soy lo prohibido. Algunas (es)calas literarias de La Habana a Buenos Aires*. Valencia: Aduana Vieja, en prensa.

Pombinho, Víctor. "Las tres mujeres más importantes de la historia argentina son Evita, Cristina y Victoria Ocampo". *La Nación* 7 de enero 2012. <www.lanacion.com.ar>. 2012

Romero, Luis Alberto, coord. *La Argentina en la escuela. La idea de nación en los textos escolares*. Buenos Aires: Siglo XXI Editores, 2004.

_____ "Una brecha que debe ser cerrada". *Clarín*. 24 de mayo 2002. <edant.clarin.com>. 2002.

Rorty, Richard. *Contingencia, ironía y solidaridad*. Barcelona: Paidós, 1996.

Sarmiento, Domingo Faustino. *Facundo. Civilización y barbarie.* 1845. Madrid: Cátedra, 1997.

Shumway, Nicolás. *La invención de la Argentina.* Buenos Aires: Emecé, 1991.

Silva, Hernán, ed. *De la ironía a lo grotesco.* Ciudad de México: Universidad Autónoma Metropolitana Iztalapa, 1992.

Vázquez, Luciana. "La historia que se cuenta en las aulas". *La Nación.* 11 de julio 2014. <www.lanacion.com.ar>.

Vidal, Emiliano. "Belgrano, otra vez mirada mitrista". <nomeolvidesorg.com.ar>. 2012.

Viñas, David. *Literatura argentina y realidad política. De Sarmiento a Cortázar.* Buenos Aires: Siglo XXI Editores, 1974.

Weinberg, Félix. *El Salón Literario de 1837.* Buenos Aires: Librería Hachette, 1977.

White, Hayden. *Metahistoria. La imaginación histórica en la Europa del siglo XIX.* Ciudad de México: FCE, 1992.

Žižek, Slavoj. *Sobre la violencia. Seis reflexiones marginales.* Buenos Aires: Paidós, 2009.

_____ *El sublime objeto de la ideología.* Ciudad de México: Siglo XXI Editores, 1992.

Ironía, melancolía, antídoto: encrucijadas conceptuales

Carlos van Tongeren
Radboud Universiteit Nijmegen - NWO

Históricamente la melancolía ha tenido un papel muy relevante en los debates teóricos sobre la ironía. Lejos de tratarse de una encrucijada conceptual estática, tanto la melancolía y la ironía por separado como las imbricaciones entre ambas han recibido explicaciones y teorizaciones muy diversas. De ahí que el propósito del presente ensayo sea analizar, desde una perspectiva diacrónica, algunas de las principales reflexiones teóricas sobre la relación entre la ironía y la melancolía. Con ello pretendemos esbozar un trasfondo histórico que puede resultarnos de provecho para poner en perspectiva las aristas más contemporáneas de la reflexión en torno a este par conceptual. Nuestro archivo o *corpus* de fuentes no será pues tanto una selección de uno o varios textos literarios, sino principalmente un conjunto de estudios teóricos y filosóficos, así como algunas obras que podrían asociarse con el campo de la historia de las ideas. Con este seguimiento histórico de algunos trabajos importantes, intentaremos entender mejor la procedencia y las implicaciones del vocabulario que tenemos hoy en día a nuestro alcance para hablar de la ironía y para caracterizarla como íntimamente ligada con la melancolía. Sin pretender abarcar el tema en toda su envergadura, trataremos de anclar la reflexión contemporánea sobre la ironía y la melancolía en tres campos conceptuales más antiguos: la teoría hipocrática de los humores corporales; el Romanticismo europeo; y el deconstructivismo.

Ironía y melancolía en la crítica cultural contemporánea

Es conocida la diversidad de acepciones de la ironía.[1] Desde un recurso retórico de comunicación indirecta hasta una postura ante la vida marcada por la creatividad y la fugacidad, la ironía cuenta con manifestaciones lingüísticas y situacionales, textuales y personales. Algo parecido podría observarse sobre la melancolía: la diversidad de sentidos del término se hace notable allí donde aparece, también en el campo específico de la crítica cultural latinoamericana. Así por ejemplo, la melancolía constituye, junto con el duelo y el trauma, uno de los componentes privilegiados del "repertorio freudiano" (Richard), un conjunto de conceptos psicoanalíticos con el que la crítica cultural se ha acercado a las posdictaduras del Cono Sur (Amar Sánchez; Basile). Pero la melancolía también ocupa un lugar axial en diversos trabajos críticos sobre las trayectorias de la izquierda política en México posteriormente a la derrota del movimiento estudiantil de 1968 (Bosteels; Williams) y en debates sobre la Cuba revolucionaria y pos-soviética (Fornet; Hernández Salván). Pensando en un vínculo más estrecho con la literatura, cabría agregar que la melancolía ha sido frecuentemente identificada como el estado anímico de los detectives literarios que contemplan las coyunturas históricas y políticas mencionadas más arriba desde distintas ciudades como La Habana, en el caso de Leonardo Padura; Santiago de Chile, en la narrativa de Ramón Díaz Eterovic; o Barcelona, escenario de la serie Pepe Carvalho de Manuel Vázquez Montalbán (Martín-Cabrera; Song).

Basándose generalmente en la conocida acepción psicoanalítica del término, la crítica suele entender la melancolía como un proceso irresuelto de duelo por un objeto perdido. Esta fijación de un objeto en tanto que perdido es, asimismo, lo que brinda la melancolía con un fuerte sentido ético. Según varios críticos recientes, el sujeto melancólico mantiene en pie un tenaz compromiso histórico y ético con la pérdida –de personas o valores– y con el hecho de que dicha pérdida se haya producido (Martín-Cabrera). En algunos contextos, sin embargo, la naturaleza exacta de aquello que se ha perdido resulta más difícil de detectar. Si el propio Freud reconocía en su artículo fundacional "Duelo y melancolía" que el objeto perdido de la melancolía no siempre resulta reconocible, la crítica reciente tiende igualmente a insistir en que la melancolía entra en una relación decididamente compleja con un objeto que, si bien es imaginado como si hubiera sido perdido, podría perfectamente no haber sido perdido o, incluso, no haber existido nunca (Bosteels 734-35). En este sentido, la melancolía puede hacer gala de una peculiar "capacidad imaginativa" (Agamben 20; Van Tongeren en prensa) a la hora de fijarse en cierto objeto e imaginarlo como uno perdido.

Dicho en breve, la gama de definiciones que existen de la melancolía puede considerarse como una consecuencia de la diversidad de sentidos de la propia noción de la pérdida. En vez de reaccionar siempre ante una pérdida real, la melancolía puede ser también el estado psicosomático o imaginativo que produce cierta pérdida material o simbólica por su parte. Es en este último sentido, precisamente, que se mueven las teorías de Walter Benjamin y Julia Kristeva, dos teóricos que definen la melancolía como una peculiar mirada histórica (Benjamin) que despoja el mundo de sentido, o bien como un estado depresivo de "asimbología" (Kristeva) en el que las palabras se vuelven insuficientes para dar un significado a la realidad.

Ahora bien, en la crítica sobre las culturas de España y distintos países latinoamericanos aflora con frecuencia la idea de que la ironía, el humor y la risa nacen de la melancolía, o que se dirigen hacia ella en última instancia. Ya a principios del siglo XX, el escritor Luis Gonzaga Urbina observó en una conferencia sobre la cultura mexicana, leída en la Universidad de Buenos Aires y recogida en su volumen *La vida literaria de México* (1917), que en este país "[a] todo le echamos y le ponemos un tinte de melancolía. Y no sólo en las cuerdas líricas, sino hasta en nuestros arranques épicos, hasta en nuestra gracia risueña, hasta en nuestro fugitivo *humorismo*, solemos poner una arena de esta melancolía" (14). Roger Bartra cita estas palabras de Urbina en su volumen ensayístico *La jaula de la melancolía* (1987), un conjunto de veintidós breves ensayos que pasan revista a los principales estereotipos de la identidad nacional en México que diversos intelectuales y artistas, cercanos muchas veces al Estado, empezaron a crear en las décadas posteriores a la Revolución mexicana (1910-1920). Para Bartra, entonces, el tinte melancólico de la "gracia risueña" en México (53) es ante todo un estereotipo de la nación y no un componente real de la cultura mexicana.

No obstante, lo cierto es que la melancolía ha seguido siendo un horizonte de interpretación relevante para el humor, la risa y otras categorías en la obra de escritores mexicanos como Juan Rulfo (Munguía Zatarain 167ss.), Jorge Ibargüengoitia (Trejo Fuentes), David Toscana

(Abeyta) y muchos otros. Martha Elena Munguía Zatarain, en su reciente estudio *La risa en la literatura mexicana* (2012), examina el humor de tres escritores sumamente alejados en el tiempo: desde el México colonial de Sor Juana Inés de la Cruz y Antonio López Matoso, hasta los diarios mucho más recientes de Augusto Monterroso, escritor guatemalteco que vivió buena parte de su vida en México (132-47). La estudiosa trae a colación la obra de estos tres escritores para demostrar la existencia de "un hondo sentido de humor en la tradición literaria mexicana" cuyas raíces se hallan para esta crítica en el "dolor" y la "melancolía" (132). El argumento por ella aducido para examinar esta relación entre el humor y la melancolía es que cuando el humor cobró su acepción moderna, en tanto que disposición hacia lo cómico –y no flujo corporal–, lo hizo en una aparición conjunta con la melancolía (129). O sea, el motivo por el que leer a Sor Juana Inés de la Cruz, Antonio López Matoso y Augusto Monterroso a partir del doble foco del humor y la melancolía, es en cierta manera externo a la cultura mexicana, debiéndose más bien a que el teatro inglés introdujera conjuntamente las figuras del bufón y del melancólico (129). En este sentido, la perspectiva de Munguía Zatarain se diferencia de la de Urbina y otros autores, que consideran la melancolía como un elemento indispensable de su propia cultura.

Ideas parecidas sobre la melancolía, como un núcleo de tristeza que se esconde detrás de la risa y la gracia, se encuentran en un artículo de Iraida López sobre la cultura cubana de los años noventa, titulado "Strange Times That Weep With Laughing" (2004). Para López, la comicidad recae en la obra de ciertos escritores cubanos en el desencanto, la tristeza o en la melancolía después de haber ocasionado un relevo momentáneo. Esta crítica, como ya lo anuncia el título de su trabajo, dirige la atención principalmente al dolor y la miseria que se esconden debajo de lo cómico (52).[2] Por otro lado, López no deja de advertir que diversos escritores cubanos que han tematizado los problemas de la crisis económica en la Cuba de los años noventa –la corrupción, la escasez, la violencia– lo hacen no solo denunciando errores, sino planteando también soluciones ingeniosas y cómicas para los problemas existentes (52). En tales casos, lo cómico tendría un carácter no solo crítico, sino también curativo y benigno (52).[3]

Este término de lo curativo lo emplea igualmente Santiago Morales-Rivera, en sus estudios recientes sobre el humor y la melancolía en la literatura española en los años noventa. Morales-Rivera acuña en estos trabajos una definición muy particular de humor negro. Basándose en primera instancia en la acepción tradicional del humor negro, como uno de los cuatro flujos corporales que influye en la disposición emocional del cuerpo humano, Morales-Rivera acaba otorgando al humor negro un doble sentido "como melancolía según la interpretación hipocrática y como comedia de la desesperanza" ("La imaginación" 131; "The Black Sun" 165).[4] Para este crítico, el humor negro no se reduce siempre a la desesperanza y también puede erigirse como una postura productiva, o incluso curativa, con respecto a la melancolía ("Desencantos" 545). Así por ejemplo, la protagonista de la novela *La soledad era esto* (1990) de Juan José Millás destilaría un humor negro que, en vez de ser una "obstaculización del crecimiento", operaría para este personaje en tanto que "distanciamiento" con respecto a sí misma y sus circunstancias ("La imaginación" 140; cf. "Desencantos" 545).

A efectos de esta profunda "complicidad" entre la melancolía y la ironía ("Desencantos" 545), Morales-Rivera ha agregado recientemente el término de la *melancorrisa*. Se trataría de un tipo de risa que da cuenta de la extrañeza del mundo, que aprovecha la sátira como resistencia ante el malestar y que es consciente de la radical arbitrariedad del tiempo y de nuestras voluntades (545-48). El término hace expresamente eco, por cierto, de Alejandro Montiel, que en un artículo titulado "La risa melancólica" (1998) escribe igualmente que el humor negro es "hijo de la comedia y la melancolía" (8).

Llegados a este punto, puede valer la pena desplazarnos hacia un contexto histórico más remoto para enfocar desde otro punto de vista este concepto reciente de risa melancólica. Cabe referirnos a estos efectos al paradigma de la melancolía proveniente de las doctrinas del médico Hipócrates, diseñadas en la antigüedad griega y traducidas posteriormente a la Europa de la Edad Media y del Barroco por diferentes escuelas de medicina árabes y europeas. Según la teoría hipocrática, la melancolía representa una disposición particular de los cuatro humores o gales en el cuerpo que puede llevar, en caso de que predomine el humor melancólico o la bilis negra, a la tristeza, la rabia o el resentimiento (Benjamin 323). Esta interpretación fisiológica de la melancolía fue suplementada a partir de la Edad Media con ciertas ideas de la astronomía, sobre el influjo de los cuerpos celestes en el comportamiento de las personas y en los sucesos mundanos en general (Klibanski, Panofsky y Saxl 138). A la melancolía natural, llamada así porque se originaba en una predominancia de la bilis negra, fueron añadidos tres tipos de melancolía no naturales y originarios, respectivamente, en la combustión de la sangre, la flema o la bilis amarilla. Como apuntan Klibanski, Panofsky y Saxl, esta diversificación de los orígenes humorales de la melancolía tenía como ventaja que los variados síntomas de esta última podían ser explicados con más facilidad. Así, hay descripciones de un tipo de melancolía que engendraba risa y cuya causa se hallaba en una combustión de la sangre (Bartra, *Cultura* 203-04). Pero otros tipos de melancolía, relacionados con la combustión de los otros tres humores, eran más propensos a desembocar en la parálisis corporal o la locura (Klibanski, Panofsky y Saxl 88-90). Esto indica que lo que algunos críticos recientes han llamado la "risa melancólica" (Montiel) o "melancorrisa" (Morales-Rivera) tenía un sentido muy específico en el paradigma medieval, donde solamente la melancolía sanguínea podía dar lugar a la risa, a diferencia de otros tipos de melancolía cuyos efectos generalmente se consideraban como mucho más nefastos –dolores fuertes o incluso la locura (Klibanski, Panofsky y Saxl 89-90).

Ciertamente, apreciaciones recientes como las de Montiel y Morales-Rivera no siguen estrictamente las pautas del paradigma medieval, por lo que no ha de sorprender que lleguen a conclusiones diferentes sobre los sentidos de la risa y la melancolía. Sin embargo, el motivo por el que interesa conectar estas teorías más recientes con sus antecedentes más antiguos, es que ilustran lo que Roger Bartra caracteriza como la metaforización de la melancolía (*Cultura* 213-19). Bartra demuestra que la historia de la melancolía se determina en buena parte por un sinfín de traducciones y adaptaciones de terminologías diferentes de un campo disciplinario a otro. De hecho, para Bartra, son precisamente estas metaforizaciones las que han sido un acicate fundamental para que pensadores, médicos y escritores pudieran aprovechar al máximo la riqueza de los diferentes campos del saber (el clínico, el cultural) y, en definitiva, para que el "canon textual" de la melancolía pudiera ampliarse históricamente.

Durante la época del Romanticismo europeo, este proceso de metaforización de la melancolía se expandió notablemente. La melancolía dejó de ser una enfermedad o cualidad únicamente humana, para convertirse en una sensación efímera que podía ser adjudicada a personas, animales e incluso objetos y espacios (Klibanski, Panofsky y Saxl 218-21). Y justamente cuando la melancolía empezó a ser concebida como un estado de ánimo digno de ser cultivado y explorado poéticamente, apareció también la noción moderna de humor. En este sentido —y esto ya lo hemos adelantado más arriba— la primera coincidencia entre la melancolía y el humor es de corte histórica, tratándose de dos nociones que hicieron su entrada en escena en las mismas obras poéticas desde el siglo XVI. Otro aspecto que tienen en común, de acuerdo a Klibanski, Panofsky y Saxl, es que ambas nociones se enfrentan con la misma condición: la finitud del ser humano de cara a un mundo aparentemente infinito e ilimitado. Tanto el humor como la melancolía extraerían de esta situación "pleasure and sorrow" al mismo tiempo, con la sutil diferencia de que el melancólico, al reconocerse finito, desprendería de su dolor cierto crecimiento individual y espiritual, mientras que el humor reflejaría ante todo un reconocimiento de "the limitation of the Self" (234-35).[5]

Frente a este esquema general, Ernst Behler aporta un estudio más pormenorizado de las imbricaciones entre la melancolía y la ironía en distintas fases del Romanticismo. Según Behler, los románticos más tempranos aún enfatizaban el carácter libertador de la ironía, deduciendo este valor de la capacidad de la ironía para posponer infinitamente la realización de un sentido concreto (200). En el Romanticismo más tardío, sin embargo, diversos autores tomaron consciencia de que la aparente infinitud del mundo era, en el fondo, impenetrable para el ser humano (Muecke 191). Todo el progreso reflejado por la ironía, en consecuencia, empezó a marcar para ellos cierta decadencia (Behler 200). Esta concienciación paulatina acerca de la impenetrabilidad de un mundo infinito repercutía en los vastos debates terminológicos sobre la ironía, en los que ésta empezaba a ser caracterizada cada vez más mediante adjetivos como "melancholisch, wehmütig oder tragisch" (182). Aún así, para Behler el término de la *ironía melancólica*, que empezaba a aparecer en esos debates, es más bien una deducción de la tonalidad a la vez irónica y doliente de las obras de poetas como John Keats y Ludwig Tieck, y no tanto el resultado de una reflexión teórica generalizada sobre la afinidad entre la ironía y la melancolía (199).

En el pensamiento de Søren Kierkegaard, continúa Behler, las imbricaciones entre la ironía y la melancolía sí encuentran un tratamiento teórico más explícito y profundo (201). Kierkegaard, que en su tesis doctoral se había dedicado al estudio de la ironía socrática, a lo largo de sus escritos paulatinamente fue perdiendo su fe en el potencial libertador de la ironía. Así, en la primera parte de su tesis doctoral Kierkegaard conjetura que la ironía de Sócrates, quien continuamente ostentaba su ignorancia frente a las verdades propagadas por sus interlocutores sin adoptar ninguna posición fija o definitiva, producía una satisfactoria sensación de libertad en el filósofo griego (*On the Concept* 175-76). Podría decirse, siguiendo a Harvie Ferguson, que este movimiento intelectual representado por la ironía hace gala de cierta "arrogance" al posicionarse por encima del mundo, contemplando a la vez sus imperfecciones (56-57). Sin embargo, Ferguson coincide con Behler en que Kierkegaard llega a problematizar el carácter libertador de la ironía en obras más tardías, y particularmente en su *Either/Or* (1843). El movimiento expansivo de la ironía deviene en esta obra un problema (Behler 200), pues la libertad ganada empieza a representar asimismo una pérdida de lazos con el aquí y ahora. Siguiendo con la misma analogía topográfica, el sujeto irónico, una vez que se haya sobrepuesto al mundo, empezaría a moverse por "a strange world, a world of 'infinite inward negativity', without foundation and without aim, a ceaseless flux of denial and counter-denial" (Ferguson 50). Por ello, tanto Behler (210) como Ferguson (50) llegan a la conclusión de que toda la ironía deviene, para Kierkegaard, melancólica.

Además, Ferguson destaca con particular claridad que en la filosofía de Kierkegaard la ironía no guarda un potencial curativo para la melancolía (55). El filósofo danés más bien se habría distanciado críticamente del optimismo con que otros han celebrado la ironía como un remedio para sobreponerse definitivamente a la melancolía. Para Kierkegaard, tal cura no puede producirse, puesto que no es lo suficientemente claro qué es lo que la ironía aporta exactamente. En su filosofía, entonces, la ironía no deviene un modelo de renovación para el comportamiento humano. El filósofo danés dejó inconclusa su reflexión sobre la ironía y empezó a interesarse por otras estrategias para articular una vida religiosa fuertemente anclada en la realidad inmediata (55).

Crítica deconstructivista

La crítica deconstructivista puede considerarse como uno de los archivos teóricos más recientes y más profundos que tenemos a nuestra disposición sobre la ironía y la melancolía. Varios textos teóricos del deconstructivismo resultan pertinentes, además, en relación con las reflexiones sobre el potencial curativo de la ironía ya planteadas durante la época del romanticismo. Así, Paul de Man, en un fragmento de su famoso estudio sobre la ironía y la alegoría, titulado "The Rhetoric of Temporality", retoma una pregunta comentada antes, sobre la medida en que "irony can be considered a cure for a self lost in the alienation of its melancholy" (216-17). De Man no formula esta idea por sí mismo, sino que la toma –para después refutarla– de un trabajo de Jean Starobinski titulado "Ironie et mélancolie" (1967), que estudia las encrucijadas entre la ironía y la melancolía en la obra de tres autores: el dramaturgo Carlo Gozzi, el literato alemán E.T.A. Hoffmann, y Søren Kierkegaard. De Man evoca un pasaje en el que Starobinski discute la libertad ganada por el ironista, una vez que éste se haya despojado de las limitaciones del mundo profano y se haya sublevado en la libertad de un estado poético: "[n]othing prevents the ironist from conferring an expansive value to the freedom he has conquered for himself: he is then led to dream of a reconciliation of the spirit and the world, all things being reunited in the realm of the spirit" (Starobinski citado en de Man 217). Según esta argumentación, frente a la cual de Man mantiene en todo momento una distancia prudente, el sujeto puede emplear la ironía para crear una imagen ficcional de sí mismo. Inicialmente, esta imagen proyectada, o sea, este sujeto irónico, reflejaría un momento negativo de ruptura con el mundo empírico. Pero luego, esta imagen adquiere un valor positivo, al ayudarle al individuo a reconciliarse con el mundo desde un lugar más elevado. De este modo, pues, se establecería una relación intersubjetiva entre el sujeto original y el sujeto poético: el sujeto irónico cumple su función "as one of assistance to the original self" y actúa "as if it existed for the sake of this world-bound person" (217).

Para de Man, sin embargo, esta línea de argumentación contiene una "traición" a la ironía, la cual se distancia del mundo precisamente para nunca más reencontrarse con él (217). Dicho de otro modo, el "error" de Starobinski reside para de Man en su descubrimiento en la ironía de una promesa para el futuro. Tras despojarse temporalmente del mundo, la ironía contribuiría a que más tarde se dé un reencuentro entre el mundo y un sujeto iluminado por la ironía. Sin embargo, para que dicha promesa pueda tener sentido, el futuro mismo tiene que ser reintegrado al mundo empírico; o sea, ese futuro debe hacerse pensable como un momento que existe en cierto continuo con el presente. Y para de Man, el futuro al que la ironía hace referencia es una ficción que existe solo "idealmente":

> Starobinski's error in seeing irony as a preliminary movement toward a recovered unity, as a reconciliation of the self with the world by means of art, is a common (and morally admirable) mistake. In temporal terms it makes irony into the prefiguration of a future recovery, fiction into the promise of a future happiness that, for the time being, exist only ideally. (219)

De esta manera, de Man resiste una lectura de la ironía en términos de cura y reconciliación, para destacar más bien su carácter fugaz. En el momento en que un significante se vuelve irónico, no puede más que repetir infinitamente su distancia radical con respecto a, por una parte, su significado anterior, y por otra, a su realización de un nuevo significado en el futuro. Para de Man, el futuro al que la ironía apunta no promete de por sí ninguna liberación; en vez de ello, este futuro "remains harassed forever by a relapse within the inauthentic" (222).

El fragmento del estudio de Paul de Man que acabamos de comentar condensa una reflexión valiosa sobre el modo en que la ironía, la melancolía y los posibles antídotos para ésta pueden –o no– encadenarse en una secuencia temporal. Con todo, cabe observar que de Man desarrolla su comentario a partir de una lectura parcial del estudio de Starobinski. Bien mirado, Starobinski yuxtapone en su artículo dos argumentos diferentes sobre la relación entre la ironía y la melancolía en las obras de, respectivamente, Hoffmann y Kierkegaard. Starobinski observa, en la línea de Behler y Ferguson, que para Kierkegaard la ironía era necesaria para conseguir cierto distanciamiento estético del mundo, pero que esto no suponía realmente un momento de cura: "l'ironie n'est pas la puissance qui vainc la mélancolie: c'en est seulement l'autre face" (Starobinski 460-61). Resumiendo estas dos perspectivas sobre la ironía y la melancolía, Starobinski aclara que "[p]our Hoffmann, l'ironie est médicatrice; mais selon Kierkegaard [...] l'ironiste croit s'élever au-dessus de la mélancolie, mais il ne s'en détache qu'illusoirement; il n'y a pas de vraie différence de niveau" (461). En este sentido, la problematización del potencial curativo de la melancolía se halla ya en el artículo del propio Starobinski y no es necesariamente una contribución de Paul de Man a éste. Y teniendo en cuenta que Starobinski considera una variedad de relaciones posibles entre la ironía y la melancolía, resulta discutible que cometa en este trabajo el "error" que de Man le atribuye.

Con la crítica de Paul de Man no se ha agotado la importancia de la pregunta sobre los posibles poderes curativos de la ironía. Para terminar, acudiremos al libro *Leaves of Mourning: Hölderlin's Late Work* (1996) de Anselm Haverkamp. Dos de los textos recogidos en el libro entremezclan una perspectiva teórica general sobre la ironía y la melancolía, con ejemplos específicos de la poesía lírica del Romanticismo europeo. Los textos de Haverkamp nos van a interesar por tres motivos: en primer lugar, por el hecho de que aborden las semejanzas entre la melancolía y la ironía; en segundo lugar, porque discuten igualmente una diferencia entre ambos conceptos; y finalmente, por la forma peculiar en que Haverkamp caracteriza el potencial curativo de la ironía.

Un primer parecido entre la melancolía y la ironía es que ambas categorías, desde la óptica de Haverkamp, no arriban a un resultado plenamente definido. Según la influyente teoría benjaminiana que Haverkamp reproduce, la mirada melancólica se detiene lentamente en el mundo para tratar de profundizar en el sentido de las cosas. Pero esto no es necesariamente un resultado redentor de la melancolía. En cambio, la melancolía es "heroic" gracias a su perseverancia y su tenacidad, a su carácter duradero e inacabado. Y este "melancholic lingering" se parece mucho a la ironía, la cual tampoco realiza ningún resultado concreto y, más bien, se queda eternamente en suspenso.[6]

Otra semejanza se debe a la reflexión crítica que tanto la melancolía como la ironía son capaces de realizar sobre la petrificación del mundo que ellas mismas provocan. En la teoría de Benjamin, la melancolía efectúa una mirada petrificante sobre el mundo, considerando la historia mundana como vacua y convirtiendo las cosas vivas y físicas que la componen en emblemas alegóricos.[7] Bajo la mirada melancólica, entonces, el mundo ya no realiza plenamente su propio significado sino que se convierte en un "dürren rebus" (Benjamin 352), en una colección de signos desalmados. Sin embargo, lo que hace la melancolía tan compleja es su capacidad de revelar dicho orden alegórico como un efecto producido a partir de la melancolía misma. De este modo, advierte Haverkamp, la melancolía "testifies [...] to the loss of hermeneutical control over the inherited allegorical frame of reference" (112).

De forma semejante, la ironía puede apartarse del mundo para realizar una reflexión crítica sobre éste sin plantear sin embargo una alternativa. Haverkamp discute en este contexto un ejemplo más específico y discursivo: el poema "Ode on Melancholy" de John Keats, que continúa con el género poético de la oda, pero introduciéndole "places of grammatical impertinence, semantical inconsistencies, 'ambiguities'" (109) para que, mediante la repetición de las convenciones genéricas, se pongan de relieve las fracturas en la voz lírica y en el género poético en su totalidad (109-15). Así, la ironía representa un vaivén entre la reproducción y el distanciamiento, donde no siempre resulta claro cuál es la postura de la ironía frente a su objeto: "[irony] thematizes as well as criticizes; it disrupts as well as prolongs what is going on" (113). Esta dificultad de elevar la ironía a una postura supone un importante problema hermenéutico, porque desestabiliza la propia oposición entre lo antiguo y lo nuevo, entre el discurso ironizado y el "nuevo" significado irónico. Es en ese sentido que la ironía, igual que la melancolía, no lleva a cabo una petrificación exitosa o completa de un discurso existente.

En el caso concreto de la poesía de Keats, Haverkamp sí establece una diferencia importante entre la melancolía y la ironía. Esta diferencia la podemos captar a partir de la orientación temporal que la melancolía y la ironía, cada una a su manera, poseen para este crítico. En efecto, de acuerdo con el conocido término de Paul de Man, Haverkamp considera la melancolía y la ironía como partícipes en una "rhetoric of temporality" (13). Ambos conceptos estarían implicados en la realización de un significado a lo largo de un tiempo prolongado. Su sentido no es literal, no está inmediatamente disponible, sino que depende de otro significado ya realizado, en el caso de la melancolía, o todavía por realizar, en el caso de la ironía. En breves palabras, la melancolía constituiría una vuelta tenaz hacia atrás, mientras que la ironía se dirige hacia un futuro. Para Haverkamp, la melancolía testimonia o constata la desaparición de un sentido, o sea, una muerte ("Melancholy, one could say, is the allegorical name for the death of allegory" 112), mientras que la ironía preservaría una pizca de vida ("it establishes a permanent movement that postpones indefinitely while wittingly keeping alive the dangerous impact of the postponed" 113). En "Allegorie, Ironie und Wiederholung", Haverkamp afirma en esta misma línea que la ironía no se contenta con la repetición de los signos desalmados de la historia y en vez de ello insiste "auf der wiederholten Erwartung des Neuen" (562). Denise Riley, en esta línea, asocia la repetición irónica con esperanza también: "irony's hopefulness begins, not in innovation, but in the unmitigated monotony of reiteration" (5). Y al desprender cierta expectativa (*Erwartung*) o esperanza (*Hoffnung*) de la repetición irónica, tanto Haverkamp como Riley se acercan a lo que escriben respectivamente Roger Bartra (*Cultura* 169-70) y Santiago Morales-Rivera ("La imaginación" 139) sobre dos personajes significativos de la literatura española (Don Quijote, y la protagonista de *La soledad era esto* de Juan José Millás) que, recordando el principio médico de *similia similibus curantur*, simulan el padecimiento melancólico para sobreponerse a éste.

En todos estos contextos, la repetición irónica de una práctica o discurso destila un sentido sumamente positivo, esperanzador o incluso curativo. No obstante, el sentido exacto de ese valor positivo fluctúa notablemente en los textos de Haverkamp y Riley. Hemos visto que ambos desprenden ese valor positivo de un proceso duradero y monótono de repeticiones que no puede convertirse en un resultado o una innovación. En otros momentos, sin embargo, los dos críticos consideran la ironía como una cura, concepto este que parece apuntar hacia un momento conclusivo y, en este sentido, hacia un resultado mucho más concreto que la incertidumbre del proceso prolongado de repeticiones irónicas. Riley señala, sin referirse a algún texto o contexto concreto, que la ironía da un "relief" de la melancolía y puede ser un "antidote to lonely disappointment" (Riley 3, 19). Haverkamp, por su parte, también observa en términos generales que "[i]n contrast to the melancholy of the repetition-compulsion in allegory, the irony of endless initiatives could be interpreted as an antidote" (13), aunque en su segundo texto explícitamente determina este sentido curativo de la ironía como una invención del Romanticismo (109). Así pues, una pregunta que nuestra lectura de estos textos no puede obviar –aunque tampoco la pueda resolver– es cuál es el estatus exacto de estas observaciones teóricas, que no van ancladas en el análisis puntual de un solo texto y que más bien parecen desprender su legitimidad teórica de la larga tradición de textos que tácitamente les precede. Sobre todo la palabra "antídoto" posee en los textos de Haverkamp y Riley un doble filo; en tanto que *propuesta* teórica es al mismo tiempo una *repetición* de una invención poética anterior, de una idea que durante el Romanticismo fue trasladada libremente desde el campo de la medicina hacia el de la poesía para, a partir de allí, empezar a influir en la manera en que la ironía se hiciera pensable e interpretable. En cierto modo, entonces, estos textos se revelan como partícipes de la problemática que ellos mismos tratan: ¿cómo seguir apostando por los poderes curativos de la ironía desde la consciencia de que esos poderes fueron inventados en una tradición textual anterior? Si extrapolamos esta pregunta, resulta claro que el carácter esperanzador y curativo de la ironía depende no solamente del caso textual concreto al que nos acerquemos, sino igualmente del modo en que nos situemos frente a un vocabulario crítico predisponible.

Conclusiones

El presente artículo ha querido poner de relieve tanto las diferencias como la gran coherencia que las reflexiones sobre la relación entre la ironía y la melancolía han poseído históricamente. Se ha visto que, en muchos casos, el pensamiento sobre la diferencia entre la ironía y la melancolía implica también una reflexión más o menos explícita sobre el tiempo. Para algunos, la ironía puede desembocar en un relapso en melancolía tras haber ocasionado un relevo momentáneo con respecto a esta última. Por otro lado, existe la idea de que la ironía es capaz de generar expectativas, esperanzas, o salidas curativas frente a la melancolía. En este sentido, el pensamiento sobre la ironía implica a la vez cierta visión sobre un futuro que, como diría tal vez de Man, de momento existe tan solo como un ideal proyectado o como una promesa utópica. Deconstruir el futuro de la ironía es indudablemente una aportación fundamental de Paul de Man que podríamos ampliar y aplicar hacia la noción de la cura que aparece con tanta frecuencia en los textos. Pues si la ironía continuamente posterga la realización de significados definitivos, tal vez no debamos contentarnos con el momento en que la ironía forja un relevo o distanciamiento momentáneo con respecto a la melancolía. En otras palabras, si la ironía se refiere al aplazamiento de significados y resultados, tal vez convendría empezar a enfocarnos en el futuro que sigue después del antídoto. ¿Qué es lo que viene después del alivio momentáneo que pueden brindar la ironía y el humor? ¿Cuántas veces hará falta ingerir el antídoto, si cabe, para sobreponerse al dolor melancólico?

Mucho más se podría decir sobre la terminología clínica que acabamos de reproducir y que entiende la melancolía como un estado de ánimo o padecimiento, frente a los cuales la ironía, a su vez, podría funcionar como una medicina. Ya existen críticas punzantes sobre la aplicación de tal vocabulario clínico, centrado en el comportamiento y padecimiento de los individuos, a un campo cultural más amplio, tanto en España (Loureiro), como en Argentina (Vezzetti). El presente artículo ha propuesto entender estos cruces de terminología como operaciones metafóricas que desde siglos han estimulado el avance del canon de textos en torno a la melancolía. Con todo, las capacidades analíticas que nos brindan la melancolía, la ironía y conceptos vecinos para acercarnos a la cultura y la literatura no dejan de ser proporcionales a la fuerza de su anclaje en referencias históricas, materiales, psicológicas y somáticas concretas. Tal vez la ironía no siempre sea un remedio, como también resulta imaginable que hay contextos en que la melancolía *no* es el "dark heart" (Critchley, *On Humour* 50) de la ironía y del humor. Si en este trabajo hemos situado la diversidad de encrucijadas entre la ironía y la melancolía en un primer plano, ello ha sido desde la convicción de que atender a sus fluctuaciones materiales e históricas es al mismo tiempo una forma de seguir apostando por su fuerza crítica.

Notas

[1] Este apartado está parcialmente tomado de mi tesis doctoral (Van Tongeren, *Trayectorias*).

[2] López menciona el ejemplo de un cuento de Antonio José Ponte que se abre con las palabras "Una mesa en La Habana" para mostrar acto seguido una página en blanco, apuntando así a la carencia de productos como una de las condiciones de la vida en la Cuba contemporánea.

[3] Otros análisis de distintas manifestaciones de comicidad en las letras cubanas de las últimas décadas los suministran Odette Casamayor-Cisneros (280-83), que examina el humor "cool", "postmoderno" y no correctivo de ciertos personajes de Ena Lucía Portela; y Sara Cooper, que aborda la literatura de Mirta Yáñez partiendo igualmente de la premisa de que la risa sirve para no llorar.

[4] El término "comedia de la desesperanza" es una traducción del término *comedy of despair* de Patrick O'Neill.

[5] Distintos críticos recientes de la cultura han dirigido fuertes críticas al así llamado paradigma de la finitud, que afloraría profusamente en nuestro tiempo y que haría de las limitaciones, el sufrimiento y el trauma una condición humana general. Ateniéndonos al campo de estudios sobre la ironía y el humor, uno de los representantes más claros de este paradigma de la finitud es Simon Critchley. Para este filósofo, tanto el humor como la melancolía reconocen las limitaciones y debilidades del ser humano. Sin embargo, si la melancolía constituye una tendencia destructiva y la manía una negación eufórica de estas limitaciones, el humor reflejaría una peculiar forma de lucidez, una capacidad para distanciarse del sufrimiento propio y una respuesta no nihilista o destructiva, sino ética ante "the modesty and limitedness of the human condition" (102). Critchley desarrolla estas ideas en sus trabajos "Comedy and Finitude" (1999) e *Infinitely Demanding: Ethics of Commitment, Politics of Resistance* (2007). Para una crítica de este paradigma que sin embargo no se dirige expresamente a Critchley, véase Zupançiç.

[6] El carácter duradero de la melancolía supone una diferencia importante con respecto al trabajo del duelo, que se acaba cuando un sujeto logra asignar un lugar estable al objeto perdido (Haverkamp 15).

[7] La vacuidad del mundo es producto, por supuesto, del contexto del barroco sobre el que Benjamin escribe. Benjamin empieza su discusión de la melancolía afirmando que los grandes dramáticos alemanes del Barroco eran luteranos, para explicar a continuación que el luteranismo había inculcado en el pueblo alemán no solo una muy estricta disciplina religiosa, sino sobre todo una postura de insatisfacción frente al mundo profano, es decir, una melancolía (317). Desde la melancolía infundida por el luteranismo, prosigue Benjamin, los distintos dramáticos alemanes se mostraron altamente susceptibles de las teorías de la melancolía de la Antigüedad y Edad Media, que habían sido reanimadas recientemente durante el Renacimiento. Sin embargo, ya hemos visto que esa vacuidad puede extrapolarse hacia otros contextos históricos en que se da la melancolía.

Obras citadas

Abeyta, Michael. "El humor negro, la burla de la modernidad y la economía del libro en la narrativa de David Toscana". *Revista de Crítica Literaria Latinoamericana* 36/72 (2010): 415-36.
Agamben, Giorgio. *Stanzas: Word and Phantasm in Western Culture*. Ronald L. Martínez, trad. Minneapolis: U of Minnesota P, 1993.
Bartra, Roger. *Cultura y melancolía. Las enfermedades del alma en la España del Siglo de Oro*. Barcelona: Anagrama, 2001.
_____ *La jaula de la melancolía: identidad y metamorfosis del mexicano*. Ciudad de México: Grijalbo, 1987.
Behler, Ernst. *Ironie und literarische Moderne*. München: Ferdinand Schöningh, 1997.
Benjamin, Walter. *Ursprung des deutschen Trauerspiels*. 1925. Gesammelte Schriften, I.1 Rolf Tiedemann y Hermann Schweppenhäuser, eds. Frankfurt am Main: Suhrkamp, 1980. 203-430.
Bosteels, Bruno. "Travesías del fantasma: pequeña metapolítica del 68 en México". *Metapolítica: Revista trimestral de teoría y ciencia de la política* 12 (1998): 733-68.
Casamayor-Cisneros, Odette. *Utopía, distopía e ingravidez: reconfiguraciones cósmologicas en la narrativa postsoviética cubana*. Madrid y Frankfurt am Main: Iberoamericana/Vervuert, 2013.
Cooper, Sara E. "Irreverent Humor in Postrevolutionary Cuban Fiction: The Case of Mirta Yáñez". *Cuban Studies* 37 (2006): 33-55.
Critchley, Simon. "Comedy and Finitude: Displacing the Tragic-Heroic Paradigm in Philosophy and Psychoanalysis". *Ethics-Politics-Subjectivity*. New York: Verso, 1999. 217-38.
_____ *Infinitely Demanding: Ethics of Commitment, Politics of Resistance*. New York: Verso, 2007.
_____ *On Humour*. New York: Routledge, 2002.
De Man, Paul. "The Rhetoric of Temporality". *Blindness and Insight: Essays in the Rhetoric of Contemporary Criticism*. London: Methuen, 1983. 187-228.
Ferguson, Harvie. *Melancholy and the Critique of Modernity: Søren Kierkegaard's Religious Psychology*. New York: Routledge, 1995.
Fornet, Jorge. "La narrativa cubana entre la utopía y el desencanto". *Hispamérica* 32/95 (2003): 3-20.

Gonzaga Urbina, Luis. *La vida literaria en México*. Madrid: Impr. de los Hermanos Sáez, 1917.

Haverkamp, Anselm. "Allegorie, Ironie und Wiederholung: Zur zweiten Lektüre". *Poetik und Hermeneutic* IX (1981): 561-65.

_____ *Leaves of Mourning: Holderlin's Late Work - With an Essay on Keats and Melancholy*. Vernon Chadwick, trad. Albany: SUNY P, 1996.

Hernández Salván, Marta. "A Requiem for a Chimera: Poetics of the Cuban Post-Revolution". *Revista de Estudios Hispánicos* 43/1 (2009): 149-70.

Jáuregui, Carlos y Juan Pablo Dabove, eds. *Heterotropías: narrativas de identidad y alteridad latinoamericanas*. Pittsburgh: IILI-Biblioteca de América, 2003.

Kierkegaard, Søren. *The Concept of Irony, with Continual Reference to Socrates*. Howard V. Hong y Edna H. Hong, trads. y eds. Princeton: Princeton UP, 1983.

_____ *Either/Or* I. Howard. V. Hong y Edna H. Hong, trads. y eds. Princeton: Princeton UP, 1987.

Klibanksi, Raymond, Erwin Panofsky, y Fritz Saxl. *Saturn and Melancholy: Studies in the History of Natural Philosophy, Religion and Art*. New York: Basic Books, 1964.

Kristeva, Julia. *Soleil noir: Dépression et mélancholie*. Paris: Gallimard, 1987.

López, Iraida H. "Strange Times That Weep With Laughing: Benign Humor in the Literature and Film of the 'Special Period'". *Proceedings of the Symposium on Cuba Today: Continuity and Change since the 'Período Especial'*. Mauricio A. Font, ed. New York: Bildner Center for Western Hemispheric Studies, 2004. 51-62.

Loureiro, Ángel G. "Pathetic Arguments". *Journal of Spanish Cultural Studies* 9/2 (2008): 225-37.

Martín-Cabrera, Luis. *Radical Justice: Spain and the Southern Cone Beyond Market and State*. Lewisburg: Bucknell UP, 2011.

Montiel, Alejandro. "La risa melancólica". *Quimera* 169 (1998): 8-15.

Morales-Rivera, Santiago. "The Black Sun of Anarchy. From Historical Memory to Sinister Imagination (A meditation on the film *El honor de las injurias* by Carlos García-Alix)". *Hispanic Issues Online* (número especial: "Armed Resistance: Cultural Representations of the Anti-Francoist Guerrilla". Antonio Gómez López-Quiñones y Carmen Moreno-Nuño, eds. (2012): 157-78.

_____ "Desencantos ejemplares: estética y afectividad en la España de los noventa". *Revista Iberoamericana* 80/247 (2014): 535-51.

_____ "La imaginación desmadrada de Juan José Millás: humor y melancolía en *La soledad era esto*". *Revista hispánica moderna* 64/2 (2011): 129-48.

Muecke, Douglas C. *The Compass of Irony.* London: Methuen, 1969.

Munguía Zatarain, Martha Elena. *La risa en la literatura mexicana. (Apuntes de poética)*. Ciudad de México y Frankfurt: Iberoamericana/Vervuert/Bonilla Artigas, 2012.

O'Neill, Patrick. *The Comedy of Entropy*. Toronto: U of Toronto P, 1990.

Richard, Nelly. "Las reconfiguraciones del pensamiento crítico en la posdictadura". *Heterotropías: narrativas de identidad y alteridad latinoamericanas.* Carlos Jáuregui y Juan Pablo Dabove, eds. Pittsburgh: IILI-Biblioteca de América, 2003. 287-302.

Riley, Denise. *The Words of Selves. Identification, Solidarity, Irony.* Stanford: Stanford UP, 2000.

Song, H. Rosi. "En torno al género negro: ¿La disolución de una conciencia ética o la recuperación de un nuevo compromiso político?" *Revista Iberoamericana* 86/231 (2010): 459-75.

Starobinski, Jean. "Ironie et mélancolie: Gozzi, Hoffman, Kierkegaard". *Sensibilità e Razionalità nel Settecento*. Vittore Branca, ed. Venezia: Sansoni, 1967. 423-63.

Trejo Fuentes, Ignacio. *Lágrimas y risas: la narrativa de Jorge Ibargüengoitia*. Ciudad de México: UNAM, 1997.

Van Tongeren, Carlos. "Alianzas paródicas y melancolía en Paco Ignacio Taibo II". *Ateliers du Sal* 7 (en prensa).

_____ *Trayectorias del compromiso: comicidad y melancolía en la narrativa policiaca de Manuel Vázquez Montalbán, Paco Ignacio Taibo II y Leonardo Padura Fuentes*. Tesis de doctorado. Radboud Universiteit Nijmegen, 2015.

Vezzetti, Hugo. "Derechos humanos y psicoanálisis". *Punto de Vista* 28 (1986): 5-8.

Williams, Gareth. *The Mexican Exception. Sovereignty, Police, and Democracy*. New York: Palgrave Macmillan, 2011.

Zupançiç, Alenka. *The Odd One In. On Comedy*. Cambridge: MIT P, 2008.

Ironía y dictadura en el Cono Sur

El uso de estrategias irónicas en la producción literaria de los "hijos" de la última dictadura argentina: los casos de Los topos *de Félix Bruzzone y* Diario de una princesa montonera *de Mariana Eva Perez*

July De Wilde & Ilse Logie
Universiteit Gent

Preliminares

En su extenso estudio *Los prisioneros de la torre* (2011), la crítica argentina Elsa Drucaroff conceptualiza la existencia de una Nueva Narrativa Argentina (NNA) que consiste principalmente de un conjunto de autores nacidos entre 1971 y 1989 y que comparten experiencias vitales y condiciones de formación similares, entre ellas, la posdictadura, los noventa menemistas y el colapso económico y social de 2001. Una de sus características más distintivas sería la de emanciparse de la influencia castradora ejercida por las generaciones anteriores, víctimas de la dictadura o sobrevivientes de la militancia, para plantear otras preocupaciones y buscar su propio lugar con respecto a los fantasmas del pasado.

Dentro de esta NNA se puede recortar un subcorpus de novelas, aún en plena expansión, escritas por hijos de desaparecidos o militantes de la última dictadura sobre la experiencia de la orfandad a causa del terrorismo de Estado. Como ejemplos representativos de esta producción, que ha surgido en la primera década de este siglo, cabe mencionar *Los topos* (2008) de Félix Bruzzone, *La casa de los conejos* (2008) de Laura Alcoba, *El espíritu de mis padres sigue subiendo en la lluvia* (2011) de Patricio Pron, *Soy el bravo piloto de la nueva China* (2011) de Ernesto Semán o *Diario de una princesa montonera* (2012) de Mariana Eva Perez.[1]

En este artículo demostraremos, a partir de dos ejemplos audaces (*Diario de una princesa montonera* y *Los topos*), que la ironía es una de las estrategias fundamentales para dar forma a esta mirada renovada.

Primero, argumentaremos el porqué de la ironía: qué características hacen de ella un medio adecuado para concretar la subversión de los imaginarios dominantes. Después, entraremos en los textos mismos para indicar cómo se presenta la ironía. Nuestro objetivo es mostrar que la ironía, aunque sirve un mismo fin –a saber, explorar vías alternativas al discurso tradicional de la memoria– se manifiesta de modos muy diferentes en ambos textos.

LA IRONÍA COMO RECURSO PARA LLEVAR A CABO LA SUBVERSIÓN DE LOS IMAGINARIOS DOMINANTES

En mayor o menor medida, los textos literarios abordados se apartan de los discursos sobre la memoria y abren el tema de la desaparición de personas a modalidades alternativas de representación como la comedia, la fantasía y el cruce de géneros. Llama la atención en ellos el rechazo de cualquier discurso preestablecido, y sobre todo la puesta en entredicho de la autoridad del discurso vigente anteriormente: la retórica estereotipada de los 70 tal como ha quedado plasmada en los testimonios de las víctimas y de los militantes como el *Nunca Más* de la CONADEP (1984), o *Preso sin nombre, celda sin número* (1981) de Jacobo Timerman, con su pacto de lectura marcado por un alto carácter político, y su voluntad de ofrecer "la verdad de los hechos". En todo el corpus se encuentra una tensión entre los códigos testimoniales y el deseo de ir más allá de la denuncia, de salirse de estos parámetros éticos y estéticos ya saturados, para elaborar la difícil cuestión de "ser hijo" a partir de una historia personal.

Siguiendo a Gatti (2008), se puede calificar la narrativa de la primera generación de "narrativa del sentido", una narrativa que cuadra con una lógica de representación "propia de épocas de gestaciones, trágica" (25), que busca exorcizar el horror en un acto de restitución (22), en una operación de rescate (67), a fin de hacer controlable la experiencia excepcional. Son prueba de esta lógica organizaciones como Madres y Abuelas de Plaza de Mayo y agrupaciones como HIJOS: colectivos todos que "suministran palabras para las cosas separadas del sentido" (93), y que, para hacerlo, se sostienen en el linaje y toman la familia como soporte identificatorio. A ella se opone la más reciente "narrativa de la ausencia del sentido" que escribe la segunda generación, no menos dura pero conforme más bien a "épocas de cosas ya gestadas, más negociadora que la primera, más que trágica, tragicómica, si no paródica" (25). El reto, dice Gatti, ha dejado de ser reivindicativo para volverse administrativo –¿cómo gobernar una vida que se desarrolla dentro de un imposible? (25)–, lo que implica dejar de hablar de la identidad como una evidencia ontológica que se refiere a la biología.

No nos debe sorprender que la ironía se presenta como un modo adecuado a la hora de redefinir los límites de la representación de acontecimientos traumáticos. De acuerdo con las definiciones de Hutcheon, la ironía es un mecanismo que afecta a la totalidad de un texto: interfiere tanto en su forma como en su contenido, además de que puede darse de modo difuso o puntual. Al oscilar semánticamente entre la percepción simultánea de lo dicho y lo no dicho, permite sugerir más que mencionar explícitamente y deja abiertas varias vías de interpretación, lo que en un trabajo de duelo permite la coexistencia de varias "verdades" o "posibilidades" o quizás "identidades". Permite, en otras palabras, expresar la paradójica relación de *double bind*, la ambivalencia de amor-odio que los personajes mantienen frente al recuerdo constante de su situación.[2] Además, conviene subrayar la dimensión axiológica de la ironía, que siempre implica la atribución de una actitud evaluativa y de un juicio crítico: es su "filo cortante". Esta evaluación no es dada de antemano, no es estable, sino que "acontece" en el proceso de interacción de un emisor y un receptor dentro de una comunidad interpretativa, que establece múltiples principios de identificación para sus miembros, de acuerdo a conocimientos compartidos, creencias, valores, hábitos comunicativos (Hutcheon 87). De allí la recepción problemática que han tenido varias de estas obras.

La ironía en *Diario de una princesa montonera* y *Los topos*

Antes de analizar determinadas manifestaciones concretas de la ironía, presentaremos brevemente los dos textos. Precisemos primero que Mariana Eva Perez tenía quince meses cuando la secuestraron con sus padres, militantes montoneros ambos. Ella fue liberada y se crió con la familia paterna. Su *Diario de una princesa montonera -110% verdad-* narra las peripecias de su vida entre 2009 y 2012 y es la reelaboración de su blog,[3] del que ha mantenido rasgos como la oralidad, la inmediatez y la interactividad. El formato del diario en línea constituye una elección interesante en la que tiene cabida lo aparentemente banal, lo cotidiano, lo episódico pero que también permite la incorporación de materiales heterogéneos como imágenes y fotos, pesadillas, lecturas, relatos breves o cartas. Se cruza con la presencia de motivos y personajes de fábulas infantiles (la "Princesa" del título, que vive en su "Castillo" [9], la "Rapunzel desterrada de la torre" sin "ningún príncipe a la vista" [144]) que, si a primera vista parecen lúdicos, son en realidad manifestaciones del humor negro puesto que contienen de hecho una referencia a la niñez arrebatada. La inestabilidad del género (diario, cuento de hadas, autoficción), el juego deliberado con diferentes pactos de lectura y el estilo humorístico contribuyen al cuestionamiento de las normas estéticas establecidas en el discurso único consensuado. Los numerosos elementos (auto)irónicos no impiden sin embargo que el libro se lea sobre todo como la tematización de las etapas de un trauma, con muchas escenas dolorosas e impactantes: cómo la protagonista acude primero a las instancias que la ayudan a recuperar la memoria, su problemática relación con ellas, su desprendimiento progresivo del afán de saber todo sobre sus padres, su tentativa de construir una vida propia con su novio Jota, ajeno a todo ese mundo de la militancia, y cómo finalmente se muda a Alemania donde ha aceptado una beca para investigar la violencia de la dictadura.

Por su parte, la novela *Los topos* del también hijo de padres desaparecidos Félix Bruzzone empieza como un relato testimonial canónico. Parece ser la historia de un protagonista que se crió con sus abuelos en una casa de la provincia de Buenos Aires y que busca su origen familiar. Pero esta búsqueda del pasado empieza a desviarse rápidamente. Cuando muere la abuela, el narrador, repostero de profesión, entabla un noviazgo con Romina, una chica involucrada en la agrupación de HIJOS,[4] pero se aleja rápidamente de una militancia que juzga dogmática. Sin embargo, el fantasma del pasado sigue presente, y la obsesión del protagonista se orienta en otro sentido: en la certeza de que existe un hermano gemelo que ha sobrevivido a la desaparición física de la madre, y al que quiere recuperar. Cree encontrarlo en Maira, una travesti de la que se enamora. A partir de allí, el relato abandona el rumbo realista para adentrarse en un sinfín de intrigas con carácter folletinesco contadas a una velocidad vertiginosa. Los pasajes del recorrido llevan al narrador a la persecución de su supuesto hermano de quien sospecha que se dedica a vengarse matando policías, a la compra y reconstrucción de la casa de sus abuelos que le termina siendo arrebatada por los albañiles y finalmente a un viaje hacia Bariloche, donde se encuentra con el personaje siniestro del Alemán y donde tiene lugar su propia transformación de género sexual mediante una operación.

Mencionamos anteriormente que ambos textos proponen apuestas audaces para hacer frente a una saturación literaria en materia de la dictadura. En los dos casos, se trata de narraciones que tematizan la desaparición y ausencia de los padres y la consecuente imposibilidad de asumir por completo una identidad propia. Otro rasgo que comparten: los dos textos se apartan tanto de los códigos testimoniales como del discurso previsible de la militancia y del pensamiento políticamente correcto vigente en la Academia,[5] narrando su experiencia desde una primera persona parcialmente ficcionalizada y desde el registro disruptivo de la comicidad. Pero, y aquí abordamos las primeras diferencias entre ambas obras, la relación que guarda el narrador con lo narrado y el tono empleado diferencia los textos: *Diario* se lee más fácilmente como una ironía abiertamente correctiva cuando *Los topos* vehicula una ironía mucho más suspensiva.

La narradora de *Diario* se esconde detrás del humor negro y del estilo preciso, mordaz pero aparentemente *light* de su escritura. Estos mecanismos funcionan como una armadura contra la vulnerabilidad, ya que la risa y la broma hacen más tolerable la realidad de una vida dolorosa, marcada por fuertes emociones. La ironía se manifiesta aquí como un fenómeno muy explícito que sirve en primer lugar para expresar la fuerte tensión entre la identificación y la actitud crítica hacia organizaciones que rinden homenaje a la militancia de los padres, como la agrupación de HIJOS de la que la narradora es miembro primero, y con la que rompe después para luego volver a incorporarse,[6] o hacia el gobierno neoperonista de Néstor Kirchner. Su blanco principal son instituciones y discursos políticos cuya solemnidad y conformismo la narradora rehúsa. Percibe las incongruencias entre los ideales de los militantes de HIJOS tal y como son defendidos en el discurso oficial (denunciar y reclamar justicia) y sus prácticas, que consisten muchas veces en una recuperación del dolor en estructuras jerárquicas y burocráticas, sintetizada en la relación entre la narradora y El Nene.

La ironía dirige sus dardos contra los "operadores oficiales", que se han convertido en "triste[s] fotocopia[s] del militante político" (23) y manejan "este esperanto humanitario horrible" (67). Esta insumisión tiene, sin embargo, sus límites: sigue habiendo mucha solidaridad con los otros hijos y con los militantes y una fuerte involucración emocional. Varios episodios textuales sugieren que aún no ha consumido la ruptura total. Un ejemplo representativo son los comentarios de la protagonista cuando acude a la inauguración de la baldosa en la casa de la que fue llevada la madre. Reconoce la legitimidad del gesto, cumple con el protocolo pero se burla de ciertos eslóganes y prácticas que forman parte de la ceremonia[7] (ritos como "gritar los Presentes y el Ahora y siempre" 101).

La ironía en *Diario* viene a ser en gran parte una autoironía[8] ya que su principal foco es la propia situación y cómo bregar con ella tanto en la vida como en la escritura, reírse de sí misma y de la victimización. El libro es pionero, en el sentido de que explora los límites de esta autoironía, registrando en el propio texto cuándo funciona y cuándo no. La narradora es consciente de la paradoja en la que ha quedado atrapada: rechaza ser definida exclusivamente como desaparecida, quiere superar su condición de "hija" y, sin embargo, su vida entera gira en torno a este término.[9] Recurre a un amplio repertorio de señales verbales (cf. Booth) para verbalizar esta sensación: epígrafes y subtítulos que funcionan metairónicamente; el uso de diminutivos (el "temita"), distorsiones léxicas que dan lugar a neologismos y juegos de palabras para quitar peso a términos demasiado cargados de historia o para romper lo políticamente correcto (los "hijis", el "militonto" y el verbo "militontear") o que tienden a subrayar el dogmatismo de las organizaciones de Derechos Humanos ("Construir su IdentidAT" [91], la verdAT) o la jerga propia que manejan (el lenguaje del "ghetto"). La autora se autodenomina "La Princesa Montonera"[10] (que suena a nombre de guerra, o a nickname, una práctica común en los blogs, y que es un claro ejemplo de humor negro),[11] se considera "la esmóloga más joven, otrora niña precoz de los derechos humanos" (34), habla de "la indemnización por mi 'Ford Taunus Mystery Tour'" (55), se considera "hija de probeta de los organismos de derechos humanos" (144), habla de "huachos" (huérfanos producidos científicamente por el terrorismo de Estado), y tilda a la Argentina kirchnerista de "Disneyland de Droits de l'Homme" (126, 160). Además, usa "(sic)" para señalar su actitud despectiva respecto a ciertas personas o prácticas[12] y muchas mayúsculas ("el bebé que nació en la Esma y que Tengo Que Encontrar" [25], "Ella es Dora La Multiprocesapropiadora" [47]; "despachar a Ex, mi ex" [52]), echa mano de la parodia señalada puntualmente: por ejemplo cuando se burla de las campañas publicitarias en la televisión donde los desaparecidos se han convertido en un espectáculo ("Mandá temita al 2020 y participá de fabulosos sorteos. Una semana con la Princesa Montonera. Guía y acompáñala durante siete días en el programa que cambió el verano: 'El show del verano', 'El reality de todos y todas'..." [39])[13] o a la hora de reescribir citas emblemáticas de la historia argentina (el "Volveré y seré millones" de Evita Perón se convierte en "volví y soy ficciones" [24]).

Además, el texto tiene un marcado cariz autorreflexivo, lo que da lugar a una ironía metaficcional que radica sobre todo en la inestabilidad de su pacto de lectura. Por una parte, la narración es presentada al lector de forma tradicional, es decir, como un libro publicado y por tanto cerrado espacialmente y hecho para durar. Sin embargo, ya de entrada la información paratextual invalida parcialmente esta consigna genérica: "Llega desde el mundo de los blogs y de los droits de l'homme" reza el comentario en la solapa. También el mismo título es ambiguo: como subgénero de la autobiografía el "diario" crea expectativas referenciales, pero el agregado irónico "-110% verdad-", echa por tierra las pretensiones de veracidad burlándose de esta referencialidad e indicando que la voz narrativa pertenece a un personaje (auto)ficcional. Abundan indicios en el libro de que se trata de una novela que se ríe del "deber testimonial" ("El deber testimonial me llama. Primo Levi, ¡allá vamos!" [12]), lo que a su vez está reñido con la colección en la que aparece publicado el libro (titulada "confesiones"). Simultáneamente, la propia génesis del libro, el hecho de que haya sido armado primero como blog, tampoco es compatible con la privacidad que presupone el diario: los blogs son espacios de puesta en escena de un yo, su principal preocupación no es la sinceridad sino que están a caballo entre la esfera pública y la privada. Se puede decir entonces que tanto la autora, como los encargados editoriales y la narradora misma han llevado a un extremo la inestabilidad genérica, lo que coloca a la Princesa en un lugar de enunciación difícil de determinar.

Por su parte, lo que nos hace identificar en *Los topos* una ironía más suspensiva, es decir, mucho menos explícita y, ante todo, menos abiertamente correctiva, es su ambigüedad interpretativa. Esta ambigüedad es desencadenada por varios elementos, básicamente tres: la incongruente actitud del narrador, la impotencia de los personajes para relacionarse en pie de igualdad con los demás como consecuencia de un autoritarismo basado en la dialéctica amo-esclavo y la dislocación del paradigma de la identidad definida en términos biológicos y genealógicos, paradigma que se revela ser insuficiente y hasta perjudicial.

En *Los topos* hay cierta vacilación del pacto genérico –no olvidemos que la novela arranca como un testimonio clásico y se convierte muy rápido en autoficción–. Pero no es ésta la inversión que más se trabaja en la novela. El blanco primordial de la ironía son los discursos de memoria hasta ahora operantes en la cultura argentina y articulados en torno al eje de la identidad y la propiedad. Mucho más que en el *Diario*, en *Los topos* se observa un rechazo de las interpretaciones lineales del fenómeno de la desaparición y la necesidad de proponer nuevos marcos de referencia desde una narrativa "de ausencia de sentido" (cf. Gatti). Lo que la novela hace es "señalar la falta de opciones para resolver la devastación de un presente brutal que ha nacido de un pasado brutal" (Portela 182): muestra que las huellas del pasado permanecen y que es a partir de allí desde donde hay que actuar, incluso si las alternativas actuales tampoco ofrecen salida o redención.

Muchas dudas interpretativas se vinculan con el narrador de *Los topos*. Se trata de un verdadero perdedor al que paulatinamente se le va quitando todo: sus padres primero, su supuesta/o hermana/o y alma gemela Maira, su tío, sus abuelos, la novia Romina, el hijo que está a punto de tener. No solo pierde a los seres queridos, sino también su casa, su autonomía y su orgullo, cuando al final llega a ser literalmente violado por un antiguo represor y padre postizo llamado "el Alemán". Además, en el desenlace se sugiere que también desaparece él mismo. A pesar de tantas adversidades, hace prueba de una indiferencia respecto a lo que vive y cuenta, en un registro alejado de toda verosimilitud realista y de toda introspección psicológica. Relata los hechos con desparpajo, con una voz a veces atravesada de arrebatos líricos. Habla desde una especie de disociación, como si estuviera hablando de otra persona, lo que hace que sea difícil tomar una decisión respecto a la posición que defiende. Esto es sobre todo el caso en la segunda parte de la novela, cuando el narrador se vuelve vagabundo y se muestra abierto al azar de los acontecimientos. Su reacción a las fotos de personas asesinadas que descubre en el trailer del alemán ilustra esta actitud tan alejada de la denuncia. A pesar de que estas fotos prefiguran su propio destino, no se desaltera y decide quedarse: "Todo caía donde tenía que caer y todo iba a ser como tenía que ser" (174). Desorienta al lector esta impasibilidad en medio de la crueldad más pasmosa y unos avatares grotescos.

No solo la técnica narrativa sino también la temática complica la interpretación de la novela. Nos referimos en este caso a la imposibilidad de los personajes, y particularmente del protagonista, topo ciego escondido bajo la tierra como los animales del título, para relacionarse de manera simétrica con los demás y a su incapacidad para realizarse en la superficie. Las relaciones que el narrador entabla siempre son cambiantes y como por definición desfasadas en la medida en que las expectativas nunca son correspondidas: si el uno quiere sexo, el otro quiere amor o ternura, si el uno busca protección el otro quiere violencia, si el uno está listo para compromisos, el otro desaparece. No hay modo de escapar a la dialéctica de víctima/verdugo: se humilla o se es humillado, las únicas opciones parecen ser herir o sufrir, morir o matar. El ejemplo que mejor ilustra la inevitabilidad de la dinámica sadomasoquista son las escenas que cierran la novela. Tienen lugar en Bariloche, después del encuentro del personaje principal con el Alemán, alguien que parece encarnar al fascismo, figura paterna, antiguo represor y ahora cazador de travestis. En él el protagonista ve la posibilidad de vengar a Maira con un plan extravagante: hacerse travesti él mismo, seducirlo y matarlo, lo que le condena primero a una esclavitud sexual.

Si el final de la novela lleva a un punto culminante esta dinámica sadomasoquista, la novela entera está impregnada de un mismo ambiente de traición que, como un virus, ha contaminado cualquier contacto con los demás –parece ser la descomposición del contrato social llevada a sus últimas consecuencias–. La dictadura ha fomentado un clima de sospecha generalizada que se materializa de modo concreto en la figura del topo,[14] que también proporciona título a la novela: los personajes son héroes para unos, pero siempre también traidores para otros. En efecto, los personajes constituyen entes nebulosos que terminan construyéndose como topos posibles, como dobles agentes en un universo donde se han borrado las fronteras entre las categorías binarias: el padre (que entregó a su propia mujer [132-37]), Maira (55), el propio protagonista recibe este nombre cuando se lanza a callejear (147), el Alemán (174), todos son llamados "topo" en algún momento.

Proponiendo al topo como núcleo de su historia, una historia que termina con muchos cabos sin atar, Bruzzone establece el lazo entre la violencia de la dictadura y sus consecuencias rastreables en la democracia. Contrariamente a lo que pasa en muchos otros textos, en *Los topos* la memoria no funciona como rememoración de un pasado. El personaje principal se perfila como antimilitante[15] y se sitúa fuera del discurso político e identitario de organizaciones de derechos humanos cuya táctica ha sido legítima pero que a la larga tampoco han ofrecido solución. Es más, no es exagerado decir que su lucha ha producido un concepto de identidad problemático, formulado en términos exclusivamente biológicos. Abuelas de Plaza de Mayo ejemplifica lo más sustancial de la estrategia que vehicula esta definición: "el ADN como sinónimo del DNI" (96) dirá Gatti sobre esta identidad basada exclusivamente en la genética y la filiación.

Bruzzone contrapone a aquel militante institucionalizado e idealizado un personaje que está en sus antípodas: alguien de identidad mutante. Lo hace a través de la figura del travesti caracterizada por la anulación de las fronteras biológicas: primero en el personaje de Maira y, tras la desaparición de ésta, mediante la metamorfosis sexual del propio protagonista. Pero lo hace también resaltando el comportamiento incongruente de personajes de identidad sexual definida en términos duales claros de macho/hembra: el amigo Mariano, don Juan y seductor de la mujer comprometida, se presentará pronto ante el protagonista con propuestas sexuales nada ambiguas que contrarrestan la figura del macho. La identidad mutante también afecta a lo propiamente genético cuando se cruza lo sexual con lo filial: a través del incesto que comete el protagonista si Maira es efectivamente su hermano y si el Alemán resulta ser su propio padre. Pero aun así, el protagonista acaba recayendo en los viejos moldes: en la búsqueda frenética de una figura paterna y del hermano gemelo, lo que le condena a una sucesión de fracasos. Surge así una "narrativa de la ausencia de sentido" (cf. Gatti), que toma la pérdida no como algo que debe ser restituido sino como un punto de partida hacia otro orden social, un nuevo espacio de posibilidades que ensanche el significado de "desaparecido" a cualquiera que se sitúe fuera del sistema establecido. *Los topos* despierta interés por aquellos seres marginados que sufren la represión en el presente, fuera del contexto político, como Maira.[16] La novela sugiere sin embargo que queda un largo camino por recorrer porque la normativa dominante en ese campo sigue siendo la que prescribe una identidad como una evidencia, manifestación de una estructura genética. La tentativa del hijo pos-huérfano de *Los topos* para construir nuevas redes de afecto y asumir la contingencia de las cosas se frustra. Quiere ser más que solo el hijo de desaparecidos, pero en vez de sustraerse a la presión de esta categoría, acaba reproduciendo el estigma originario cuando se empeña en encontrar a un hermano que probablemente nunca ha existido, repitiendo así, a su pesar, el gesto obsesivo de la abuela quien dibujaba la cara de ese hermano en las tortas que hacía (29), y lo sacrifica todo por la sensación de amparo en un ilusorio hogar.[17]

¿Cómo, pues, se desarrollan formalmente dichos tópicos? Ciertamente, hay marcas de ironía verbal y situacional (cf. Muecke) en el texto, que sirven sobre todo para descalificar las organizaciones de Derechos Humanos. Estas marcas las observamos por ejemplo cuando el narrador critica a su primera novia Romina y su amiga, ambas de familias de clase media ligeramente colaboracionistas y apropiándose de un pasado ajeno, afiliándose a HIJOS: "[…] hubiera sido bueno que [esa amiga] se juntara con Romina y fundaran SOBRINOS, NUERAS, no sé" (18). Pero el fragmento más abiertamente crítico del discurso político de HIJOS lo encontramos cuando el protagonista señala la ceguera o inercia que caracteriza a los que se quedan atrapados en las injusticias del pasado:

> Durante el viaje a Moreno pensé en contarles las últimas novedades a los de HIJOS. Quizá ellos pudieran armar una campaña de reivindicación de Maira, alzarla como estandarte de una nueva generación de desaparecidos y fogonear así la lucha antiimperialista. Ya imaginaba al tipo de las manchas en los ojos hablando sobre los neodesaparecidos o los postdesaparecidos. En realidad, sobre los post-postdesaparecidos, es decir los desaparecidos que venían después de los que habían desaparecido durante la dictadura y después de los desaparecidos sociales que vinieran más adelante. (80)

El protagonista se muestra igualmente alérgico al discurso académico:

> [y] cuando uno que se ve que estudiaba psicología o alguna ciencia paramental –o las dos cosas– empezó a hablar de cómo el travestismo representaba en Maira las dos mitades de la mellicidad quebrada –usó esa palabra: "mellicidad"–, lo lleno y lo vacío, lo cóncavo y lo convexo, el yin y el yan, el pasado y el futuro rotos y a la vez aunados en un presente enfermo, dije: bueno, yo me voy, y salí lo más rápido que pude. (62-63)

Sin embargo, a pesar de estas muestras locales de crítica mordaz, *Los topos* no multiplica las señales irónicas, como lo hace la autora del *Diario*. Al igual que en *Diario*, importa en *Los topos* el carácter pragmático del mecanismo irónico, que establece una relación entre el texto y el horizonte de expectativas del lector. Pero contrariamente a lo que pasa en *Diario*, en *Los topos* la ironía es mucho más difícil de localizar textualmente y depende en mayor medida de la atribución de un lector. Cómo y en qué medida se activa la ironía en la novela está determinado, mucho más que en *Diario*, por el reconocimiento de lugares comunes sobre la desaparición, o sea, por la presencia palimpséstica de las convenciones de la narrativa identitaria en un corpus inespecífico de discursos y esquemas que pertenecen a la colectividad argentina.

Conclusión

Sin duda alguna, ambos textos denuncian la caducidad del marco hermenéutico vigente creando algo que lo excede y resiste. Es, efectivamente, imposible encasillar las novelas en una ideología determinada, razón por la que han generado también distintas valoraciones. Al recurrir a la ironía los dos textos matizan la tesis según la cual la ironía posmoderna cedería actualmente su lugar de importancia a una retórica de la sinceridad (cf. Van Alphen, Bal y Smith). Los dos textos muestran que el potencial crítico de la ironía sigue funcionando, y lo hace particularmente bien en el contexto del discurso posdictatorial argentino, esterilizado por la predominancia desgastante del discurso identitario.

El análisis del *Diario* y *Los topos* muestra que sería erróneo considerar como un bloque monolítico las obras que recurren a la ironía para acercarse de modo novedoso al tema de la desaparición. Hemos detectado importantes diferencias de grado entre los dos textos: en *Diario*, la ironía es omnipresente en los estratos más visibles de la narración a través de verbalizaciones explícitas, rayanas en la parodia e imposibles de pasar desapercibidas. A estas señales evidentes se añade la hibridez del pacto genérico: ¿es diario, blog, autoficción o todo a la vez? Por su parte, y a pesar de ser menos espectacular y más alusiva, la ironía en *Los topos* cala más hondo porque su desaprobación escéptica toca al meollo del proyecto democrático posdictatorial. En la interacción entre texto y lector, la ironía de este texto se concretará de modo hondamente subversivo, ya que pone en tela de juicio los fundamentos de toda una sociedad. De hecho, efectúa una doble deconstrucción, efecto que no produce el *Diario*: ofrece una lectura corrosiva de los mecanismos autoritarios que han hecho posible la última dictadura argentina pero simultáneamente una crítica demoledora de la visión determinista (genética, biológica) del concepto de la identidad que, paradójicamente, ha sido un efecto conservador (y sin duda una consecuencia no deseada, perversa) de la política de Derechos Humanos de los últimos años. El filo de la ironía en *Los topos*, es, si se quiere, más cortante.

NOTAS

[1] Cabe precisar que este discurso distinto, esta ruptura respecto a la forma convencional o la visión homogénea de hablar sobre la memoria, no solo se presenta en la literatura sino que se sitúa en una constelación artística más amplia de películas, obras de teatro, exposiciones fotográficas o *performances*.
[2] Esta ambivalencia se ve aún reforzada por la ambigüedad ética de algunos personajes implicados. Valgan como ejemplos la figura del padre traidor en *Los topos* y el misterio que sigue envolviendo al personaje El Nene en *Diario*, del que también se sugiere su condición de traidor (68).
[3] Véase <princesamontonera.blogspot.be>.
[4] Acrónimo de Hijos por la Identidad y la Justicia contra el Olvido y el Silencio, fundado en 1995 por descendientes directos de desaparecidos.
[5] Véase al respecto la reseña de Sarlo (2008), que analiza esta ruptura con el "bienpensantismo" vigente.
[6] Aunque se compromete sobre todo con el CdH, el Colectivo de Hijos, que se diferencia de HIJOS por su orientación más artística (visible por ejemplo en su práctica del *collage* evocada en el libro).
[7] "Pensé en esos gestos simbólicos que normalmente me envenenan, porque están bien pero no alcanzan, y como no alcanzan son hipócritas" (188).

[8] Como señala Schoentjes, la autoironía, en su potencial de autocuestionamiento y autodesvalorización, guarda parecidos con el *eirôn* clásico, aquel personaje de la comedia antigua que finge ignorancia adoptando un falso aire de modestia. El *eirôn* se contrapone al *alazôn*, otro personaje de la comedia antigua asociado, no con la modestia y el desinterés del primero, sino con la vanidad y la búsqueda interesada de la gloria. Como apunta Schoentjes (2001), todavía hoy solemos aceptar más fácilmente la ironía cuando no se dirige sistemáticamente hacia otros, sino que es aplicada también a uno mismo (186).

[9] Es muy aclaradora al respecto la escena del vestido de novia que su abuela le regaló para que lo use en su boda con Jota (164-65) y el comentario de la narradora: "Y esto es lo que hago con todo eso: tomar lo que me gusta, transformarlo, hacer de eso heredado algo propio".

[10] "La Princesa Montonera" como autodenominación alterna con la primera persona cuando la narradora prefiere interponer distancia entre un acontecimiento y ella misma.

[11] Otro sería el empleo de "fordismo" aplicado al trabajo de la memoria (50).

[12] A su hermano apropiado y después recuperado, le llama "Gustavo, localizado-en-2000-restituido-en-2004" (52).

[13] Otro ejemplo muy parecido es el anuncio para poner su casa en venta (160).

[14] "Topo" se define en el DRAE como una "persona que, infiltrada en una organización, actúa al servicio de otros".

[15] Por ejemplo cuando evoca la ESMA lo hace en términos que carecen de toda empatía; le producen aversión "los árboles antiguos, enormes, el parque siempre tan cuidado, los canteros llenos de flores que de tan perfectas parecían de papel" (13), lo ve como una tentativa de sobrecargar de sentido el antiguo centro de detención.

[16] El artículo de Sosa (2013) ahonda en el gesto de identificación intrageneracional descrito por la novela, un gesto que posibilita el acceso a la experiencia de los "hijos" propiamente dichos (es decir, los hijos de las víctimas) por contemporáneos de éstos. En este contexto cabe remitir a las categorías de Hirsch (36), que distinguió entre dos estructuras de transmisión de la memoria. La primera, que denomina "familiar", designa la identificación intergeneracional vertical entre padre e hijo, mientras que la segunda, "afinitiva" (*afiliative* en inglés), abarca la identificación intrageneracional horizontal.

[17] En este sentido, su desenlace difiere del documental *Los rubios* (2003) de Albertina Carri, que se cierra con la construcción de una nueva familia adoptiva dada por el equipo de rodaje que, en otro acto de travestismo, se pone una peluca rubia.

Obras citadas

Booth, Wayne C. A. *Rhetoric of Irony*. Chicago: U of Chicago P, 1974.

Bruzzone, Félix. *Los topos*. Buenos Aires: Mondadori, 2008.

Drucaroff, Elsa. *Los prisioneros de la torre. Política, relatos y jóvenes en la postdictadura*. Buenos Aires: Planeta, 2011.

Gatti, Gabriel. *El detenido-desaparecido. Narrativas posibles para una catástrofe de la identidad*. Montevideo: Trilce, 2008.

Hirsch, Marianne. *The Generation of Postmemory. Writing and Visual Culture after the Holocaust*. New York: Columbia UP, 2012.

Hutcheon, Linda. *Irony's Edge. The Theory and Politics of Irony*. London: Routledge, 1994.

Muecke, Douglas. *Irony and the Ironic*. London: Methuen, 1982.
Perez, Mariana Eva. *Diario de una Princesa Montonera –110% verdad–*. Buenos Aires: Capital Intelectual, 2012.
Portela, M. Edurne. "'Como escritor, no me interesa tomar partido'. Félix Bruzzone y la memoria antimilitante". *A contracorriente* 7/3 (2010): 168-84.
Sarlo, Beatriz. "Una condición de búsqueda". *Perfil* 7 de diciembre 2008.
Schoentjes, Pierre. *Poétique de l'ironie*. Paris: Éditions du Seuil, 2001.
Sosa, Cecilia. "Humour and the Descendants of the Disappeared: Countersigning Bloodline Affiliations in Post-dictatorial Argentina". *Journal of Romance Studies* 13/3 (2013): 75-87.
Van Alphen, Ernst, Mieke Bal, y Carel Smith, eds. *The Rhetoric of Sincerity*. Stanford: Stanford UP, 2008.

La ironía como juego en Los sermones y prédicas del Cristo de Elqui *de Nicanor Parra*

GENEVIÈVE FABRY
Université catholique de Louvain

LOS "SERMONES" COMO DISCURSO INCLASIFICABLE

En pleno periodo dictatorial, el poeta chileno Nicanor Parra (1914-) publica una obra inclasificable (tanto en aquel momento como ahora): *Sermones y prédicas del Cristo de Elqui* (1977) seguidos por *Nuevos sermones y prédicas del Cristo de Elqui* (1979) y *Sermones y prédicas* (1983). Por sí solo, el libro de 1977 podría justificar la opinión contundente de Roberto Bolaño acerca de su maestro:[1]

> No han podido con él [Parra] ni la izquierda chilena de convicciones profundamente derechistas ni la derecha chilena neonazi y ahora desmemoriada. No han podido con él la izquierda latinoamericana neoestalinista ni la derecha latinoamericana ahora globalizada y hasta hace poco cómplice silenciosa de la represión y el genocidio. (92)

¿Cómo logra Parra salirse del marco ideológico izquierda/derecha tan hegemónico en los años setenta? Intentaremos contestar sencillamente: *jugando*. Pero antes de desarrollar esta lacónica hipótesis de lectura, conviene recordar la factura singular de este poemario parriano.

Los *Sermones* se presentan como reescrituras de los textos divulgados por un personaje histórico conocido como el Cristo de Elqui, en realidad Domingo Zárate Vega, nacido en 1897 en Río Hurtado, provincia de Limarí. Domingo Zárate pertenecía a una familia muy pobre y empezó a trabajar muy joven. En 1926, estaba trabajando como obrero para una compañía americana cuando se enteró por telegrama de la muerte de su madre. A partir de ese momento, su vida cambió por completo. En 1927, decidió retirarse del mundo. Dejó de cortarse la barba, vistió un "humilde sayal" y vivió muy pobremente hasta que, después de cuatro años de retiro y privación, comenzó a predicar en la provincia de Elqui. Sus prédicas así como el personaje mismo muy pronto empezaron a atraer un grupo cada vez más numeroso de seguidores –y cito de la carta pastoral en la que el clérigo José María Caro admonesta a los cristianos en contra de este predicador improvisado–: "Se ha presentado entre vosotros un pobre iluso, de los que hay muchos en el manicomio, y al cual los fieles, que lo son todos para ir a la iglesia, para cumplir su santa religión [...], lo han acogido como el enviado de Dios, como el mismo Mesías, nada menos" (citado por Binns 990).

Esta vida de predicación iba a durar casi 20 años. Zárate Vega no solo recorrió valles y pueblos para predicar sino que también publicó libritos. En 1948, Domingo Zárate Vega decidió cerrar esta etapa de su vida y publicó un libro titulado *La promesa y la vida de "El Cristo de Elqui"*. No he podido leer este libro, pero sí el primer capítulo citado in extenso por los editores de las obras completas de Parra, a las que me refiero también para este breve bosquejo biográfico del personaje. Del cotejo entre este capítulo de Zárate Vega y los poemas de Parra se deduce fácilmente el carácter de reescritura de la obra: "los sermones vienen a ser una especie de *collage* formado con citas a menudo literales del personaje" (997). El *collage* realza la heterogeneidad de las prédicas. Alejandro Zambra se pregunta: "¿Qué imita Parra del personaje que imita? Un método, el discurso en el que todo cabe: alabanzas, confesiones, rezos, consejos, sentido común, locura, ternura, acidez, charlatanismo y sabiduría" (15). Aunque Parra haya intentado ante todo recrear un tono coloquial, popular y chileno, profético y charlatán, saltan a la vista los ecos también escritos del discurso que es la fuente de los poemas de Parra. El primer poema, por ejemplo, nos presenta al yo lírico con una barba sin cortar desde hace 22 años, lo que nos sitúa en el mismo momento de la publicación del libro antes mencionado de 1948:

> A pesar de que vengo preparado
> realmente no sé por dónde empezar
> empezaré sacándome las gafas
> esta barba no crean que es postiza

> 22 años que no me la corto
> como tampoco me corto las uñas
> o sea que cumplí la palabra empeñada. (*Obras completas* II 5)

Así comienza el primer poema de la primera entrega en el que el yo lírico se presenta como profeta contemporáneo de un público que supuestamente sintoniza con el hablante (está esperando que le "revel[e] su secreto" [5]), pero al que se le adjudica implícitamente unas ganas infantiles de comprobar que la barba del profeta/poeta no es postiza. Obviamente, la reescritura oscila entre dos polos: el polo transparente del pastiche, de la copia a veces retocada del original y el polo distanciado que se encarna en una enunciación marcada por el carácter socarrón del habla. Al contrario del "sujeto lúcido" de los antipoemas, el hablante de los "sermones" sería un ser "ingenuo", lleno de "inocencia";[2] sus ocurrencias parecen producir una "parodia inconsciente" (cf. Hunneeus) o una "ironía involuntaria" (cf. Ignacio Valente). Son llamativos los adjetivos utilizados por los dos críticos: tanto "inconsciente" como "involuntario" son términos que destacan el carácter problemático de la intencionalidad de los poemas, como si estos textos significaran más allá de su superficie, en un sentido imprevisible, a partir de un desfase esencial entre emisor y receptor. Pero, ¿cuál es el blanco preciso de la ironía? ¿Contra quién o contra qué se ejerce? ¿Cuál es su sentido ético o político? ¿Quién es el emisor: Zárate y Parra, o Parra contra Zárate? ¿Cómo se proyecta desde el texto el perfil del lector? La nota inaugural, introducida en la segunda edición, así como el poema final, añaden otro elemento al marco discursivo del poemario:

> —Y AHORA CON USTEDES
> Nuestro Señor Jesucristo en persona
> que después de 1977 años de religioso silencio
> ha accedido gentilmente
> a concurrir a nuestro programa gigante de Semana Santa
> para hacer las delicias de grandes y chicos
> con sus ocurrencias sabias y oportunas
> [...]
> un aplauso para N.S.J. (3)

En Parra, el marco paratextual hace hincapié en la "máscara" (la persona en el sentido etimológico) que necesita el poeta para poder "decir algo"³ en tiempos de penuria, de restricción vertiginosa del espacio de la palabra libre. Este discurso estrepitoso en el umbral del libro confunde a Jesús de Nazaret con Domingo Zárate y al lector de poesía con un espectador frente a un programa de televisión con resabios de predicaciones evangélicas o pentecostales, y un eco del programa *Sábados gigantes* animado a fines de los setenta por M. Kreutzberger (Binns 997). Estos ecos cruzados no son anodinos ya que se observa "la fuerte penetración de las iglesias evangélicas y los predicadores itinerantes durante los tiempos de la dictadura pinochetista" (997-98). Además, conviene recordar con Alejandro Zambra que:

> [n]o es menor profundizar en esta referencia, en particular por el rol que comenzó a cumplir la televisión en Chile, cuya masificación vino a coincidir con los momentos más duros de la dictadura de Augusto Pinochet. La referencia construye en ciertos lectores la inmediata imagen de un país recluido frente a la pantalla de un televisor que no da cuenta de lo que realmente sucede en Chile o, que, más bien, sólo muestra lo permitido, en este caso la presencia de un excéntrico. (citado por Binns 997)

El umbral del libro difumina pues el perfil del lector invitado tanto a disfrutar las extravagancias de "un excéntrico", como a sopesar la posible dimensión política y crítica que ellas cubren. La dimensión política parece ser más una posibilidad de lectura que una evidencia textual. De ahí la recepción incierta del libro desde el punto de vista político: "los censores no supieron qué hacer con este libro" (16), comenta Zambra mientras que, según Marjorie Agosin, "[s]on obviamente estos sermones y nuevos sermones vívidos reflejos de la situación del Chile de Pinochet" (97). En general, sin ir tan lejos, la crítica destaca la inestabilidad y la duplicidad⁴ del discurso al que corresponde, en palabras de Carlos Cortínez, un lector implícito "bifronte, conectado con una chilenidad folclórica cultural (tanto gestual como lingüística) y a la vez con la tradición de ironía y ruptura" (139). Pero, ¿cómo interpretar la tensión que atraviesa la actividad lectora? ¿Cómo relacionar la extravagancia y el trasfondo religioso, o sea la figura del loco y del santo? Para contestar estas preguntas, intentaremos primero ver cómo el dispositivo discursivo de los "sermones" que se acaba de describir implica una concepción peculiar de la ironía como juego. En segundo lugar, intentaremos analizar cuáles son las implicaciones de tal concepción a la hora de profundizar en el carácter "dramático" de los poemas estudiados y de la ironía que contienen.

La ironía como juego (el polo del lector)

La figura de un hablante loco y contradictorio, cuyo discurso plagado de citas bíblicas no carece de dimensión política crítica, que se cree a sí mismo y pide que lo creamos pero cuya voz crea una disonancia en la escucha, se encuentra también en la obra de un poeta más joven, cuyo primer libro es exactamente contemporáneo de las "prédicas". Me refiero aquí a *Purgatorio* (1979) de Raúl Zurita. Quizás una breve comparación nos permita acotar mejor lo que está en juego en la ironía parriana. Todo este poemario se construye en torno a la yuxtaposición y el choque entre dos registros antitéticos: lo vulgar y escabroso contrasta con una tonalidad profética que multiplica las citas bíblicas. Véase por ejemplo esta estrofa:

> II. Esa vaca muge pero morirá y su mugido será
> 'Eli Eli / lamma sabacthani' para que el
> vaquero le dé un lanzazo en el costado y esa
> lanza llegue al más allá (51)

La referencia insistente a Jesucristo, al "INRI" (26) sitúa todo el poemario bajo la figura crística. Muy presente a nivel del enunciado, la figura crística también opera a nivel de la enunciación. Como Rodríguez Fernández apunta certeramente, "[e]n *Purgatorio* el texto crucificado se instaura a partir de una escritura que progresa mediante la negación. El sujeto va destruyendo lo que va afirmando" (116). Y lo que va afirmando es el lugar imposible de un "yo" lírico, a la vez muerto (en el "purgatorio") y vivo, crucificado y resucitado.

Saltan a la vista las analogías entre ambas obras: la presencia de una voz al mismo tiempo delirante y profética referida a Cristo, la reivindicación vehemente de una verdad contradictoria, el énfasis en el carácter performativo del hablante puesto en escena. Zurita trabaja la tensión entre desacralización y resacralización sobre todo a partir de yuxtaposiciones fuertemente contrastadas que rompen con las expectativas del lector: por ejemplo, en la estrofa citada más arriba, los términos contrapuestos Cristo/vaca. La abyección, presente en varios poemas, junto con la locura, desorientan las isotopías religiosas presentes en los intertextos del poemario (la Biblia y Dante, principalmente). En ambos libros, por vías distintas, se plasma una escritura crucificada, una escritura que afirma y niega al mismo tiempo. No muy diferente de este mecanismo es la ironía, que, según una definición elemental, podríamos definir como una "oposición transparente entre lo que está dicho literalmente y lo que está dicho verdaderamente" (Allemann 389, la traducción es mía). Tanto en Zurita como en Parra, pues, podemos conjeturar que la ironía es el mecanismo estilístico correspondiente al insistente motivo crístico (tan insistente que figura en las contratapas de los dos volúmenes de las obras completas de Parra). Pero el marco general del libro de Zurita sellado por el gesto sacrificial de la quemadura de la mejilla tiende a dar a esta poesía desgarrada una tensión sublime (cf. Fabry) que está totalmente ausente de la poética de Nicanor Parra, profundamente reacia a todo tipo de expresión solemne.

Si bien, tanto en Zurita como en Parra, observamos un intenso juego intertextual que recicla muchos sintagmas, expresiones y frases asociadas a la biblia o a la liturgia, el modo discursivo que caracteriza su tratamiento es fundamentalmente distinto en estos poetas. Para seguir acotando mejor el tratamiento específico que recibe en los *Sermones y prédicas*, es útil adentrarnos en una segunda aproximación comparativa, ya no con otro poeta, sino con la obra anterior de Parra, en la que los intertextos procedentes de los ritos católicos (plegarias, frases hechas de la misa, etc.) son frecuentemente objeto de reescrituras más o menos paródicas. Esta parodización de frases hechas sacadas del repertorio católico ya se habían podido observar en poemas anteriores como "Padre nuestro" y sobre todo "Agnus Dei" de *La camisa de fuerza* (1968):

> Cordero de dios que lavas los pecados del mundo
> Dame tu lana para hacerme un sweater.
> Cordero de dios que lavas los pecados del mundo
> Déjanos fornicar tranquilamente:
> No te inmiscuyas en ese momento sagrado. (186)

El poema mismo crea un marco interpretativo en el que la frase hecha sacada de la liturgia católica ("Cordero de dios...") se ve resemantizada en un contexto que invierte la significación desde una orientación cristiana seria, hacia un registro más crudo ("déjanos fornicar...") que conduce el verso final de la estrofa y del poema a una resemantización sarcástica:[5] el momento verdaderamente "sagrado" es erótico y no religioso.

Al revés, en las "prédicas" del Cristo de Elqui, el marco interpretativo no lo da tanto el poema mismo como la situación enunciativa global del poemario, que moviliza a un lector invitado a ver/escuchar el espectáculo televisivo de un hablante que sí toma en serio su propio discurso. No nos encontramos frente al mismo ataque directo y frontal de la religión, criticada por sus consuelos baratos y su escapismo en un trasmundo irreal. La distancia irónica para con el intertexto religioso es un efecto del montaje de esta voz en el marco global del libro, no procede del yo que habla en el poema: él se cree sus propias promesas y consejos frente a un lector que puede oscilar entre la adhesión a cierto elemento de sabiduría humana, la distancia crítica y el disfrute casi infantil de querer tirar de la barba para comprobar si es postiza o no. La oscilación implica una postura que no es exclusiva, no invita al lector a abandonar una comprensión ingenua para la comprensión opuesta del sentido descifrado gracias a la percepción de la modalidad irónica. En esta oscilación, la ironía opera más bien como una "estrategia que rechaza la simple expresión de lo contrario", que "corre el riesgo de considerarse en un sentido demasiado estrecha, por el de campo de tensión (*Spannungsfeld*) de un área de juego (*Spielraum*) irónico" (Allemann 396, la traducción es mía). La ironía considerada como campo de tensión entre varias posiciones, posiciones que un lector puede ocupar jugando, me parece ofrecer una herramienta muy fina de análisis. En efecto, varios estudiosos han definido la lectura como uno de los juegos más sofisticados de la cultura. En esta perspectiva, el trabajo de Michel Picard acerca de "la lectura como juego" sigue siendo válido para analizar las complejas operaciones de la lectura literaria. Según Picard intervienen –con un grado de intensidad variable– tres componentes en toda lectura: 1° de tipo físico, 2° de tipo inconsciente, 3° de tipo intelectual y consciente.[6] La oscilación, el " juego" complejo entre estas tres instancias de lectura proporcionan los criterios de la definición de la lectura literaria, es decir, de la literariedad.[7] Quizás el lector físico no sea una instancia tan útil a la hora de analizar textos literarios y podamos limitarnos a retomar la concepción de Picard según la que el lector no es uno, sino múltiple, su actividad es dinámica, oscila entre varios polos y, fundamentalmente, pone en tensión una actitud que privilegia el distanciamiento (o sea el desciframiento de un proyecto estético e ideológico) o la participación (adhesión del lector a la perspectiva del personaje, o en este caso, del hablante lírico, participación emotiva frente a experiencias sentidas como humanas, reales). Creo estimulante considerar conjuntamente las propuestas de Allemann (la ironía como juego) y de Picard (la lectura como juego) para intentar captar con más precisión el tipo de ironía usado en los *Sermones*. Veamos cómo se despliega el juego irónico en un poema concreto, por ejemplo, el XXIV:

> Cuando los españoles llegaron a Chile
> se encontraron con la sorpresa
> de que aquí no había oro ni plata
> nieve y trumao sí: trumao y nieve
> nada que valiera la pena
> los alimentos eran escasos
> y continúan siéndolo dirán ustedes
> es lo que quería subrayar
> el pueblo chileno tiene hambre
> sé que por pronunciar esta frase
> puedo ir a parar a Pisagua
> pero el incorruptible Cristo de Elqui no puede tener
> otra razón de ser que la verdad
> el general Ibáñez me perdone
> en Chile no se respetan los derechos humanos
> aquí no existe libertad de prensa
> aquí mandan los multimillonarios
> el gallinero está a cargo del zorro
> claro que yo les voy a pedir que me digan
> en qué país se respetan los derechos humanos. (28)

La ironía sensible en el poema XXIV tiene que ver con el manejo singular de la noción de verdad por el hablante lírico y la posición aporética reservada por ende al lector. Por un lado, el lector ha sido preparado, a lo largo de los veintitrés poemas anteriores, a reírse del loco excéntrico regodeándose en el reconocimiento del pastiche. Se trataría aquí del polo participativo de la lectura, polo puesto en escena en el poema mismo. Pero también el lector debe reconocer e interpretar la carga de verdad proferida por el mismo excéntrico. De hecho, es invitado a identificar la dimensión política de la mención de Pisagua, una localidad que había servido como centro de detención durante la primera presidencia de Carlos Ibáñez del Campo (1927-1931), en 1947 y también a partir de 1973 durante la dictadura de Pinochet (Binns 1010). Una tensión se instaura pues entre varias posturas de lector: una figurada en el texto, la del espectador complaciente, la otra sensible a la denuncia política. Las dos posturas de lectura, aunque opuestas entre sí, serían invitadas a reconocer la "verdad" del "incorruptible Cristo de Elqui", verdad no asequible al hablante mismo que formularía en términos religiosos una afirmación que el lector de Parra solo puede aceptar desde otro horizonte axiológico y cognitivo.

La ironía dramática de los "sermones" (el polo del hablante)

La teoría literaria suele denominar "ironía dramática" la que pone en escena un hablante frente a un oyente o un lector que sabe más que él. Según Schoentjes, "se presenta cuando un personaje es inconsciente del alcance de su situación, de sus actos o de sus palabras mientras que el público, que dispone de informaciones más amplias, conoce las implicaciones de esta situación" (320, traducción mía).[8] En una introducción esclarecedora a la reedición de los "sermones", Alejandro Zambra recuerda que estos poemas son verdaderos "monólogos dramáticos" (14) puestos en escena por una instancia lírica muda, responsable de la organización del conjunto. La complicidad del público, más que en ningún otro tipo de discurso irónico, es esencial para la ironía dramática. El lector debe saber más de la situación en la que está involucrado el personaje. ¿Qué más sabe el público en relación con el personaje dramático? Podríamos responder diciendo que el lector tanto de los años 70 como de los años 2000 experimenta una doble distancia frente al hablante de los monólogos dramáticos, una distancia que le permite considerar al hablante desde un punto de vista superior. La primera distancia es temporal: la que separa el mundo histórico del Cristo de Elqui (los años 30 y 40 del pasado siglo) del lector. La segunda distancia es la que distorsiona el discurso del hablante desde dentro, con ocurrencias que pertenecen al autor implícito.

En cuanto a la primera distancia, cabe decir que hay una línea divisoria que separa a los lectores del hablante en los monólogos dramáticos del Cristo de Elqui que se puede resumir gracias a una sola palabra: secularización.[9] En el mundo del Cristo de Elqui histórico, todavía no han tenido lugar el proceso de secularización y su resultado: la autonomización del ámbito de la vida social, de las costumbres, de la sexualidad, de las formas de comer y vestirse frente a las formas institucionales y los imperativos morales de la religión. Véase por ejemplo el poema VI que enumera una lista completamente desopilante de "consejos de carácter práctico" en la que se mezcla la sobriedad en el comer ("desayuno lo más liviano posible/basta con una taza de agua caliente"), reglas sexuales ("abstinencia sexual en Semana Santa") y costumbres indumentarias (llevar "ropa interior absolutamente blanca/ salvo cuando se muere la madre"). La disparidad ya evocada de su discurso que lo mezcla todo tiene que ver con el carácter unitario de un mundo imbuido de religiosidad difusa, anterior de algún modo a la secularización.

Esta religiosidad popular desborda, por así decirlo, al personaje histórico de Zárate Vega. En efecto, el poemario de Parra pone en escena al hablante lírico en una forma dotada de una tradición cultural que le da un cierto espesor: tanto el género de los sermones como el de la hagiografía gozan de una fuerte presencia durante toda la época Colonial. La novela, casi ausente de las letras coloniales, tiene sus antecedentes más próximos en los núcleos narrativos presentes en las crónicas, los sermones y sobre todo las hagiografías. Los poemas más narrativos de los dos libros de "prédicas" son también los que retoman los momentos claves de la autobiografía de Zárate y la transforman en una especie de vida de santo delirante, pero donde aparecen los episodios clásicos de la hagiografía cristiana: la juventud sin Dios, el momento de la revelación, la purificación y conversión en algún lugar retirado, la predicación y confirmación del carisma entre la muchedumbre. Al revivificar dos géneros muy comunes de la época Colonial (sermones y hagiografía), las "prédicas" de Parra actualizan una vertiente barroca de la cultura hispanoamericana que no está ausente, de hecho, en el resto de la obra de Parra. Pienso por ejemplo en el poema "San Antonio" de *Poemas y antipoemas* (1954), donde queda claro un cierto imaginario barroco, pasado por el prisma de la ironía:

> En un rincón de la capilla
> El eremita se complace
> En el dolor de las espinas
> Y en el martirio de la carne.
>
> A sus pies rotos por la lluvia
> Caen manzanas materiales
> Y la serpiente de la duda
> Silba detrás de los cristales. [...]. (23)

Vemos en estas dos primeras estrofas del poema cómo el imaginario es semejante en su dimensión casi pictórica pero la ironía opera de forma distinta ya que aquí no escuchamos la voz del santo, solo percibimos el desfase entre la intencionalidad oficial de la representación (la resistencia a la tentación) y la percepción (él parece haber sucumbido a la tentación).

En una primera dimensión, pues, el lector percibe al hablante de los poemas por encima, lo escucha como una muestra tardía pero auténtica de una religiosidad popular que entronca con la cultura colonial.[10] La autenticidad se enraíza menos en la tematización de lo religioso que en la aparente espontaneidad del habla: "y perdonen si me he expresado en lengua vulgar/es que esa es la lengua de la gente" (13).

En un segundo nivel, el lector sabe más que el propio hablante porque puede detectar las intromisiones del autor, o por lo menos de una instancia que se puede identificar con la figura autoral a contrapelo del hablante lírico. Veamos por ejemplo el poema XIV:

> Mentes que solo pueden funcionar
> a partir de los datos de los sentidos
> han ideado un cielo zoomórfico
> sin estructura propia
> simple transposición de la fauna terrestre
> donde pululan ángeles y querubines
> como si fueran aves de corral
> ¡inaceptable desde todo punto de vista!
> yo sospecho que el cielo se parece más
> a un tratado de lógica simbólica
> que a una exposición de animales. (18)

En este poema, la ironía procede del desfase entre el imaginario barroco hecho de ángeles y querubines, reducido por el propio hablante lírico a "una simple transposición de la fauna terrestre", meras "aves de corral", y otro imaginario abstracto relacionado con el "cielo", el de la "lógica simbólica" que parece menos próximo a Zárate Vega que al matemático Nicanor Parra. Pero la satirización de las "Mentes que solo pueden funcionar /a partir de los datos de los sentidos" tampoco responde del todo al hablante lírico identificable con el autor implícito. Este poema funciona pues como si el hablante ironizara acerca de la instancia que lo puso en esta situación discursiva. Ironía al cuadrado, que hace del loco, un loco cuerdo, que suelta chispas de sabiduría en medio de "un gran delirio" (cf. Campaña).

La asociación del santo y del loco cuerdo no es ninguna novedad en la historia literaria. Daniel L. Heiple nos recuerda que es muy antigua la tradición de "la alabanza de la cordura del loco, la idea de que la locura era un don de los dioses, resumida en la locura mística de los platónicos y transformada más tarde en el loco santo" (17). Sin embargo, la santidad en los "sermones" es más un punto de partida (la autoafirmación del Cristo de Elqui en el relato incial de su conversión) que un punto de llegada en el que se cumpliría la trayectoria espiritual y moral del loco, tal y como es el caso en las obras señeras del humanismo europeo (*Elogio de la locura* [1511] de Erasmo) y del Siglo de Oro español (pensemos en los personajes cervantinos del *Quijote* o del licenciado Vidriera).[11] Más que de un santo, el loco cuerdo parriano recibe su perfil propio del energúmeno. Este último término es muy importante en Parra. Recuérdese su poema "La batalla campal" de *Obra gruesa* (1969) y sobre todo su "Carta abierta" de 1970 en la que define al energúmeno como "un sujeto contradictorio, rebosante de vida, en conflicto permanente con los demás y consigo mismo" (977). Si bien la mención del "conflicto permanente" y la contradicción nos sitúa en la definición tradicional de la ironía como discurso explícito que niega la intención significativa implícita, la referencia a un sujeto "rebosante de vida" nos aleja drásticamente de los resabios de sacrificio y ascesis vinculados con la imagen humanista del loco santo para acercarnos a la figura del ironista vital, del jugador.

Notas

[1] Me refiero aquí a la observación de Ignacio Echevarría: "conviene llamar la atención sobre el [texto] dedicado a Nicanor Parra, un magisterio constante y decisivo en la obra de Bolaño" (citado en Bolaño 10). De aquí en adelante, cualquier cita a los *Sermones* se refiere a la edición de *Obras completas y algo +. De 'News from Nowhere' a 'Discursos de sobremesa' (1975-2006)*.

[2] Véase la declaración de Parra a Pina: "El hablante lírico de los antipoemas es un sujeto lúcido [...] pero el de los *Sermones y prédicas* es un personaje ingenuo. [...] El método de trabajo es distinto: inocencia es lo que predomina" (Binns 995).

[3] "[...] yo necesitaba una máscara por razones de supervivencia personal, a través de la cual decir algo" (Binns 994).

[4] Véase la definición que Ricardo Yamal da de la ironía en los *antipoemas*: "Mediante la ironía el sujeto se disocia en dos subjetividades a la vez. Una que niega y destruye el referente del mundo interior que intenta imponérsele; y otra subjetividad que, sobre esa destrucción, deja abierta la ilusión y la esperanza. Este doble movimiento contradictorio se expresa en la antipoesía del siguiente modo: desde el ejercicio de lo lúdico, el chiste y el goce de vivir, hasta la destrucción de todos los contenidos y formas del mundo y la cultura" (67).

[5] Este poema es un ejemplo que Yamal toma para mostrar la deriva de la ironía hacia "la burla y el sarcasmo" a expensas de una ironía más "juguetona" (69) que él destaca más bien en *La cueca larga* (1958).

[6] "Así *todo lector sería triple* (aunque una u otra de sus instancias sea atrofiada): el *liseur* mantiene sordamente, por sus percepciones, su contacto con la vida fisiológica, la presencia liminar pero constante del mundo exterior y de su realidad; el *lu* se abandona a las emociones sucitadas en el *ello*, hasta los límites del fantasma; el *lectant* [...] hace entrar en el juego [...] atención, reflexión, despliegue crítico de un saber" (214, la traducción es mía).

[7] "La lectura literaria correspondería pues [...] a la explotación máxima del área transicional en los límites de la cual este lector se edifica como sujeto [...]. Juego individual [...], la lectura literaria es también un juego social muy complejo y refinado, a causa de la sofisticación de sus reglas" (294-95, traducción mía).

[8] Prefiero el término "ironía dramática" en vez de situacional porque se han clasificado los monólogos del Cristo de Elqui como "dramáticos". Para una definición más precisa de estos términos, véase Adriaensen (39-41).

[9] Véase al respecto el libro de Bastian.

[10] Falta espacio para profundizar en el vínculo entre la religiosidad barroca, el desarrollo de las iglesias protestantes y la aparición de una religiosidad incentivada por los medios audiovisuales. Véase al respecto el comentario de Sanhueza: "Parra lo que hace / en un solo espectáculo" (citado en Parra, *Obras completas* 998) y Martín Barbero.

[11] Véase el comentario de Ruiz: "en el *Elogio* se pasa de la locura cómica y veraz a la locura santa; en el *Licenciado*, de la juventud aventurera [...] al maduro sacrificio. El término medio es, en ambos casos, una revelación satírica que desarrolla el sentido del valor y facilita el curso hacia lo eterno" (846).

Obras citadas

Adriaensen, Brigitte. *La poética de la ironía en la obra tardía de Juan Goytisolo*. Madrid: Verbum, 2007.

Agosin, Marjorie. "Reseña de *Sermones y prédicas del Cristo de Elqui* y *Nuevos sermones y prédicas del Cristo de Elqui* de Nicanor Parra". *Chasqui* 8/3 (1979): 97-98.

Allemann, Beda. "De l'ironie en tant que principe littéraire". *Poétique* 36 (1978): 385-98.

Bastian, Jean-Pierre. *La mutación religiosa de América Latina, para una sociología del cambio social en la modernidad periférica*. 1997. Ciudad de México: Fondo de Cultura Económica, 2003.

Binns, Niall. Introducción. *Obras completas & algo †*. Vol. 1 y 2. Nicanor Parra. Barcelona: Galaxia Gutenberg, 2006-2011.

Bolaño, Roberto. *Entre paréntesis*. Barcelona: Anagrama, 2004.

Campaña, Antonio. "El Cristo de Elqui". *Occidente* (1990): 56-62.

Cortínez, Carlos. "Reseña de *Sermones y prédicas del Cristo de Elqui* de Nicanor Parra". *Revista Chilena de Literatura* 24 (1984): 137-43.

Fabry, Geneviève. "Las visiones de Raúl Zurita y el prejuicio de lo sublime". *Caravelle* 99 (2012): 239-55.

Heiple, Daniel L. "*El licenciado Vidriera* y el humor tradicional del loco". *Hispania* 66/1 (1983): 17-20.

Huneeus, Cristian. "El Cristo de Parra". *Hoy* 21/29 (1977): 45. <www.memoriachilena.cl>.

Martín Barbero, Jesús. "Secularización, desencanto y reencantamiento massmediático". *Diálogos de la Comunicación* 41 (1995). <dialogosfelafacs.net>. 20 mayo 2012.

Parra, Nicanor. *La vuelta del Cristo de Elqui*. Santiago de Chile: Universidad Diego Portales, 2007.

_____ *Obras completas & algo †., De* "Gato en el camino" a "Artefactos" *(1935-1972)*. Barcelona: Galaxia Gutenberg, 2006.

_____ *Obras completas & algo †., De* "News from Nowhere" a "Discursos de sobremesa" *(1975-2006)*. Barcelona: Galaxia Gutenberg, 2006.

Picard, Michel. *La Lecture comme jeu*. Paris: Minuit, 1985.

Rodríguez Fernández, Mario. "Raúl Zurita o la crucifixión del texto". *Revista Chilena de Literatura* 25 (1985): 115-23.

Ruiz, Roberto. "Las 'tres locuras' del licenciado Vidriera". *Nueva Revista de Filología Hispánica* 34/2 (1985/1986): 839-47.
Schoentjes, Pierre. *Poétique de l'ironie*. Paris: Éditions du Seuil, 2001.
Valente, Ignacio. "Nuevos sermones y prédicas del Cristo de Elqui". *El Mercurio* 18 de marzo 1979. <www.memoriachilena.cl>.
Yamal, Ricardo. "La ironía antipoética: del chiste y el absurdo al humor negro". *Revista Chilena de Literatura* 21 (1983): 63-91.
Zambra, Alejandro. Prólogo. *La vuelta del Cristo de Elqui*. Santiago de Chile: Universidad Diego Portales, 2007. 11-16.
Zurita, Raúl. *Purgatorio*. 1979. Santiago de Chile: Universidad Diego Portales, 2007.

La ironía como cuestión de *Wieder* y muerte: *Estrella distante* de Roberto Bolaño

BENJAMIN LOY
Universität zu Köln/Universität Potsdam

La exploración de las numerosas dimensiones de la violencia, del trauma y del mal ha ocupado un lugar central dentro del dinámico campo de investigación en torno a la obra de Roberto Bolaño durante la última década.[1] Si bien no se puede negar la importancia de esos aspectos fundamentales dentro del universo bolañesco, no caben dudas de que la crítica, en su afán por analizar las facetas múltiples de esa presunta "épica de la tristeza" (Echevarría, *Desvíos* 38), se ha ocupado de manera insuficiente de otro fenómeno clave que atraviesa los textos del autor chileno en cada momento y que tiene una relación especial con el tema de la violencia: el humor, y más específico, la ironía. Alexis Candia es representativo en ese sentido al limitarse a señalar una presencia no especificada del humor en la obra de Bolaño cuando sostiene que "[n]adie podría desconocer la importancia del humor en las novelas de Roberto Bolaño, incluso en los momentos más duros existe una cuota de humor que, en cierta forma, permite purgar el dolor y el horror" (45); sin embargo, al igual que gran parte de la crítica,[2] no emprende la tarea de ofrecer un análisis más profundo de esa co-presencia de horror y humor que sin exageraciones se puede denominar como una de las fuerzas motrices de la escritura del autor chileno. Sin querer indagar en la problemática general de esa simultánea presencia de humor y horror, de risa y llanto en Bolaño,[3] el presente estudio pretende enfocarse especialmente en el fenómeno de la ironía como forma predominante dentro de las variadas estrategias humorísticas[4] de su escritura. A través de una lectura de la novela corta *Estrella distante*, publicada en 1996, se intentará analizar las distintas funciones y dimensiones ético-estéticas que en la novela de Bolaño se relacionan con el tema de la ironía y que van desde un cuestionamiento de la ironía como forma de vida y arte en la figura del protagonista Carlos Wieder (como reencarnación del *dandy* moderno) hasta la deconstrucción de aquellas formas vitales y poéticas a través de los discursos "contra-irónicos" de los narradores del texto que –basándose fundamentalmente en el concepto de la *antipoesía* de Nicanor Parra– utilizan la ironía a su vez como forma de expresión subversiva y medio poético de supervivencia frente a la experiencia de la violencia y del trauma de la dictadura.

Estrella distante cuenta, a través de un relato sumamente fragmentado, las historias de los miembros de un taller de poesía en el sur de Chile antes y después del golpe militar de 1973. El centro de la novela constituye el rastreo del poeta enigmático Albero Ruiz-Tagle por parte del narrador Arturo B, quien, 20 años después de los sucesos, investiga tanto los caminos artísticos de Ruiz-Tagle como sus crímenes en la dictadura. Siendo un miembro del mismo taller que B., Ruiz-Tagle aparece, luego del golpe, bajo el nombre de Carlos Wieder con el que, como *dandy* vanguardista y piloto de la Fuerza Aérea de Chile, gana fama a través de sus acciones de arte, entre las que destacan distintas muestras de *aeropittura* y una exposición de fotos con retratos de mujeres torturadas y asesinadas por él. Tanto en el discurso de Wieder como en el relato de los poetas del taller el concepto de la ironía y su relación con la violencia de la Modernidad ocupa un papel clave y se exhibe a través de toda una red de conexiones múltiples con diferentes funciones y modalidades ético-estéticas. La ironía en Bolaño se hace legible, por lo tanto, en el sentido que le han asignado diversos estudios teóricos recientes entendiéndola ya no en un sentido tradicional "as a limited rhetorical trope or as an extended attitude to life, but as a discursive strategy operating at the level of language (verbal) or form (musical, visual, textual)" (Hutcheon 10). La figura central en torno a la que se construyen los diversos discursos irónicos en *Estrella distante* es Carlos Wieder, quien transforma su distancia irónica hacia el mundo en una verdadera *ars vitae*, es decir, en un estilo de vida que tiene sus raíces en el Romanticismo y que experimenta su concretización más radical en la figura del *dandy* moderno.[5] Como reencarnación del *dandy* (cf. *Estrella*, 16ss.) Wieder representa esa cercanía entre la aristocracia y la ironía ya señalada por Kierkegaard, que vio en el ironista el portador de una negatividad absoluta, y ostenta una actitud de distancia hacía la "vida común" que, en su consecuencia radical, lleva a la negación de esa vida y al terror. Esa "vida común" se relaciona en *Estrella distante* con el mundo popular del que provienen los demás participantes del taller y la poesía de sus ídolos que son, entre otros, Nicanor Parra y Enrique Lihn como representantes destacados de esa vertiente "popular" en la poesía chilena de la época.[6] El desprecio desde el punto de vista irónico de Wieder hacia esa poesía y sus exponentes se hace evidente cuando en la noche antes de matar a las hermanas Garmendia, dos poetisas del taller, se dice: "[Y] si las Garmendia hubieran estado más atentas habrían visto un brillo irónico en los ojos de Ruiz-Tagle, poesía civil, yo les voy a dar poesía civil" (31). Wieder, el piloto irónico, se eleva por sobre toda la realidad "mundana" y la juzga desde la distancia: "*Carlos Wieder veía el mundo como desde un volcán, señor, los veía a todos ustedes y se veía a sí mismo como desde muy lejos, y todos, disculpe la franqueza, le parecíamos unos bichos miserables*" (119, énfasis en el original). La ironía de Wieder, por lo tanto, puede ser leída en el sentido que propone Colebrook con vista a las concepciones de Deleuze y Guattari:

> Irony, too, can be related both to this production of terror and the enjoyment of cruelty. Irony produces a viewpoint that surveys the whole, that derides or chastens everyday life and desire. Further, the enjoyment of this 'high urbanity' could not proceed without the powerlessness, blindness or exclusion of those who are ironised. (142)

La recurrencia a la tradición interpretativa de la ironía como instrumento de violencia, sadismo y victimización, que destaca "in these discussions of the ironist as a kind of omniscient, omnipotent god-figure smiling down –with irony– upon the rest of us" (Hutcheon 54), en *Estrella distante* sirve como base de una reflexión crítica de la violencia dictatorial particularmente en Chile y de los postulados políticos y estéticos de la Modernidad en general: el portador emblemático de esos discursos modernos es precisamente Carlos Wieder, en cuya figura confluyen la (bio)política de los militares chilenos y la violencia discursiva de las vanguardias históricas (y de parte de la neovanguardia chilena), todas ellas inscribiéndose en el contexto de un pensamiento marcadamente moderno que se organiza en torno a la idea central de la pureza. Wieder alude de manera constante a esa aspiración de lo puro, que representa el centro de su arte y su idea del lenguaje poético, por ejemplo cuando escribe en sus actos de *aeropittura* versos como "Si eres puro, ya nada malo puede ocurrirte" (55). Es especialmente significativo su primer acto poético, presenciado por el narrador Arturo B desde un campo de detenidos: Wieder escribe en el cielo sobre el campo las primeras líneas del libro *Génesis* en latín. Dicha recurrencia de Wieder a los versos bíblicos es esclarecedora en cuanto de manera evidente remite a esa aspiración de crear un mundo y, sobre todo, un lenguaje nuevo y puro, libre de las contaminaciones del "lenguaje de la tribu" (que es el material lingüístico preferido de los ídolos de los "poetas cíviles" como Parra y Lihn). En ese sentido, el discurso poético-irónico de Wieder se asemeja otra vez a la ironía tal como la describe Kierkegaard: un lenguaje que justamente aspira a no ser entendido completamente, lo cual hace que "esa figura [...] mire con desprecio al discurso liso y llano que todo el mundo puede entender en el acto" (276). Wieder retoma los anhelos por la pureza lingüística y la creación absoluta que caracterizan también a los poetas modernos, trazando una genealogía que va desde el deseo de Mallarmé de "donner un sens plus pur aux mots de la tribu", pasando por Huidobro con su postulado creacionista del poeta como "un pequeño dios" hasta el discurso mesiánico de parte de la neovanguardia chilena en torno a Raúl Zurita.[7] Lo que Bolaño hace visible en la figura de Wieder y los cruces discursivos políticos y estéticos es, por sobre todo, la aspiración de ordenar y organizar la complejidad de la vida humana desde un solo punto de vista y poder para crear un tipo de cultura y sociedad uniforme y pura, tal como lo ha proclamado la Modernidad desde su inicios:

> [F]rom the Enlightenment on, the modern world was distinguished by its activist, engineering attitude toward nature and toward itself [...]. Gardening and medicine supplied the archetypes of constructive stance, while normality, health, or sanitation offered the archmetaphors for human tasks and strategies in the management of human affairs. Human existence and cohabitation became objects of planning and administration. (Bauman 70)

Es precisamente en esa idea de la creación de lo puro que el discurso estético de Wieder (y de la vanguardia histórica cuyos postulados retoma como una especie de Marinetti chileno *après la lettre*) se cruza con el proyecto de la dictadura militar, tal como lo caracterizó Norbert

Lechner: "Nuestras dictaduras son fundamentalmente eso: imposición de una unidad orgánica a una realidad heterogénea y compleja" (28). Dicha aspiración moderna de crear un mundo puro también va de la mano con una idea determinada de la Historia, hecho que se vuelve inteligible si se leen los versos bíblicos de Wieder de acuerdo a lo que señaló Erich Auerbach en *Mímesis* (1953) con respecto a la relación violenta entre el libro sagrado, el mundo y la Historia:

> El mundo de los relatos bíblicos no se contenta con ser una realidad histórica, sino que pretende ser el único mundo verdadero, destinado al dominio exclusivo. Cualquier otro escenario, decurso y orden no tienen derecho alguno a presentarse con independencia [...] han de inscribirse en sus marcos y ocupar su lugar subordinado. (20)

Wieder aspira a someter al mundo y su polifonía a través de un discurso dogmático y una poesía monológica creando su propio lenguaje distante de la pluralidad de las "voces comunes", que en la novela son representadas por el grupo de poetas en torno a Arturo B. Ellos, no obstante, se sirven a su vez de la ironía como un tipo de contradiscurso para encontrar una forma de nombrar y narrar lo innombrable que implica la experiencia traumática de la dictadura. Esa dificultad del habla se hace evidente desde el principio de la novela cuando Arturo B reconoce con respecto al asesinato de las hermanas Garmendia: "Yo sobre ellas apenas puedo hablar. A veces aparecen en mis pesadillas" (15). Es en ese contexto de la revisión de un pasado traumático que el narrador despliega un discurso irónico que se basa explícitamente en la antipoesía de Nicanor Parra, poeta venerado tanto por Bolaño como por la comunidad de poetas en *Estrella distante*. Afirma el narrador Arturo B con respecto a lo vivido: "En fin, como dice Bibiano citando a Parra: así pasa la gloria del mundo, sin gloria, sin mundo, sin un miserable sándwich de mortadela" (62). Esa postura irónica ante un mundo moderno incomprensible y la desilusión de sus relatos utópicos, tan característica de la antipoesía de Parra como de la escritura de Bolaño, funciona desde un principio como medio discursivo de supervivencia del narrador: Arturo B ironiza la gravedad del golpe de estado al clasificarlo como "el campeonato mundial de la fealdad y la brutalidad" (27) y cita implícitamente a Parra cuando reconoce con respecto a los días posteriores al evento traumático:

> Me sentí de pronto feliz, inmensamente feliz, capaz de hacer cualquier cosa, aunque sabía que en esos momentos todo aquello en lo que creía se hundía para siempre y mucha gente, entre ellos más de un amigo, estaba siendo perseguida o torturada. Pero yo tenía ganas de cantar y de bailar. (27)

Es evidente aquí la alusión a la postura parriana de "[b]ailar un vals en un montón de escombros" (116) y la postura irónica ante la catástrofe, que se convierte en el discurso de las "víctimas" en una estrategia de subversión y supervivencia frente a la experiencia de la violencia dictatorial y el discurso poético vanguardista. No es casualidad que Bolaño recurra precisamente a la antipoesía para ironizar la experiencia traumática de la Modernidad desde una posición posmoderna si se considera el contexto de su creación, tal como lo plantea Schopf: "La elaboración de los antipoemas ocurre [...] a partir del rechazo de la tradición vanguardista inmediata –sentida como hermética, elitista y neutralizada por la sociedad que aspiraba a destruir o cambiar" (189). La antipoesía, fundada a partir de la publicación de *Poemas y antipoemas* en 1954, representa, según Binns, "algo así como una ruptura (posmoderna: la última de las rupturas) con la totalidad de la poesía moderna en Hispanoamérica" (57). Sus rasgos centrales, según Schopf, son "la introducción masiva del habla coloquial y otros tipos de discurso no poético y la desublimación [...] de la figura del poeta y de la poesía [...] [L]a introducción de la ironía cuestiona también de manera radical el contenido de las experiencias sublimes" (190). Es precisamente la vuelta antipoética del arte al entorno de la "vida común" y su diversidad de discursos –"todo es poesía menos la poesía", como dice un artefacto de Parra– la base desde la cual en *Estrella distante* se realiza la revisión de la Modernidad incluyendo la ironía como clave para un cuestionamiento del pasado dictatorial y del presente posdictatorial en el que se inserta la novela. La ironía en los personajes (anti-)poetas de Bolaño, se transforma en un arma potente para subvertir el discurso dominante de Carlos Wieder y de la dictadura: la desublimación de su poesía se hace visible cuando en una conversación sobre los versos bíblicos escritos en el cielo entre el narrador y el loco Norberto, el único prisionero que sabe latín, se dice: "Lux es luz. Tenebrae es tinieblas. Fiat es hágase. Hágase la luz, ¿cachai? A mí Fiat me suena a auto italiano, dije" (40). De la misma manera, el narrador se burla de los poemas de Wieder que para él suenan *"como si* lo hubiera escrito *Jorge Teillier después de* sufrir una conmoción cerebral […] como si Teillier se hubiera quedado afásico y persistiera en su empeño literario" (23, énfasis mío). También el presunto heroísmo y la masculinidad exacerbada de Wieder, heredero de la misoginia futurista que se expresa en su desprecio hacia las poetisas, se desublima cuando Arturo B comenta un acto de *aeropittura* de la manera siguiente: "Escribió, o pensó que escribía: *La muerte es mi corazón*. Y después: *Toma mi corazón*. Y después su nombre: *Carlos Wieder*, sin temerle a la lluvia ni a los relámpagos. Sin temerle, sobre todo, a la incoherencia" (91, énfasis en el original). La poesía y el poeta en su versión antipoética pierden cualquier atributo divino; lo poético, por el contrario, emana de los destinos tragicómicos de los poetas errantes, narrados a partir de esa desublimación antipoética que cuestiona constantemente el discurso del duelo y del trauma[8] y convierte la ironía en un saber para sobrevivir.[9] El mejor ejemplo en ese sentido es el episodio sobre Lorenzo/Petra, un travesti sin brazos que sufre en la dictadura por sus orientaciones sexuales y artísticas y emigra a España: combate su lamentable destino precisamente a través de la (auto)ironía (y la literatura) cuando afirma: "[E]s difícil ser artista en el Tercer Mundo si uno es pobre, no tiene brazos y encima es marica […] Matarse, dijo, en esta coyuntura sociopolítica, es absurdo y redundante. Mejor convertirse en poeta secreto" (82-83). En *Estrella distante* surge un contraste fundamental entre la poesía de Carlos Wieder como representante de la Modernidad y las numerosas y fragmentadas odiseas de los poetas del taller, que remiten a un entendimiento homérico del mundo que, según Auerbach, se constituye de forma diametralmente opuesta al modelo bíblico porque no aspira a someter el mundo entero a una verdad única: "Los poemas homéricos proveen una relación de sucesos bien determinada, delimitada en tiempo y lugar; antes, junto y después de ella son perfectamente pensables otras cadenas de acontecimientos, sin conflicto ni dificultad alguna" (21-22). La recurrencia al modelo homérico –si bien la vuelta a la casa en Bolaño se ha transformado en una imposibilidad– abre en *Estrella distante* un complejo espacio de reflexión sobre los nexos entre Mundo, Historia y Lenguaje en el que la ironía ocupa un lugar clave como estrategia discursiva: el mundo de los (anti)poetas bolañescos se distancia, al igual que la Odisea en el sentido que le da Auerbach, de un entendimiento del mundo y de la historia como lo pretende el texto bíblico al dictar "una historia universal; comienza con el principio de los tiempos, con la creación del mundo, y quiere terminar con el fin de los siglos, al cumplirse las profecías. Todo lo demás que en el mundo ocurra sólo puede ser concebido como eslabón de esa cadena" (22). La Historia en *Estrella distante*, al igual que en la antipoesía de Parra, ya no aparece como una entidad dotada de un sentido universal; es, por el contrario, representada en su carácter constructivista, hecho que ya se evidencia en el prólogo de la novela con su alusión intertextual a Borges y su cuento "Pierre Menard, autor del Quijote". Retoma la novela de Bolaño la idea de Borges según la cual "[l]a verdad histórica [...] no es lo que sucedió; es lo que juzgamos que sucedió" (59). Haciendo énfasis en esa dimensión metahistori(ográfi)ca –que ante el fondo posdictatorial en el que se inscribe la novela adquiere una importancia especial–[10] el texto de Bolaño critica no solamente el llamado "pacto del olvido" de la posdictadura chilena sino también la idea de una Historia Universal dialéctica. La Historia, en su versión borgeana (como parriana), es entendida también en *Estrella distante* como serie de "pequeños relatos", en los que se superponen sin cesar dimensiones nacionales y globales: abre, de esta manera, un espacio de reflexión que trasciende el entorno chileno de la novela para insertar la historia traumática de la dictadura y la crítica de la neovanguardia en un contexto global, en tanto que hace visible y cuestiona las tradiciones discursivas de la Modernidad occidental debajo de las experiencias históricas y artísticas contemporáneas en Latinoamérica.[11]

Ignacio Echevarría observó que la antipoesía de Parra, aparte de su actitud frecuentemente demoledora que también se encuentra en Bolaño, puede leerse por sobre todo como "un intento reiterado y siempre insatisfactorio de reificar ese sentimiento de comunidad [perdido], o al menos su utopía, a través de la palabra poética, entendida ésta como cristalización de una lengua verdaderamente común" (*Desvíos* 202). En la adaptación novelesca de la antipoesía en *Estrella distante* la ironía del narrador funciona fundamentalmente en ese sentido: como intento de recuperar algo del sentimiento de la comunidad perdida de los poetas y sus sueños revolucionarios. La ironía se transforma en un elemento de experiencia compartida en el sentido de las comunidades discursivas que Hutcheon presupone para su funcionamiento: el acto de un entendimiento compartido, que es condición del "funcionamiento" de la ironía antipoética y de la risa comunitaria, se establece como figura de contraste frente al hermetismo de la poesía vanguardista de Wieder que para sus lectores permanece siempre inentendible. Así, por ejemplo, Arturo B se burla constantemente sobre la poesía de Wieder, ese "discurso lleno de neologismos y torpezas" (53), y sus seguidores que no la entienden: su *aeropittura* se efectúa, como cuenta Arturo B con un tono irónico, delante de "los soldados y de los caballeros que saben reconocer una obra de arte cuando la ven, aunque no la entiendan" (41). Mientras Wieder escribe sus versos en el cielo, sus espectadores desvían su atención del espectáculo comprobando de esa manera la irrelevancia social absoluta de su arte vanguardista: "Incluso los incondicionales de Wieder [...] se enzarzaron en comentarios prácticos sobre la vida cotidiana que sólo muy tangencialmente atañían a la poesía chilena, al arte chileno" (89). La figura de Wieder en ese sentido se transforma en un medio de metarreflexión sobre las posibilidades y tareas del arte y su relación con la vida y la sociedad. Bolaño hace evidente que el discurso vitalista de la vanguardia ya no tiene vigencia porque sus intentos de "[...] superación del arte autónomo en el sentido de una reconducción del arte hacia la praxis vital" (Bürger 109) siempre integran violencia en sus formas y terminan alejándose de esa vida que aspiran a transformar. Como también en *Los detectives salvajes* (1998), Bolaño en *Estrella distante* relaciona su reflexión sobre la historia latinoamericana con una revisión de los postulados de la Modernidad y especialmente de los de la Neovanguardia (a los que él mismo se había adherido como fundador del *Infrarrealismo*). Esos textos funcionan como un tipo de respuesta posmoderna a lo moderno en el sentido de Umberto Eco que consiste "en reconocer que, puesto que el pasado no puede destruirse —su destrucción conduce al silencio—, lo que hay que hacer es volver a visitarlo; con ironía, sin ingenuidad" (28-29).

Esa revisión de lo moderno en términos políticos y estéticos implica, como se ha dado a entender anteriormente, la pregunta por la relación entre arte y vida y se efectúa en Bolaño *fundamentalmente a través de una reflexión sobre* el uso del lenguaje. Es evidente que la ironía de las aspiraciones vitalistas de Carlos Wieder consiste en el hecho de que ese lenguaje puro no genera la vitalidad tan anhelada por las vanguardias sino la muerte, tanto a nivel estético como político: los asesinatos que comete Wieder como oficial militar van de la mano con un arte y un lenguaje, al que le es inherente esa inmovilidad que George Steiner se*ñala como característica* de "algunas lenguas mágicas y sagradas [que] pueden ser mantenidas en un estado de embotamiento artificial" (40). Al discurso indescifrable de Wieder los narradores de Bolaño oponen el habla "común", esa "lengua de la tribu" que halla su entrada en la poesía chilena (y latinoamericana) con la *antipoesía* de Nicanor Parra con su postulado de "que la lengua de la tribu fuera la lengua de la poesía" (citado en Piña 23). Frente a la frialdad y la (supuesta) pureza del discurso de Wieder, el lenguaje de los "poetas civiles" es portador de una afectividad que surge de la consciencia de su propia historicidad, por ejemplo cuando Arturo B afirma: "[e]s divertido escribir ahora la palabra *plata*: brilla como un ojo en la noche" (16, énfasis en el original), o cuando el narrador en *La literatura nazi en América* (1996) reconoce en el capítulo que prefigura la historia de Wieder: "[l]a palabra pololear me pone la piel de gallina" (189). El lenguaje "chileno" de los narradores, con giros de su entorno vital concreto, ostenta frente al discurso aséptico y atemporal de Wieder esa materialidad y temporalidad que según Steiner es crucial para que una lengua o un texto pueda ser traducido y, en consecuencia, para que pueda sobrevivir: "Una cosa es clara: el lenguaje solo entra en acción asociado al factor tiempo. Ninguna forma semántica es atemporal. Y cuando usamos una palabra despertamos la resonancia de toda su historia previa. Un texto está siempre incrustado en un tiempo histórico específico" (40). Esa incrustación del texto en un tiempo histórico específico es lo que caracteriza *Estrella distante* y remite otra vez –desde un genuino nivel lingüístico– a la noción borgeana de la Historia. Dice Steiner: "Traducimos en cuanto entramos en contacto oído o leído con el pasado [...] El pasado tal y como lo conocemos es, en su mayor parte, una construcción verbal. La historia es un acto verbal, un uso selectivo de los tiempos pretéritos" (44). Cuando Bolaño afirma en el prólogo de la novela que su "función se redujo a preparar bebidas, consultar algunos libros, y discutir con él [Arturo B, BL] y con el fantasma cada día más vivo de Pierre Menard, la validez de muchos párrafos repetidos" (11), la referencia a Borges, al igual que la discutida a Parra, es clave: ante el postulado de una "originalidad" imposible (e ironizada) del vanguardista Wieder con su discurso muerto, Borges y Parra se transforman en las referencias centrales de toda la obra de

Bolaño por ser verdaderas escrituras "vitales". Esta vitalidad surge de manera fundamental de su traducibilidad que permite releerlas y, de esta manera, reescribirlas constantemente, hecho que les asegura una capacidad de supervivencia, que ya destacó Walter Benjamin con respecto a la relación entre original y traducción:

> La traducibilidad conviene particularmente a ciertas obras, pero ello no quiere decir que su traducción sea esencial para las obras mismas, sino que en su traducción se manifiesta cierta significación inherente al original. Es evidente que una traducción, por buena que sea, nunca puede significar nada para el original; pero gracias a su traducibilidad mantiene una relación íntima con él [...] Es una relación que puede calificarse de natural y, más exactamente aun, de vital. Así como las manifestaciones de la vida están íntimamente relacionadas con todo ser vivo, aunque no representan nada para éste, también la traducción brota del original, pero no tanto de su vida como de su "supervivencia". (129)

Traducibilidad –y la ironía constituye un elemento de traducción clave al exigir la actividad del lector para interpretar las "dynamic and plural relations among the text or utterance (and its context), the so-called ironist, the interpreter, and the circumstances surrounding the discursive situation" (Hutcheon 11)– se convierte para Bolaño en una estrategia central de su escritura, ya que permite relacionar la estética siempre con la pregunta por las dimensiones éticas de la literatura, hecho que se evidencia en el comentario de Bolaño con respecto a Parra en "El exilio y la literatura" y la lección que saca de la deconstrucción parriana del tema del nacionalismo y la literatura nacional a través de la ironía: "[a]unque a primera vista parece un chiste, y además es un chiste, al segundo vistazo se nos revela como una declaración de los derechos humanos" (*Entre paréntesis* 45).

NOTAS

[1] Véanse como ejemplos destacados dentro del campo heterogéneo de trabajos dedicados al tema los estudios monográficos de Candia (2011) y Lainck (2014).
[2] Excepciones serían las contribuciones de Sepulveda (2011) y de García-Huidobro (2012) que, sin embargo, ofrecen poco más que acercamientos superficiales a esa problemática clave en Bolaño.
[3] Véanse al respecto mis reflexiones en "Dimensiones de una escritura" (2015).
[4] Entiendo aquí el término "estrategias" de acuerdo al concepto de Wolfgang Iser, es decir como elementos textuales que "[d]eben indicar las relaciones entre los elementos del repertorio, y esto significa proyectar determinadas posibilidades de combinación de tales elementos con

el fin de producir la equivalencia" (142). Esas estrategias del textos ofrecen, según Iser, una variedad de posibilidades combinatorias cuyo desciframiento por el lector puede resultar exitoso o –y el silencio de la crítica con respecto al tema del humor en Bolaño indica más bien esa segunda opción– fracasar. Además, entiendo la ironía como un fenómeno entre varios (lo grotesco, la parodía, etc.) que se pueden subsumir bajo el concepto del humor, siendo éste, a mi modo de ver, una categoría que permite abarcar la diversidad de fenómenmos destinados a provocar la risa como reacción corporal en el lector. Véanse acerca de ese punto también mis reflexiones en relación a la filosofía de Helmuth Plessner en "Dimensiones de una escritura" (2015).

[5] Acerca de la ironía como estilo de vida véase Colebrook (51-54), acerca de la relación del *dandy* con la ironía el excelente estudio de Avanessian (2010).

[6] Acerca de la relación entre Parra y Bolaño véanse también las reflexiones en Loy "Chistes par(r)a reordenar el canon" (2015) y "De oposiciones, apropiaciones y traducciones" (2015).

[7] Acerca de ese aspecto véase el artículo de Jennerjahn (2002). Acerca de las críticas del mesianismo de Zurita por Bolaño *véanse* también sus comentarios en Braithwaite (2006) (112-13).

[8] Es llamativo que la crítica haya ignorado casi por completo ese aspecto en su fijación en los discursos del duelo en relación con el Golpe de Estado, véase al respecto por ejemplo el estudio de Ramírez (2008).

[9] Acerca de las modalidades de la literatura como un "saber (sobre-)vivir" véase el concepto de ÜberLebenswissen desarrollado por Ottmar Ette (2003).

[10] Véase acerca de ese punto de manera detallada mi artículo "Escritores bárbaros, detectives distantes y un cura amnésico" (2013).

[11] Ese aspecto global de las novelas de Bolaño *que la crítica ha advertido sobre todo con respecto a 2666* ya les es inherente a las obras tempranas del chileno. Véanse con respecto a las dimensiones de globalidad en la obra de Bolaño mis artículos "*Deseos de mundo*. Roberto Bolaño y la (no tan nueva) literatura mundial" (2015) y, con respecto a los nexos entre Vanguardia y Posmodernidad en Bolaño, "El nacimiento del detective vacunado en el espíritu de la (pos)modernidad" (2014).

Obras citadas

Auerbach, Erich. *Mimesis. La representación de la realidad en la literatura occidental.* Villanueva y E. Imaíz, trads. México: Fondo de Cultura Económica, 1996.

Avanessian, Armen. *Phänomenologie ironischen Geistes: Ethik, Poetik und Politik der Moderne.* München: Fink, 2010.

Bauman, Zygmunt. *Modernity and the Holocaust.* Oxford: Blackwell, 1989.

Benjamin, Walter. "La tarea del traductor". 1923. *Angelus Novus.* H.A. Murena, trad. Barcelona: Edhasa, 1971. 127-43.

Binns, Niall. *Un vals en un montón de escombros: poesía hispanoamericana entre la modernidad y la postmodernidad (Nicanor Parra, Enrique Lihn).* Bern: Peter Lang, 1999.

Bolaño, Roberto. *Entre paréntesis. Ensayos, artículos y discursos (1998-2003)*. Barcelona: Anagrama, 2004.
_____ *Estrella distante*. Barcelona: Anagrama, 1996.
_____ *La literatura nazi en América*. Barcelona: Seix Barral, 1996.
Borges, Jorge Luis. *Ficciones*. 1944. Buenos Aires: Emecé, 2005.
Braithwaite, Andrés. *Bolaño por sí mismo – entrevistas escogidas*. Santiago de Chile: Universidad Diego Portales, 2006.
Bürger, Peter. *Teoría de la vanguardia*. Jorge García, trad. Barcelona: Península, 2000.
Candia, Alexis. *El "paraíso infernal" en la narrativa de Roberto Bolaño*. Santiago de Chile: Cuarto Propio, 2011.
Colebrook, Claire. *Irony*. London: Routledge, 2004.
Echevarría, Ignacio. *Desvíos: un recorrido crítico por la reciente narrativa latinoamericana*. Santiago de Chile: Universidad Diego Portales, 2007.
_____ "Una épica de la tristeza". *Roberto Bolaño: la escritura como tauromaquia*. Celina Manzoni, ed. Buenos Aires: Corregidor, 2002. 93-96.
Eco, Umberto. *Apostillas a El nombre de la rosa*. Ricardo Pochtar, trad. Buenos Aires: Lumen, 1985.
Ette, Ottmar. *ÜberLebenswissen: Die Aufgabe der Philologie*. Berlin: Kadmos, 2004.
García-Huidobro, Cecilia. "Humor: goles y autogoles de Roberto Bolaño". *Revista Universum* 27 (2012): 223-28.
Hutcheon, Linda. *Irony's edge. The Theory and Politics of Irony*. London: Routledge, 1994.
Iser, Wolfgang. *El acto de leer. Teoría del efecto estético*. J.A. Gimbernat, trad. Madrid: Taurus, 1987.
Jennerjahn, Ina. "Escritos en los cielos y fotografías del infierno. Las 'acciones de arte' de Carlos Ramírez Hoffman, según Roberto Bolaño". *Revista de Crítica Literaria Latinoamericana* 56 (2002): 69-89.
Kierkegaard, Soren. *Sobre el concepto de ironía en constante referencia a Sócrates*. 1841. Darío González y Begonya Saez Tajafuerce, trads. Madrid: Trotta, 2000.
Lainck, Arndt. *Las figuras del mal en 2666 de Roberto Bolaño*. Münster: Lit-Verlag, 2014.

Lechner, Norbert. "Un desencanto llamado postmodernidad". *Punto de Vista* 33 (1988): 25-31.

Loy, Benjamin. "Chistes par(r)a reordenar el canon. Roberto Bolaño, Nicanor Parra y la poesía chilena". *Romanische Studien* 1 (2015): 69-84.

_____ "Deseos de mundo. Roberto Bolaño y la (no tan nueva) literatura mundial". *América Latina y la literatura mundial: mercado editorial, redes globales y la invención de un continente*. Dunia Gras y Gesine Müller, eds. Madrid y Frankfurt am Main: Iberoamericana/Vervuert, 2015. 273-84.

_____ "Dimensiones de una escritura horroris/zada – violencia y (los límites del) humor en la obra de Roberto Bolaño". *Roberto Bolaño - escritura, violencia, vida*. Ursula Hennigfeld, ed. Amsterdam: Rodopi, 2015. 137-154.

_____ "Escritores bárbaros, detectives distantes y un cura amnésico: escenificaciones de la memoria (post-)dictatorial chilena en la obra de Roberto Bolaño". *Arpillera sobre Chile. Cine, teatro y literatura antes y después de 1973*. Annette Paatz y Janett Reinstädler, eds. Berlin: Tranvía, 2013. 117-38.

_____ "El nacimiento del detective vacunado en el espíritu de la (pos)modernidad – la búsqueda de huellas como paradigma en la obra de Roberto Bolaño". *Spurensuche (in) der Romania. Beiträge zum XXVIII. Forum Junge Romanistik*. Lucas Melchior et. al., eds. Bern: Peter Lang, 2014. 109-22.

_____ "De oposiciones, apropiaciones y traducciones (anti-)poéticas – lecturas cruzadas de Nicanor Parra y Roberto Bolaño". *La traducción desde, en y hacia América Latina: perspectivas literarias y lingüísticas*. Silke Jansen y Gesine Müller, eds. Madrid y Frankfurt am Main: Iberoamericana/Vervuert, 2015. 211-228.

Manzoni, Cecilia, ed. *Roberto Bolaño: la escritura como tauromaquia*. Buenos Aires: Corregidor, 2002.

Melchior, Lucas, et al. *Spurensuche (in) der Romania. Beiträge zum XXVIII. Forum Junge Romanistik*. Bern: Peter Lang, 2014.

Parra, Nicanor. *Obras completas & algo †*. Barcelona: Galaxia Gutenberg, 2006.

Piña, Juan Andrés. *Conversaciones con la poesía chilena*. Santiago de Chile: Pehuén, 1990.

Ramírez Alvarez, Carolina. "Trauma, memoria y olvido en un espacio ficcional. Una lectura a *Estrella distante*". *Atenea* 497 (2008): 37-50.

Schopf, Federico. "La antipoesía: ¿comienzo o final de una época?" *Memoria, duelo y narración: Chile después de Pinochet: literatura, cine, sociedad.* Roland Spiller, ed. Madrid y Frankfurt am Main: Iberoamericana/Vervuert, 2004. 185-210.

Sepulveda, Magda. "La risa de Bolaño: El orden trágico de la literatura en *2666*". *Roberto Bolaño, la experiencia del abismo.* Fernando Moreno, ed. Santiago de Chile: Lastarria, 2011. 233-41.

Steiner, George. *Después de Babel. Aspectos del lenguaje y la traducción.* A. Castañón, trad. Ciudad de México: Fondo de Cultura Económica, 1975.

La ironía en los cuentos sobre tortura y violencia militar de Mario Benedetti

DORDE CUVARDIC GARCÍA
Universidad de Costa Rica

Desde hace algunas décadas, la crítica se ha ocupado de investigar las tácticas que utiliza la literatura latinoamericana a la hora de denunciar la violencia del imperialismo y el militarismo, prácticas que en algunas ocasiones han sido estudiadas desde las categorías de la posguerra o la posdictadura. El dolor, el trauma, la representación de lo irrepresentable (la muerte, la crueldad) han dominado los debates críticos de los últimos años. En la representación de esta temática se utiliza, en ocasiones, una de las funciones clásicas de la ironía, el distanciamiento (véase Hutcheon, *Irony's Edge*), a partir de la que algunos autores, desde una supuesta "frialdad" enunciativa, representan atroces actos de la violencia cotidiana o militar y sus consecuencias. El crítico literario debe, en estos casos, explicar o comprender este distanciamiento, incongruente con los principios éticos de una sociedad que busca superar el autoritarismo. Es el caso de algunos cuentos de la colección *De fronteras* (2007), de la salvadoreña Claudia Hernández. En "Manual del hijo muerto", estructurado como un manual, se incorporan las instrucciones que podrían adoptar los padres para recibir los restos de sus hijos desaparecidos. En "Hechos de un buen ciudadano I y II", una mujer recibe cadáveres frente a la puerta de su casa y coloca anuncios en los periódicos para que sus familiares lleguen a identificarlos. Detrás de estas situaciones, aparentemente absurdas, ambos cuentos materializan una situación deseada por los familiares de los desaparecidos: la de recibir noticias de sus hijos, situación que contribuiría a eliminar su angustia.

Pocas décadas antes, en los años setenta del siglo XX, se hizo un uso más "evidente", para el lector, de la ironía (como recurso retórico y discursivo), en la literatura de la región, orientado hacia la denuncia de la violencia política y militar. En lugar de utilizarse un aparente cinismo en la voz enunciativa o el autor implícito, se marcaba de manera más "clara" la distinción ética entre la perspectiva de las víctimas y la de los militares.[1] Es el caso de la producción literaria de Mario Benedetti, autor que nos ocupará en el presente artículo. Nos referimos a la representación narrativa de las acciones de regímenes dictatoriales que, al amparo de la lucha contra el comunismo, reprimieron lo que definieron como actividades de los grupos subversivos de izquierda. El acercamiento irónico hacia el militarismo, la violencia política y la tortura también ha sido empleado por otros escritores latinoamericanos, como el venezolano Luis Britto García, específicamente en el cuento "Usted puede mejorar su memoria" (*Rajatabla*, 1970). Este título es un caso de antífrasis: la sugerencia que dirige el torturador a un preso político, a quien conmina para que se convierta en delator, queda convertida en un *slogan* publicitario. En este cuento, el sujeto torturado vive una situación paradójica, irónica: los torturadores le ordenan verbalizar sus actividades como activista político, mientras que las consecuencias de la violencia física (de los golpes) en su cerebro le impiden, precisamente, recordar las experiencias que sus victimarios, en principio, quieren que manifieste. En su representación de una sesión de tortura desde la ironía de situación, este cuento se vincula con "Pequebú", de Benedetti.

No se ha investigado sistemáticamente la mirada irónica que Benedetti hace de la dictadura y sus prácticas (el militarismo, la violencia política y la tortura). Y, aunque es numerosa la crítica literaria que se ocupa de la literatura sobre las dictaduras y posdictaduras desde el trauma o el duelo (véase, por ejemplo, Reinstädler), escasea la que analiza e interpreta el uso de procedimientos irónicos en esta temática.

Los cuentos de Benedetti que analizaremos son "Pequebú", "Los astros y vos", "Sobre el éxodo", "Escuchar a Mozart" y "Oh quepis, quepis, qué mal hiciste", de *Con y sin nostalgia* (1977), y "El cambiazo", de *La muerte y otras sorpresas* (1968). Determinaremos si se emplea más que todo como antífrasis o como ironía de situación y se indagará el porqué de su empleo.

La ironía de situación en "Pequebú", "Los astros y vos" y "Sobre el éxodo"

Las paradojas que viven los personajes en diversos cuentos de tortura y militarismo de Benedetti se pueden analizar desde la ironía de situación, peripecia o inversión de expectativas (cf. Aristóteles, Lucariello, Schoentjes). Es el caso de "Pequebú". Eladio llama con este apócope (procedente de "pequeñoburgués") a un joven que se acerca a un grupo de militantes izquierdistas por sus aficiones literarias (Herman Hesse y Antonio Machado) y sus pretensiones de ser escritor. Mientras los integrantes de este grupo le consideran un "cursi" incapaz de comprometerse con su causa y de asumir un "verdadero" activismo, la policía militar, en cambio, le detiene y tortura como peligroso subversivo, a pesar de carecer de cualquier información de interés para la dictadura. Para demostrarse a sí mismo su valentía (puesta en duda por el grupo de jóvenes izquierdistas), "Pequebú" confiesa a las autoridades un supuesto conocimiento subversivo, con la intención de "callarlo" durante la tortura: "A diferencia de otros que dijeron no sé, y no hablaron, y sobre todo a diferencia de aquellos pocos que dijeron no sé y sin embargo hablaron, él había preferido inaugurar una nueva categoría: los que decían sí sé, pero no hablaban" (301).[2] Su comportamiento se orienta a demostrarse a sí mismo y a los torturadores que es capaz de ser un héroe, condición que le niega el grupo de jóvenes izquierdistas. Es una heroicidad inútil, doblemente paradójica, irónica: por una parte, sus "amigos" nunca conocerán la capacidad de aguante ante el dolor y la violencia física que ha sufrido en las sesiones de tortura, y por otra parte, su heroicidad es ficticia (no tiene ningún secreto que ocultar). La paradoja de su absurda situación es resumida en un pensamiento del propio joven, al que accede el lector mediante el estilo indirecto libre: "¿Sería también una actitud pequeñoburguesa sentir este dolor de mierda?" (303). En nueva paradoja o quiebre de expectativas, Eladio, el militante que se mostraba ante sus compañeros como insobornable, les acabó delatando, mientras que "Pequebú", héroe para sí mismo, no pudo reivindicarse ante aquellos activistas que le habían convertido previamente en objeto de escarnio. Su amargura final, señala el narrador, "es la certidumbre de que los muchachos jamás se enterarán [de que] va a morir sin nombrarlos. Ni a ellos, ni a Machado" (304). Solo conocemos el nombre de pila de "Pequebú", Vicente, por Marta, la única militante que sintió simpatía hacia sus aficiones literarias: para los demás, es un pequeñoburgués cursi (militantes de izquierda) y un subversivo (militares).

Este cuento relativiza y critica la mirada estrecha de las ideologías: se plantea que en cualquiera de ellas se pueden dar actitudes y comportamientos autoritarios. En montaje narrativo paralelo, alterna la tortura que sufre "Pequebú" con episodios del fallido acercamiento que tuvo con el grupo de jóvenes izquierdistas. La *silepsis* narrativa,[3] o yuxtaposición de dos procesos o escenas sin marcas mediadoras (el trato que recibe de los militantes en el café y el de los torturadores en el calabozo), pretende destacar la similitud de sus respectivos procedimientos: la cortedad de miras que utilizan dos ideologías, supuestamente opuestas, para relacionarse con un joven idealista que busca superar su timidez en las relaciones sociales. La yuxtaposición es un procedimiento típico de la ironía, que en el presente caso permite anular una expectativa: la supuesta oposición ética entre el grupo izquierdista y el militar. En un caso de montaje alternado de escenas, temporalmente alejadas entre sí, la puntada que recibe "Pequebú" del torturador queda equiparada a la puya (desprecio) que recibe de los jóvenes activistas, cuando se burlan de sus escritos. Por otra parte, Eladio, que escogió este mote despectivo, tiene una sonrisa similar a la de la policía y, además, los modales que adopta al exprimir una bolsa de té son semejantes —en su implacable sutileza— a los empleados por los militares durante sus torturas: "Eladio había echado la ceniza en la taza, usando la cucharita para aplastarla contra la agotada bolsita de té. Después había sonreído, sobrador" (301).

El cuento "Los astros y vos", por su parte, utiliza la ironía de situación en su crítica del ejercicio policial en un pueblo tradicionalmente idílico. De nuevo, Benedetti representa a los mandos medios de la dictadura (oficiales, policías, torturadores) en el desempeño de su poder arbitrario, como también ocurre en "Escuchar a Mozart" o en "Pequebú". Cumplen su papel de fuerzas del orden, en democracia, o su papel represivo como torturadores, en dictadura, sin convicción ideológica, por la simple satisfacción de cumplir el mandato de sus superiores. Como dice el narrador al inicio del cuento: "Oliva era comisario como pudo haber sido albañil o bancario, es decir, no por vocación, sino por azar" (275). En "El cambiazo", con la visita del coronel Corrales y su esposa María Julia al Teatro Solís, Benedetti retrata la inocua vida de los policías y los militares, similar a la del resto de los uruguayos, antes de la dictadura. Con el inicio de esta última comenzarán a asumir las torturas y los interrogatorios como simples procedimientos burocráticos al servicio a la Patria.

En "Los astros y vos", Benedetti se burla del *cliché* de la afición supersticiosa de los dictadores y mandos militares a los horóscopos, en su intención de perpetuarse en el poder. Recordemos el importante papel que ocupa la anciana adivina en la vida del dictador de *El otoño del patriarca* (1975), de Gabriel García Márquez, o el poema "Horóscopo para un tirano olvidado", del poemario *Grado elemental* (1962), del poeta español Ángel González. En "Los astros y vos", el periodista Arroyo pronostica en la prensa local el futuro derribo del poder arbitrario del policía local Oliva como una decisión del destino, cuando en realidad es su principal opositor. Al disparar a quemarropa contra este policía, formula su última ironía: "Los astros nunca mienten, comisario" (279). Este enunciado irónico puede ser claramente analizado desde la teoría polifónica de la ironía de Oswald Ducrot, quien plantea que el enunciador se desdobla en un segundo enunciador ficticio para expresar el enunciado irónico: "el locutor 'hace oír' un discurso absurdo [...] lo hace oír como si fuera el discurso de otro, como un discurso distanciado" (215). El periodista, el principal opositor –finalmente victorioso del comandante Oliva– crea un enunciador imaginario que atribuye al destino –no a la voluntad humana– la victoria contra el poder totalitario.

"Sobre el éxodo" retrata una dictadura que se queda sin habitantes. Este cuento integra numerosas ironías de situación. La opinión pública es contestataria con el presidente, cuyos discursos pretenden detener el exilio de la población, y justifica irónicamente el apagado de los receptores durante las comparecencias públicas del dictador mediante la resemantización de la exhortación gubernamental a ahorrar energía: "¿Y qué mayor sacrificio [decía el pretexto popular] que privarse de escuchar la esclarecida y esclarecedora voz presidencial?" (291).

La sección central del cuento relata las situaciones absurdas que se pueden presentar en una dictadura ante el exilio masivo de su población. La ironía se ofrece en este cuento desde la concatenación de situaciones paradójicas, procedimiento llamado por el filósofo Henry Bergson efecto de la *bola de nieve* (72-73). Cuando se forman dos clanes de militares que luchan por obtener el poder y descubren que permanecen muy pocas personas en el país, se exilia el 90% de ellos. Cuando los restantes soldados intentan jugar un partido de fútbol, libres de los mandos superiores, descubren que carecen del número de participantes necesario para iniciar un partido. A su vez, aquellos militares a quienes se les hacía cada vez más difícil encontrar víctimas de sus interrogatorios, "remediaban esa carencia volviendo a torturar a los ya procesados" (293).

Pero no solo el exilio se puede representar desde la ironía de situación, sino también el regreso al país añorado. Ana Luisa Valdés, escritora uruguaya nacida en Montevideo en 1953 y exiliada en Suecia en 1978, emplea este procedimiento narrativo en el cuento "Regreso". El "pequeño país" (365) que recibe con todos los honores a los repatriados nos recuerda el "paisito", término que emplean los uruguayos para nombrar su propia nación. Muy pocas señales del pasado anterior a la dictadura ofrece la patria a la que regresan. Poco a poco aceptan lo que, en un principio, les costó reconocer: volver no supone recuperar el pasado, el hogar sentimental. Se produce la más amarga de las ironías. Ante esta situación, los repatriados comienzan a abandonar su país voluntariamente: "Los recién llegados se iban lentamente, tan vacíos de cosas como habían llegado [...]. Luego en mareas parecidas al mar en invierno" (368).

"Oh quepis, quepis, qué mal hiciste", sobre los pelotones de fusilamiento, también emplea la ironía de situación. Se basa, en su estructura narrativa, en la repetición y la especularidad, es decir, en la inversión de los acontecimientos en la segunda parte del cuento, frente a los hechos relatados en la primera. En la primera parte, la sucesión de diatribas y reproches que un ideólogo le dirige a otro (un obrero, un militar progresista, un *blanco* nacionalista, un *batllista*, un demócrata cristiano, etc.) termina con un acontecimiento inesperado para los mismos protagonistas, pero previsible para el lector. Este último, distanciado políticamente de los hechos, ha apreciado una escalada de la violencia verbal mostrada por todos estos militantes. Todos ellos se convierten en los cadáveres de un pelotón de fusilamiento. Mediante la estructura del relato especular, se alegorizan las consecuencias de las divisiones que imperan entre los partidos que luchan contra las dictaduras.

En la segunda parte se invierte, especularmente, la estructura de la primera. Mientras que en esta última los representantes de las ideologías se avocan hacia el disenso, en la segunda parte se orientan hacia el consenso y la cooperación. Los soldados del pelotón, en lugar de apuntar a los militantes de los demás partidos y grupos ideológicos, lo hacen hacia la persona encargada de ordenar el fuego: "'Apunten', dijo el gorila, acomodándose el quepis. Entonces los soldados le apuntaron a él. Por las dudas no gritó: 'Fuego'. Se quitó el quepis, lo arrojó a la alcantarilla, y algo desconcertado se retiró a sus cuarteles de invierno" (306). Se produce, en consecuencia, una inversión de las expectativas.

En "El cambiazo", el inocuo estribillo de una canción para adolescentes se convierte en un arma contestataria contra el autoritarismo. Como ironía de situación, al inicio del cuento se retrata a los jóvenes como sujetos alienados por la cultura de masas y sus estrategias comerciales, pero finalmente se revela la música pop como un importante agente de la acción política del pueblo: el estribillo de la canción es usado por los jóvenes en su lucha contra la dictadura. El cuento se estructura a partir de una serie de *silepsis* (como ya dijimos, el salto de una escena a otra sin marcas que indiquen la sustitución producida): una *fan* ve por televisión a Lito Suárez, que propone a su público el cambio semanal del estribillo de una canción. Esta escena se alterna con la de un interrogatorio protagonizado por el jefe de policía, el coronel Corrales, sobre el revolucionario Menéndez.[4] Este coronel muere en su despacho al recibir una bala anónima procedente de la calle, mientras el pueblo canta una variante del "inofensivo" estribillo. En este cuento se utiliza lo lúdico como medio para la crítica política.

EL USO DE LA PARÁBOLA EN LA CRÍTICA IRÓNICA DE LA DICTADURA: LA INTERPRETACIÓN ALEGÓRICA DE LOS CONFLICTOS POLÍTICOS

En el presente apartado se plantea que el género de la parábola, procedimiento narrativo del pensamiento alegórico (interpretar una situación no solo literalmente, en el sentido de protagonizada por personajes singulares en una situación específica, sino también en términos "universales", generalizándola como típica de la condición humana), es el cauce que utiliza Benedetti para criticar irónicamente a las dictaduras del Cono Sur y denunciar todo tipo de militarismo. Se asume como alegórica aquella narrativa que expone conflictos sociopolíticos desde la indeterminación o la Otredad histórico-geográfica: los acontecimientos singulares de los personajes son comprendidos como "alusiones" indirectas a los problemas estructurales de los Estados del mundo histórico.[5] Este mundo "Otro" de tipo alegórico se describe desde la ironía como una realidad desquiciada y absurda. Es un medio empleado con diversos propósitos, según sea el caso: para eludir la censura y para destacar la difusión "universal" de los abusos cometidos en el mundo histórico por las actitudes totalitarias (que pueden darse, potencialmente, en cualquier Estado y tiempo).

La parábola, presente en algunos cuentos de Benedetti, es un relato corto de tipo pedagógico o didáctico que critica indirectamente problemáticas de la sociedad real (costumbres, vicios, comportamientos universales del ser humano) al trasladarlas a una realidad imaginaria (Beristáin 207). Es la transcodificación alegórica de un relato (Marchese y Forradellas 306). La intención del enunciador es comparar el mundo histórico (implícito) con el ficticio (ofrecido en el texto) y utilizar las suficientes marcas para que el lector establezca la similitud o equivalencia entre ambos. A veces, este mundo alternativo, trasunto del histórico, es empleado por el autor implícito con la intención de mostrar las situaciones irónicas, en el sentido de absurdas, paradójicas (por regirse a partir de normas que están en contra de los principios éticos más básicos de las sociedades contemporáneas).

Benedetti, como intelectual proselitista exiliado (en Argentina, Perú, Cuba y España) que luchó activamente contra las dictaduras, siempre se caracterizó por favorecer el compromiso social de la literatura y su papel didáctico. Sus parábolas favorecen la interpretación de los acontecimientos como ironías situacionales "universales" que pueden ocurrir, potencialmente, en cualquier país.

"Oh quepis, quepis, qué mal hiciste", que ya hemos analizado desde la ironía de situación, también tiene, como parábola, una intencionalidad alegórica. Los personajes son tipos generales (el obrero, el militar progresista, el *batllista*, etc.) y se pretende, en el lector, la extracción de una moraleja. El anclaje espacio-temporal apenas queda sugerido a partir de la identidad política de los personajes mencionados, que carecen de nombre propio. Es un cuento cuyo autor implícito pretende destacar el carácter espurio de los enfrentamientos protagonizados entre las distintas tendencias de izquierdas, disenso aprovechado por las dictaduras. En este sentido, la parábola está al servicio de la función correctiva de la ironía,[6] la de enseñar a los políticos de izquierdas que es preferible lograr el consenso frente al "enemigo común" que enzarzarse en inagotables y banales conflictos internos. Creo que la ironía canalizada desde el formato genérico de la parábola cumple una de las más importantes funciones pragmáticas de este recurso: su finalidad correctivo-pedagógica.

Junto con "Los astros y vos "y "Oh quepis, quepis, qué mal hiciste", el cuento "Sobre el éxodo", que Ventura ya ha interpretado desde la ironía, es una parábola que alude a las consecuencias absurdas de la violencia militar. El principio básico de esta modalidad de relato de tipo alegórico es la analogía y, en los casos que nos ocupan, el autor implícito pretende que el lector establezca las equivalencias pertinentes entre las situaciones ofrecidas en estos cuentos y las actuaciones de las dictaduras del Cono Sur. La alusión indirecta a la realidad uruguaya y sudamericana que supone esta parábola busca universalizar la crítica antimilitarista. Un marcador destaca el absurdo del poder arbitrario: la antítesis. El narrador utiliza el conocido término "paisito" (291) a la hora de nombrar una entidad política cuya represión reconoce como "monstruosa." (291). Los uruguayos utilizan el término "paisito" irónicamente: es un término afectivo que, en principio, podría expresar un vínculo nacionalista atenuado hacia la Nación, pero que alude al "aprecio" que sienten hacia su tierra.

Diversos procedimientos alegóricos (la construcción de un mundo "Otro") se integran irónicamente en el cuento "Los astros y vos". Así, por ejemplo, la onomástica irónica se inscribe en "Los astros y vos" en un relato que persigue universalizar –desde la parábola– la denuncia del poder arbitrario: el comisario del pueblo se llama Oliva. Por metonimia, alude a la rama del olivo, símbolo de la paz, irónico para un sujeto que siembra la represión. También se utiliza la toponimia irónica: el pueblo sometido a la arbitrariedad del policía se llama Rosales (simbología del jardín edénico y, por lo tanto, feliz, donde la maldad brilla por su ausencia). También es irónica la exhibición del narrador como el autor del cuento, sujeto que ha tomado decisiones sobre la estructura de este último, al aclarar el motivo por el que ha elegido utilizar un nombre "idílico" para designar al pueblo: "Quizá valga la pena aclarar que el nombre del pueblo no era –ni es– Rosales. Aquí se lo adopta sólo por razones de seguridad" (275). El narrador-autor, en este caso de *metalepsis* (cf. Genette), confiesa que el uso alegórico de la palabra Rosales cumple el propósito de eludir posibles represalias de la dictadura. Explica que la publicación de este cuento "contestatario" se realizará en el mismo país que sufre la dictadura, por lo que es necesario modificar el nombre del pueblo.

El cuento "Sobre el éxodo", al retratar una dictadura cuya población abandona progresivamente un país, también incentiva una lectura alegórica. No se menciona el nombre del Estado y los personajes se retratan como tipos sociales generales (los oficiales en servicio, las grandes familias de la oligarquía). En consecuencia, quedan universalizadas las situaciones absurdas provocadas por la dictadura.

La ironía del sujeto represor: la banalidad del ejercicio burocrático del "mal"

Sujetos como el comisario Oliva, de "Los astros y vos", el coronel Corrales, de "El cambiazo", o el capitán Montes, de "Escuchar a Mozart" son representantes de la banalidad del mal, tal como la retrata Hannah Arendt en *Eichmann en Jerusalén* (1961), ensayo en el que analiza la responsabilidad y el comportamiento de un mando medio del régimen nazi en el exterminio del pueblo judío. Este concepto nos permite explorar la actitud banal con la que los militares, la policía y los burócratas de las dictaduras o de los Aparatos Represivos del Estado (en mayúsculas desde su conceptualización por Louis Althusser) de las democracias llegan a ejecutar las órdenes de sus superiores, aunque contradigan los más básicos principios de los derechos humanos. "Seguir a rajatabla la ley" es el principio máximo moral que guía a estos mandos medios.

Benedetti destaca en sus cuentos este comportamiento del burócrata mediocre, que se justifica a sí mismo su atroz comportamiento como simple defensor de la ley.[7] La legitimidad de un comportamiento respaldado por la Razón de Estado se revela irónicamente, en los cuentos de Benedetti, como una simple conducta acomodaticia. Así, en "Los astros y vos", el autor implícito busca, mediante los procedimientos irónicos explicados hasta ahora, destacar la arbitrariedad del ejercicio de la represión de un mando medio sobre los habitantes de un pueblo pacífico, Rosales –entre cuyos vecinos predomina la sencillez y la buena fe–. Esta es una problemática sobre la que gira, asimismo, la obra de teatro *Pedro y el capitán* (1979), del mismo Benedetti.

Desde el distanciamiento del tú autorreflexivo, "Escuchar a Mozart" nos ofrece las reflexiones del capitán Montes. Mientras escucha música de Mozart, problematiza momentáneamente su papel de torturador. Esta paradoja –el torturador aficionado a la "sublime" música de Mozart– nos recuerda algunas situaciones vividas por la sociedad y la cultura alemana durante el nazismo: cerca de la ciudad de Weimar, paradigma del humanismo clasicista de Goethe y Schiller, se encontraba el campo de concentración de Buchenwald, donde se utilizaba la música clásica para amortiguar los gritos de las personas que eran sometidas a tortura o que eran asesinadas. No se trata de que la afición a la música clásica por parte de un verdugo sea una situación paradójica. Es el ciudadano común –lo definimos aquí como aquel que se maneja por estereotipos– el que tiende apreciar esta situación como paradójica, absurda, irónica.

Este cuento incide en un tema ya tratado por otros escritores: los criminales que prestan el más ínfimo valor a la vida humana son, en ocasiones, aficionados a las manifestaciones más exquisitas de la "alta cultura". En particular, la Belleza está al servicio de la Barbarie. Al igual que la música clásica "acallaba" los gritos de las víctimas del genocidio, el capitán Montes emplea la música de Mozart para acallar su conciencia. Como mecanismo de autojustificación, el capitán Montes niega o atenúa la reflexión crítica sobre las torturas que comete al considerar que constituyen un simple medio de un fin más importante, el mantenimiento del orden público. Considero que, en su discurso, hace un uso momentáneo de la *lítote* discursiva, si comprendemos que este último procedimiento consiste, a nivel ideológico, en negar o atenuar la tortura, el racismo, la xenofobia, el machismo, la homofobia, según sea el caso. Además, en mi opinión, la exculpación que realiza del capitán Montes es una táctica del autoritarismo, que siempre niega la práctica de la violencia y la represión política.

En un principio, el capitán Montes exhibe en su monólogo la "mala fe" sartriana, el engañarse a sí mismo, entre la justificación moral de su comportamiento y la falta de cualquier base ética de los motivos por los que tortura: "Ahora pensás, claro, a qué darle más vueltas. Una vez que te decidiste, chau. De todas maneras, vos creés que tenés motivos morales para hacer lo que hacés. Pero el problema es que ya casi no te acordás del motivo moral" (281).[8] Benedetti denuncia la atenuación o anulación de la autocrítica del nosotros (los militares) desde la mala fe. Utiliza el tú autorreflexivo –clásico recurso de la autoimprecación– en el monólogo del capitán Montes para exponer los reparos morales que ha tenido al ejercer la tortura, aunque seguidamente los reprime y justifica su actuación desde el cumplimiento del deber. Al final del cuento comete infanticidio sobre su propio vástago, después de que su hijo le pregunta si en verdad realiza prácticas de tortura, tal como le han dicho sus compañeros de colegio.

Conclusiones

Debemos preguntarnos si el uso de la ironía en los cuentos de tortura y militarismo de Benedetti es humorístico. Hidalgo Downing e Iglesias Recuero afirman que la ironía se puede expresar sin intencionalidad humorística (450). En el caso de los cuentos del autor uruguayo, se utiliza en algunos casos una ironía humorística, como en "Sobre el éxodo" o en "El cambiazo"; en otros no, como en "Pequebú" o "Escuchar a Mozart". Entendamos en el presente caso el efecto humorístico o cómico como el proceso de identificación del lector con los defectos de un personaje que, especularmente, asume como propios (el lector reconoce sus defectos en el personaje; en suma, se ríe de sí mismo en el otro) o se burla, en actitud de superioridad, ante el comportamiento grotesco de los demás. En "Sobre el éxodo" y en "El cambiazo", el autor implícito caracteriza a los personajes militares y burgueses como ignorantes y banales, por lo que se adopta una mirada de superioridad sobre seres grotescos. Son cuentos cómicos o humorísticos. En cambio, en "Pequebú" y "Escuchar a Mozart", Vicente y el Capitán Montes viven situaciones paradójicas que provocan conflictos psicológicos, que conllevan dolorosos dilemas. No son humorísticos.

Como se puede apreciar, el uso de la ironía –no necesariamente humorística– en la representación literaria de la violencia tiene una función crítica y, en consecuencia, se relaciona con la denuncia, con la propuesta de una sociedad alternativa, utópica. Se realice o no un uso humorístico de la ironía, ¿qué intencionalidad busca cumplir Benedetti con el empleo de este último recurso? Comunicar el absurdo, la mezquindad, la mala fe y la hipocresía del militarismo y el autoritarismo. Al ser la ironía de situación la modalidad más utilizada en los casos estudiados en el presente artículo, la ironía no es empleada tanto como procedimiento retórico,[9] sino más bien como tono discursivo proyectado a la totalidad del texto.

Los procedimientos irónicos, en los cuentos de Benedetti, se encuentran al servicio de su sátira antimilitarista. Pretenden demostrar su contrasentido desde la dignidad del ser humano y la convivencia ciudadana. Tanto Morello Frosch como Cervera Salinas coinciden en señalar que Benedetti emprende una radiografía de los torturadores, quienes ejercen la crueldad desde su condición de burócratas. En su crítica del servilismo de los mandos medios, los retrata como sujetos que torturan con la misma conciencia tranquila que en el cumplimiento de cualquier otra orden. En ocasiones, son individuos que reprimen, sin éxito, las voces críticas de la conciencia, aquellas que les "gritan a la cara" la atrocidad de las órdenes que ejecutan. Para retratar esta mala fe y mezquindad se muestra al militar o al policía como fantoche, uno de los tradicionales procedimientos satíricos en la construcción de los personajes.[10] Pero lo más importante, y de aquí surge la complejidad psicológica de los retratos de Benedetti, es que entra en crisis la mala fe –en algunos casos– o el comportamiento "acomodaticio" en las estructuras autoritarias de poder –en otros casos– de los militares y de los torturadores. La delegación de la responsabilidad individual en una estructura institucional ocasiona serias consecuencias psicológicas en los mandos medios de las dictaduras.

En el futuro se pueden investigar otros aspectos en la representación de la tortura en Benedetti, desde la inversión de papeles (entre torturador y víctima, en la obra de teatro *Pedro y el capitán*), procedimiento utilizado productivamente en el teatro del siglo XX[11] o desde las posibilidades que tiene el sujeto torturado de defender una dignidad simbólica a la que no puede acceder el sujeto torturador ("Pequebú", *Pedro y el capitán*).

Notas

[1] La crítica latinoamericana –es el caso de Pérez (1982) al estudiar la caricatura– se ha ocupado de la ironía como táctica discursiva que contribuye a denunciar la violencia de la razón imperialista y las relaciones de dependencia frente al capitalismo multinacional. La ironía sería uno de los procedimientos típicos del antiimperialismo latinoamericano, en su lucha contra la militarización de estas sociedades.

[2] A partir de este momento, todas las citas de los cuentos proceden de la siguiente edición: Mario Benedetti, *Cuentos completos* (1994).

[3] Este es un procedimiento del relato paradójico definido y explicado en Meyer Minnemann (54-57).

[4] Muchas *silepsis* persiguen que el salto de la escena a otra se realice mediante una transición suave: debe existir alguna similitud, algún gozne, entre las escenas alternadas. Es el caso del presente cuento. Antes de quedar interrumpido su monólogo, el coronel le dice al detenido: "¿te comieron la lengua los ratones, tesoro?" (239) e, inmediatamente, en tercera persona, el narrador comenta el comportamiento de la joven espectadora ante el programa televisivo de Lito, que se revela como la propia hija de Corrales: "se muerde las uñas, pero lo hace con personalidad" (239).

[5] En términos más específicos, Jameson (1986) considera que la literatura del Tercer Mundo es necesariamente alegórica, ya que se pueden establecer equivalencias entre la existencia del individuo representado y la de la sociedad en la que vive el autor. Shohat y Stam, aunque consideran que la afirmación de Jameson es demasiado totalizante a la hora de considerar todas las producciones culturales del Tercer Mundo, sostienen que, en todo caso, es una categoría útil para interpretar muchas películas de este último espacio cultural (270).

[6] Hutcheon destaca este propósito de la ironía en "Ironía, sátira, parodia. Una aproximación pragmática a la ironía" (1992).

[7] Esta tesis acapara de nuevo el interés de los medios de comunicación a raíz del reciente estreno de la película *Hanna Arendt* (2012), de la directora alemana Margarethe Von Trotta. Asimismo, el cine latinoamericano está comenzando a explorar la figura del torturador una vez que se integra en la vida civil, desde las secuelas psicológicas que le ha dejado su desempeño previo de burócrata-torturador, como sucede con la película chilena *Carne de perro* (2012), de Fernando Guzzoni. Creo que Morello-Frosch (89) se refiere indirectamente al estudio de Arendt para explicar parte de la obra de Benedetti al señalar que la obra teatral "Pedro y el capitán" pertenece a aquellos textos que pretenden explicar la experiencia de la tortura desde la conducta del verdugo, en relación con aquellos estudios psicosociológicos que estudian, entre otros procesos, la banalidad del mal.

[8] La interrogación, solo momentánea, del ejercicio sádico del poder también es formulada por el coronel Corrales, en "El cambiazo", al tener la íntima certidumbre de que desempeñar el papel de soldado de la patria, "en el fondo también era joderse a sí mismo" (241).

[9] De la ironía como tropo se ocupa, por ejemplo, Catherine Kerbrat-Orecchioni (1980).

[10] La sátira es una táctica clásica de los procedimientos humorísticos que critican al poder. No extraña, en consecuencia, que las sátiras más típicas sean la política, la antieclesiástica y la antimilitarista.

[11] Es el caso de *Escorial* (1929), de Michel de Ghelderode y de *Atahualpa* (1950), de Bernardo Roca Rey.

OBRAS CITADAS

Alemany, Carmen, Remedios Mataix y José Carlos Rovira, coords. *Mario Benedetti: inventario cómplice*. Alicante: Universidad de Alicante, 2000.
Arendt, Hannah. *Eichmann en Jerusalén. Un estudio sobre la banalidad del mal*. 1961. Carlos Ribalta, trad. Barcelona: Lumen, 1999.
Aristóteles. *Poética*. Alsina Clota, trad. Barcelona: Editorial Icaria, 1994.
Benedetti, Mario. *Cuentos completos*. Buenos Aires: Seix-Barral, 1994.
_____ *Pedro y el capitán (Pieza en cuatro partes)*. Ciudad de México: Editorial Patria, 1988.
Bergson, Henri. *La risa. Ensayo sobre la significación de lo cómico*. 1903. Madrid: Espasa-Calpe, 1973.
Beristáin, Helena. *Diccionario de retórica y poética*. Ciudad de México: Porrúa, 1995.
Britto García, Luis. "Rajatabla". *Antología del cuento hispanoamericano. Antología crítico-histórica*. Seymour Menton, ed. Ciudad de México: Fondo de Cultura Económica, 1986. 666-68.
Cervera Salinas, Vicente. "Los cuentos 'crueles' de Benedetti". 1999. *Mario Benedetti: inventario cómplice*. Carmen Alemany, Remedios Mataix y José Carlos Rovira, coords. Alicante: Universidad de Alicante, 2000. 413-19.
Ducrot, Oswald. *El decir y lo dicho. Polifonía de la enunciación*. Barcelona: Paidós, 1986.
Genette, Gérard. *Metalepsis: de la figura a la ficción*. Luciano Padilla, trad. Ciudad de México: Fondo de Cultura Económica, 2004.
González, Ángel. "Antífrasis: a un héroe". *Palabra sobre palabra*. Madrid: Poesía para todos, 1965. 304.
Hernández, Claudia. *De fronteras*. Guatemala: Piedra Santa, 2007.
Hidalgo Downing, Raquel, y Silvia Iglesias Recuero. "Humor e ironía: una relación compleja". *Dime cómo ironizas y te diré quién eres. Una aproximación pragmática a la ironía*. Leonor Ruiz Gurillo y Xose A. Padilla García, eds. Frankfurt am Main: Peter Lang, 2009. 423-55.
Hutcheon, Linda. "Ironía, sátira, parodia. Una aproximación pragmática a la ironía". *De la ironía a lo grotesco*. Hernán Silva, ed. Ciudad de México: Universidad Autónoma Metropolitana Iztapalapa, 1992. 173-93.

_____ *Irony's Edge. The Theory and Politics of Irony*. London: Routledge, 1994.

Jameson, Fredric. "Third World Literature in the Era of Multinational Capitalism". *Social Text* 15 (1986): 29-54.

Kerbrat-Orecchioni, Catherine. "L'ironie comme trope". *Poétique* 41 (1980): 108-27.

Lucariello, Joan. "Situational Irony: A Concept of Events Gone Awry". *Journal of Experimental Psychology* 123 (1994): 129-45.

Marchese, Angelo, y Joaquín Forradellas. *Diccionario de retórica, crítica y terminología literaria*. Barcelona: Ariel, 1997.

Meyer-Minnemann, Klaus. "Narración paradójica y ficción". *La narración paradójica. "Normas narrativas" y el principio de la "transgresión"*. Nina Grabe, Sabine Lang y Klaus Meyer-Minnemann, eds. Madrid y Frankfurt am Main: Iberoamericana/Vervuert, 2006. 49-71.

Morello-Frosch, Martha. "El diálogo de la violencia en *Pedro y el capitán* de Mario Benedetti". *Revista de Crítica Literaria Latinoamericana* 9/18 (1983): 87-96.

Ortega, Julio, comp. *Antología del cuento latinoamericano del Siglo XXI. Las horas y las hordes*. Ciudad de México: Siglo XXI Editores, 2001.

Pérez Iglesias, María. "Ironía, dependencia y humor en la producción significante latinoamericana". *Revista de Filología y Lingüística* 9/1 (1983): 155-66.

Reinstädler, Janett, ed. *Escribir después de la dictadura. La producción literaria y cultural en las posdictaduras de Europa e Hispanoamérica*. Madrid y Frankfurt am Main: Iberoamericana/Vervuert, 2011.

Sartre, Jean Paul. *El ser y la nada. Ensayo de ontología fenomenológica*. 1984. Juan Valmar, trad. Buenos Aires: Losada.

Schoentjes, Pierre. *La poética de la ironía*. Madrid: Cátedra, 2003.

Silva, Hernán, ed. *De la ironía a lo grotesco*. Ciudad de México: Universidad Autónoma Metropolitana Iztalapa, 1992.

Sperber, Dan, y Deirdre Wilson. *La relevancia*. Madrid: Visor, 1994.

Shohat, Elihu, y Robert Stam. *Multiculturalismo, cine y medios de comunicación*. Barcelona: Paidós, 2002.

Valdés, Ana Luisa. "Regreso". *Antología del cuento latinoamericano del siglo XXI. Las horas y las hordas*. Julio Ortega, comp. Ciudad de México: Siglo XXI Editores, 2001. 364-68.

Van Dijk, Teun. "Política, ideología y discurso". *Quórum Académico* 2/2 (2005): 15-47.

Ventura, Antoine. "'Sobre el éxodo' (*Con o sin nostalgia*, 1977). Ficción irónica y referente histórico". 1999. *Mario Benedetti: inventario cómplice.* Carmen Alemany, Remedios Mataix y José Carlos Rovira, eds. Alicante: Universidad de Alicante, 1999. 453-71.

Ironía y violencia en México

Parodia y género en la narcoficción mexicana

Marco Kunz
Université de Lausanne

En los últimos años, el tema del narcotráfico y sus daños colaterales ha generado en México una intensa producción de novelas, películas, canciones y otras ficciones narrativas que enfocan el fenómeno desde perspectivas y estéticas muy diversas. Tan diversas que resulta inapropiado hablar del surgimiento de nuevos géneros: por lo menos en lo que atañe a la literatura,[1] no considero las llamadas *narconovelas* como un género ya que, salvo el hecho de compartir cierto protagonismo del narco en sus aspectos más variados, no tienen en común rasgos formales y estructurales suficientemente específicos para justificar considerarlos como una categoría genérica en sí, sino que, al contrario, en muchos casos se relacionan claramente con un género ya existente y mucho mejor definido, sobre todo con la novela detectivesca o la novela negra, pero también con el *western* o la docuficción, entre otros. De modo que las *narconovelas* literarias constituirían o distintos subgéneros de todos estos géneros –el narco-*whodunit*, la narconovela negra, el *narcowestern*, etc.–, o se trataría de una especie de metagénero transversal que absorbe y combina características de diferentes géneros para someter los textos a la fuerza transformadora de la temática narco e incluirlos así en una categoría híbrida. Dados los excesos de categorización tipológica y los estériles esfuerzos de clasificación que resultarían de tales maneras de acercarse al fenómeno de las narraciones sobre el narco,[2] prefiero el término mucho más general de *narcoficción*, que engloba a todas las formas verbales, fílmicas y artísticas de narrar y representar el narcotráfico en versiones ficticias, y que tiene la ventaja de no pretender definir nuevos géneros, sino de examinar el problema allí donde, a mi modo de ver, se plantea realmente: en la relación que mantiene una obra concreta con sus modelos genéricos.

Esta relación puede ser de plena integración en un género, como es el caso, por ejemplo, de las novelas que cuentan historias de investigación sobre crímenes relacionados con el narcotráfico sin ningún distanciamiento (irónico, lúdico, satírico, metaficcional) respecto a las convenciones genéricas de la novela detectivesca del tipo *whodunit*, que es un género que constantemente necesita nuevos ingredientes (delitos, personajes, circunstancias, peripecias, locaciones) para que no se agote la productividad del inalterado esquema básico. Ahora bien, en muchas ficciones sobre el narco encontramos técnicas de distanciamiento, como una intertextualidad específica (referencias a novelas y películas famosas) y la parodia entendida en un sentido amplio como imitación y/o transformación de un modelo con un efecto (intencionado o no) ridiculizador que se intenta lograr mediante la distorsión, exageración, dislocación, procedimientos que muestran que estas obras se inspiran en géneros que o no toman totalmente en serio o cuyos rasgos característicos reproducen de una manera tan excesiva o estereotipada que resultan involuntariamente cómicos.

La parodia, producida de manera deliberada o resultante *de facto* de las obras, es inherente a la narcocultura desde sus orígenes. En un ensayo de 2004, titulado "El narcotráfico y sus legiones", Carlos Monsiváis explicó el surgimiento de la imagen popular del narco como una mezcla de "leyendas, rumores, chismes calificados de aleccionamientos", por un lado, con modelos mediáticos, por otro:

> su mitología predilecta combina la hipnosis ante el aparato televisivo con la cultura "norteña", una variante industrial del machismo muy influido por el *western* y sus parodias. De acuerdo a los testimonios disponibles (demasiados y ninguno porque la mitología del conjunto rige la capacidad de observación de las personas), en el comportamiento corporal de los narcos las aspiraciones estilísticas son obvias: entran a un bar como John Wayne a un *saloon*, usan ropas de comercial de Marlboro, se "avecindan con la muerte", se quedan impávidos ante el peligro, y, desde luego, viven y se conciben a sí mismos como migrantes "descarriados". En cuanto leyenda pública (lo único de lo que hasta ahora se dispone), un narco es el residuo violento y muy real de los afectados por la fantasía de los gatilleros en el cine de Hollywood. (Monsiváis 31)

Según Monsiváis, la vida de estos narcos imaginados y fantasmagóricos se relata "en los medios, donde parecen lo que no son, personajes de una película mala y frenética" (33), representación ficticia que a su vez puede influir en el comportamiento de algunos narcos reales que, imitando la parodia de sí mismos, "se sienten inmersos en un *thriller* que es un corrido, se consideran peligrosos y sujetos naturales del plomo que los abatirá en las horas próximas" (34-35). Como en realidad muy poco se sabía de cómo eran y vivían los narcos, los narco-*thrillers* del cine difundían una imagen de ellos que los narcos presentes en el público empezaron a imitar:

> En la comprensión de lo que es el narco es enorme la deuda con el cine (el de México y el de Estados Unidos), que entre otras cosas afecta la idea que de sí mismos tienen los causantes directos del subgénero fílmico. Ésta sería su conclusión: "No éramos así hasta que distorsionaron nuestra imagen, y entonces ya fuimos así porque ni modo de hacer quedar mal a la pantalla". El narco del cine tiene automóviles de portento, vive parte del tiempo en Florida, ostenta anillos de diamantes, revólveres con cacha de oro y plata y botas de piel de víbora. ¿Por qué no se van a apropiar de estas imágenes los narcos de las butacas? (34-35)

Si algunos capos del narco realmente viven en palacios que parecen "homenajes simultáneos a las fantasías de *Las mil y una noches* y Disneyland" (43), estos modelos evidentemente existían ya antes (v. gr. el Xanadú de Charles Foster Kane en *Citizen Kane* 1941), como ficciones que los nuevos ricos aspiran a convertir en realidad, con una tragicómica ambición de superación, pero con un efecto paródico inevitable. La narcoficción, a su vez, construye sus versiones del narco recurriendo a la misma tradición ficticia, sazonando la mitología con algunos ingredientes seudo-realistas para simular un anclaje empírico de las tramas (por ejemplo alusiones a narcos y hechos reales como, por ejemplo, el Chapo Guzmán[3] o el asesinato del cardenal Posadas Ocampo en Guadalajara [4]),pero sin lograr así escamotear que su *modus operandi* sigue siendo esencialmente un *ars combinatoria* de modelos genéricos, convenciones narrativas, tópicos y estereotipos relativos al narco en el imaginario popular. La narcoficción es primordialmente imitación y parodia de ficciones previas, sobre cuyas estructuras se calca y cuya imaginería recicla, pretendiendo, sin embargo, fundarse en una realidad de la que tenemos un conocimiento insuficiente y, a su vez, altamente influenciada por sus versiones ficcionalizadas. Esta hegemonía de la narcoficción, épica y estéticamente sublimadora, sobre la narcorrealidad, sórdida, grosera y asquerosamente violenta, se manifiesta tanto en la mezcla de mitificación y hechos documentados en el periodismo sobre el narco como en la decepción que suelen provocar las imágenes de capos auténticos del narco detenidos o muertos, que tan poco se parecen a sus leyendas.[5]

DIARIO DE UN NARCOTRAFICANTE Y EL PERIODISMO *UNDERCOVER*

Cierto afán de imitación está perceptible ya en la que probablemente fue la primera narconovela mexicana, *Diario de un narcotraficante* (¿1967?) de a. Nacaveva,[6] un texto que se presenta como un relato de no ficción, fruto de una larga y arriesgada investigación del autor, presuntamente un indígena sinaloense que, harto de su vida tranquila y ordenada y aburrido de su trabajo monótono en la oficina, buscó "algo más fuerte, algo que el mundo actual viva, que lo estemos palpando diariamente", "algo que me ponga en tensión nerviosa" (*Diario de un narcotraficante* 10), como si de una droga se tratara, o sea, una realidad que se imaginaba más emocionante, más auténtica, de cierta manera más "real" que su rutina cotidiana, y decidió meterse en el narcotráfico para conocer todos sus aspectos, del cultivo de la amapola pasando por la fabricación de la heroína hasta el contrabando a EE. UU. Lo que caracteriza esta narración en forma de diario, y que al mismo tiempo la distingue de las confesiones *a posteriori* de maleantes arrepentidos (como, por ejemplo, *Confesión de un sicario* [2010], de Juan Carlos Reyna), es que el narrador no solo afirma la veracidad de lo relatado, como es usual en la escritura confesional y diarista, sino que además pretende no haber actuado nunca por el deseo de enriquecerse, sino por curiosidad, idealismo –"como todos los hombres tienen ideales, para mí, es algo que no podría prescindir de ello" (22)– y hasta por ambición literaria, ya que lo primero fue la idea de escribir un libro –"Traigo algo en el magín, desde hace mucho, pero no encuentro la forma, de hacer un libro; pero ¿de qué? De cualquier cosa, no tiene chiste" (10)–, y solo tras rechazar otras opciones (por ejemplo escribir sobre su famoso antepasado homónimo y su lucha contra los conquistadores españoles a finales del siglo XVI), se le ofrece el narcotráfico como tema ideal (igual que, décadas más tarde, no pocos escritores noveles debutarán con una obra sobre narcos). Sintiéndose incapaz de emular a los "grandes hombres" que admira, "ya sean éstos héroes, científicos, guerreros o, incluso, los que han llegado a figurar en el gangsterismo" (10), elige como modelo la del reportero infiltrado y se fija como meta la autoría de un libro. Es decir, desde el principio apunta sus experiencias, día tras día, con el proyecto de escribir sobre el negocio de la droga, al modo de un periodista *undercover*, sin renunciar ni a lo más peligroso, por puro afán de completitud: "quiero hacer un libro que nadie ha hecho en esta materia, y para ello tengo que conocer de todo, si no quedaría incompleto, así que quiero conocer la introducción de los narcóticos a los Estados Unidos" (188). De modo que hace dos papeles que, por su vida anterior y su formación profesional, le son ajenos: la del narco y la del investigador *undercover*; es decir, actúa como si fuera un narco para poder escribir un libro como si fuera un escritor, finge ser un narco para ser aceptado en el *milieu* que se ha propuesto investigar, creyendo que la mascarada le da acceso a la verdad: "para poder escribir necesito vivirlo, sólo así podré conocer la realidad" (23).

El deseo de autorrealizarse y redimirse de su existencia trivial y el anonimato a través de su libro lo motiva y le da fuerza y ánimo para enfrentarse a los riesgos de la vida delictiva y no capitular en momentos difíciles –"¿debo retirarme sin haber logrado completamente mi propósito? Nunca será un libro completo, me faltan varias cosas por hacer, no es posible mi retiro sin mi consagración" (281)–, incluso soporta la tortura a que lo somete la policía consolándose con que la dolorosa experiencia le servirá de material narrable: "Me acordaré de todo lo que me ha ocurrido para mi libro" (334). Y todo eso lo hace sin ánimo de lucro, como afirma reiteradas veces, negando la motivación principal de todos los delitos relacionados con las drogas: "Si me retirara ahora, me iría con algo de centavos, pero no; yo no vine a eso, quiero hacer un libro, que quizá no me dé nada pero lo haré" (114); "no es el dinero lo que me interesa, es mi libro" (133); "aquí nadie ha ganado nada, sólo yo, unas cuantas líneas para mi libro" (136); "Haré mi libro, escribiré de algo que nadie lo ha hecho y esa será mi satisfacción, para ello estoy" (214-15).

Desempeña su papel de modo tan convincente que disipa las dudas de los narcos verdaderos –"tú, no sé que serás. A veces creo que andas investigándonos a todos" (203), le dice uno de sus contactos en el hampa–, mientras que, si es verdad la historia que nos cuenta el autor,[7] la policía acepta sus excusas periodísticas y lo pone en libertad, no sin acusarlo de narcotráfico ("Usted es un periodista que se metió a una investigación por cuenta de su periódico; pero sí está metido en el tráfico de drogas" [351]),[8] y Nacaveva les da las gracias muy educadamente: "Si no ha sido por ustedes, probablemente hubiera quedado inconcluso mi libro. Luego, ustedes son parte de los actores de esa obra" (358). A no ser que se haya inventado esta parte de su biografía, o quizás todo el libro. Además de verse así oficialmente –e involuntariamente– reconocido como narco auténtico, el éxito del libro, con decenas de miles de ejemplares vendidos, lo convirtió también en un autor, si no de prestigio literario, sí de un público bastante numeroso.[9]

Con tanta confianza en el poder redentor de la escritura y la ingenua insistencia de Nacaveva en vivir lo que narra para asegurar la veracidad de su libro, algunos pasajes de *Diario de un narcotraficante* se leen como una parodia, muy probablemente involuntaria, de cierto periodismo de investigación con falsa identidad, y comparte, aunque con medios bien torpes, la aspiración a la no ficción con tendencias como el *cinéma vérité*, la novela de testimonio, la literatura de la experiencia. Con *Diario de un narcotraficante*, la narcoliteratura mexicana nació pues como imitación y enmascaramiento que, paradójicamente, pretendía dar a conocer una realidad. Sin duda, el libro de Nacaveva tiene un innegable valor documental, su carácter de novela y parodia –ésta limitada a la escritura y su motivación– son discutibles y a lo mejor se deben más a mi manera de leer el texto que a la intención del autor. No obstante, el deseo de imitar un modelo genérico (diario) y un *modus operandi* (periodismo *undercover*) y de convertirse así en un hombre importante gracias a la escritura, está en el origen mismo del relato, anterior incluso al tema del narco, y este último no basta para hacer del libro de Nacaveva el prototipo de un presunto nuevo género que merecería llamarse *narconovela* (y, por cierto, la estructura de diario no fue recuperada posteriormente por otros autores). *Diario de un narcotraficante* no es la parodia de la realidad del narco (ni mucho menos de otras ficcionalizaciones del tema, que ni siquiera se mencionan), pero sí –por lo menos en mi lectura del texto– una parodia involuntaria de cómo se hace un libro sobre el narco.

EL CADÁVER ERRANTE Y LA NOVELA DETECTIVESCA

En el caso de que no se le reconozca el status de novela a la obra de Nacaveva, la primera *narconovela* publicada[10] en México podría ser *El cadáver errante* (1993) de Gonzalo Martré, la mejor –o para decirlo de un modo menos eufemístico: la menos mala– de una serie de novelas detectivescas paródicas en torno al narco (le siguieron *Los dineros de Dios* [1999] y *Cementerio de trenes* [2003], protagonizados por el inmoral sabueso Jesús Malverde Chandler). De que se trata de un *whodunit* no cabe duda, pues el narrador-protagonista es un detective privado que recibe el encargo de resolver un caso misterioso, la desaparición de un profesor norteamericano en México, vive una serie de aventuras durante sus investigaciones en Sinaloa, donde entra en contacto con numerosos especímenes de la fauna narco y sicaresca, y presenta en el desenlace una sorprendente solución que ha encontrado con métodos poco ortodoxos.

Si la pertenencia al género detectivesco resulta obvia, no lo es menos la intención paródica, perceptible ya en el título paradójico, e inequívoca desde el primer párrafo: el narrador se presenta como un detective ambicioso, pero inexperto al que nunca le encomiendan casos importantes y que sueña con convertirse en "el super investigador privado de la ciudad" (7), que adquirió sus conocimientos criminalísticos en el Instituto Houdini de Catamaco –nombre y pueblo más apropiados para una escuela de magia, brujería y prestidigitación–, que para estar en buena forma física hace diariamente ejercicio en los Viveros de Coyoacán y "[a]demás, entrenaba de continuo el tiro al blanco en las ferias urbanas y me consideraba un excelente tirador, como lo prueba mi colección de 98 ositos panda de peluche, ganados gracias a mi magnífica puntería con rifle o pistola de municiones" (7).

Esta inadecuación entre las pretensiones del detective y sus cualidades, méritos, métodos y logros efectivos es uno de los procedimientos paródicos más usados en la novela, que crea un contraste entre el protagonista y sus modelos genéricos. También la onomástica resulta impropia para un relato detectivesco serio: el narrador se llama Giordano Bruno, como el poeta filósofo quemado por la Inquisición en 1600, pero se registra en el hotel como Pedro Infante, seudónimo a todas luces contraproducente y ridículo ("Utilicé el del llorado y popular actor, por ser él sinaloense, de tal manera que les caería simpático" [18-19]), y su cliente, Carlyle, recuerda al autor escocés del *Sartor Resartus* (1833); entre los personajes secundarios, encontramos la banda de los hermanos Mascabrones, cuyos nombres Semefo, Cereso y Emepé son siglas de instituciones policiales (Servicio Médico Forense, Centro de Readaptación Social y Ministerio Público). A Giordano Bruno le importa mucho vestirse "como corresponde a un gran detective privado" (8), es decir, imitando modelos literarios y cinematográficos, a pesar de llamar mucho la atención con semejante indumentaria, sobre todo en Sinaloa:

> [l]entes oscuros, traje gris, corbata rayada, gabardina beige y mi inseparable sombrero de fieltro gris oscuro. Resultaba desusado en Culiacán vestir así, pero un detective sin gabardina es como un médico sin bata. Lo malo del atuendo estribaba en el calor, muy por arriba de los treinta centígrados durante todo el día. (14)

Como coartada indica ser un cineasta en busca de locaciones para una película de narcos y federales de los hermanos Mario y Fernando Almada, aludiendo a los filmes de baja calidad que contribuyeron considerablemente a la difusión de los estereotipos de la narcoficción en el cine mexicano. La novela contiene algunas páginas que no carecen de intención informativa, por ejemplo cuenta de manera escueta, pero correcta en lo esencial, la historia del narcotráfico en Sinaloa (cap. 3), resume la leyenda de Jesús Malverde (68-69) o reproduce narcocorridos dedicados a este santo popular (39-40, 67-68)[11] muy venerado por los narcos y otros delincuentes, cuyo santuario en Culiacán visita el detective, o al famoso narco apodado Cochiloco,[12] quien aparece en la novela como personaje secundario. También menciona dos películas y una obra teatral sobre Malverde, *El jinete de la Divina Providencia* (1987) de Óscar Liera (70). Con las referencias al cine, los corridos e incluso al teatro, se señalan los antecedentes principales de la narconarrativa literaria, que ésta a menudo homenajea y parodia, como también lo hace Martré en *El cadáver errante*, con situaciones típicas llevadas *ad absurdum*: por ejemplo, cuando un secuestrador, antes de mutilar a su rehén, se ejercita cercenándole cinco dedos a su hermano, miembro de la misma pandilla (83), y para aprender a decapitar se entrena con cerdos y vacas (85), o cuando los hombres de un comando paramilitar, para celebrar una victoria, bailan el sirtakis "Zorba el griego" (92), y en otras muchas situaciones grotescas más. También las películas de Hollywood le sirven de modelo para el detective, aunque no siempre logre seguirlo en la realidad:

> [...] El sargento y el otro soldado, cavilosos, fumando a veces, sin soltar jamás las armas, nos vigilaban perezosamente. ¿Qué habría hecho Rambo en mi lugar? De un salto felino, apenas se ocultara completamente el sol, acogotaría al sargento, le quitaría su arma con rapidez de centella y destriparía a los tres soldados. Eso haría yo.
> Puede que el sargento me adivinara el pensamiento, porque sin decir agua va, sacó del retén dos cuerdas y nos amarró las manos atrás:
> —Para que no se cansen, amigos, así estarán más cómodos. (56)

En cambio, el tratamiento de la forma más popular de narrar los sucesos del narcotráfico, el corrido, no es objeto de una parodia textual en la novela —las letras de corridos auténticos se reproducen sin alteración—, pero Martré sí se permite algunos comentarios irónicos sobre el contenido de esas canciones y la afición que les tienen los sinaloenses de la novela.

Con San Jesús Malverde, el detective tiene un protector sobrenatural que lo apoya en todas las situaciones, gracias a un cofre que le regaló el custodio del santuario en Culiacán. Este estuche Malverde parodia el arsenal ultramoderno de agentes secretos como James Bond igual que los utensilios de los detectives ficticios más sofisticados:

> [...] las dos partes del estuche desplegaban un equipo completo de investigador privado: un par de esposas, una linterna de pilas, una gorra estilo Sherlock Holmes, una pipa como la de Nero Wolf, una lupa como la de Charlie Chan, un pequeño cilindro aspersor de lacrimógenos, un "bóxer", diez metros de cuerda nylon muy delgada pero extraordinariamente resistente, un juego de ganzúas, un rollo de tela adhesiva doble ancha, una hipodérmica, una dosis de pentotal inyectable, diez cápsulas de nembutal, diez de bencedrina, un garfio de abordaje, alicates para cortar alambre de púas, un cuchillo mil usos, un juego de pelucas de tres colores y otros accesorios y materiales indispensables en la procelosa vida del investigador privado. (96)

En sus investigaciones de alto riesgo y los combates con los maleantes, el narrador siempre encuentra en el estuche Malverde los instrumentos y las armas, cada vez más inverosímiles, que le hacen falta, sin explicarse cómo tantas cosas cabían en un cofre tan pequeño: una escalera telescópica de aluminio (132), un aspersor de narcótico contra perros (132) y otro de insecticida (136), una granada de mano, "desecho de Vietnam" (141), un rifle potente (147), un chaleco antibalas y una bazooka (158), un cuerno de chivo (o sea un fusil Kalashnikov) (172), y cuando, en el enfrentamiento final con Carlyle, quien revela ser un infame traidor, éste suelta una serpiente venenosa, del estuche Malverde sale volando un águila y agarra el reptil, se posa con él en un nopal y lo mata (171), con lo que la parodia alcanza el mito fundador mismo de México.

Como hemos mostrado, *El cadáver errante* es ante todo una parodia de los procedimientos y tópicos de la novela detectivesca, género para el que Martré encontró una nueva locación (Sinaloa) y un nuevo elenco de personajes (la mafia del narcotráfico mexicano y sus zánganos y satélites), extendiendo la parodia a otras formas de ficción (v. gr. las películas de héroes marciales como Rambo o de superespías como James Bond, la mitología prehispánica y nacionalista). Mientras que *Diario de un narcotraficante* trataba el tema del narcotráfico de una manera seria y documental, Martré optó por la exageración humorística y la ridiculización de los modelos ficticios: estas dos novelas pioneras de la narcoliteratura mexicana introducen así las dos variantes principales del personaje investigador, el periodista-escritor[13] y el detective[14] (generalmente un policía, pues imaginarse a un detective privado investigando sobre el narco en México es ya de por sí una parodia, y la novela de Martré ilustra la inadecuación del modelo genérico aplicado a Sinaloa), y señalan las dos vías en que se iba a desarrollar la narcoficción mexicana: el realismo −o simulacro de realismo, predominante en la novela negra y detectivesca− y la parodia.

LA VIDA DE UN MUERTO Y LAS SAGAS DE CAPOS MAFIOSOS

Mientras que la narconovela sicaresca[15] es de aparición bastante reciente en México, la figura del capo omnipotente aparece ya a finales de los 90, en *La vida de un muerto* (1998) de Óscar de la Borbolla, escritor conocido por sus relatos humorístico-eróticos y sus fantasías especulativas y satíricas, publicadas en la prensa bajo la etiqueta genérica de *ucronías*. Esta novela sobre el jefe de jefes tiene nada en común con los capos de los narcocorridos, sino que parodia sobre todo la literatura y el cine norteamericanos en torno a la mafia italiana en Estados Unidos y producciones semejantes (por ejemplo sobre las bandas asiáticas como la *yakuza* japonesa), incluyendo también motivos de la novela del dictador e incluso elementos del relato onírico-fantástico.

La vida de un muerto es una de esas historias en que un hombre común y corriente se ve de un día a otro envuelto en aventuras extravagantes que en su vida anterior solo conocía de obras de ficción. El relato parte de un suicidio frustrado del protagonista, Benito Correa, quien se traga una alta dosis de barbitúricos, se mete en un ataúd y espera la muerte poniendo el tocadiscos a todo volumen, lo que provoca a los vecinos indignados a llamar a la policía, de modo que el fallido suicida no solo no se muere, sino que pasa una muy mala noche en una celda de la delegación, encerrado con "unos sujetos patibularios que, en cuanto lo vieron descuidado, se le fueron encima con intenciones sodomitas" (11). En este aprieto, Benito decide romper con su vida anterior, que de cierta manera ya se ha quitado con su tentativa de suicidio, y empezar de nuevo con una falsa identidad, para lo que adopta el primer nombre que se le ocurre: Tony Lugano.[16] Y con la ficción del nuevo nombre adquiere calidades de un capo mafioso: seguridad en sí mismo, autoridad sobre los demás, capacidad de intimidarlos con palabras y comportamientos violentos. Metamorfoseado así en un criminal respetuoso a ojos de los delincuentes detenidos en el mismo separo, Benito se imagina el relato épico de su infancia y adolescencia, se inventa una biografía conforme a su identidad postiza, una carrera de panderillero juvenil que, tras iniciarse en el robo, el asesinato y la masacre, llegó a las más altas cumbres del crimen organizado, y se gana con esta narcoficción improvisada el respeto de los maleantes que poco antes intentaron violarlo. Esta historia, que constituye la mayor parte del primer capítulo y todo el segundo, es un remedo grotesco de las sagas de mafiosos como los Al Capone y Luciano reales y los Corleone ficticios, con atrocidades de *thriller* de asesino serial psicópata (la manía homicida le vale al joven pistolero una reprimenda de su amante Laura, la madre de su amigo Roque Segal: "¡Cuándo se te va a quitar esa maldita costumbre de matar a la gente!, dijo y se metió a bañar" [26]), que pasa a un nivel más alto a causa de otra mentira oportuna: viéndose el "escuincle [...] prenarco" (29) amenazado por dos narcovigilantes en cuyo territorio ha penetrado sin darse cuenta, se salva pretextando ser un sobrino del capo que ha venido a visitar a su tío: "¿A don Eusebio?, preguntaron recelosos. Sí, a ese mero: él me regaló esta pistolita, y apuntándoles a los pies les soltó unos disparos. Los narcomachos brincaron y, entre que sí y que no, endulzaron la voz ya convertidos en narcoculeros" (29).

Gracias a este ardid, los "narcoengañados" lo toman por un auténtico "narcojunior" –la creación de neologismos que contienen el elemento *narco* es un procedimiento lingüístico que revela aquí su función al servicio de la parodia– y, dado que don Eusebio está ausente, el joven se instala en su lujosa casa, una "mansión extralógica estilo Partenón" (29). El mayordomo de don Eusebio tiene dudas en cuanto a la identidad de Tony, pero teme equivocarse –"Tony probablemente era Tony: el auténtico y favorito sobrino de don Eusebio" (33)–, por lo que se somete a los caprichos del joven impostor con un "servilismo de raigambre precolombina" (33). El fácil éxito de la patraña del usurpador demuestra el triunfo de la mentira sobre la verdad, es decir, de la ficción sobre la realidad:

> [l]a verdad es menos eficaz que la mentira, porque, segura de sí misma, no echa mano de cuanto medio esté a su alcance para abrirse paso; cree demasiado en su propio valor y eso la vuelve torpe [...]. La mentira, en cambio, al saberse en peligro, urde una trama para envolver no sólo al engañado, sino al mentiroso y, en ocasiones, hasta los mismos hechos –seducidos por las estratagemas que la mentira teje para no ser descubierta– se tuercen para que el mentiroso se salga con la suya [...]. (35-36)

Con la mentira acerca de su identidad, Tony desencadena una espiral vertiginosa de sucesos cada vez más grotescos y absurdos. Cuando llega el capo don Eusebio, finge reconocer a su falso sobrino, pues presume ante sus clientes extranjeros que lo acompañan "que aquellas tierras de amapolas a la intemperie eran un bunker más inexpugnable que el de Hitler" (36) y no quiere admitir ante ellos que un niño de doce años logró burlarse de todas las medidas de seguridad. Como el capo es asesinado poco después, se lleva el secreto a la tumba y Tony queda como su heredero, aunque sin la herencia, pues se la reparten los mafiosos extranjeros entre ellos; no obstante, en los veinte años siguientes, a fuerza de mucho trabajo, logra crearse un nuevo imperio, en una hiperbólica parodia de las biografías de criminales en que se multiplican los crímenes hasta alcanzar dimensiones desmesuradas:

> Sus recuerdos eran estadísticas y, por ello, más que contar narrativamente su vida habría que hacerlo matemáticamente, pues en ese lapso sufrió 936 atentados contra su persona que equivalen a casi uno por semana, asesinó a 1422 individuos que representan la cuota de una ejecución cada cinco días, se vio forzado a celebrar 2327 alianzas que muestran que su familia se compuso y recompuso cada tercer día, y negoció más de 18 mil cobros y entregas que significan no ya otro número, sino el hecho simple de que Tony no tuvo, en todo ese tiempo, un solo segundo para que alguna de sus numerosísimas experiencias le calara hasta el alma. (53)

Para protegerse contra los ataques de enemigos tan temibles como el jefe de la *yakuza* japonesa, don Sushi, se hace sustituir por numerosos dobles, igual que, por ejemplo, el dictador ubicuo en *El otoño del patriarca* (1975) de García Márquez, de modo que pronto nadie sabe quién es el verdadero Tony Lugano ni dónde está, astucia que culmina en una narcocumbre en que todos los capos de las mafias mundiales se hacen sustituir por sus sosias, acompañados de suplentes de los guardaespaldas, que, traicionando a los originales, deciden conspirar contra los jefes verdaderos y fundar una nueva mafia. Aprovechando la ocasión, Roque Segal, que desde la infancia busca a Tony con un odio visceral y el deseo de vengar a su madre, intenta sonsacar al falso Tony el paradero del Tony auténtico, pero éste lo ignora: "Don Tony puede estar en cualquier parte, incluso, en los separos de una delegación" (69).

Esta respuesta da una nueva vuelta de tuerca a la ya muy complicada historia, pues ahora la ficción alcanza a quien la ha inventado, Benito Correa, y se convierte en su realidad justo cuando está a punto de perder el control sobre su relato: su público carcelario ya ha empezado a dudar de la veracidad de su descabellada narración –"Eran demasiadas las exageraciones y las incongruencias que saltaban de aquella historia para tragársela" (71)– cuando una visita sorprendente autentifica el relato extravagante: lo viene a buscar Roque Segal que, avisado de que la policía ha detenido a un tipo que se hace pasar por Tony Lugano, quiere convencerse si es el que está buscando, y se encuentra con una paradoja que ya es del orden de la metaficción: por un lado, este Tony Lugano se parece tan poco al que recuerda que se le antoja ser el peor sosias de Tony Lugano, pero justamente por eso se trataría del camuflaje perfecto: "¿no sería que tan burda falsificación precisamente servía para ocultar al verdadero Tony?" (73), o sea, sospecha que lo más semejante a la verdad es el invento menos verosímil; por otro lado, Benito Correa, que ahora dice llamarse Pablo Jofer, le cuenta su vida, una nueva historia inventada *ad hoc*, pero que corresponde hasta en los detalles más secretos a la biografía del mismo Roque. La siguiente serie de desdoblamientos, falsas identidades, sustituciones, y matanzas de dobles, forma un laberinto narrativo que se resiste a toda descripción, siendo la mentira generadora de ficción un poderoso motor impulsor de una trama delirante que acerca a Correa al "poder absoluto del narcotráfico" (160), aún más grande que el de sus precursores don Eusebio y Tony Lugano, frutos de su propia imaginación que se hicieron realidad, y llegado a la cumbre solo le queda reparar su vida privada que causó su intento de suicidio al principio de la novela. Se compra la empresa donde había trabajado, vuelve a su casa y, mientras espera el regreso de su esposa, reflexiona sobre la extraña historia que le ha ocurrido: "no terminaba de entender que la historia inventada en los separos hubiese sido cierta, que Tony, Roque y Laura hubiesen existido realmente y, menos, que todas las posibilidades infinitas estuviesen abiertas para él" (161).

Cuando, un mes más tarde, la esposa regresa por fin a casa, encuentra horrorizada el cadáver putrefacto de Benito, con una extraña "expresión de éxito y de júbilo", "una luminosa sonrisa donde podía leerse el triunfo", y no comprende que "para aquellos a quienes la muerte alcanza dormidos, leyendo o en estado de coma, lo último que sueñan está fabricado de la misma materia que la vida" (162). La ficción inverosímil desenmascarada como sueño es, sin duda, un desenlace decepcionantemente estereotipado para una novela tan original como *La vida de un muerto*, título explicado por el final, una obra poco conocida cuya importancia particular en la narcoliteratura mexicana consiste en haber introducido la figura del capo mediante una parodia que anticipa y subvierte los rasgos típicos de los jefes de jefes (la aparente omnipotencia y ubicuidad, la desconfianza paranoica, la extravagancia, la violencia hiperbólica) años antes de que novelas posteriores empezaran a tomarse más en serio estas características llevadas *ad absurdum* por Óscar de la Borbolla, aunque lo harán a veces matizando la representación del capo mafioso con un toque irónico.[17] Más aún, *La vida de un muerto* ejemplifica de una manera radical e hilarante un principio básico subyacente a la narcoficción, pero a menudo escamoteado, disimulado o incluso negado: la supremacía de la ficción sobre la realidad, del narco imaginario sobre el narco empírico.

CHINOLA KID Y EL WESTERN

Si las novelas detectivescas y las sagas mafiosas tienen su origen y uno de sus más fértiles campos de cultivo en Estados Unidos, el *western* es un género tan genuinamente estadounidense que la osadía de mexicanizarlo desplazándolo a la sierra de Sinaloa, y además en un contexto de narcos, la plaga "mexicana" más diabolizada en el poderoso país vecino, representa ya de por sí una transgresión. Es verdad que el típico espacio del *western* son los estados del suroeste que pertenecían a México hasta la guerra de 1848, pero los héroes suelen ser anglosajones blancos, *outlaws* pistoleros o *sheriffs* justicieros, y los mexicanos aparecen generalmente como bandidos, campesinos pobres de espíritu o caciques corruptos, moralmente inferiores a los indios. En *Chinola Kid* (2012), presentado en la contracubierta como "un auténtico narcowestern, una 'vieja historia del Nuevo Oeste' en deuda con las películas de Kurosawa, Howard Hawks y el libro vaquero", Hilario Peña, autor especializado en el tema,[18] fusiona al *outlaw* y el *sheriff* en la figura de un sicario mexicano (*chinola* designa a una persona oriunda de Sinaloa y también un estilo de narcocorridos cuyos intérpretes se visten de *cowboys*): Rodrigo Barajas, movido por el deseo quijotesco de redimirse emulando a los modelos ficticios de su juventud, acepta el cargo de restablecer el orden en un pueblo sinaloense devastado por las sangrientas luchas entre clanes enemistados y pervertido por la corrupción, la codicia y la traición, lo que intenta hacer sin muchos miramientos y con métodos expeditivos, según esa concepción arcaica y fascistoide de la ley que caracteriza a tantos héroes solitarios del cine de Hollywood.

En su adolescencia, Rodrigo soñaba con hacerse policía para luchar por la justicia como los vaqueros de las películas que le calentaban la cabeza, pero empieza a asaltar supermercados y termina como gatillero de un cártel. Su jefe, el Turco, le encarga llevar una camioneta a su madre, que vive en un lugar apartado en la sierra y cree que su hijo se dedica a vender coches usados. En el camino Rodrigo es asaltado por unos maleantes de El Tecolote, la aldea que se convertirá en el escenario de sus aventuras. Al llegar al pueblo, tapizado por propaganda electoral de un ex-narcotraficante que aspira a la gubernatura estatal y con narcocorridos como música de fondo, se encuentra con un violento conflicto entre los Zúñiga y los Guerra: "Filiberto descuartizó al pobre Chabelo. Ahí tienes a don Caralampio recogiendo los pedazos por todo el pueblo para darle cristiana sepultura. Tan amigo que era de Adalberto" (40). Blandiendo un cuchillo a la manera de un samurái, Rodrigo se enfrenta a tres matones que intentan impedir que recupere la camioneta robada –"degolla al primero, *filetea* al segundo y perfora el vientre del tercero" (44)– ganándose así el respeto de los aldeanos y el puesto de comisario del pueblo, cargo que le ofrece la posibilidad de romper con su vergonzosa vida fuera de la ley, pues en el fondo es un hombre que desprecia el crimen –"para él no hay excusa que justifique su oficio de *gangster*" (61)– y espera poder emular a los héroes cinematográficos de su juventud:

> ¿Qué diría su abuelo de la vida que lleva? ¿Acaso no le sirvieron de nada todas aquellas películas de comisarios incorruptibles vistas a su lado, los domingos por la mañana, transmitidas por el canal local? Cintas como *Río Bravo*, con John Wayne; *Duelo de titanes*, con Burt Lancaster; *La pasión de los fuertes*, con Henry Fonda; *Armado hasta los dientes*, con Robert Mitchum; *A la hora señalada*, con Gary Cooper… En especial esta última, donde un comisario dispuesto a hacer cumplir la ley tiene que luchar no sólo contra los criminales sino contra la cobardía de todo un pueblo puesto en su contra. Sí, definitivamente está hecho del material necesario para convertirse en el comisario que venga a poner orden en El Tecolote. (62)

Conforme a su afán de emulación, se arma de un colt, y "al más puro estilo Hollywood" (66), se entrena en desenfundar, amartillar, apuntar y disparar lo más rápido posible, convirtiéndose así en "El Comisario de Acero", como reza el título de la segunda parte de la novela, y también en el narrador del resto de la novela, señal de que con su nuevo papel ha recuperado su identidad perdida de hombre apasionado por la ley y el orden (la primera parte, en cambio, es contada por un narrador heterodiegético, forma expresiva más adecuada a la enajenación del protagonista durante su vida como criminal). Se dedica con entusiasmo a su nueva tarea de salvar el pueblo de la depravación:

redacta una ley con reglas rudimentarias –fija las multas para delitos como escupir en la calle, decir palabras malsonantes en presencia de una dama y emborracharse en la vía pública– y se compromete a controlar que nadie se dedique al cultivo ilegal. Al principio los cambios son impresionantes, pero pronto se entera de que a sus espaldas continúa el narcotráfico, hay de nuevo un asesinato, y de la ciudad viene el Turco con un comando de buchones pistoleros que ocupan el pueblo con la intención de manipular las elecciones. En el *showdown* final se enfrentan los gatilleros, los ejidatarios dispuestos a luchar por su pueblo y el *sheriff* con sus pocos ayudantes fieles, recordando la situación de *The Magnificent Seven* (1960), el western de John Sturges basado en los *Seven Samurai* (1954) de Kurosawa: una aldea amenazada por bandidos, unos campesinos decididos a defenderse, pero con pocos medios para oponerse al enemigo, y unos héroes intrépidos. Con la diferencia de que en el desenlace paródico de *Chinola Kid*, muchos aldeanos son ellos mismos criminales, que los maleantes no son vencidos por los valientes, sino por la aparición de la madre del Turco, que acaba de enterarse de la naturaleza de sus negocios y lo riñe por el "cochinero" que ha dejado (o sea, la gran cantidad de cadáveres en las calles de El Tecolote), que un ex-narcotraficante gana las elecciones sin infracción de las reglas democráticas, y que Rodrigo Barajas, tras su experiencia de *sheriff* de El Tecolote, acepta un nuevo desafío profesional que desmiente su depuración moral: regentar un burdel.

A través de la parodia del *western*, Hilario Peña muestra la inadecuación de la concepción simplista e ingenua de la ley y el orden que caracteriza a menudo este género, la idea de que basta con unas pocas reglas claras e indiscutibles y un hombre fuerte capaz de hacerlas respetar con mano dura. La facilidad con que el protagonista se transforma de sicario en comisario y finalmente en proxeneta denuncia el carácter amoral de la profesionalidad venal, la mutabilidad oportunista de la conducta en una sociedad sin principios éticos firmes. Una sociedad que ofrece condiciones ideales para que prospere el narcotráfico con todo su poder corruptor, en que un capo del narco puede ser elegido gobernador y un gatillero hacer de *sheriff*, en que es posible que el crimen organizado, como de hecho ocurre en algunas regiones de México (v. gr. en Michoacán con la Familia y los Caballeros Templarios), pretenda desempeñar un papel justiciero allí donde el

Estado ha fracasado, en el nombre de una hipócrita ética de *western* no tan ajena a la que determina las estrategias de EE.UU. respecto al narcotráfico mexicano.

SALVANDO AL SOLDADO PÉREZ Y LAS PELÍCULAS DE RESCATE DE REHENES

El título de la película *Salvando al soldado Pérez* (México, 2011), dirigida por Beto Gómez, es una evidente parodia en el sentido estrecho de la definición de Gérard Genette en *Palimpsestes* (36), es decir, una transformación lúdica de un texto previo, en este caso de *Saving Private Ryan* (1998), el filme de Steven Spielberg en que un pequeño comando de soldados estadounidenses busca a un paracaidista desaparecido tras la línea de fuego en la invasión de Normandía, en la Segunda Guerra Mundial. La trama de *Salvando al soldado Pérez*, sin embargo, no se calca directamente en la estructura narrativa de la obra de Spielberg al modo de lo que Genette llamaría un travestimiento, sino que combina elementos provenientes de películas semejantes, como las de *Rambo*[19] y otras, que narran la liberación de rehenes o prisioneros de guerra por parte de un solitario superhéroe marcial o un grupo de guerreros de élite, en una misión suicida ordenada por el gobierno, la CIA o los superiores militares, pero mantenida secreta porque viola leyes y provocaría un escándalo si se supiera, sobre todo si la misión fracasara. Se trata, pues, de un subgénero cinematográfico, ficciones en que todos los medios ilegales, hasta la violencia extrema y el asesinato masivo, son legítimos para luchar por la libertad de unos compatriotas, en analogía con la política exterior de Estados Unidos, país que a menudo impone sus intereses con métodos inconfesables que son incompatibles con sus principios éticos declarados.

La ironía subversiva de *Salvando al soldado Pérez* consiste en la mexicanización de este esquema de legitimación ficticia de las acciones policíaco-militares ilegales de los Estados Unidos: sí hay un soldado americano secuestrado por el enemigo (los islamistas en Irak), pero es un inmigrante mexicano que se enroló en el ejército para obtener la nacionalidad estadounidense, y también hay un comando de héroes que lo busca y libera, pero se trata de sicarios y gatilleros del narco mexicano, y no reciben la orden del Estado, sino que son mercenarios al servicio de su enemigo número uno, Julián Pérez, el capo de un cártel del narcotráfico, hermano del soldado desaparecido, y este grupo estrafalario de delincuentes logra con unos cuernos de chivo y la ayuda del azar lo que el poderoso ejército estadounidense ha intentado en vano con todo su armamento supermoderno, y al final no se devuelve al rescatado a su vida de ciudadano respetuoso de la ley y el orden en California, sino que lo llevan de regreso a México.

Si en la estructura de la trama, numerosas escenas de *action*, el *trailer* (con voz en *off* en inglés y acento gringo al pronunciar los nombres españoles de los actores), e incluso la música original (con reminiscencias de las melodías que compuso Ennio Morricone para los *spaghetti western* italianos), *Salvando al soldado Pérez* parodia el género norteamericano de las películas de rescate de prisioneros de guerra, en muchos otros detalles ridiculiza los tópicos de la narcocultura mexicana: el *kitsch* de la casa del capo, su atuendo extravagante, su pistola bañada en oro, su jardín zoológico privado con un león blanco, su piscina en forma de hoja de cannabis, la obediencia a su madre (que es la que, desde su cama en el hospital, le pide que haga todo lo posible para salvar a su hermano Juan), la visita al santuario de Malverde, sin que tampoco falte un corrido de los Tucanes de Tijuana sobre las hazañas del protagonista. También la representación de Turquía es una construcción paródica de tópicos del orientalismo (con baile de vientre y un traficante de armas que lleva un fez en la cabeza y un monito en el hombro), y en las escenas en Irak llama la atención el simulacro de los letreros mal escritos en un seudoárabe, síntoma de la incultura hollywoodense (en contra de las reglas del árabe, las palabras se escriben de la izquierda a la derecha y sin ligar las letras). Bien mirado, cada personaje, cada plano, cada diálogo es paródico en esta película. Mientras que la historia del comando narco en Irak subvierte el pathos bélico del cine norteamericano y las aspiraciones de Estados Unidos de ser el *sheriff* del mundo, la representación del narco en *Salvando al soldado Pérez* es la versión ultra del *narcokitsch*, la parodia de esa parodia que, según Carlos Monsiváis, es la narcocultura. Pero también es la caricatura de una visión norteamericana del narco pasado por la parodia mexicana, una mezcla de una autoimagen paródica y una heteroimagen parodiada.

Conclusión

La narcoficción aparece en la literatura mexicana como parodia de los géneros que más tarde se usarán para representar el narco con intención más seria: del periodismo *undercover* en *Diario de un narcotraficante* (aunque en este caso admito que el efecto paródico parece involuntario), de la novela detectivesca en *El cadáver errante*, y de la saga de mafiosos en *La vida de un muerto*. Estas parodias cuestionan lúdicamente la adecuación de los modelos genéricos a la situación mexicana: los métodos de investigación de un detective privado resultarían ineficaces en Sinaloa (y acabarían pronto con la vida del sabueso), y las fantasías mafiosas de omnipotencia no logran sublimar la sordidez de la realidad (de la megalomanía soñada de Tony Lugano solo queda el cadáver putrefacto de Benito Correa). El *boom* de la narcoficción literaria y cinematográfica en el sexenio de Calderón culmina en obras paródicas que genéricamente pertenecen a formas ficticias de indiscutible origen estadounidense, muy arraigadas en la mitología nacional del país vecino: el *western* en *Chinola Kid* y las películas de rescate de prisioneros en *Salvando al soldado Pérez*, géneros que legitiman la ilegalidad al servicio de los ideales en que pretenden fundarse los Estados Unidos y cuya hipocresía es desenmascarada mediante la mexicanización paródica. Aunque pertenecientes a géneros independientes del narco, se parodian en estas obras también elementos de la narcocultura y de narcoficciones mexicanas (sobre todo corridos y películas), sin que este hecho altere la pertenencia formal-estructural a los géneros mencionados ni justifique hablar de nuevos géneros (la *narconovela* o la *narcopelícula*). Al contrario, las parodias demuestran la extrema variabilidad de los géneros que la narcoficción mexicana se sirve para enfocar una problemática compleja, el narcotráfico, desde perspectivas y con estéticas diferentes que se complementan mutuamente. Los géneros de la ficcionalización son variados (y anteriores a la narcoficción), lo constante es el narco como núcleo temático central en torno al que giran.

Notas

[1] Es posible que los *narcocorridos* constituyan un subgénero no solo temático del corrido y que lo mismo se pueda decir de la *narcotelenovela* (llamada generalmente *narconovela* sin ninguna

referencia a su carácter televisivo) respecto a la telenovela, pero son los especialistas de estas formas narrativas que deberán zanjar la cuestión.

2   Estoy totalmente de acuerdo con Felipe Oliver Fuentes Kraffczyk en que es más correcto hablar de literatura, novela *sobre* el narco –no *del* narco–, ya que los narcos no escriben (excepto narcomantas llenas de faltas ortográficas); son otros los que escriben cómo se imaginan que son los narcos–, pues "mientras el prefijo 'narco' encasilla la obra literaria hasta casi anular cualquier lectura al margen de 'lo narco', la preposición 'sobre' traza o define una ruta de acceso que no clausura otras posibilidades" (9), pero igual que él no resisto a la tentación de utilizar de vez en cuando *narcoliteratura* y *narconovela*, por comodidad y en virtud del innegable atractivo que tienen las palabras, pero nunca las empleo como denominaciones de un género, sino únicamente para referirme a los textos que de alguna manera tratan el tema del narco.

3   Ficcionalizaciones de la figura del Chapo Guzmán se encuentran en las novelas *Plata o plomo. El Chapo en el espejo* (2010) de Felipe Victoria Zepeda, y *El más buscado* (2012) de Alejandro Almazán.

4   Se inspira en el atentado de Guadalajara el capítulo 7, "Masacre en el aeropuerto", de *Los dineros de Dios* (1999) de Gonzalo Martré.

5   Piénsese, por ejemplo, en las fotos tan antiheroicas de Joaquín Guzman Loera alias el Chapo Guzmán en la cárcel o del sicario Édgar Valdez Villarreal alias la Barbie tras su detención, o en los cadáveres de temidos jefes de cárteles, como el cuerpo ensangrentado, cubierto de billetes de banco, de Arturo Beltrán Leyva, abatido el 11 de diciembre de 2009 en Cuernavaca, o de Heriberto Lazcano Lazcano alias el Lazca, jefe de los Zetas, muerto en un enfrentamiento con soldados de la marina, el 7 de octubre de 2012.

6   Para un análisis de este libro pionero de la narcoliteratura en México, véase Herlinghaus (53-66).

7   No es posible verificar los hechos ni he podido conseguir informaciones biográficas fidedignas sobre el autor, que también firmó otro libro muy semejante, proyecto ya anunciado en el *Diario* (213), titulado *El tráfico de la marihuana* (1984), en cuya contraportada se dice que sufrió "una condena por traficante de opio".

8   Nótese que la profesión de periodista no corresponde a lo poco que el narrador nos dice acerca de su trabajo (habla de una oficina con secretaria, negocios y un gerente que le da comisiones [31], lo que no hace pensar en la redacción de un periódico). Pero cuando lo interroga la policía de Culiacán, antes de su viaje a EE.UU., dice ser periodista y que entró en el narcotráfico "por cuenta del periódico. Salió el Director que me lo ordenó" (294), lo que evidentemente es un invento *ad hoc*, en total contradicción con lo que antes explicó respecto a su motivación, o sea, se trata de un estratagema para conseguir que la policía lo deje seguir con su proyecto. Y ésta es la versión que los policías sinaloenses dan a sus colegas de la Baja California cuando éstos les piden informaciones sobre Nacaveva.

9   En la portada de la quinta edición se usa la referencia a los "50,000 ejemplares vendidos" como aliciente publicitario.

10 Hago hincapié en la palabra *publicada*, pues existe una excelente "narconovela" mexicana –en mi modesta opinión la mejor– escrita antes y galardonada con el Premio Rulfo en 1991: *Contrabando*, del dramaturgo Víctor Hugo Rascón Banda. Sin embargo, por razones diversas que comentó Juan Villoro en su artículo "La violencia en el espejo" (*El País* 3 de agosto 2013), no se publicó hasta 2008, en pleno *boom* de la narcoliteratura en México.

11 Los dos corridos son auténticos: véase Flores y González (90-91 y 166).

12 Se hace referencia a él en (49-50) y "El Gallo de San Juan" (104-05); este último es auténtico (ha sido interpretado por diversas bandas de música norteña: cf. en youtube las versiones de Los Tigres del Norte, Román y Chayo, Carlos y José y otros cantantes), el primero podría serlo, pero no he encontrado documentación. Cochiloco fue el apodo del narco real Juan Manuel Salcido Uzeta, muerto a balazos en 1991.

[13] Novelas protagonizadas por periodistas son, por ejemplo, Ricardo Guzmán Wolffer: *La frontera huele a sangre* (2002); Leónidas Alfaro Bedolla: *La maldición de Malverde* (2004); la novela corta homónima en Homero Aridjis: *La Santa Muerte* (2006); Luis Humberto Crosthwaite: *Tijuana: crimen y olvido* (2010); Víctor Ronquillo: *Conspiración. La hora del narcoterrorismo* (2011).

[14] Novelas detectivescas sobre el narco son, entre otras, Juan José Rodríguez: *Mi nombre es Casablanca* (2003); las novelas protagonizadas por el Zurdo Mendieta de Élmer Mendoza, *Balas de plata* (2008), *La prueba del ácido* (2010) y *Nombre de perro* (2010); Iris García Cuevas: *36 Toneladas. ¿Cuánto pesa una sentencia de muerte?* (2011).

[15] Por ejemplo Bernardo Fernández, *Tiempo de alacranes* (2006); Homero Aridjis, *Sicarios* (2007); Alejandro Almazán, *Entre perros* (2009); Alejandro Páez Varela, *Corazón de Kaláshnikov* (2009); Víctor Ronquillo, *Sicario. Diario del diablo* (2009); Guillermo Rubio, *El Sinaloa* (2012). Nótese que la novela sicaresca mexicana más irónica, no exenta de elementos paródicos (sobre todo inspirados en la novela gráfica y el cómic), es la de Bernardo Fernández alias BEF, que es, una vez más, la más antigua que he encontrado (con lo que no afirmo que es la primera).

[16] La semejanza del nombre con Tony Soprano, protagonista de la teleserie estadounidense *The Sopranos*, es llamativa. Sin embargo, debe de tratarse de una coincidencia, pues la serie empezó a difundirse en la tele de EE.UU. en enero de 1999, después de la publicación de la novela de Óscar de la Borbolla, quien probablemente alude con el falso nombre de su protagonista a Lucky Luciano, considerado como el padre del crimen organizado moderno.

[17] Hay una evidente ironía metaliteraria en las referencias a *El Padrino* (1969) de Mario Puzo que, desde la primera línea, Juan José Rodríguez incluye en su novela detectivesca *Mi nombre es Casablanca* (2003). Leónidas Alfaro Bedolla, en cambio, se refiere a la persona histórica Lucky Luciano en *La maldición de Malverde* (2004) cuando el capo recuerda cómo comenzó su carrera de narcotraficante: "Fue a finales de mil novecientos cuarenta y cinco cuando terminó la guerra, en el cuarenta y seis fue cuando empezó todo, después de la visita de Luky, que por cierto, tuvo mucha razón, yo sería el Jefe de Jefes, recordó don Marcelo enorgulleciéndose de sí mismo" (29). Más irónica es la representación medievalizante de una narcocorte en Yuri Herrera, *Trabajos del reino* (2008), mientras que Alberto Ponce de León renuncia por completo al humor en *La bicicleta de alquiler* (2010), novela sobre un capo del narco en Ciudad Juárez, escrita en la época más violenta de la ciudad fronteriza.

[18] Todas las novelas anteriores de Hilario Peña contaron ya historias de narcos en la franja occidental de México, entre Sinaloa y la Baja California: *Malasuerte en Tijuana* (2009), *El infierno puede esperar* (2010), *La mujer de los hermanos Reyna* (2011), todas publicadas por Mondadori México.

[19] En *Rambo II* (1985), de George P. Cosmatos, el protagonista vuelve a Vietnam en busca de los últimos prisioneros de guerra; en *Rambo III* (1988), de Peter MacDonald, va a Afganistán para liberar a un americano preso de los rusos, y en *Rambo* (2008), dirigido por el mismo Sylvester Stallone, rescata a misioneros secuestrados en Burma.

Obras citadas

Alfaro Bedolla, Leónidas. *La maldición de Malverde.* 2004. Culiacán: Godesca, 2010.
Almazán, Alejandro. *El más buscado.* Ciudad de México: Grijalbo, 2012.
_____ *Entre perros.* Ciudad de México: Mondadori, 2009.
Aridjis, Homero. *La Santa Muerte.* Ciudad de México: Punto de Lectura, 2006.
_____ *Sicarios.* Ciudad de México: Alfaguara 2007.
Borbolla, Óscar de la. *La vida de un muerto.* Ciudad de México: Editorial Patria, 1998.
Crosthwaite, Luis Humberto. *Tijuana: crimen y olvido.* Ciudad de México: Tusquets, 2010.
Fernández, Bernardo. *Tiempo de alacranes.* Ciudad de México: Joaquín Mortiz, 2006.
Flores, Enrique y Raúl Eduardo González. *Malverde. Exvotos y corridos.* Ciudad de México: UNAM, 2011.
Fuentes Kraffczyk, Felipe Oliver. *Apuntes para una poética de la narcoliteratura.* Guanajuato: Universidad de Guanajuato, 2013.
García Cuevas, Iris. *36 Toneladas. ¿Cuánto pesa una sentencia de muerte?* Ciudad de México: Zeta, 2011.
Genette, Gérard. *Palimpsestes. La littérature au second degré.* Paris: Éditions du Seuil, 1982.
Guzmán Wolffer, Ricardo. *La frontera huele a sangre.* Ciudad de México: Lectorum, 2002.
Herlinghaus, Hermann. *Narcoepics. A Global Aesthetics of Sobriety.* New York y London: Bloomsbury, 2013.
Herrera, Yuri. *Trabajos del reino.* Cáceres: Periférica, 2008.
Mendoza, Elmer. *Balas de plata.* Barcelona: Tusquets, 2008.
_____ *Cementerio de trenes.* Ciudad de México: Selector, 2003.
_____ *El cadáver errante.* Ciudad de México: Posada, 1993.
_____ *La prueba del ácido.* Ciudad de México: Tusquets, 2010.
_____ *Los dineros de Dios.* Cuidad de México: Ed. Daga, 1999.
_____ *Nombre de perro.* Ciudad de México: Tusquets, 2010.
Monsiváis, Carlos. "El narcotráfico y sus legiones". Carlos Monsiváis, ed. *Viento rojo. Diez historias del narco en México.* Barcelona: Plaza y Janés/Random House-Mondadori, 2004. 34-44.

_____, ed. *Viento rojo. Diez historias del narco en México*. Barcelona: Plaza y Janés/Random House Mondadori, 2004.

Nacaveva, Á[ngelo]. *Diario de un narcotraficante*. 1967. Ciudad de México: Costa-Amic, 1994.

_____ *El tráfico de la marihuana*. 1984. Ciudad de México: Costa-Amic, 1997.

Páez Varela, Alejandro. *Corazón de Kaláshnikov*. Ciudad de México: Planeta, 2009.

Peña, Hilario. *Chinola Kid*. Ciudad de México: Mondadori, 2012.

_____ *El infierno puede esperar*. Ciudad de México: Mondadori, 2010.

_____ *La mujer de los hermanos Reyna*. Ciudad de México: Mondadori, 2011.

_____ *Malasuerte en Tijuana*. Ciudad de México: Mondadori, 2009.

Ponce de León, Alberto. *La bicicleta de alquiler*. Girona: Quadrivium, 2010.

Rascón Banda, Víctor Hugo. *Contrabando*. Ciudad de México: Planeta, 2008.

Reyna, Juan Carlos. *Confesión de un sicario. El testimonio de Drago, lugarteniente de un cártel mexicano*. Ciudad de México: Grijalbo, 2010.

Rodríguez, Juan José. *Mi nombre es Casablanca*. Ciudad de México: Mondadori, 2003.

Ronquillo, Víctor. *Conspiración. La hora del narcoterrorismo*. Ciudad de México: Ediciones B, 2011.

_____ *Sicario. Diario del diablo*. Ciudad de México: Ediciones B, 2009.

Rubio, Guillermo. *El Sinaloa*. Ciudad de México: Terracota, 2012.

Salvando al soldado Pérez. Beto Gómez, dir. Videocine, 2011.

Victoria Zepeda, Felipe. *Plata o plomo: el Chapo en el espejo*. Ciudad de México: Libros para todos, 2010.

Villoro, Juan. "La violencia en el espejo". *El País*. 3 de agosto 2013: 19.

El pharmakos – *un concepto irónico. La ironía inmanente en* 2666 *de Roberto Bolaño*

Hermann Herlinghaus
Universität Freiburg

1. En torno a la ironía

La ironía es un tropo de larga data. No pocas veces en la historia cultural, su inmanencia en narrativas y obras de muy diversa índole y su difícil reconocibilidad –su camuflaje autorreflexivo– se daban la mano. Etimológica y filosóficamente, la noción remonta a su raíz griega, empezando con las comedias de Aristófanes y la retórica de los sofistas (Fetscher 197). No sorprende que el auténtico protagonista de un lenguaje irónico haya sido Sócrates. El concepto empezó a formar parte de la tradición retórica y así entró al latín y, más tarde con el Renacimiento, a las lenguas y literaturas europeas. Se lo llama el tropo de la tergiversación o la corrosión del sentido. En cuanto al género, de la sátira inglesa a partir de comienzos del siglo XVIII emergen estratos lingüísticos y estilísticos que se pueden llamar irónicos propiamente. De ahí que no es casual que el anfitrión latinoamericano de la ironía, Jorge Luis Borges, se adhirió, desde su *Historia universal de la infamia* (1935), a un modo de lenguaje de toques sobrios, casi secos, consternantemente irónicos, que caracteriza ciertas narrativas de la literatura angloamericana.

Llama la atención que la ironía no parece admitir límites. Paul de Man sostiene que la ironía abarca y hasta incluye todos los otros tropos y va más allá de ellos (*Aesthetic* 164). Northrop Frye considera que la ironía es un tropo con características de "metatropo". Formula que el término indica "a technique of appearing to be less than one is, which in literature becomes most commonly of saying as little and meaning as much as possible, or, in a more general way, a pattern of words that turns away from direct statement or its own obvious meaning" (*The Anatomy* 38). Desviación entre significado literal y figurativo, un suspender del significado, su reemplazamiento por un mensaje indirecto –como diciendo una cosa y "queriendo decir" (en alemán *meinen*) otra–. Sin embargo, como anota de Man, "[d]efinitional language seems to be in trouble when irony is concerned" (*Aesthetic* 164). Consideraremos en especial algunas ideas de Frye. Una de sus observaciones podría proyectarse como lema a la escritura de Roberto Bolaño: [t]he chief difference between sophisticated and naive irony is that the naive ironist calls attention to the fact that he is being ironic, whereas sophisticated irony merely states, and lets the reader add the ironic tone himself" (Frye 38). *Historia universal de la infamia* de Jorge Luis Borges es un excelente ejemplo de ironía sofisticada. Y, como intentaremos mostrar, Bolaño ofrece un genuino aporte a ese dispositivo de la escritura.

2. Encuentro con el *pharmakos*

La novela *2666* nos hace descubrir una figura conceptual que permite establecer un vínculo complejo con la ironía al trascender el registro tanto de la ironía ingenua como de la ironía sofisticada. Se llama *pharmakos* y proviene del imaginario griego, revelando una particular genealogía antropológica y cultural-política. Su enigma reside en la lógica del "chivo expiatorio". Leemos en *Lo sagrado y la violencia* (1972) de René Girard:

> La violencia es calificada a menudo como "irracional". Sin embargo, no carece de motivos para desencadenarse. […] La violencia no satisfecha busca y siempre termina por encontrar una víctima vicaria. Esa violencia, en vez de dirigirse contra aquel que ha desencadenado su ira, dirige su rabia de repente hacia otra criatura, que se presta para ser victimizada porque es vulnerable y se encuentra al alcance. (Girard, *Das Heilige* 11, la traducción es mía)[1]

Nuestro interés en el *pharmakos* se relaciona a la pregunta de cómo esa figura ayuda a comprender un peculiar mecanismo de construir alteridades y luego practicar castigos. El *pharmakos* designa un "otro" por excelencia, no un Otro esencialista, sino un otro ambiguo, incluso mentiroso. Ese otro se vincula con el estatus precario de grupos, comunidades o personas –o de las imágenes que se fabrican de ellos– que se consideran indecentes.

Tradicionalmente, el *pharmakos* ha sido un secreto abierto donde mucho se sabe y poco se admite. Dos autores han sugerido que esa figura debería llamar la aguda atención de los estudios literarios. El primero fue Northrop Frye quien, en *The Anatomy of Criticism* (1957) describió el *pharmakos* como *chivo expiatorio* o la *víctima al azar* ("random victim") que se reconoce como un personaje latente en las literaturas de la modernidad (39). La otra contribución proviene de "La farmacia de Platón" de Jacques Derrida, publicado primero en *Tel Quel* en 1968.

En Frye encontramos una sugerencia clave que se refiere al trato estético de la violencia. Consiste en una contrapropuesta a la poética aristotélica de la tragedia en la cual se entablan relaciones constitutivas entre un noble individuo, su estar atrapado por un destino superior y por consiguiente sus acontecimientos trágicos, los que se narran y teatralizan a través de la catarsis sublimadora como estrategia afectivo-comunicativa. En un polo diferente, distante de la víctima trágica ("víctima absoluta" según Hegel), encontramos el *pharmakos* que Frye llama la "víctima irónica" (39-40). Esa figura también confronta la violencia, pero carece de una identidad trágica distintiva. Una pregunta asociativa diría: ¿por qué necesitan las sociedades chivos expiatorios, por un lado, y héroes trágicos, por el otro? La pregunta es, en el fondo, política; pero como se trata de criaturas que se "fabrican" a través de posturas y teatralizaciones afectivas, nos lleva a la dimensión estética de lo político.

El papel del *pharmakos* no es solo ambiguo, sino también es paradójico. Es ambiguo porque la "selección" de esa criatura para la catástrofe —es decir, para ser castigada— es inadecuada, y así "raises more objections than it answers" (39-40). Es paradójico debido al "bajo modo mimético" ("low mimetic mode" [47]) que se debe a la ironía. En la expresión o representación irónica faltan los dispositivos catárticos de la compasión y el miedo. Esa paradoja merece acentuación. Una persona cae víctima de un castigo, tal vez sin ser culpable de forma alguna, y sin embargo el modo poético que configura la épica de la víctima carece del pathos de lo terrible. El "bajo modo mimético" indica que se evitan los modos primarios de la identificación estética: fuertes emociones, sufrimiento, compasión, luto, y otros. En la historia y la fábula del *pharmakos* encontramos el realismo de un dar cuenta, una observación desapasionada. Para Frye, "la víctima al azar" es también la "víctima típica" (mientras el individuo trágico es la víctima distintiva y absoluta). Al mirar atentamente, se puede descubrir que en la literatura occidental la víctima casual constituye, desde Adán a *El proceso* de Kafka, un rasgo importante, aunque no pocas veces inadvertido. Quien lleva ese lineaje figurativo a una nueva dimensión es Roberto Bolaño con su novela *2666*, publicada póstumamente en 2004.

En "La farmacia de Platón", Derrida ofrece una lectura del *Fedro* de Platón. Muestra que cuando Platón usa las antiguas palabras farmacéuticas *pharmakon* y *pharmakos*, su estrategia es retórica y filosóficamente curativa. Se trata de "curar" excesos y violencias con la ayuda del logos y la catarsis (mientras en Derrida se trata de obtener, con el *pharmakon*, de un "no-filosofema" un filosofema para enriquecer el discurso de la deconstrucción). En las palabras griegas *pharmakeia-pharmakon-pharmakeus* hay un *surplus*, un exceso, una carga intoxicadora (Derrida 117-30). Es esta la que debe ser controlada. Si en el *Fedro* no se usa la palabra *pharmakos*, no es porque no se conocía, al contrario, sino porque se trataba de un término sobredeterminado. Así argumenta Derrida quien, en la ubicación genealógica de los términos se apoya en los estudios de Frazer y el Cambridge School of Anthropology. *Pharmakos* (sinónimo de *pharmakeus*) significaba mago, intoxicador, charlatán; pero hubo un significado más excesivo todavía –el del *chivo expiatorio* que fue descrito por Harpokration–. Recién a comienzos del siglo XX fue prácticamente redescubierto por Le Marchant y Frazer. Si un término es sobredeterminado, esto puede significar que está hondamente enraizado en la realidad social y político-cultural. Esta sobredeterminación que Platón quiso domesticar con la ayuda de la razón se vinculaba con un ritual político: expulsar las culpas de una comunidad o una sociedad a través del mecanismo de proyectarlas sobre un individuo o una criatura, que es sacrificada con fines de purificación. Hubo en la antigua sociedad griega una práctica ritual que servía para exteriorizar el mal –exteriorizarlo de la ciudad y del cuerpo de las gentes–. Leemos en James Frazer:

> Siempre cuando Marseilles, una de las más brillantes de las colonias griegas, fue agobiada por una plaga o una epidemia, un hombre de las clases pobres se ofrecía para actuar como chivo expiatorio. Durante un año entero se lo

mantenía a costo público, alimentándoselo a gusto con comidas de calidad. Al final del año se lo vestía de ropas sagradas y se lo cubría con ramas divinas. Luego el hombre era guiado por la ciudad mientras se rezaba y rogaba que todos los males de la gente cayeran encima de su cabeza. Después se lo echaba de la ciudad o era matado a piedrazos fuera de los muros de ella. Los ciudadanos de Atenas solían mantener una serie de individuos degradados a costo público; y cuando alguna calamidad como la sequía, la enfermedad o el hambre alcanzaba la ciudad, se sacrificaban a dos de esos damnificados. (694, la traducción es mía)

Cabe notar que en ese ritual de exteriorización de males, la víctima debía ser preparada con tratamientos especiales. Si se trataba de un fenómeno de otredad (el mal), ese otro era públicamente fabricado: creación de una criatura de contornos sagrados, sobre la cual se podrían proyectar miedos y resentimientos. Un organismo colectivo, para poder rebatir o combatir su infección por males externos e inesperados, cultivaba una "presencia infecciosa" de bajo nivel dentro de sus fronteras, la cual, en el momento dado, era ritualmente exteriorizada para recuperar la pureza del lazo común (Vernant 131). Si ese mecanismo purificador funcionaba, podía ayudar a combatir culpas colectivas al transferirlas (proyectarlas) a criaturas con función de víctimas vicarias. Al parecer y hablando en términos rituales de producir y ejercer la violencia, la Modernidad ya no conoce la existencia del *pharmakos*. Sin embargo, surge la pregunta por rituales más sublimes que responden a una lógica parecida y apuntan hacia unos "secretos abiertos" del mundo contemporáneo. Es aquí que literatura y filosofía deberían ser nuevamente interrogadas para encontrar posibles huellas de migración de la figura del *pharmakos* a la Modernidad occidental.

3. Enigma e ironía en la novela *2666*

El *opus* que Roberto Bolaño ha creado con *2666* parece inabarcable, pero no es ininteligible. De ahí resulta la paradoja de la novela: relata numerosas y largas peripecias relacionadas a un panorama de alrededor de ochenta personajes, aunque los saberes clarificadores tanto de conflictos como de identidades se reducen a pocos. Detrás de la carencia de lo explícito y coherente resuena un universo de "mensajes" indirectos. La novela podría percibirse como un gran texto irónico si situamos la ironía no solo en los ámbitos de giros retóricos y expresiones lingüísticas, sino también más allá de ellos. Aquí conviene poner especial atención en la figura del *pharmakos* y entenderla como agencia camaleónica, "personaje" no reducible al concepto de individuo o sujeto cuyos contornos y contextos cambian en la novela.

El protagonista "conectante" de esa novela que se extiende por más de mil páginas en español, el que resulta un constante enigma por su larga trayectoria de ausencias se llama Benno von Archimboldi, nombre artístico del alemán Hans Reiter. Detrás del gran escritor evanesciente Archimboldi se esconden un mito y una épica de vida, las que constituyen el hilo fantasmático de varias intranarrativas. No se sabe de ninguna otra novela o épica transnacional del presente en que se sobreponen, a través de la figura literaria de un nómada alemán, el escenario de la segunda guerra mundial y el de la frontera mexicana-estadounidense ejemplificada por las violencias femicidas de Ciudad Juárez.

En "La parte de Amalfitano" y, ante todo en "La parte de los crímenes" —con trecientos cincuenta y una páginas, es el segmento más largo de la novela— un hecho auténtico adquiere peculiar densidad. Se trata de la historia del químico egipcio Abdul Latif Sharif Sharif que en 1994 fue expulsado de los Estados Unidos por comportamiento delictivo contra mujeres (Washington Valdez 145-47) y quien, después de haberse relocalizado en Ciudad Juárez, fue acusado de ser el autor de una serie de los más atroces femicidios en esa ciudad. Varias investigaciones evidenciaron que Sharif Sharif fue convertido en chivo expiatorio por maniobras tan dudosas como corruptas del aparato jurídico-policial del Estado de Chihuahua (Washington Valdez 146; González Rodríguez). Bolaño se familiarizó con el destino de Sharif a través del manuscrito de *Huesos en el desierto* (2002) de Sergio González Rodríguez (Valdes 34-36) y llegó a crear una versión literaria de esa persona en la que resuenan las observaciones de Frye sobre la "víctima irónica". Nos encontramos con Klaus Haas quien, como el lector se entera hacia el final del libro, es el sobrino de Archimboldi. Haas languidece en una prisión de Santa Teresa (lugar ficticio modelado sobre la real Ciudad Juárez) cuando aparecen, con motivo de entrevistarlo, Guadalupe Roncal, periodista de Ciudad de México y la joven mujer Rosa, hija de uno de los varios profesores de literatura que habitan los escenarios de la novela. Klaus Haas es una versión más joven de su tío

Hans Reiter (es decir, Archimboldi) –con estatura de un gigante, pelo rubio y gestos tímidos, quien llegó a Santa Teresa desde Nueva York para establecer una red de tiendas de computadores. Poco tiempo había pasado en México cuando la policía judicial de Chihuahua lo arrestó. Cuando se narra la escena de prisión, Haas aparece en el escenario con el aura casi mítico de un ogro quien es capaz de burlarse de su entorno. Se está aproximando desde uno de los paseos de la prisión, con pasos de un gigante, y

> Guadalupe Roncal [...] hizo el gesto de desmayarse, aunque en lugar de hacerlo se agarró de la [...] solapa del funcionario de prisiones. [...] [O]yó risas y llamadas al orden y luego pasaron las nubes negras que venían del este por encima del penal y el aire pareció oscurecerse. Los pasos se reanudaron [...]. De pronto una voz se puso a entonar una canción. El efecto era similar al de un leñador talando árboles. La voz no cantaba en inglés. Al principio Fate (el periodista de EE.UU.) no pudo determinar en qué idioma lo hacía, hasta que Rosa [...] dijo que era alemán. [...] El tono de la voz subió. [...] Soy un gigante perdido en medio de un bosque quemado. Pero alguien vendrá a rescatarme. [...] Un leñador políglota, pensó Fate, que tan pronto habla en inglés como en español y que canta en alemán. Soy un gigante perdido [...]. Pero alguien vendrá a rescatarme. [...] Y luego vieron a un tipo enorme y muy rubio que entraba en la sala de visitas inclinando la cabeza, como si temiera darse un topetazo con el techo, y que sonreía como si acabara de hacer una travesura [...] y [...] los miró a todos con una mirada inteligente y burlona.
> –Buenos días –les dijo el gigante en español. Se sentó [...].
> –Pregunten lo que quieran –dijo el gigante.
> Guadalupe Roncal se llevó una mano a la boca, como si estuviera inhalando un gas tóxico, y no supo qué preguntar. (439-40)

La periodista del D.F., a la que le toca la tarea de penetrar el velo de las apariencias, es la más susceptible al aura temeroso emitido por Haas. Pero la clave del significado no está en esa escena; por el contrario, la escena ya transmite un clima resultante de los sentimientos sociales que la estigmatización del gigante alemán ha producido.[2] Por ahí va la ironía: la víctima reproduce partes del estigma que ha sido cargado sobre ella. La manera de cómo se narra la aparición del hombre es llamativa –con pocas palabras y referencias triviales se genera una atmósfera de lo ominoso–. Aún no se conoce la relación entre Haas y Reiter (Archimboldi), aparte de la semejanza física y la alusión al viaje de Archimboldi a México ("alguien vendrá a rescatarme"). Pero se comienza a percibir un extraño rasgo que el lector sabrá asociar con los dos personajes que recién en la última parte se reconocerán como sobrino y tío: una estatura física sobrecogedora que esconde una personalidad vulnerable e incalculable. Dado los enigmas que circundan al Archimboldi evanescente, sería difícil atribuirle los rasgos de un chivo expiatorio antes de conocer los pasajes finales de la novela. Sin embargo, la escenificación de Klaus Haas en la prisión genera una sutil asociación, un malestar que subcutáneamente se extiende a lo que los lectoras saben o no saben de Archimboldi: los aires del *pharmakos* parecen circundar a los dos personajes. Retomemos la reflexión de Northrop Frye:

> The *pharmakos* is neither innocent nor guilty. He is innocent in the sense that what happens to him is far greater than anything he has done provokes, like the mountaineer whose shout brings down an avalanche. He is guilty in the sense that he is a member of a guilty society, or living in a world where such injustices are an inescapable part of existence. (39)

Las palabras "soy un gigante perdido en medio de un bosque quemado" parecen aludir a varios aspectos de Archimboldi, el gran "otro" de la novela –su condición de "alga de mar"–, su destino marcado por la Segunda Guerra Mundial y su rol de desertor de la *Wehrmacht*, su cambio de nombre de Reiter a Archimboldi al comienzo de su carrera literaria y su permanente huida, a partir de la posguerra, de la fama y los críticos literarios. Es un nómada intelectual cuya posición entre la virtual culpabilidad y la inocencia le confiere una identidad irónica: la de un peculiar *pharmakos*. ¿Pero cuál es la ironía? Históricamente, en la ficción, el personaje cumplió los órdenes de un estado expansivo e injusto (no haber podido evitar ser soldado del ejército alemán en territorios polacos y rusos) y, al mismo tiempo, no pertenecer a los poderosos que lograron manejar un discurso de inocencia o chantaje. Formó parte de reclutas de procedencia modesta que fueron sacrificados en la guerra para cargar una culpa olímpica sobre sus hombros, no enterándose a tiempo de que actuaban como instrumentos de poderes demagógicos. Al conocer los trágicos testimonios del intelectual judío-comunista Boris Abramovich Ansky (revelado en la última parte de la novela), Hans Reiter inicia un camino de aprendizajes inusitados.

En el nivel textual, la ironía nace de las constantes referencias a la evanescencia física: la presencia de Archimboldi se narra a través de sus ausencias, con excepción de la última parte. A partir de ahí emerge un espacio afectivo que hace de la metatrama de Archimboldi –la cual atraviesa contextos espaciales y temporales sumamente diferentes– una reflexión implícita sobre la precaria identidad de un intelectual en condiciones de falta de pertenencia. Ese alemán cuyo nombre de nacimiento era Reiter y quien, en la posguerra, entró en el incógnito al llamarse Archimboldi se va a acercar, por extrañas circunstancias, al México globalizado que se simboliza por la frontera norte –Santa Teresa alias Ciudad Juárez–. La misma ironía se hace afectiva en la medida que la creciente reputación internacional del escritor Archimboldi corresponde a su invisibilidad como persona. Pero lo que, en un primer plano, aparece como la cultivación de un mito y de ahí incitación a la fama, va adquiriendo los contornos de una sospecha –¿no se trata de un intelectual fugitivo que quiere evitar verse convertido en un *pharmakos* moderno? Paradójicamente, el único lazo que pudiera trazarse, afectivamente hablando, entre Archimboldi y las jóvenes mujeres asesinadas de Santa Teresa es aquel capaz de relacionar la violencia con la idea de la víctima al azar. Con esto pasamos a la parte latinoamericana-global de la novela, "La parte de los crímenes", abreviada como "Los crímenes".

"Los crímenes", en vez de hacer hablar voces testimoniales, ofrece una particular *intensidad* testimonial. Cada cierto rato, la narración hace presente un cuerpo de mujer destrozado a través de un informe casi documental, basado en documentos forenses sobre las mujeres asesinadas durante los años 1993 y 1997.

> [...] en mayo, se encontró a una mujer muerta en un basurero situado entre la colonia Las Flores y el parque industrial General Sepúlveda. [...] Esa noche la muerta la pasó en un nicho refrigerado del hospital de Santa Teresa y al día siguiente uno de los ayudantes del forense le realizó la autopsia. Había sido estrangulada. Había sido violada. Por ambos conductos, anotó el ayudante del forense. Y estaba embarazada de cinco meses. (449-50)
>
> En junio murió Emilia Mena Mena. Su cuerpo se encontró en el basurero clandestino cercano a la calle Yucatecos [...]. En el informe forense se indica que fue violada, acuchillada y quemada, sin especificar si la causa de la muerte

fueron las cuchilladas o las quemaduras, y sin especificar tampoco si en el momento de las quemaduras Emilia Mena Mena ya estaba muerta. (466)

A primera vista, la atención que Bolaño presta a los detalles forenses parece irritante. En la medida que la narración avanza, hay algo "metódico" en el gesto mimético de hacer explícita la descripción de los cuerpos lacerados y desmembrados, junto con los datos de la edad y procedencia social y los nombres (por cierto modificados) de las asesinadas. Como se verá, el mecanismo mimético es el de los asesinatos mismos, ya que evidencian rasgos comunes y lucen indicaciones de que hayan sido ejecutados de manera ritual, y que su siniestra lógica implica que la cadena se prolongará. En la forma notarial de la descripción se transmite un efecto anti-catártico, ya que la catarsis es un medio eficaz de aliviamiento sentimental. La atención hacia los cuerpos aniquilados es permanente, ya que el Estado y los medios masivos fallan en la tarea de responsabilizarse por los crímenes.

En las partes narrativas que da el "informe" sobre los cuerpos destrozados, que tienden a cubrir el tamaño de aproximadamente una página, la ironía se desdobla. ¿Acaso se trata de una estrategia de ironía sofisticada al no indicar el giro irónico? Si la ironía como tropo comienza a percibirse como un mensaje cuyo referente explícito está ausente, los cuerpos asesinados no pueden ser el objeto de la ironía. Se los expone en su estado de desintegración con implacable ademán reiterativo. Un tratamiento catártico habría implicado una especie de clausura afectiva –clausura de algo que sigue tomando su terrible curso–. El toque sobrio, antiaristotélico de la novela es una de sus marcas claves. Si la ironía nombra sin nombrar, queda por descifrar qué se nombra "detrás" de los cuerpos encontrados en la intemperie de la ciudad y reportados con insistencia forense.

¿Sería posible imaginar una relación entre la figura del *pharmakos* y aquellas tantas mujeres de Santa Teresa que son susceptibles a la agresión y el asesinato? Según Frye, el *pharmakos* es una "víctima irónica" por ser la víctima inadecuada y casual. Otra manera de caracterizar esa relación es hablar de una susceptibilidad inmanente para la agresión –susceptibilidad de los sujetos femeninos para ser agredidas–. Inmanencia quiere decir que se evade el poder de la abstracción o explicación racional, y refiere a algo que está cifrado en las relaciones modales entre cuerpos y ambientes, cuerpos y existencia, cuerpos y afectos. Violencias inmanentes se vinculan a tensiones y afectos que se desencadenan por debajo de la razón normativa y discursiva, remitiendo a una esfera ambigua y sobrecargada de significados a medio articular, esfera atravesada por miedos, prejuicios, instintos y distintos actos de violencia. Como relata la novela, se esconde en Santa Teresa un submundo en que la violencia contra mujeres jóvenes de procedencia relativamente modesta o clase media baja —las más vulnerables— suele ser una realidad diaria y hasta masiva.

Se vislumbran tres niveles de peligros/violencias que se ciñen sobre la vida de estas mujeres. El primero puede llamarse asuntos de familia; se asocia con comportamientos masculinos manifiestos en actos de castigo frente a esposas y compañeras que se "portan mal", por ejemplo ser "demasiado independientes". Según "Los crímenes", el castigo se ejercita directamente sobre el cuerpo femenino, con lo cual marido o compañero se hacen "agresores biopolíticos" en el ámbito privado. La segunda esfera de peligros puede generar excesos misóginos como parte de una subcultura —está latente en el mundo de códigos no escritos que sostienen el narcotráfico y otros negocios informales y transfronterizos–. Tercero, la novela toca la relación que se muestra entre las maquiladoras como fábricas devoradoras de la mano de obra femenina y unas violencias salvajes a la que están expuestas las jóvenes trabajadoras una vez que salen de sus turnos de trabajo. Esto es un dato peculiar para una novela que no se sitúa en la tradición decimonónica del realismo social. La relación entre la explotación neoliberal y los excesos salvajes contra las trabajadoras no se teje en forma de crítica social, sino en el nivel de asunciones cognitivo-afectivas que la narración hace posible.

"La parte de los crímenes" sugiere que en Santa Teresa los poderes de la destrucción permanecen en lo opaco, mientras las culpas se tornan ubicuas. Las maquiladoras representan la parte espectral del "desarrollo" de la frontera, donde se aplican implacablemente las reglas no escritas que rigen la economía global y donde las trabajadoras entran en un vértigo entre necesidad y estigmatización que es difícilmente calculable. El siguiente párrafo transmite una sensación de la banalidad de doble filo que atraviesa los respectivos espacios:

> La última muerta de aquel mes de junio de 1993 se llamaba Margarita López Santos y había desaparecido hacía más de cuarenta días. [...] Margarita López trabajaba en la maquiladora K&T, en el parque industrial El Progreso, cerca de la carretera a Nogales y las últimas casas de la colonia Guadalupe Victoria. El día de su desaparición realizaba el tercer turno de la maquiladora, de nueve de la noche a cinco de la mañana. Según sus compañeras, había acudido a trabajar con puntualidad, como siempre, pues Margarita era cumplidora y responsable como pocas, por lo que la desaparición debía fecharse a la hora del cambio de turno y de la salida. A esa hora, sin embargo, nadie vio nada, entre otras razones porque a las cinco o cinco y media de la mañana todo está oscuro, y porque el alumbrado público de las calles es deficitario. La mayoría de las casas de la parte norte de la colonia Guadalupe Victoria carecen de luz eléctrica. Las salidas del parque industrial [...] también son deficitarias tanto en el alumbrado como en la pavimentación, así como también en su sistema de alcantarillas. [...] Así que Margarita López dejó su trabajo a las cinco y media. [...] Y luego salió caminando por las calles oscuras del parque industrial. Tal vez vio una camioneta que cada noche estacionaba en una plaza desierta [...] que vendía cafés con leche y refrescos y tortas [...] para los obreros que entraban a trabajar y que salían. La mayoría mujeres. Pero ella no tenía hambre o sabía que en su casa la esperaba su comida, y no se detuvo. Dejó atrás el parque [...] En total, unos cincuenta minutos de caminata. Pero en alguna parte del trayecto algo ocurrió o algo se torció para siempre [...] Cuarenta días más tarde unos niños encontraron su cadáver cerca de un chamizo en la colonia Maytorena. (469-70)

Numerosas veces, los cuerpos de las mujeres asesinadas, anteriormente violados y salvajemente lacerados, fueron encontrados en lugares de basura acumulada. Hay una relación invisible entre estos cuerpos y las fábricas globales, ya que es en sus alrededores que aparecen los cadáveres. La narración insinúa, implícitamente, que la economía global está intensamente involucrada en el asunto de los feminicidios masivos en ciertas zonas. Entre los efectos que genera está el de convertir a jóvenes mujeres en recursos de un mercado de trabajo barato, por lo cual Melissa Wright llama la atención al "mito de la mujer disponible del tercer mundo" (72). Ese mito adquiere el estatus de un saber de normalidad entre empresarios y comentaristas públicos cuando se alude a la prosperidad neoliberal de las periferias globales. La autora habla de una intensidad y velocidad de extracción de valor de las trabajadoras no calificadas, que hace imposible que sus cuerpos recuperen sus fuerzas, es decir su "sostenibilidad". La palabra "turnover" en relación a las maquiladoras significa que, por lo general, las mujeres no perduran más de dos años en una fábrica, y luego tienen que buscar otra debido a la disipación de su valor que, a su vez, se debe al rápido gasto bio-económico. El hecho de la "muerte corporativa" de las trabajadoras (su estatus precario y temporero) es atribuido –por las empresas– a la poca confiabilidad e inestabilidad de sus vidas, mientras que se oculta que las compañías ahorran los costos de su calificación y recreación. Las trabajadoras, después de que su sangre y energía son usadas como combustible para los "assembly lines", son convertidas en "basura industrial" (Wright 74), lo que significa un *burnout* existencial. Se trata de una forma post-contemporánea de acumulación de riqueza por las respectivas empresas, lo que hace pensar en una de las conocidas metáforas de protesta moral que han sido vinculadas con la acumulación capitalista: el tropo del canibalismo (Philips 183). Melissa Wright escribe drásticamente:

> En el meollo de esas historias supuestamente dispares (los asesinatos, las "muertes corporativas") se halla la imagen de la mujer mexicana como figura cuyo valor puede ser extraído de ella, sea en términos de su virtud y sus órganos (las muertas repetidamente lucen pechos cortados), sea en términos de su eficacia en la sala de producción. Y una vez que "ellos", sus asesinos o sus supervisores, reciben de "ellas" lo que quieren, las botan. (87, la traducción es mía)

Esta argumentación vincula la idea de la disponibilidad de mujeres jóvenes de estatus de clase precaria con dos niveles de posible victimización. Ellas sirven como mano de obra dóciles, siendo proveedoras de energías bio-económicas, y como blanco de rencores y agresiones feroces, siendo desprovistas de sus cuerpos para animar orgías bestiales. Nos parece revelador que la novela *2666* da verosimilitud imaginativa a esa relación que aparece detrás de varias alusiones fantasmagóricas de "La parte de los crímenes" (Herlinghaus 220-23).

Hablando en términos de violencia sacrificial en sociedades premodernas, Le Marchant, basándose en los escritos de Harpokration, cuenta que los *pharmakoi* solían ser expulsados de la comunidad antes de ser ejecutados (25-26). El mecanismo de someterlos a una marginalización drástica se asociaba con un exorcismo codificado que de esta manera servía a intereses político-afectivos: exorcizar el mal de una comunidad que padecía de una aguda crisis. De la novela de

Bolaño emergen preguntas como: ¿puede el *pharmakos* ser reimaginado, ahora en un mundo como el de Santa Teresa, para servir como blanco para energías y obsesiones violentas que las instituciones seculares son incapaces de regular? ¿Es posible imaginar que los cuerpos de las jóvenes trabajadoras baratas sirvan como medio de una redistribución afectiva, es decir, falsa proyección de culpas y ejercicio de "castigos" que permiten hacer ajustes estabilizadores dentro de un determinado orden que no solo tiene que camuflar su corrupción, sino manejar mecanismos de compensación de tensiones y rabias acumuladas? Normativamente hablando, estos mecanismos han sido superados por la Modernidad. Sin embargo, la reimaginación literaria del mundo desigual nos confiere imágenes que asustan. Imágenes de rituales latentes o posibles que la maquinaria globalizadora haya reactivado para convertir ciertos territorios en reservas de ajustes forzados o, en otro nivel, para garantizar aquella contención que en algunas sociedades occidentales que se llama estabilidad democrática (Herlinghaus 39-41).

En relación a las maquiladoras de Santa Teresa, la narración se hace insistente en viabilizar preguntas incómodas. ¿Puede la identidad "pública" de las obreras, cuyas fuerzas vitales son devoradas por las empresas globales, ser comparada con la de unas víctimas estigmatizadas de antemano? ¿No actualiza la lógica del *turnover* aquella resimbolización de su existencia que hace pensar en la tradicional evacuación del *pharmakos* de los espacios del ciudadano legítimo? ¿Y no posibilita esa condición socio-afectiva y ominosamente simbólica la atribución de marcas y deshonras que las exponen al abuso, a la violación y a otras violencias terribles? En situaciones y territorios en que mujeres jóvenes de procedencia humilde son alejadas del nexo entre contrato social y contrato sexual, vigente en muchos segmentos patriarcales de las sociedades modernas (Pratt 91-106; Pateman), fuerzas predatorias informales e inoficiales pueden apoderarse violentamente de ese terreno de ciudadanía en peligro. Antropológicamente hablando y en contraste con los rituales antiguos descritos por René Girard, la narrativa de "Los crímenes" sugiere que en el caso de los femicidios de Santa Teresa exista una esfera profana, gris y muy difícilmente penetrable entre la proscripción y "preparación" de los cuerpos, por un lado, y los asesinatos mismos, por el otro.

¿Cómo se percibe esa conexión virtual en el texto, y dónde reside la ironía de su figuración? Esa conexión se plasma a través de imágenes súbitas, en parte enigmáticas. Una de esas imágenes es vista por Florita, la Santa de Hermosillo, y asocia una percepción chamánica capaz de penetrar los velos sangrientos de la historia actual de Santa Teresa. Florita Almada es parte de aquel grupo de personajes –al que pertenece el mismo Archimboldi– que se sitúa distante de una autosuficiente cultura racional como de una cultura de letras masculina, egocéntrica y somáticamente insensible. Ironía múltiple que la novela lanza sutilmente contra la cultura racionalista. Leemos, por ejemplo, que el renombrado periodista de Ciudad de México, va a entrevistar a Florita sobre las huellas de sus trances.

> Sergio [...] le preguntó a Florita si era verdad que ella podía *ver* las muertes ocurridas en Santa Teresa [...]. Dijo que en ocasiones [...] veía cosas y que las cosas [...] no necesariamente eran visiones sino imaginaciones [...]. Una charlatana de buen corazón, pensó Sergio.
> ¿Y cómo sabe que estos asesinos son de Santa Teresa? dijo Sergio. Por la carga, dijo Florita. Y por la cadena. Instada a que se explicara mejor, dijo que un asesinato común y corriente (aunque no existían asesinatos comunes y corrientes) terminaba casi siempre con una imagen líquida, lago o pozo que tras ser hendido volvía a aquietarse, mientras que una sucesión de asesinatos, como los de la ciudad fronteriza, proyectaban una imagen *pesada*, metálica o mineral, una imagen que quemaba [...]. (713-14; cursivas en original)

Luego, Sergio pregunta si las figuraciones de la imaginación de Florita –las que tienen que ver con los asesinos– se saben impunes: "No, no, no, dijo Florita, aquí no tiene nada que ver la impunidad" (715).

Las visiones de los asesinatos en sucesión que proyectan "una imagen pesada, metálica o mineral, una imagen que quemaba" (714) aluden, por un lado, a una fuerza bélica, predatoria y, por el otro, se hacen asociables con actos de sacrificio ritual. De la respuesta a la última pregunta emerge un virtual nexo entre "impunidad" y "licencia". Vale anotar que en la tradición del culto de sacrificios discutida por Girard, la pregunta por la impunidad sería una pregunta irrelevante. ¿Pero qué implica la afirmación de Florita "aquí no tiene nada que ver la impunidad", que suena brutalmente irónica? Preguntando de otra manera: ¿Cómo se podría hablar de la implementación de justicia por un sistema judicial-estatal, si poderosos actores de ese sistema capitalizan sus fallas? A esta altura, la impunidad aparecería como eufemismo, sugiriendo que efectivamente existiría una exigencia estructural y un hondo interés moral de castigar a los perpetradores de los femicidios. De ahí, la novela trata de una dimensión de infamia a una escala aún desconocida. No se suscribe al paradigma de la no-representabilidad de lo más atroz. No hay desenlace alguno, en donde el espíritu torturado podría encontrar un refugio de calma, de clausura sentimental. "Los crímenes" evitan los dispositivos comunes de compasión y pena, es decir, la narración es trágica, pero de forma antiaristotélica. ¿Significa esto que Bolaño ha creado una nueva ontología del mal absoluto? No compartimos la lectura de varios estudios que apuntan en esa dirección. Y es la profunda ironía que atraviesa "Los crímenes" hasta la última frase, la que abre aquel potencial de reflexividad crítica que está ausente en los niveles explícitos de la narración.

En *2666*, las respuestas no faltan –están latentes a través de una red de factores e indicios sobresalientes–. El problema interpretativo clave no es encontrar "la verdad", sino mostrar que y por qué la verdad –que se encuentra escondida y descifrable a la vez– se mantiene enterrada. El blanco de la novela son los mecanismos que operan en contra de la verdad, tanto en relación al destino literario del (anti)héroe evanescente Benno von Archimboldi como en relación a los femicidios de Santa Teresa. Estamos ante un complejo diseño imaginado de un mundo cuyas fuerzas motrices son el miedo, la desconfianza, el agotamiento ético en medio de "respuestas comunes" situadas entre la represión y la disociación, el narcisismo y el cinismo como parte de un general status quo afectivo, en donde se parece tolerar redes impenetrables de violencias de diferentes tipos.

En resumen, una consternante sobriedad en la narración de lo atroz es acompañada por una latente ironía que suspende la catarsis moralista. Una catarsis tal permitiría hacer "digerible", afectivamente hablando, lo inaguantable. En el no permitir el alivio de un (deseado) desenlace rectificador reside el verdadero compromiso de la novela. Roberto Bolaño expresó en una entrevista: "Yo soy de los que creen que el ser humano está condenado de antemano a la derrota [...] pero hay que salir y dar la pelea y darla además de la mejor forma posible, de cara y limpiamente, sin pedir cuartel [...]" (Donoso). Estas palabras sugieren que el proyecto de dar pelea, en términos éticos, no es irónico.

Lo irónico es un arma dentro de esa pelea, o dicho con una paráfrasis brechtiana, una posibilidad de –al tocar fondo– llegar al fondo de las cosas (Benjamin 274).

Notas

[1] "On dit fréquemment la violence 'irrationnelle'. Elle ne manque pourtant pas de raisons; elle sait même de trouver de fort bonnes quand elle a envie de se déchaîner. [...] La violence inassouvie cherche et finit toujours par trouver une victime de rechange. A la créature qui excitait sa fureur, elle en substitue soudain une autre qui n'a aucun titre particulier à s'attirer les foudres du violent, sinon qu'elle est vulnérable et qu'elle passe à sa portée" (Girard, *La violence* 15).

[2] Sobre la "inmanencia" de los significados véase también Octavio Paz, "El canal y los signos", 166.

Obras citadas

Benjamin, Walter. "Aus dem Brecht-Kommentar". *Lesezeichen: Schriften zur deutschsprachigen Literatur*. Leipzig: Philipp Reclam junior, 1974. 270-75.

Bolaño, Roberto. *2666*. Barcelona: Anagrama, 2004.

De Man, Paul. *Aesthetic Ideology*, Minneapolis: U of Minnesota P, 1996.

Derrida, Jacques. "La Pharmacie de Platon". *Tel Quel* 32 y 33 (invierno 1967 y primavera 1968): 17-59; 4-48.

Donoso, Pedro. "Hay que dar la pelea y caer como un valiente. Conversación con Roberto Bolaño". *Artes y Letras* 20 de julio 2003.

Fetscher, Justus. "Ironisch/Ironie." *Ästhetische Grundbegriffe*. Vol. 3. Karlheinz Barck et. al. Stuttgart y Weimar: J. B. Metzler, 2001/2010. 196-244.

Frazer, James. *The Golden Bough: A Study in Magic and Religion*. London: Penguin Books, 1996.

Frye, Northrop. *The Anatomy of Criticism*. Toronto: U of Toronto P, 2006.

Girard, René. *Das Heilge und die Gewalt*. Frankfurt am Main: Fischer Taschenbuch, 1999.

_____ *La violence et le sacré*. Paris: Bernard Grasset, 1972.

González Rodríguez, Sergio. *Huesos en el desierto*. Barcelona: Anagrama, 2002.

Herlinghaus, Hermann. *Narcoepics: A Global Aesthetics of Sobriety*. London: Bloomsbury, 2013.

Le Marchant, A. *Greek Religion to the Time of Hesiod*. Manchester: Sherrat & Hughes, 1923.

Moraña, Mabel, ed. *Espacio urbano, comunicación y violencia en América Latina*. Pittsburgh: IILI, 2002.

Pateman, Carole. *The Sexual Contract*. Stanford: Stanford UP, 1988.

Paz, Octavio. "El canal y los signos". *Corriente alterna*. Ciudad de México: Siglo XXI Editores, 1967. 162-67.

Phillips, Jerry. "Cannibalism qua Capitalism: The Metaphysics of Accumulation in Marx, Conrad, Shakespeare and Marlowe". *Cannibalism and the Colonial Order*. Francis Baker et al. Cambridge: Cambridge UP, 1998.

Pratt, Mary Louise. "Tres incendios y dos mujeres extraviadas: el imaginario novelístico frente al nuevo contrato social". *Espacio urbano, comunicación y violencia en América Latina*. Mabel Moraña, ed. Pittsburgh: Instituto Internacional de Literatura Iberoamericana, 2002. 91-105.

Valdes, Marcela. Introduction: "Alone Among the Ghosts". *Roberto Bolaño: The Last Interview*. Marcela Valdes, ed. New York: Melville House Publishing, 2009.

Vernant, Jean-Paul. "Ambiguity and Reversal: On the Enigmatic Structure of *Oedipus Rex*". *New Literary History* 10/3 (1978): 475-501.

Washington Valdez, Diana. *Cosecha de mujeres. Safari en el desierto mexicano*. Ciudad de México: Océano, 2005.

Wright, Melissa. *Disposable Women and Other Myths of Global Capitalism*. New York: Routledge, 2006.

Ironías (in)visibles

Violencia y percepción alterada: hacia una definición de la ironía en el cine de Lucrecia Martel

Stéphanie Decante
Université Paris Ouest Nanterre

En el origen de este artículo está una interrogación que quisiera someter a discusión: ¿cuáles podrían ser los recursos y efectos específicos de la ironía en el cine, y cuál podría ser su eficacia para elaborar una crítica de la violencia?

Desde finales de los años 90 se viene denunciando con cada vez más indignación y virulencia una supuesta proliferación gratuita y peligrosa de imágenes violentas en el cine, haciéndola, además, responsable de una perpetuación de la violencia. En *La violence des images ou comment s'en débarrasser* (1997), Olivier Mongin discrepa en parte de tales acusaciones un tanto sistemáticas y propone afinar el debate apuntando a lo que define como un déficit de "capacidad de puesta en escena".[1] Tal capacidad, según él, permitiría sortear dos escollos que se suelen plantear a la hora de representar la violencia: banalización y sacralización; escollos que, tanto el uno como el otro, no hacen sino naturalizar la violencia. Tal "capacidad de puesta en escena", bajo la pluma de Mongin, tendría tres virtudes. Primero, permitiría sacar al espectador de su estado ya sea de encandilamiento (espanto, miedo) ante una violencia sacralizada, o de indiferencia resignada ante su banalización (hipnosis televisiva). También permitiría alejarlo de los viejos esquemas, estereotipos y marcos cognitivos con los que se suele aprehenderla. Finalmente, instalaría una distancia que permita aprehender mejor, intelectual y corporalmente, las distintas manifestaciones de la violencia en el mundo que nos rodea. El diagnóstico de Mongin me interesa por cuanto pone el énfasis en la necesaria aprehensión corporal (e intelectual, pero sobre todo aquí me interesa lo corporal, lo sensorial y perceptivo) para abrir el espacio, desde la ficción cinematográfica, a una crítica de la violencia. En su ensayo *Le Laboratoire des cas de conscience* (2012), Frédérique Leichter-Flack, recalca las virtudes de la ficción para "resolver" o, por lo menos, "pensar" dilemas éticos más allá de la aplicación rígida de principios morales.[2] Según ella, estas virtudes descansan en tres capacidades: la de fijarse en los detalles, la de infundir en el lector una aprehensión corporal fina de las situaciones, la de suspender el juicio.

En nombre de sus virtudes suspensivas, me interesa introducir la noción de ironía en este debate acerca de las relaciones entre imagen y violencia. A pesar de que se acostumbra relacionar la ironía con expresiones discursivas que apelan a una cierta inteligencia lectora, Pierre Schoentjes sugiere, en la línea de Gombrich (*L'art et l'illusion*, 1960), una posible dimensión irónica de las imágenes. Ésta se caracterizaría por la ambigüedad, a semejanza e imagen de aquella caricatura que representa a un pato o a un conejo, según cómo y desde dónde se mire: "Este dibujo trampa del pato-conejo vuelve concretas las posibilidades de interpretaciones contradictorias que se encuentran simultáneamente inscritas en una ironía cuando ésta dice simultáneamente lo uno y lo otro sin que sea posible optar definitivamente por una interpretación" (209, traducción mía). Esta puntualización permite recalcar la importancia del punto de vista en la percepción de la ironía; una ironía que apelaría no solo a la inteligencia sino que también a la sensibilidad visual. Schoentjes también se refiere a Kierkegaard que ya había ahondado en estas posibilidades: "define a la ironía como presencia que se desdibuja en la ausencia: su sentido no nos es directamente accesible sino que se impone de forma negativa. No obstante, el observador permanece preso de la duda, incluso de una angustia que resulta de la labilidad de indicios capaces de fundamentar la lectura y de la imposibilidad de establecer una verdad positiva de la ironía" (210, traducción mía).

Quizás por eso fascina tanto el cine de Lucrecia Martel. Ya con varios cortos (*El 56* [1988]; *Piso 24* [1989]; *Besos rojos* [1991]; *Rey muerto* [1995]; *Pescados* [2010]; *Nueva Argirópolis* en *25 miradas para el Bicentenario* [2011] y *Muta* [2011]) y tres largometrajes (*La ciénaga* [2001]; *La niña santa* [2004]; *La mujer sin cabeza* [2008]), la obra de esta cineasta salteña se caracteriza, a mi juicio, por tres rasgos. Primero, por su minuciosa fijación en los detalles más nimios:

intrigas muy tenues, palabras inesperadas en una frase, primerísimos planos que rozan los cuerpos, planos detalles. En segundo lugar, por su manera de multiplicar las perspectivas mediante secuencias alternadas, conversaciones que se cruzan y superponen, focalizaciones cambiantes y bruscos cambios de angulación de cámara. Tal arte de la polifonía cinematográfica queda plasmado en un retrato de la cineasta, así como en la siguiente declaración: "En mis películas siempre pasa algo fuera de foco" (Ranzani).

Finalmente, el cine de Martel destaca por su arte de los sorpresivos encuadres (recortes con poca profundidad de campo) que desestabilizan nuestras costumbres visuales, haciéndonos mirar "otramente" el mundo y sentirnos, y quizás más que nunca, a la vez *voyeurs* frustrados (en el cine) y observadores deficientes (en la vida).

Se crea pues una relación paradójica con el espectador, como lo veremos a continuación: si por un lado Martel nos lleva a experimentar sensorialmente los más mínimos detalles, también, al multiplicar los enfoques y perspectivas, nos revela hasta qué punto nuestros sentidos, en determinadas circunstancias, nos pueden engañar.

En el cine de Martel, lo que importa siempre se sitúa fuera de campo (visual y auditivo). La mayoría de los críticos han puesto el énfasis en su uso original de la banda de sonido: su desfase casi sistemático con la imagen así como la parasitación de los diálogos por otros ruidos (superposición de voces, interferencias de gritos, de música, de ruidos motores, de una tormenta que se avecina). Como lo puso en evidencia la crítica Lía Gómez, en el cine de Martel, no importa tanto escuchar lo que quieren decir las conversaciones sino más bien oír aquello que quieren esconder. Gómez hace hincapié en esta observación para hablar de una "estética del susurro" en *La ciénaga* y *La niña santa*: "un susurro oral, pero también un susurro de las imágenes, que aparecen pero se esconden como las palabras en la boca de quien susurra" ("El susurro de la mirada").

Me gustaría enfatizar la pertinencia de esta propuesta para *La mujer sin cabeza,* tanto más cuanto que la película entera se estructura en torno al siniestro encubrimiento de un homicidio. También me gustaría explorar el correlato visual de esta "estética del susurro": percepción alterada, percepción cuestionada, fragmentada y desmultiplicada, constituyen el meollo de *La mujer sin cabeza.* En efecto, el motivo del borroneo de un acto violento y reprehensible, el estado de estrés postraumático de la protagonista y la invisibilización de las evidencias por sus aliados de clase, dan lugar a un "juego" en torno a lo que se vio o no se vio, perturbando la percepción sensorial de los personajes, y, en última instancia (y ésta sería, a mi modo de ver, la fuerza y eficacia irónica de esta película), del espectador.

Formas y figuraciones de la violencia en *La mujer sin cabeza*

En el origen de esta película hay un homicidio, un atropello, una colisión que viene a perturbar profundamente el estado de aparente felicidad de dos grupos humanos, y a recordar su siempre problemática convivencia. Felicidad solar, llana y libre de tres jóvenes pobres que van correteando y jugando por la carretera, cerca de un canal. Felicidad chillona, superficial y presa de las convenciones sociales, de unas burguesas con sus hijos que se despiden y se suben a sus respectivos autos. El montaje de secuencias alternadas, claro está, prefigura el choque y da una clave de lectura que no hace sino subrayar la violencia no solo de los hechos, sino también del contexto: las complejas, las violentas y sin embargo naturalizadas, relaciones de clase y raza en la sociedad salteña; tópico omnipresente en el cine de Martel. Las siguientes imágenes de los dos protagonistas: "la Vero" y "Changuila" (nótese el apodo), el hermano de Aldo, la víctima, bastarían para plantear estas relaciones:

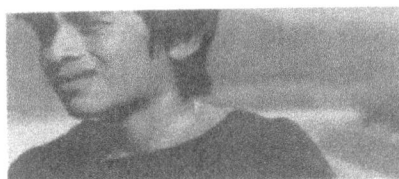
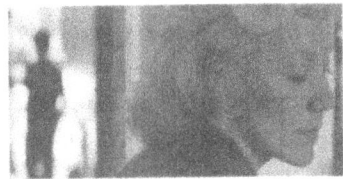

En tanto que "exceso de fuerza, abuso de poder, acción que niega la humanidad, física y/o moral de una persona, anulándola material o simbólicamente" (no hago sino retomar la definición clásica de Françoise Héritier),[3] la violencia en esta película culmina y radica en un punto preciso: no tanto en el homicidio causado por el accidente, sino en el hecho de que la conductora, "la Vero", la mujer rubia, la mujer sin cabeza, encarnada por la actriz María Onetto, se haya dado a la fuga. Desencadena un sinfín de consecuencias: desde el estado de estrés postraumático de la conductora, hasta el conflicto interno que pareciera roerla, pasando por el miedo y la solidaridad férrea de sus "aliados de clase" (un "trío" de esposo, amante, hermano y una serie de familiares y amigos) que, siniestramente, van urdiendo un silenciamiento y un borroneo de lo ocurrido y, de paso, una negación de la humanidad de la víctima.

El silenciamiento se manifiesta claramente en los diálogos: cuando la Vero declara "Maté a alguien en la ruta"; "dormite, no pasó nada", "no te aflijas, anda a la casa", "un perro, te asustaste, atropellaste un perro", le responden sucesivamente hermano, amante y esposo, hasta convencerla: "Ya estoy bien no fue nada", termina reconociendo la protagonista, en su estado de enajenamiento resignado.

El borroneo, en tanto, da lugar a un trabajo más complejo con las imágenes. Primero están las peripecias, inquietantes todas: el trío de los protectores colabora para ir borrando todas las pistas y huellas del accidente-homicidio: hacen desaparecer las abolladuras del auto, así como las radiografías que la Vero mandó hacer en el hospital tras el choque y la reserva que hizo en el hotel en el que se quedó una noche, tras el accidente.

Maquinita de denegación perfectamente aceitada y profundamente inquietante (muchos han visto en esta película el avatar de un *thriller* sicológico, algo así como una "Vero bajo influencia", a lo John Cassavetes), asistimos aquí a la minuciosa pero segura construcción de una realidad nueva a partir de la realidad inicial: aquí no pasó nada. Y la cámara, cual lluvia que limpia todo (de hecho, el accidente ocurre poco antes de una tormenta de varios días), participa de este borroneo, suscitando en el espectador no pocas dudas.

En efecto, Martel va destilando varios detalles contradictorios de eficaz efecto simbólico, precisamente relacionados con el agua: fuente de agua enterrada en un jardín, calentador de agua que se estropea, lavamanos que se atasca, agua que sale turbia, y, sobre todo, aquel canal que se tapa, quizás porque un cuerpo de animal o ser humano fue arrojado en él. No podemos ver ahí sino otras tantas figuras del retorno de lo reprimido que, porfiadamente, vienen a horadar la amnesia tan bien orquestada.

Otros detalles figuran este retorno de lo reprimido. A nivel de la intriga, si la Vero hace lo posible para olvidarse de los hechos, los azares de su trajín errático siempre la retrotraen al canal (lugar del homicidio), o a la población en la que vivía Aldo (la víctima), cuando no vuelve a aparecer "el Changuito", evocado por el vendedor de macetas con el que trabajaba o, incesantemente, a través de su hermano, que viene una y otra vez a recordarle su culpa. "Son espantos, no los mires", declara otra enajenada lúcida, la tía Lala.

Algunas imágenes también participan del retorno de lo reprimido. Primero porque la figura de un bulto (animal o humano, no siempre se sabe muy bien) se impone en la pantalla: zapato tirado de la ventana de un auto en la misma carretera (pero tomado en contra-campo), o cuerpo en el suelo de un niño que cayó mientras estaba jugando.

En ambos casos, estos bultos (materiales o humanos) son recogidos o atendidos; de ninguna manera abandonados, recordándole a la Vero su culpa y proyectando lo que muchos críticos han visto como una doble alegoría.

Primero, una alegoría de los acallados y naturalizados pero violentos conflictos sociales, y de su cruce entre clase y raza (en este sentido, el trabajo con los acentos lingüísticos –sociales y raciales– resulta crucial en esta película), ciudad y campo (el accidente tiene lugar en una ruta que relaciona ambos espacios). En varias oportunidades, Martel ha evocado el doble origen de su película. Por un lado, estarían las recurrentes pesadillas de causar un homicidio y de verse confrontada a su responsabilidad. Por otro, un fenómeno de sociedad de los 90: la proliferación vertiginosa de venta de camionetas de lujo y paralelamente, el incremento de caso de accidentes en el que el conductor responsable del homicidio se daba a la fuga. Una rápida ojeada a la crónica roja y a los informes policiales de la época bastaba para constatar que víctimas y victimarios no tenían ni la misma procedencia social, ni el mismo color de piel, ni el mismo acento. Una secuencia de la película plasma esta división de manera magistral: en ella, se ve a Vero, una amiga y su hija interrogando, desde el auto en el que van, a un hombre que anda a bicicleta, acerca de lo que pudo haber haberse encontrado en el canal y lo tapaba. El hombre de tez morena contesta con marcado acento norteño, hasta que la hija interrumpe: "Mamá, sube la ventana, que sale un olor hediondo", y la madre contesta: "Pongo el aire".

En segundo lugar, muchos han visto, por el tópico central del borroneo de huellas y la amnesia voluntaria, una alegoría de la dictadura militar argentina. No me explayaré sobre este aspecto, bastante trabajado ya. Más me interesa analizar la problemática de la percepción sensorial en esta película y la forma en que puede participar de un discurso irónico.

Para los culpables, no hay sanción final clara en la película. Ésta se cierra con la imagen de una Vero participando de una fiesta familiar como si nada, en una aparente impunidad. Dos detalles, sin embargo, la sancionan visualmente: aparece flotando como fuera de la realidad (en una secuencia de cámara lenta); y aparece desdoblada, también en una imagen final que sugiere a la vez su doblez y su desaparición del mundo social en el que sobrevive solo como fantasma, presa todavía de un estrés postraumático que le hace perder las temporadas espacio-temporales e invalida para siempre su capacidad perceptiva.

El punto es que, en esta película, no es solamente la capacidad perceptiva de la protagonista la que queda alterada; también involucra al espectador y en ello descansa la ironía y a mi modo de ver todo el interés de esta película.

Una ironía al servicio de la representación crítica de la violencia

Quisiera convocar aquí el concepto de ironía socrática, acepción de la ironía a mi modo de ver más amplia y más adaptable al cine. En efecto, al afirmar fingidamente su propia ignorancia ante un adversario a veces un tanto prepotente y perentorio, la ironía socrática no solo era un arma para refutar y desacreditar los propósitos de éste, sino que también –y ésta era y es su mayor virtud– permitía movilizar una suspensión de la opinión, las certidumbres, los clichés y estereotipos que estaban al uso entre los sofistas. Así, fingir la ignorancia podía convertirse en un arma no solo contra un adversario sino también un público, arma que, insisto, hacía y hace tambalear con mayor eficacia los saberes constituidos.

El cine, como lo ha demostrado André Bazin, es un arte cuyo lenguaje es creado conjuntamente por el artista y por la percepción del espectador. Y, más precisamente, Eisenstein pensó que podían inducirse determinadas lecturas de un film si se operaba un *shock* emocional en el espectador mediante la yuxtaposición de determinadas secuencias de fuerte contenido dramático, similitud simbólica y densidad sensorial, combinadas de modo tal que operaran un quiebre de la narración realista, crearan una suspensión de la credulidad, y obligaran al lector a cocrear nuevas interpretaciones con el realizador a través de la generación de sus propias ideas y percepciones (citado en Bazin, 210-15). En *La mujer sin cabeza*, Martel filma la escena del accidente de un modo tal que nos hace experimentar las dudas propias tanto de la memoria (imagen ausente) como de la ironía (copresencia de dos imágenes contradictorias que hace ambivalente e indecidible su interpretación, dando lugar a una suspensión de sentido).

Recordemos los hechos: Vero, atropella un bulto que no se distingue muy bien, haciéndonos dudar si es un niño, un perro u otra cosa. La pregunta por qué o a quién dejó tirado en el camino resulta sin embargo crucial para evaluar la respuesta humana y moral de la protagonista, sabiendo que a lo largo de la película se van destilando indicios contradictorios, manteniendo una incómoda ambigüedad acerca de lo que realmente ocurrió. Por esta razón la secuencia del accidente resulta tan crucial; se realiza en ella una auténtica suspensión irónica, que nos instala en la mala conciencia, y no solo en la de la protagonista.

La secuencia misma multiplica una serie de detalles contradictorios. Se abre sobre la imagen de la carretera en la que va la Vero, al borde de la que se ve una pancarta que señala: "cuidado, cruce de animales". El ambiente es de una aparente liviandad, sugerida por la banda de sonido, dominada por la música de la radio del auto: "*Soley soley*", *single* de un grupo de pop escocés que –detalle de un gusto irónico dudoso– se llamaba "*In the Middle of the Road*" y ambientó los peores años de la dictadura militar argentina a fines de los 70. El choque interrumpe esta liviandad y, tras reponerse apenas de él, la Vero mira en el espejo retrovisor sin que –gracias a un sutil y elíptico manejo de la cámara subjetiva, común en el cine de Martel– el espectador pueda ver lo que está viendo la protagonista.[4] En seguida llama la atención su reacción:

no sigue mirando ni se baja tampoco del auto; en cambio se pone unos lentes de sol, en irónica consonancia con aquella música que se nos va haciendo cada vez más insoportable. Y vuelve a arrancar, dándose a la fuga. Y ahí sucede lo más incómodo de la secuencia: lo que vemos, en contracampo y en un plan amplio, es un perro tirado en el camino. La toma de este plano mantiene una ambigüedad irritante: no es solamente el resultado de lo que ve la protagonista mediante el espejo retrovisor (cámara subjetiva), su amplitud de campo se asemeja a una cámara objetiva, instalándonos en la mala conciencia de la protagonista, por cierto, pero imponiéndonos también la mismísima experiencia de esta mala conciencia: negarse a ver lo que deberíamos ver, a la vez que se nos impone otro detalle contradictorio e horripilante: las huellas de unas manos de niño en la ventana del auto; una huellas humanas que sugieren la desesperación de un atropello.

Esta secuencia climática se cierra sobre una lluvia que viene a borrar las huellas de las manos en la ventana del auto, pero que, en la economía de la intriga, también vendrá a hacer que se desborde el canal, revelando –cual retorno de lo reprimido– que algo siniestro lo tapaba. Y, último recurso de este procedimiento irónico, nos los vendrá a recordar posteriormente el comentario de una mujer en el hospital; una frase aparentemente baladí, dicha al pasar: "Es una bendición esta agua". Se reactiva pues la ambivalencia simbólica del agua en esta película: una agua que puede limpiar las huellas del choque en el auto, tanto como puede hacer desbordar el canal, haciendo reflotar al cadáver de su víctima. El efecto, contradictorio e irónico, de esta frase nos seguirá habitando y seguirá resonando en nuestra mala conciencia a lo largo de la película. Viene a corroborar, a nivel discursivo, la ironía visual en la que se fundamenta la estructuración de la película, llevándonos a constatar que en la película de Martel existe una correspondencia entre ironía visual y verbal, que convergen en aquella suspensión del sentido y certidumbre, propia de la ironía.

"No tenemos párpados para el oído", decía Martel en una conferencia para justificar su interés por el sonido en el cine ("El sonido en la escritura"). No tenemos párpados para el oído pero (quizás por eso) a veces la cámara –irónica y despiadadamente– nos da a ver lo que queremos ver, para hacernos sentir más todavía que, precisamente, no lo queríamos ver; para hacernos sentir, profunda y sensorialmente, los violentos forcejeos de la culpa y la denegación. También y quizás sobre todo, para desnaturalizar con suma eficacia la mirada monstruosa que, al proyectar sobre el "otro", permite la banalización de la violencia.

En este arte de oscilar dialécticamente entre lo que se percibe o no se percibe en la vida social, en los conflictos de ideología, clase, etnia y raza que ello encierra, descansaría este "*plus* de sentido" que permite la ironía en el cine, invitando a indagar, una y otra vez, en los mecanismos del olvido y la denegación, en el pasado y el presente (cf. Barrenha). Así, ante una dictadura de lo visual que suele explotar clichés arquetípicos para representar una violencia espectacular, el recurso a la ironía puede tener la virtud de perturbar nuestras certidumbres sensoriales para darnos a ver sus sutiles y cotidianas manifestaciones.

NOTAS

[1] "No carecemos de realidad, no carecemos de informaciones: nos llegan por y desde todas partes. Tampoco carecemos de espectáculo, basta con encender la pantalla chica par constatarlo. Solo carecemos de una capacidad de puesta en escena, es decir de la perspectiva y distancia crítica suficientes como para percibir mejor, corporal e intelectualmente el mundo presente y como para actuar en él de otra manera, sin reactivar viejos esquemas trillados" (19, la traducción es mía).
[2] "Según Simone Weil, adoptar la posición correcta no resulta de la aplicación de principios, por muy refinados y sofisticados que sean éstos, sino de la atención prestada a una determinada situación: 'los errores más graves suelen ser indiscernibles ya que se deben al hecho de algunos detalles se nos escapan'. Ello explica que las reflexiones éticas teóricas, por su ceguera ante la materia misma de lo real, terminan siendo, en la práctica, poco útiles. Falta lo esencial, es

decir los detalles [...]. ¿Cómo podemos discernir lo que es correcto cuando carecemos tanto de informaciones en las que fundamentar nuestro arbitraje?" (11, la traducción es mía).

[3] "Llamemos violencia cualquier presión de índole física o moral susceptible de desembocar en el terror, el desplazamiento, el sufrimiento o la muerte de un ser humano" (17, la traducción es mía).

[4] En efecto, en sus películas, la cámara suele situarse detrás del personaje, pero con una angulación que hace que se nos escape parte de su campo de visión, a la vez que podamos ver aspectos y fragmentos de la realidad que no puede ver.

Obras citadas

Barrenha, Natalia. "*La mujer sin cabeza* (Lucrecia Martel, 2008) y el mecanismo del olvido en el pasado y el presente". *Comunicación* 10/1 (2012): 643-52.

Bazin, André. *Le Cinéma de la cruauté*. Paris: Flammarion, 1975.

Gombrich, E. H. *L'Art et l'illusion*. Paris: Gallimard, 1960.

Gómez, Lía. "El susurro de la mirada: la representación de la mirada en el cine de Lucrecia Martel". *Questión* 1/27 (2010). <perio.unlp.edu.ar>.

Héritier, Françoise. "Réflexions pour nourrir la réflexion". *De la violence. Séminaire de Françoise Héritier*. Paris: Odile Jacob, 1996. 11-53.

Leichter-Flack, Frédérique. *Le Laboratoire des cas de conscience*. Paris: Alma éditeurs, 2012.

Martel, Lucrecia. "El sonido en la escritura y la puesta en escena". *Casa América. Vivamérica festival de ideas, España*. 2009. <www.youtube.com>.

Mongin, Olivier. *La violence des images, ou comment s'en débarrasser*. Paris: Éditions du Seuil, 1997.

La mujer sin cabeza. Lucrecia Martel, dir. Aquafilms, 2008.

Ranzani, Oscar. "En mis películas siempre pasa algo fuera de foco". *Página 12* 18 de mayo 2008. <www.pagina12.com.ar>.

Schoentjes, Pierre. *Poétique de l'ironie*. Paris: Éditions du Seuil, 2001.

El último héroe del kung-fu: fotografía e ironía en Fuenzalida, *de Nona Fernández*

GONZALO MAIER
Universidad Andrés Bello, Chile

Hace poco más de un siglo, cuando recién fue introducida la primera cámara Kodak en las vidas de los habitantes del Río de la Plata, las fotografías fueron recibidas con celo y temor, acaso como si fueran espectros luminosos o fantasmas venidos del futuro (De los Ríos 28). De hecho, en la literatura de comienzos del siglo pasado, cada vez que se las mencionaba en los relatos de Horacio Quiroga o de Leopoldo Lugones, se lo hacía bajo el paradigma del progreso y de ese espiral tecnológico que prometía una vida mejor y un futuro fundado en la ciencia. Con el paso de los años, por supuesto, el paradigma cambió y durante la segunda mitad del siglo XX la figura del fotógrafo y de la fotografía en la literatura cobró, al menos en el Cono Sur, un tinte memorialístico que, más temprano que tarde –y no sin cierta ironía, pues los fantasmas del futuro serían ahora los del pasado–, se encargaría también de recordar a los desaparecidos durante las décadas de los 70 y 80.

Ya lo decía Roland Barthes: una fotografía es "un *médium* capaz de traer a los muertos. Una alucinación falsa al nivel de la percepción, verdadera a nivel del tiempo" (166), es decir, un artefacto en donde lo que se ve no es, pero ha sido. Y és ése para Barthes, precisamente, el núcleo de la experiencia fotográfica. "La foto no rememora el pasado [...], sino es el testimonio de que lo que veo ha sido" (122), la confirmación última, la prueba irrefutable –"ver para creer", decía Tomás el Apóstol frente a la resurrección de Cristo– de la veracidad de un hecho.

Así, entre un dispositivo de captura visual y un archivo, para la protagonista de *Fuenzalida* (2012), la novela de la escritora chilena Nona Fernández, las viejas fotografías familiares a las que recurre una y otra vez no solo parecen un elemento destinado a echar a andar la trama –varias veces son esas fotos las que mueven a la acción, y llevan a la protagonista a recordar a su padre ausente–, sino un elemento que le permite reflexionar con una sutil ironía sobre su infancia en dictadura y, en un sentido más amplio, sobre el recuerdo de esos años de violencia política. O aún mejor: sobre cómo se fija el recuerdo y acaso la memoria de esa violencia. Cómo esas imágenes aparentemente objetivas, que pueden ser descritas y analizadas, no valen solo como un recuerdo concreto y momificado del pasado –"de lo que ha sido"–, pues también esconden el potencial que permite escribir y construir una vida –acaso el relato de una vida– a partir de ellas.

De hecho, en la primera página de la novela la ironía asoma de un modo curioso cuando la protagonista, una guionista que trabaja escribiendo teleseries o culebrones llenos de clichés, encuentra en la basura y justo frente a su casa, la vieja fotografía de un luchador de kung-fu. El hombre lleva bigotes, está vestido con un kimono negro y mira directamente a la cámara. Él –ella lo adivina de inmediato– es su padre, un hombre que estuvo muy ausente en su vida y que apenas recuerda: Fuenzalida. La casualidad, sabremos más tarde, puede no ser tal, pero la reacción inmediata de la madre de la protagonista no es preguntarse de dónde viene esa imagen, por qué llegó hasta la entrada de la casa de su hija. Por el contrario, se pregunta por qué no la recuerda (14-16). Por qué si existe la foto, no existe el recuerdo en su memoria, tal como si toda foto, paradójicamente, supusiera su recuerdo inmediato y automático. Como si cualquier *polaroid*, de por sí, fuera parte constituyente de la memoria.

En las primeras páginas y a partir de la fotografía encontrada por casualidad en la calle, la protagonista construirá un relato en torno a esa imagen. Uno de los epígrafes de la novela –"inventa un cuento que te sirva de memoria" (7)–, en este caso, ilumina irónicamente el asunto, pues como salta a la vista la narradora opta por la fantasía, por la posibilidad de pensar su propia vida como un guión moldeable en donde, tal como en las películas de artes marciales, todo es posible. Incluso reescribir la historia familiar a partir de una imagen azarosa, y así imaginar que su padre los abandonó no por otra mujer, sino para combatir a la dictadura. Un relato, por cierto, que le será útil a la narradora cuando su hijo, que está en coma en un hospital, despierte y, tal como venía sucediendo antes de su accidente, le pregunte quién fue su abuelo y por qué su madre no habla de él (192-93).

De este modo, y apenas comienza la novela, gracias a una fotografía intervenida por la protagonista, Fuenzalida se transforma en un reputado maestro de kung-fu que tenía un gimnasio en el centro de Santiago y que luchaba a combos y patadas contra la dictadura. En ese relato lleno de intertextos de *Enter the Dragon* (1973), la famosa película de Bruce Lee, las fotografías valen como pruebas que la protagonista pone en duda y que también completa. No son imágenes unilaterales, tal como se podría pensar de una fotografía que tiene valor de archivo, que guarda un testimonio. Su utilidad, al contrario, está en el modo en que la protagonista las lee e incluso las completa:

> El hombre [...] me mira desde la fotografía, posa para la cámara feliz, con una sonrisa entusiasta que deja ver todos los dientes. Tiene una corona de oro en alguno de ellos. En los de arriba, creo. Eso no se ve en la foto, pero yo lo recuerdo. Un par de patillas gruesas le enmarcan la cara y una cadena metálica le cuelga del pecho. Al final de ella hay un toro. Eso también lo recuerdo. (9-10)

Este tipo de descripciones, donde lo ausente en la imagen (la corona de oro, la cadena metálica con un toro) se vuelve presente gracias a la interacción entre el recuerdo de la narradora y la fotografía, se repite constantemente en el transcurso de la novela. Ella completa la imagen fotográfica sin que el lector sepa si realmente recuerda esos detalles o, como sabremos ya hacia el final del texto, si se los inventa como una buena guionista de teleseries que busca construir la memoria de un padre ausente. Vale la pena recordar que las fotografías familiares, tal como escribe Anette Kuhn, son también una forma de reescribir el pasado, de reinventarlo. En otras palabras, son un instrumento a partir del cual se puede crear un presente. La foto familiar, entonces, "may affect to show us our past, but what we do with them –how we use them– is really about today, not yesterday" (Kuhn 22). Es decir, las fotografías a las que la narradora remite en el transcurso de la novela permiten hacer del recuerdo de su padre un elemento con el que elaborar algo nuevo. Es literalmente un acto de reciclaje y de reutilización en el que una imagen no evoca un recuerdo, sino que construye un presente. En este caso, un padre pretendidamente heroico y un abuelo que Cosme, el hijo de la narradora, podrá recordar con orgullo cuando despierte del coma.

La asociación entre fotografía y recuerdo toma un cariz relevante si atendemos al contexto de posdictadura en el que se inserta la novela. En él, la paradoja del detenido desaparecido, e incluso la posterior figura judicial del "secuestro permanente", que permitió el procesamiento de varios militares, se basa precisamente en la idea del ausente que sigue estando presente. Durante los años 70 y 80 esa condición casi fantasmagórica de los detenidos desaparecidos se ponía en escena durante las protestas callejeras –al nombre de un detenido, muchas veces le seguía el coro popular que decía *presente*, tal y como si se pasara lista en un colegio–, y en el imaginario las fotografías en blanco y negro que algunas mujeres cargaban, con los rostros de sus hijos o maridos, provocaban que el desaparecido apareciera otra vez en medio de la calle, en un llamado que mediaba entre la fantasmagoría de las primeras fotografías y el dispositivo que más tarde apelaría a la memoria.

Por lo mismo, iniciar un relato de postdictadura negando la capacidad de archivo de las fotografías en las que aparece uno mismo, o intentando rellenar los espacios vacíos con información que no se deduce directamente de ellas, parece una estrategia que, al menos, desconfía de las imágenes fotográficas. Es decir, que pone en duda el testimonio de que "algo ha sido", pues no reconocer las fotos, o no reconocerse en ellas, también significa poner en duda el pasado. O por lo menos –y para no ser tan taxativo–, sugiere que la memoria de la protagonista no se reduce a esas fotografías, como si el *punctum* o el filo de esas imágenes que interpelan al espectador, al decir de Barthes (59), estuviera precisamente en que los recuerdos de su infancia no se corresponden del todo con lo que muestran las imágenes.

Fuenzalida, el padre de la guionista, es un hombre que estuvo ausente no solamente por motivos políticos, sino también sentimentales, que viene a ser una práctica muy recurrente en la sociedad chilena (cf. Montesino 1990; Salazar 1991). Además, al menos en el relato de la protagonista, él combatía a combos y patadas por ideas políticas, pero el olvido en el que cae es radical y está marcado, al menos hasta el inicio de la novela, por el poco interés de la hija en su padre e, irónicamente, por el modo en que la familia conserva sus fotografías:

> Mi madre abre una caja de zapatos verdes y de ella saca un grupo de fotografías mutiladas. En todas aparezco en distintas edades acompañada de hoyos negros tijereteados. Espacios en blanco, interrogantes. Muchos Fuenzalidas cercenados, decapitados, eliminados. 25/06/1971, días después de nacer, en una cuna metálica [...] junto a un gran espacio a mi lado que delata la presencia de Fuenzalida [...] Me pregunto dónde habrán ido a parar todas las cabezas de Fuenzalida que mi madre tijereteó de sus fotos. Imagino un grupo grande tirado en el tarro de la basura [...] Muchas caras de Fuenzalida mirándome desde ahí dentro. (100)

Esos recortes o "agujeros negros" ponen de relieve el intento de la madre por borrar la memoria de su hija, y acaso la suya. Paul Ricoeur ya decía que el olvido es parte esencial de la memoria (413-14), y esa relación será, precisamente, la que se desarrollará en el transcurso de las páginas. La pregunta, en otras palabras, apuntará hacia qué es lo que se recuerda y se olvida cuando alguien se expone a ciertas fotografías del pasado.

Sobre este punto, y considerando el gran volumen de fotos que se enumeran en la novela, pareciera que el texto se articula episódicamente en torno a ellas. Es decir, que la suma de imágenes que remiten a la infancia de la protagonista y a la historia del propio Fuenzalida van formando una memoria episódica que, casi treinta años después, cuando la niña ya es adulta, intenta fundirse en un gran *patchwork* –¿un collage hecho con Photoshop?– que pueda contar su historia. "Una fotografía siempre incrimina. Algo que sospechamos es demostrado irrefutablemente si aparece en una foto. No importa lo distorsionada que esté la imagen, tampoco cuáles fueron las pretensiones [...], si está arrugada o desteñida [...] o si alguien la cortó con una tijera. Una fotografía es siempre una huella" (30), dice la protagonista.

Hace casi una década, Galen Strawson publicó un ensayo llamado "Against Narrativity" (2004) en el que proponía que no todas las memorias se articulan narrativamente, es decir, de un modo diacrónico donde los recuerdos y acaso las experiencias forman un relato coherente que permite entendernos en retrospectiva, creando narraciones o bien para superar un trauma o sencillamente para articular un relato de vida. Según él, también la memoria podría funcionar episódicamente, de un modo sincrónico, en pequeños compartimientos estancos, tal como fotografías, que se saben parte de una misma vida, por supuesto, pero que no constituyen una narración diacrónica, que no se piensan en términos narrativos como parte de un continuo bien definido.

El intento de Strawson por refutar la idea de que la memoria, o acaso la vida, tiene necesariamente una narración diacrónica, sirve para entender a la protagonista cuando se enfrenta a la fotografía de un padre que ya no reconoce como parte de su vida, una imagen que se le hace extranjera como si su memoria no supusiera un valor narrativo en cada recuerdo. O como si sus recuerdos operaran solo de un modo contingente, y al contar la historia de su padre no estuviera contando también una parte de su propia biografía.

Lo mismo sucede con otros personajes, por cierto. Casi en la mitad de la novela, Fuenzalida, el reconocido maestro de kung-fu, se entera de que un agente de la policía política de la dictadura de apellido Fuentes Castro, un teniente famoso por la dureza de sus interrogatorios, pretende que el mismísimo Fuenzalida comience a trabajar para un organismo de inteligencia. El maestro, buscando un plan, se reúne con sus discípulos, pide información sobre Fuentes Castro y recibe una fotografía en la que aparece el agente de inteligencia vestido de karateca en su mismo gimnasio. En ese momento, Fuenzalida se sorprende porque no lo recuerda pese a que esa imagen certifica que estuvo ahí, en su territorio. La misma idea que equipara la fotografía al recuerdo vuelve también cuando la protagonista reflexiona sobre su padre y la relación que nunca tuvieron. Para más señas, lo hace a través de un símil con una fotografía "que aún no ha sido tomada" (50):

> En ella Fuenzalida y yo posamos juntos para la cámara. Una escena a punto de ocurrir u ocurrida hace mucho tiempo. Una que ya no existe o que quizá nunca existió, pero que está ahí, molestando. Si la conozco, ya no me acuerdo. Si participé en ella, ya no lo sé. Es una escena perdida. Continuamente creo tenerla en la punta de la lengua, al filo de la memoria [...] se mezcla con imágenes inventadas, con espejismos del futuro y del pasado. (50)

La contingencia de una memoria episódica, que solo recuerda retazos muy similares a *polaroids* aisladas, que se acerca al pasado como si no tuviera una relación narrativa con el presente, casi como si contara la historia de otro, cobra sentido si pensamos en Richard Rorty, que considera a la ironía como un acto contingente cuyo poder crítico o subversivo radica precisamente en esa contingencia. En otras palabras, el poder de la ironía se jugaría en el modo en que critica las narraciones diacrónicas y, en particular, los discursos fundados en certezas (73-74). La mayor ironía para Richard Rorty era pensar y pensarse en términos contingentes, impidiendo los léxicos últimos, es decir, cualquier conjunto de supuestos que entregaran una visión diacrónica, una metafísica, como decía él mismo, que justifique, por ejemplo, una determinada moral. Por lo mismo, una memoria episódica, como la que intenta defender Strawson es fundamentalmente irónica, pues carece de un relato en el tiempo, de una estructura narrativa que pueda encontrar en esas imágenes –qué más episódico, por lo demás, que una fotografía– una explicación moral o incluso una narración de vida con un presente que se explica solo a partir del pasado.

En la novela de Fernández, sobre todo en las últimas páginas, desde el momento en que su hijo sale del coma (183), queda claro que la protagonista imagina la historia de su padre, pero no cuánto inventa. Y ese acto de narrar y de avanzar por un argumento lleno de dudas y de espacios en blanco –"mi memoria estaba en blanco, como un rollo fotográfico velado" (25)–, se parece bastante a las fotografías que irónicamente debieran iluminar la historia que ella nos cuenta –y que incluso, según Avelar, estaban destinadas a iluminar la posdictadura y la memoria de los desaparecidos (225)–, pero que a ratos transforma en otro más de sus culebrones, en una ficción un poco improvisada sobre un padre ausente en la que el recuerdo testimonial y archivístico se abandona en favor de la imaginación.

Así, la ironía en *Fuenzalida* –al menos cuando se atiende a las fotografías, pues también valdría la pena detenerse en la parodia a las cintas de artes marciales, que entregaría una dimensión mucho más compleja de la relación entre ironía y posdictadura (cf. Maier 2015)– se articula en torno a olvidos y a fotografías que sugieren una memoria de infancia que no pareciera ser reconocida como propia, y que, por lo mismo, permite un acercamiento libre e inventivo a la hora de recrear, en este caso, la historia de un padre. La novela, a fin de cuentas, es una narración privada e íntima de la dictadura, donde no importa que la memoria sea exacta porque ni siquiera las fotografías pueden contar qué sucedió. De hecho, esas fotografías sirven para inventar una historia de artes marciales, desacralizada y lúdica, donde Fuenzalida es un héroe y no un padre ausente. Quizá se podría pensar la memoria fragmentada de la protagonista de un modo posmemorialístico, casi como si recordara a partir de los discursos ya creados en torno a esa memoria, básicamente durante los años 80 y 90, tal vez negándolos o cuestionándolos de un modo diacrónico, pero siempre a partir de la confrontación de sus recuerdos de infancia con la "memoria oficial" de su familia, que en algún sentido vendrían a ser las fotos.

Claro que la tesis de una memoria heredada, en este caso, también le resta valor y legitimidad a la propia memoria (Sarlo 125-30). En *Fuenzalida* el recuerdo del combate durante la dictadura lo protagonizan karatecas y expertos en artes marciales, que vuelan por los aires y luchan como si Santiago fuera Hong Kong y los militantes un espejismo de Bruce Lee. A fin de cuentas, los recuerdos alucinados, o tal vez inventados, de esa narradora también son su memoria y su pasado, pese a que sean o no enteramente ciertos. O a que estén más o menos mediados por los discursos que en torno a ellos se construyeron en las décadas posteriores a la posdictadura. Por lo demás, ¿cómo se podría determinar quién recuerda o no lo que realmente sucedió? ¿O qué recuerdo está (o no) influenciado por discursos posteriores (ya sean políticos o culturales)? Quizá el contraste y el desajuste entre una memoria privada y una memoria oficial, equivale a la confusión que lleva a la protagonista a ver karatecas en simples militantes, e invita a pensar esa confusión como un gesto o una crítica sutil e irónica respecto a esos discursos. De hecho, en otras novelas más o menos recientes –*Historia del llanto* (2007), de Alan Pauls o *La casa de los conejos* (2008), de Laura Alcoba–, suele aparecer la idea del militar o del militante como alguien literalmente disfrazado, apelando en algún sentido a la inocencia del niño que frente a un uniforme ve a un superhéroe o a un karateca. Sin embargo, la protagonista no narra desde la infancia –es decir, su crítica no está ligada a un punto de vista etario–, sino que la recuerda desde su adultez y mira los agujeros en las fotografías y sabe que tal vez no tenga la razón y que todo sea su invento, y que sus recuerdos son fabulaciones que contrastan con el discurso oficial y familiar. Pero en esa misma duda, por cierto, se esconde la mirada irónica y el cuestionamiento a su propio léxico último.

De este modo, la articulación de una novela de posdictadura en torno a fotografías incompletas, a imágenes del pasado que a todos los personajes les parecen lejanas y ajenas, como si existiera una escisión profunda entre la narración que separa el presente del pasado, quizá sugiere que la memoria en posdictadura, sobre todo para la generación de quienes nacieron durante las décadas de los 70 y 80, se instala como una memoria extraña, extranjera, tal como la fotografía de un viejo karateca en la que alguien, de pronto, descubre a su padre. Así, el gesto de no reconocer las fotografías de la dictadura y de mirarlas con sospecha, de rellenarlas e imaginarlas, de completarlas con historias de karatecas y películas de artes marciales, es quizá la gran ironía respecto al papel de la fotografía durante la dictadura chilena.

Obras citadas

Avelar, Idelber. *Alegorías de la derrota*. Santiago de Chile: Cuarto Propio, 2000.

Barthes, Roland. *Cámara lúcida*. 1980. Joaquín Sala, trad. Barcelona: Paidós, 2006.

De los Ríos, Valeria. *Espectros de luz*. Santiago de Chile: Cuarto Propio, 2011.

Fernández, Nona. *Fuenzalida*. Santiago de Chile: Mondadori, 2012.

Kuhn, Annette. *Family Secrets: Acts of Memory and Imagination*. 1995. London: Verso, 2002.

Maier, Gonzalo. *Postdictadura en segundo grado: la ironía en cinco obras chilenas (1973-2012)*. Tesis de doctorado. Radboud Universiteit Nijmegen, 2015.

Montesino, Sonia. *Madres y huachos: alegorías del mestizaje chileno*. Santiago de Chile: Cuarto Propio, 1991.

Ricoeur, Paul. *Memory, History, Forgetting*. Chicago: U of Chicago P, 2006.

Rorty, Richard. *Contingency, Irony, and Solidarity*. 1989. Cambridge: Cambridge UP, 1995.

Salazar, Gabriel. *Ser niño huacho en la historia de Chile*. 1990. Santiago de Chile: Lom, 2006.

Sarlo, Beatriz. *Tiempo pasado. Cultura de la memoria y giro subjetivo. Una discusión*. Buenos Aires: Siglo XXI Editores, 2005.

Strawson, Galen. "Against Narrativity." *Ratio (new series)* 17/4 (2004): 428-52.

*Miradas sobre la ironía en la narrativa
de Juan José Saer*

FRANÇOIS DEGRANDE
Université catholique de Louvain

"En una estación ferroviaria de Galitzia, dos judíos se encuentran en el vagón. '¿Adonde viajas?', pregunta uno. 'A Cracovia', es la respuesta. '¡Pero mira qué mentiroso eres! —se encoleriza el otro—. Cuando dices que viajas a Cracovia me quieres hacer creer que viajas a Lemberg. Pero yo sé bien que realmente viajas a Cracovia. ¿Por qué mientes entonces?'" (Freud 108). En su libro *El chiste y su relación con lo inconsciente* (1905), Freud clasifica esta historieta entre los "chistes escépticos": son chistes que no "atacan" a "una persona ni una institución, sino la seguridad de nuestro conocimiento mismo, uno de nuestros bienes especulativos" (109). Freud destaca el "contrasentido" y señala que de una "exposición antinómica" se trata. Se encarga después de interrogar las "condiciones de la verdad": "¿Consiste la verdad en describir las cosas tal como son sin preocuparse del modo en que las entenderá el oyente?" (108). Entonces, una cosa sería el mensaje emitido y otra cosa su recepción e interpretación. Desde luego, en estos asuntos intervienen nuestro conocimiento del hablante, sus antecedentes en asuntos de mentiras, pero también, tal vez, cierto principio de economía. De hecho, sabemos desde la historia de la navaja de Ockham que entre dos explicaciones, más vale creer en la más sencilla. Pero en esta situación, ¿qué es lo más simple? ¿Postular que el interlocutor dice la verdad? ¿Y si la dice mintiendo? El asunto se complica ya que el acceso a la misma verdad permanece parcialmente bloqueado. Como rezan las "Coplas de Baguala" del cantautor Atahualpa Yupanqui: "Le pregunté a la verdad y la verdad me mintió, y si la verdad me miente, ¿en qué puedo fiarme yo?".

LA IRONÍA FANTASMAL: LA IRONÍA NO SE VE, LUEGO EXISTE

Sin volver sobre el polo cognitivo del chiste recogido por Freud, pero sí insistiendo en el valor metafísico de un juego de naipes rioplatense, en "El truco" (*Evaristo Carriego* [1930]), Borges va a glosar un poema epónimo recogido en *Fervor de Buenos Aires* (1923). Justo después de citar el chiste judío con algunas variantes que distan de la versión freudiana,[1] Borges pasa a diferenciar la "astucia elemental" de la "astucia al cuadrado":

> La habitualidad del truco es mentir. La manera de su engaño no es la del póker: mera desanimación o desabrimiento de no fluctuar, y de poner a riesgo un alto de fichas cada tantas jugadas; es acción de voz mentirosa, de rostro que se juzga *semblanteado* y que se defiende, de tramposa y desatinada palabrería. Una potenciación del engaño ocurre en el truco: ese jugador rezongón que ha tirado sus cartas sobre la mesa, puede ser ocultador de un buen juego (astucia elemental) o tal vez no está mintiendo con la verdad para que descreamos de ella (astucia al cuadrado). (*Obras completas* 146)

Como vemos, la comicidad de la broma resaltada por Freud es afinada por Borges. La "astucia elemental" designaría el hecho de mentir simplemente mientras que la "astucia al cuadrado" se produce cuando se postula que lo que decimos será tomado por una mentira más, pretexto algo mezquino para decir la verdad en toda impunidad. Como se ve, la aportación de Borges sale del marco estrictamente verbal para dar con el silencio laberíntico y polisémico de los jugadores de cartas, es decir con la ironía no verbal. Es ahí donde los gestos y las miradas se vuelven interesantes: interrogando las mímicas de los jugadores, se cree percibir una cosa que puede ser su contrario, si se logra mentir con acierto. Es la "era del recelo": cada palabra pronunciada vehicula una potencia maniquea y capciosa: es verdad y/o mentira al mismo tiempo. Esto nos lleva a pensar que la verdad es siempre polisémica. Dicho sea de paso, esto no es lo propio de la ficción, cualquier doble discurso suele probarlo.

Sea lo que fuere, la broma judía evocada por Freud y Borges es digna de interés si contemplamos sus nexos con las definiciones de la ironía. De hecho, emprendiendo un recorrido teórico por la ironía, constatamos que existen miradas disímiles sobre el tema. Están los teóricos que ven posible el acceso al pensamiento clave, esto es, al verdadero mensaje, y los que reconocen una falta de transparencia decididamente ambigua en la ironía. Para empezar, mencionemos el caso de Schoentjes, un teórico que subraya en *Poétique de l'ironie* (2001) la ambigüedad y la opacidad del fenómeno rastreable en la multiplicidad de los casos. La convincente demostración de Schoentjes no hubiese podido ser factible sin una clasificación en distintos tipos de ironía, lo cual ya prueba de por sí el polimorfismo de la figura: "la ironía del personaje disimulado", "la ironía del destino", "la ironía verbal" y "la ironía romántica".

Sin embargo, si prestamos atención a la tendencia que domina en los estudios sobre la ironía, nos damos cuenta de que suele operar cierto reduccionismo. Para explicitarlo detenidamente, fijémonos en primer lugar en la definición del *DRAE*: "Figura retórica que consiste en dar a entender lo contrario de lo que se dice". Haciendo hincapié en el desfase existente entre lo que se dice y lo que se quiere decir, se nos señala que se trata antes que nada de una interpretación de un mensaje. Las aclaraciones de Estébanez Calderón van en el mismo sentido: "Es un procedimiento ingenioso por el que se afirma o sugiere lo contrario de lo que se dice con las palabras, de forma que puede quedar claro el verdadero sentido de lo que pensamos o emitimos" (574). Así presentado, el mensaje verdadero, después de una descodificación de la ironía, sería racionalmente accesible: los resabios positivistas de semejante definición invitan a pensar que podemos penetrar con toda tranquilidad en la mente ajena para descubrir la verdadera intención del hablante. Dicho en otras palabras, tal explicación del fenómeno apunta al triunfo de la focalización interna como clave de éxito gnoseológico. Si aceptamos este tipo de definiciones, nos damos cuenta de que el chiste judío plantea un verdadero problema al respecto. De hecho, en la broma en cuestión, es precisamente la ausencia de desfase entre el mensaje emitido y la intención del hablante lo que posee una raigambre irónica. En otros términos, de existir un desfase, debe tratarse de un desfase en segundo grado. En realidad, la clave de la interpretación del chiste nos muestra que se dice lo contrario de lo contrario de lo que se quiere decir. De modo contra-intuitivo, podemos sostener que, siguiendo a Freud y Borges, la máxima transparencia –la inexistencia de un velo que encubra el propósito– termina por orquestar la suma opacidad, lo cual no deja de apuntar al lado fantasmal de la ironía. Como constatamos, el arte de disfrazar espectralmente un pensamiento puede ser a veces más fino. Existiría entonces una ironía que, dándose por sentada, podría darse el lujo de desaparecer –existiendo paradójicamente todavía, como si de un fantasma se tratara–. Esta clase de aparición se produce cuando postulamos una interpretación irónica por parte de un interlocutor –que debe necesariamente creerse fino–;[2] vale decir, se plasma cuando simulamos que disimulamos algo, cuando hacemos pasar lo verosímil por lo inverosímil, mecanismos propios de toda buena ficción y que resultaría torpe descodificar demasiado sagazmente, puesto que, como dijo Octavio Paz en *El laberinto de la soledad* (1959): "La mentira es un juego trágico, en el que arriesgamos parte de nuestro ser. Por eso es estéril su denuncia" (36). Yendo más lejos en nuestra exploración del concepto de ironía, nos consta que el placer de "operar una separación entre los que saben entender 'a medias palabras'('à demi-mot') los equívocos o las antífrasis de los que no los perciben" (Schoentjes, "Ironie" 320, traducción mía) luce aún más cuando no existe ninguna diferencia entre lo dicho y lo que se quiere decir; es cuestión, por lo tanto, de reírse de los presuntuosos irónicos. Así las cosas, la ironía parece apuntar a una apología para volver a afilar la aporética navaja de Ockham. Acaso la decisión freudiana –por no decir la denegación– de no tratar la ironía en su ensayo sea sintomática del malestar conceptual que plasma todo intento de comprender la ironía a partir del chiste judío. De hecho, todo se da como si Freud hubiese querido hacer pasar cierta falta de transparencia por invisible.[3]

La ironía en Saer: "astucia elemental", "al cuadrado" y al cubo

Adueñándonos de las armas tajantes de Freud, es decir, de los mecanismos que rigen tanto el curso de los sueños como el despliegue del humor y que son la "condensación" y el "desplazamiento", podemos sacar más partido y provecho literarios de su análisis del chiste, desviando la pregunta inicial hacia el terreno de la ficción: "¿Consiste la verdad en [escribir] las cosas tal como son, sin preocuparse del modo en que las entenderá el [que nos lee]?" (108). Es curioso observar que el carácter "especulativo" mencionado por Freud aparece justamente en la definición que el escritor argentino Juan José Saer (Santa Fe,

1937 - París, 2005) propone de la ficción. Para Saer, la ficción es "una antropología especulativa" (16) como leemos en su ensayo *El concepto de ficción* (1997). Citemos los comentarios del autor sobre el tema: "Simplemente, tenemos que entender que la ficción no es un entretenimiento, es un modo, es una antropología especulativa, nos tiene que ayudar mejor a comprender qué es el hombre, qué somos, para poder a partir de ahí construir otra sociedad" (Munárriz 398). En otra entrevista, Saer comenta el concepto acudiendo a otras palabras esclarecedoras: "[E]s una teoría del hombre; pero no una teoría empírica, ni probatoria, ni taxativa, ni afirmativa. Es sólo especulativa. Y al decir eso, hay que tener en cuenta que en lo especulativo cabe también la palabra 'espejo'" (Martínez-Richter 15). Otras preguntas que nos van a guiar serán pues éstas: ¿Cuál es la plusvalía que nos pueden brindar el chiste y sus resortes irónicos en una ficción entendida como "antropología especulativa"? Y, desde luego, ¿cómo aunar el entretenimiento irónico con la violencia que caracteriza todo el ciclo novelesco de Saer? Si aceptamos que el modo irónico permite también la constante creación de pequeñas ficciones, espejos adversos de lo real, ni que decir tiene que el polo gnoseológico que se deriva de la ironía ficcionalizada puede ser de sumo interés. Por estas razones, intuimos que resultaría provechoso ahondar en la "antropología especulativa" de Saer basándonos en su posible vínculo con las reflexiones teóricas sobre la ironía.

Partiendo del matrimonio nunca consumado entre Freud y Borges, nos proponemos echar luz sobre la violencia verbal o física afín al uso desviado de los mensajes supuestamente contradictorios que delinean los escritos de Juan José Saer y nos basaremos para ello en tres novelas: *La vuelta completa* (1966), *Cicatrices* (1969) y *El entenado* (1983). Hubiéramos podido centrar nuestro propósito en otros textos, como el muy irónico *Glosa* (1986), pero debido al criterio de la violencia, nos pareció que una escena de violación y una escena de suicidio, de por sí, se prestaban bien a un comentario sobre el sentido mortífero de la ironía en Saer. A pesar de la gravedad temática, intentaremos que reluzcan los placeres formales del constante juego irónico de Saer.

Empecemos por lo más sencillo, es decir, por los principios cuentísticos de Saer señalando que, frente a las sabrosas "astucias al cuadrado", es relevante el arte de la "astucia elemental", como reflexiona Marcos Rosemberg en el cuento "El asesino", contenido en la primera publicación del autor, *En la zona* (1960). Se evoca el supuesto judaísmo de Rosemberg, detectado por el macho dominante, con nombre elocuente, Rey. "A veces Rey me echaba en cara mi manera de ser, porque decía que a mí me importaba demasiado ser judío; decía que para poder comportarme tan naturalmente como si no lo fuera, siempre, tenía que tener siempre presente que lo era" (484).[4] Por lo general, observamos que la "astucia elemental" en Saer posee rasgos anecdóticos, mientras que la "astucia al cuadrado" llega a ser un principio estructural de sus relatos más violentos, como pasaremos a comprobar. En otros términos, intentaremos probar que es el recurso a la "astucia al cuadrado" lo que posibilita el pleno despliegue de la violencia irónica del escritor santafesino. Este sería pues un postulado esencial en nuestra lectura: la ironía es, más que feroz, mortífera. La recuperación saeriana de las lógicas borgeanas escasas veces puede prescindir de ataques violentos.

Esto se puede apreciar en la segunda parte –"Caminando alrededor"– de *La vuelta completa*, la primera novela de Saer. El lector se encuentra ante una escena de violación que explota los resortes sórdidos de una ironía versátil que da lo falso por verdadero y lo falso por falso, enseñando cómo las "astucias al cuadrado" de Borges pueden dar en el blanco en la obra de su discípulo. Pancho es maestro y dicta clases de literatura argentina, todavía vive en la casa de sus padres y presenta rasgos que podrían hacer pensar que es castrado por su madre. Durante una escena impactante, viola a Beba, la prima de su novia, Dora, aprovechando la ausencia de esta última.[5] La escena se enmarca en el truco, el juego de naipes rioplatense ya evocado por Borges. La perversidad de Pancho cobra un protagonismo enorme cuando Dora interrumpe la partida de naipes posterior a la violación. La conducta de Pancho parece tener que ver con la felicidad criminal de volver sobre los lugares donde se cometió lo irreparable. Pancho parece gozar de la ambivalencia de unos comentarios a medio camino entre lo verdadero y lo falso, lo cual constituye una de las estrategias literarias preferidas del escritor santafesino, como subraya Bermúdez Martínez: "Saer opta definitivamente por una ficción que no se considera ni verdadera ni falsa, sino que juega su papel en el entrecruzamiento de ambas" (163).

Cuando Dora pide aclaraciones sobre lo que pasó, las respuestas son de especial interés:

> –Bien –dijo Pancho, con aire tranquilo, paseándose por el dormitorio con las manos en los bolsillos del pantalón.
> –Estuvimos jugando al truco –dijo Beba.
> –No le hagas caso, Dora –dijo Pancho–. En realidad nos acostamos.
> –Qué mentiroso –dijo Beba, sonriendo.
> Pancho sonrió también, miró a Dora.
> –Es verdad, pero no conviene que lo tomes en serio –dijo.
> Dora lo miraba con sonriente perplejidad, y Pancho se aproximó a ella rodeándole los hombros con el brazo y llevándola en dirección a la cocina. Caminaba muy lentamente, con aire paternal, y al entrar a la cocina besó a Dora en la mejilla, con suavidad e ironía. (156)

Pancho manifiesta cierta autosatisfacción perversa a causa de la relativa superioridad en el grado de conocimiento que Beba y él mantienen con Dora. Claro que la ironía es únicamente captable por Beba. El maquiavelismo de Pancho obra con el fin de corromper a la víctima arrastrándola mediante un comentario ambiguo hacia una complicidad en el engaño. Aquí se adivina una portentosa escenificación de un principio relevante del truco, que consiste en la divulgación de ciertos signos, ora lingüísticos, ora gestuales, que de pronto van a adquirir un valor solo para la persona introducida en el juego, así sea por la fuerza, como sucede en este caso; la función "críptica" del lenguaje de los jugadores es elocuente.[6] Considerándolo bien, verdad y mentira se descodifican arduamente por la utilización paradójica de los signos lingüísticos, como apreciamos en las siguientes ocurrencias: "–Es verdad, pero no conviene que lo tomes en serio– dijo" (156) frase que traiciona la "astucia al cuadrado" lanzada por él antes: "en realidad nos acostamos" (156). Profundizando en lo que se produce justo después del juego, nos damos cuenta de que Pancho pasa a suministrar varias explicaciones entretejidas de mentira y de verdad. Es llamativo observar que en la segunda versión de los hechos que da a Tomatis, la violación se asemeja a otro juego cargado de sentido; en otros términos, se comenta el juego por el juego, señal de una exterioridad frustrada y potencialmente peligrosa:

> Me encamé con la prima de Dora, pero fue todo muy gracioso, porque ella asumió el papel de mujer violada. Yo estuve un poco agresivo, lo reconozco,

> pero no pensaba hacerlo. Ella se tiró en la cama y se puso a llorar, y cuando yo me acerqué para decirle que era una broma, ella mantuvo una actitud provocativa, y comenzó a decir que no se lo hiciera. No tuve más remedio que hacérselo, porque ella ya se consideraba hecha. (162)

Nos situaríamos pues, *a posteriori*, en una lectura de una obrita de teatro basada en la opinión machista de que la mujer siempre es la culpable en las escenas de violación a causa de su actitud provocativa. El que Pancho repita con variaciones su historia con Beba, ya sea a Dora o a su amigo Tomatis, reenvía a la función exponencial de un juego macabro y subversivo con el discurso tradicional de las víctimas. Desde luego, después de una agresión o de una violación, se plantean las cuestiones de saber si se deben narrar semejantes episodios y en caso de que sí, cómo narrarlos. Es evidente que no dejar de volver en lo sucesivo sobre su papel en un asunto criminal tiene que ver con el placer de regresar a los lugares de la maldad, incluso desde el punto de vista lingüístico, como sucede con ciertos criminales. Por otro lado, esto se relaciona con la usurpación que realiza el verdugo a la víctima sobre las cuestiones del qué y del cómo narrar, es decir, es un "robo al cuadrado", consecuencia todavía más cínica de esta "astucia al cuadrado": "En realidad nos acostamos".

Si *La vuelta completa* emplea una ironía de muy mal gusto que se oculta en el metadiscurso, desplazando cínicamente el problema sórdido de la violación al terreno retórico, en la primera obra importante de Saer, *Cicatrices*, se evoca con ironía (o, tal vez, sin ironía) otro problema con el que jugaba el mismo Borges al esparcir en ciertos escritos suyos –como "25, agosto 1983" (*Œuvres complètes* 965)– sus veleidades de suicidio nunca cumplidas por "cobardía".

Sergio Escalante, ex abogado y gran jugador en *Cicatrices* es un personaje abominable. No deja de llamar la atención que el póker al que se entrega apasionadamente enmarque el suicidio de su esposa. Mirándolo bien, para Escalante, la vida parece ser un gran juego cínico en el cual la pérdida de la misma vida nunca puede alcanzar la relevancia trágica de la bancarrota en el juego. Leemos a propósito de la muerte de su esposa:

> Yo estaba jugando al póker desde la noche anterior, a la vuelta de mi casa. Nos habíamos sentado para jugar una hora a las once de la noche, y eran

las tres de la tarde del día siguiente. Llaman en eso a la puerta. Va el dueño de la casa a atender, y vuelve diciéndome: Sergio, es tu abuelo. Le mando decir que pase. Para esa fecha estaba ya muy viejo y algo chiflado, y tenía un aspecto extravagante con un ojo de menos y los bigotes todos manchados de tabaco. Chicaba al santo día. Se inclina hacia mí y me dice al oído: Hijo, dice tu mujer que si no vas antes de media hora, se envenena. Dígale que se envenene, digo yo. Mi abuelo se va y vuelve treinta y cinco minutos después. Se inclina otra vez y me dice al oído: Hijo, se ha envenenado. De modo que pido permiso para levantarme antes de la hora fijada y voy a casa y la encuentro muerta. Se había arrepentido después de tomar el veneno de modo que salió del dormitorio en la planta alta y se paró en el borde de la escalera llamando a mi abuelo. Pero ya era tarde, y mi abuelo estaba un poco sordo. La encontré al pie de la escalera, en la planta baja. (112)

Como si el suicidio de su esposa fuese la herencia de la muerte por suicidio de su propia madre –acontecimiento señalado antes en la diégesis– nos damos cuenta de que la repetición de la tragedia en la poética de Saer es un agente de la maldad y se espera viciosamente al igual que en el curso cínico de un juego de azar. El marco lúdico de la muerte es elocuente, como lo era el de la violación en *La vuelta completa*. De hecho, la orden impactante: "dígale que se envenene" (112) sería "excusable" *a posteriori* a condición de ser una aseveración irónica. Ahora bien, el cinismo[7] del protagonista hace pensar que de ironía, precisamente no se trataba. Estaríamos pues ante otra "astucia al cuadrado". La frialdad reforzada por el empleo de la primera persona es patente en el permiso que pide Escalante para dejar la mesa del juego. Por otra parte, la orden "dígale que se envenene" forma una especie de conminación contradictoria, en la medida en que el suicidio parece ser provocado por el entorno inmediato. Sería otra cara de un juego abyecto: Escalante provocaría lo que posteriormente Watzlawick llamaría la "actuación del síntoma" (X). De hecho, si se acerca la orden de Escalante a un precepto que impera en la psicología sistémica, podríamos concebir la conminación de Escalante como una estrategia terapéutica que buscaría la contradicción en la enferma que quiere terminar con su vida: se trataría de pedirle a su mujer que se suicide espontáneamente o darle argumentos para que acabe con su vida, para que la principal interesada se dé cuenta de que el suicidio no tiene sentido. Sin embargo, la frase definitiva de Escalante no parece ser ni una ironía, ni una estrategia terapéutica de ninguna clase puesto que después de la muerte de su mujer, reacciona con calma, que es la única cosa que el buen jugador no puede perder. Es legítimo pensar que Saer se ríe, por boca de sus personajes, de las relaciones carcomidas por el juego mortal de las palabras. La ironía sería un "juego sin fin" que, sin embargo, solo puede terminar con la muerte. Es cierto que al morir su esposa, el juego se tendría que parar. Ahora bien, ¿qué constatamos? Escalante sigue jugando. En realidad, la ironía cobra una dimensión tan fatal en *Cicatrices* como en *La vuelta completa*. Leyendo la novela, es frecuente tener la impresión de hallarse ante un hombre totalmente desligado de sus emociones y cuyo cinismo es horroroso. Con razón señala Iglesia: "es el personaje más abyecto o, quizás, el más puro del relato" (16), podríamos agregar, de todo el ciclo novelesco de Saer.

Otra faceta de la ironía en Saer se puede apreciar en *El entenado*, pseudocrónica autobiográfica de un grumete que descubre el Nuevo Mundo. Empecemos por señalar que los anacronismos que ritman la escritura de *El entenado*, y que Saer reconoció en una entrevista, son muy llamativos. Un grumete del siglo XVI no puede utilizar, por ejemplo, la palabra "nostalgia", ni puede desarrollar un pensamiento influenciado por el psicoanálisis ("Entrevista", citado en Pons 217). Postulamos que, de modo excepcional, todo lo que el autor aseveró sobre su obra se debe integrar en el sentido de ésta. Concebido el anacronismo como una "astucia elemental", no se hablaría pues de la Conquista, sino más bien, muy alegóricamente (cf. Gollnick), de la dictadura militar argentina –recordemos que la obra fue publicada en 1983–. Sin embargo, por la confesión del autor sabemos que introdujo a sabiendas los anacronismos. Luego presenciamos una nueva ocurrencia de las "astucias al cuadrado": la engañifa consistiría entonces en fingir que el texto remita a la dictadura, sin renunciar en realidad a la idea de evocar verdaderamente la Conquista. El doble discurso de Saer alcanza un clímax en *El entenado* y se justifica por la violencia, nexo histórico que permite enlazar el periodo ficticio –el descubrimiento– y las realidades extraliterarias –la matanza de los subversivos en Argentina. ¿Y si el arte del novelista consistiese en alternar las astucias, para conservar su dominio críptico sobre un texto nacido en el terror, a caballo entre dos épocas? Mediante esta técnica Saer está poniendo en abismo el malestar temporal de la dictadura militar fingiendo mentir a partir de la época del descubrimiento. El anacronismo, este desfase temporal, quizás sería de raigambre irónica, como lo es la experiencia teatral del grumete que juega significativamente su propio papel cuando vuelve a Europa.

De hecho, la experiencia del narrador después de su viaje es reveladora: "Cuando empezamos a ensayar, el viejo interpretaba al capitán, su sobrino al resto de mis compañeros, y las mujeres a los salvajes. A mí me reservaban, como atributo natural a una entidad todavía vacía, mi propio papel" (131). Prolongando las investigaciones de Bastos, Gollnick puntualiza al respecto: "la experiencia del narrador representando la comedia sobre su propia vida ofrece 'una transposición irónica de la impostura reinante en la Argentina de los años de la dictadura militar', donde los artistas tenían que convertir la verdad social en un absurdo para complacer al poder" (122). El *tour de force* de Saer se encuentra en el punto siguiente: la ausencia misma de desfase entre la vida y la comedia permite que se deje ver el desfase irónico respecto a la situación de los artistas durante la dictadura argentina. Podemos apreciar esta dimensión del ataque de Saer en esta cita:

> Viendo el entusiasmo de nuestro público, me preguntaba sin descanso si mi comedia transmitía, sin que yo me diese cuenta, algún mensaje secreto del que los hombres dependían como del aire que respiraban, o si, durante las representaciones, los actores representábamos nuestro papel sin darnos cuenta de que el público representaba también el suyo, y que todos éramos los personajes de una comedia en la que la mía no era más que un detalle oscuro y cuya trama se nos escapaba, una trama lo bastante misteriosa como para que en ella nuestras falsedades vulgares y nuestros actos sin contenido fuesen en realidad verdades esenciales. (13)

Por cierto, la función del narrador de *El entenado* apunta a una nueva ocurrencia de las "astucias al cuadrado", y así reanudamos el cierto malestar teatral de *La vuelta completa*. En efecto, el papel del actor hace pensar que es algo más en la vida que la máscara que asume, cuando en realidad sucede todo lo contrario; el actor es la misma máscara que lleva. Jugar un papel no significa que seamos otra cosa que este papel, lección que saca todo el beneficio novelesco de la "astucia al cuadrado" de Borges. Si habíamos visto en *La vuelta completa* que la "astucia al cuadrado" era un pretexto sórdido para la justificación de la violación y que en *Cicatrices*, el engaño exponencial remitía a un impulso vital de Escalante a la hora de precipitar el suicidio de su mujer, en *El entenado*, es el mismo poder de la ficción en tiempos dictatoriales – valga la antinomia–[8] que queda ironizado mediante la función en la que el grumete juega su propio papel, en un texto voluntariamente anacrónico.

Como lo presentimos, bajo el velo de la antropología lúdica –truco, póker, y teatro–, que es en realidad un pretexto para dar rienda suelta a una ironía asesina, Saer le suministra a sus héroes unas enseñanzas violentas. Sin embargo, puede que el colmo de la ironía se plasme allí donde menos se lo esperaba, es decir, en el lenguaje (cómo no) tan singular de los colastinés en *El entenado*:

> Como todos los otros que componían la lengua de los indios, esos dos sonidos, def-ghi, significaban a la vez muchas cosas dispares y contradictorias. Def-ghi se les decía a las personas que estaban ausentes o dormidas; a los indiscretos, a los que durante una visita, en lugar de permanecer en casa ajena un tiempo prudente, se demoraban con exceso; def-ghi se le decía también a un pájaro de pico negro y plumaje amarillo y verde que a veces domesticaban y que los hacía reír porque repetía algunas palabras que le enseñaban, como si hubiese hablado. (161)

He aquí lo que podríamos llamar la ironía al cubo: es una ironía que explota a fondo la polisemia de las palabras cuando éstas quieren decir una cosa y su contrario. Podemos pensar que, inventando palabras que se autoanulan, por poder decir una cosa y su contrario, no se destruye el lenguaje. Lejos de ello, lo que Saer –el escritor irónico por antonomasia– arruina virtual y violentamente por boca de los colastinés, es tal vez la misma ironía. Si de la lectura de Freud y Borges destacábamos el desfase entre el chiste y la clásica definición de la ironía, cabe ver que Saer da un paso más en la subversión del concepto de ironía, así sea totalmente invisible en *El entenado*. En otras palabras, fingiendo hablar de otras cosas, Saer, por boca de los colastinés, arruina virtualmente la ironía. De hecho, al reanudar con el sentido gnoseológico del chiste judío citado al inicio de este trabajo, bien podemos aseverar que el colmo de la desconfianza lo dan los dos sonidos "def-ghi", que no solamente convierten en inútil e insalvable toda maniobra irónica, sino que dan pie a un grado de ironía más elevado, que sería el que se da cuando el mismo locutor ignora, al pronunciar el "def-ghi", cuál de los sentidos contradictorios será elegido durante el trabajo de interpretación del interlocutor. Como podemos constatar, los indios colastinés de Saer en *El entenado* inventan una lingüística poco pragmática. Debido al doblez de las palabras, está permitido cualquier combinatoria mentira/verdad: fingir o ignorar que se puede decir (lo contrario de) lo contrario de lo que se quiere decir no son sino consecuencias de un desfase constante afín a la locura. Como vislumbramos, la destrucción de las prohibiciones de Levi-Strauss que tanto caracteriza *El entenado* se asocia a profundas turbaciones del orden social, y la vuelta a un lenguaje silencioso (¿a una ironía no verbal?) y es sintomática del caos generalizado. No en vano el narrador que sobrevive solo en una cultura antropófaga lanza las siguientes palabras: "Al final terminamos comunicándonos por señas" (117).

Este breve recorrido por la narrativa del escritor santafesino intentó destacar el alcance violento de la ironía en sus textos. A estas alturas, no sería vano resaltar la violencia en todo el corpus saeriano: trátese de una escena de violación, o de un suicidio, constatamos que la ironía nunca está lejos de los crímenes y delitos en el mundo ficcional de Saer. El lado indescifrable de las intenciones de hombre que culmina en la astucia al cubo en un contexto caótico, no es sino una variante más de un juego que consiste en alternar las "astucias" para permanecer invisible e imprevisible. La maestría de Saer se mide en el hecho de que va variando los grados de la ironía; así que no hay clave para declarar de modo unívoco, que (no) hace falta entender lo contrario de lo dicho por sus protagonistas. Cambiando de estrategia, es decir, optando aleatoriamente por las astucias "elemental", "al cuadrado" y las que podríamos llamar "al cubo", se tiene menos suerte de ser descubierto y se puede seguir actuando violentamente, en toda impunidad.

Quisiéramos suministrar, a modo de conclusión, una reflexión en torno a la mirada sobre el objeto textual inspirada por la lectura de las novelas de Saer. Tal vez una metáfora óptica pueda esclarecer la ardua descodificación de la ironía –muchas veces invisible– en Saer. Para que el ser humano pueda captar bien las imágenes, una suerte de ironía anatómica suele obrar con suma eficacia: el cristalino, detrás de la pupila, que posee la forma de una especie de lente biconvexa, *vuelca* la imagen que va a proyectar en la retina. Esta, como bien se sabe, recibe las informaciones, esto es, las imágenes, y las comunica al cerebro mediante el papel del nervio óptico. Es decir que a nivel anatómico, estaríamos ya predispuestos para poder interpretar como Dios manda cualquier información que esboce el mundo al revés. El corolario en términos de ficción sería el siguiente: puede que tengamos facilidades para dar con la "astucia elemental" (cf. Borges), para captar la verdad de los datos a partir de su contrario. Es como si la información que buscamos transmitir engañosamente tuviera sí o sí que volcarse para que el mensaje fuera descubierto. Sin embargo existen casos particulares que alzan el problema de la proyección contraria de la imagen al cuadrado, es el caso del espejismo: "Ilusión óptica debida a la reflexión total de la luz cuando atraviesa capas de aire de densidad distinta, con lo cual los objetos lejanos dan una imagen invertida [...]" (*DRAE*). Desde nuestro punto de vista, a nivel óptico, el espejismo es lo que más coincide con la "astucia al cuadrado" de Borges: se trata de una ilusión –no hay ironía o ésta es de veras fantasmal– y la esperada interpretación invertida se produce, pese a su inexistencia. Es como si la información que buscamos transmitir tuviera que volcarse para que el verdadero mensaje *no* fuera descubierto. Esta breve alusión a la creación de las imágenes nos enseña pues que a nivel empírico la proyección de las imágenes al revés es un mecanismo consustancial a la visión. Luego, ¿cómo no a va a ser lo mismo para la captación de la ironía y, sobre todo, para el advenimiento de un mundo ficcional irónico en el que dominan las consecuencias violentas de la antropología especulativa?

En cuanto a la ironía al cubo, se trataría de un estado de indiferenciación de los signos antiguamente discriminatorios y que está situado en la fusión especulativa de la visión normal y del espejismo. Casi se podría hablar de la tercera dimensión de la ironía. Se trata de un caso que desresponsabiliza al ironista por lo que toma cuerpo en una negatividad ficcional donde los antónimos son sinónimos de los sinónimos y donde, por ende, la angustia se vuelve imperante. De hecho, la ironía puede escapar a la intencionalidad del ironista, es decir, puede poseer una procedencia inconsciente. Lo seguro es que la ironía al cubo nos enseña que la misma imagen adquiere, a nivel referencial, una especie de doble espacialidad, idéntica y contraria a sí misma, de modo que no ofrece claves para una interpretación en primer o en segundo grado. Se refleja en sí misma, por antagónica que sea, antes de ver sus informaciones tratadas en función de una interpretación que dependerá forzosamente del azar. Todo esto le escapa desde luego al ironista que, como si se tratase de un póker entre ciegos, no tiene más acceso a sus propias cartas y, por consiguiente, solo puede apostar por una alternativa en la polisemia absorbente. Así las cosas, si es cuestión de una proyección de imágenes contrarias y de una interpretación aleatoria de una palabra –como si la ironía quisiese decir a la vez lo que quiere y lo que no quiere decir–, ¿cómo imaginar entonces no ver ironía, caos y violencia por todos lados? Sin embargo, a nivel teórico, es preciso constatar que al basarse en el principio de oposición y, por cierto, en la existencia de antagonismos claros y distintos, la ironía, por lo menos en un mundo idiomático parecido al de los indios colastinés, no tendría que existir más. Como se ve, la lingüística aplicada a la lengua de los colastinés inventada por Saer abre la vía a una figura sobre la que habría muchas cosas que decir: la ironía alucinatoria, ora solamente visible para los fantasmas, ora fantasmagórica y, por ello, invisible.

NOTAS

1. "Cómodo en el tiempo y conversador está el juego criollo, pero su cachaza es de picardía. Es una superposición de caretas, y su espíritu es el de los bajatijeros Mosche y Daniel que en mitad de la gran llanura de Rusia se saludaron. ¿Adónde vas, Daniel? –dijo el uno. A Sebastopol –dijo el otro. Entonces, Mosche lo miró fijo y dictaminó: –Mientes, Daniel. Me respondes que vas a Sebastopol para que yo piense que vas a Nijni-Novgórod, pero lo cierto es que vas realmente a Sebastopol. ¡Mientes, Daniel!" (*Obras completas* 146).
2. Como rezaba De La Rochefoucauld en *Maximes et réflexions diverses*: "La mejor manera de ser engañado, es creerse más fino que los demás" (1664) (Máxima 127 traducción mía).
3. Sobre estas cuestiones, remitimos al artículo de Martin (2005).
4. Esto se relaciona con el análisis de Morin en *La rumeur d'Orléans* (1969) cuando explica el papel de chivo expiatorio de los judíos y el rumor sobre la prostitución de las blancas en las tiendas en Orléans: "[El rumor] se fija únicamente en comerciantes que no tienen nada de exótico, que se parecen a todo el mundo, pero que, por eso mismo, disimulan esta misteriosa diferencia que todo el mundo puede nombrar: son judíos" (35, traducción mía).
5. Este análisis de *La vuelta completa* se basa en mi artículo "Mentira y juego en la *La vuelta completa* de Juan José Saer" (2013).
6. Véanse las notas de Bernès: "Como es muy importante que el jugador conozca las cartas que su pareja tiene en las manos, este último emplea todos sus esfuerzos para hacérselos conocer a espaldas de sus adversarios, por medio de signos codificados, en principio infinitamente variables, pero de hecho reglamentados por el uso. Así para el as de bastos, se guiña el ojo; para el siete de oros se hace la misma mueca pero del lado izquierdo; para indicar que uno tiene un tres, se muerde el labio inferior; para el dos se adelantan los dos labios cerrados; cuando no se tiene juego –eso se llama ser ciego– se cierran los dos ojos, etc." (Borges, *Œuvres complètes* 1408, traducción mía).
7. Empleamos la palabra "cinismo" como la "práctica de acciones o doctrinas vituperables" o la "desvergüenza en el mentir", la "impudencia", la "obscenidad descarada" (*DRAE*), que sería una seña de identidad en ciertos protagonistas saerianos, quienes se sustentan en la ausencia de ironía para que su cinismo sea aún más cruel.

[8] "La ficción aparece como antagónica con un uso político del lenguaje. La eficacia está ligada a la verdad, con todas sus marcas: responsabilidad, necesidad, seriedad, la moral de los hechos, el peso de lo real. La ficción se asocia con el ocio, la gratuidad, el derroche de sentido, lo que no se puede enseñar; se asocia con el exceso, con el azar, con las mentiras de la imaginación como las llama Sarmiento. La ficción aparece como una práctica femenina, una práctica, digamos mejor, antipolítica" (Piglia 101).

Obras citadas

Bermúdez Martínez, María. "Ficción/no ficción en la literatura argentina. Juan José Saer – Rodolfo Walsh". Córdoba: Fundación Universidad Nacional de Río Cuarto, 2000. 161-65.

Borges, Jorge Luis. *Obras completas*. Buenos Aires: Emecé, 1974.

_____ *Œuvres complètes*. Jean-Pierre Bernès, trad. Paris: La Pléiade, 2010.

Cyrulnik, Boris. *Les Nourritures affectives*. Paris: Odile Jacob, 2000.

Degrande, François. "Mentira y juego en la *La vuelta completa* de Juan José Saer". *Juan José Saer. La construcción de una obra*. Carmen de Mora, ed. Sevilla: Universidad de Sevilla, 2013. 69-88.

De La Rochefoucauld, François. *Maximes et réflexions diverses*. Paris: Flammarion, 1976.

Estébanez Calderón, Demeterio. *Diccionario de términos literarios*. Madrid: Alianza Editorial, 2008.

Freud, Sigmund. *Obras completas*. Vol. 8. José L. Etcheverry, trad. Buenos Aires: Amorrortu, 1976.

Gollnick, Brian. "'El color justo de la patria': Agencias discursivas en *El entenado* de Juan José Saer". *Revista de Crítica Literaria Hispanoamericana* 57 (2003): 107-24.

Iglesia, Cristina. *La violencia del azar. Ensayo sobre literatura argentina*. Buenos Aires: Tierra firme, 2003.

Jitrik, Noé. *Historia crítica de la literatura argentina. La narración gana la partida*. Vol. 11. Buenos Aires: Emecé, 2000.

Kohut, Karl y Andrea Pagni, eds. *Literatura argentina hoy. De la dictadura a la democracia*. Frankfurt am Main: Vervuert, 1993.

Martin, Pauline. "La transparente opacité du masque ironique. Bronzino à l'épreuve de l'ironie figurative". *Images Re-vues* 1 (2005). <imagesrevues.revues.org> 26 mayo 2014.

Martínez-Richter, Marily, ed. *La caja de la escritura. Diálogos con narradores y críticos argentinos.* Madrid y Frankfurt am Main: Iberoamericana/Vervuert, 1997.
Mora, Carmen de, ed. *Juan José Saer. La construcción de una obra.* Sevilla: Universidad de Sevilla, 2013.
Morin, Edgar. *La Rumeur d'Orléans.* Paris: Éditions du Seuil, 1969.
Munárriz, Miguel. *Encuentros hispanoamericanos. Realidad y ficción, I (1990) y II (1991).* Oviedo: Fundación de Cultura, 1992.
Paz, Octavio. *El labertino de la soledad.* Ciudad de México: Fondo de Cultura Económica, 1959.
Piglia, Ricardo. "Ficción y política en la literatura argentina". *Literatura argentina hoy. De la dictadura a la democracia.* Karl Kohut y Andrea Pagni, eds. Frankfurt am Main: Vervuert, 1993. 97-103.
Pons, María Cristina. *Memorias del olvido. Del Paso, García Marquez, Saer y la novela histórica de fines del siglo XX.* Ciudad de México: Siglo XXI Editores, 1996.
Saer, Juan José. *Cicatrices.* 1969. Buenos Aires: Seix Barral, 1994.
_____ *Cuentos completos.* Buenos Aires: Seix Barral, 2001.
_____ *El concepto de ficción.* Buenos Aires: Ariel, 1997.
_____ *El entenado.* 1983. Buenos Aires: Seix Barral, 1995.
_____ *Glosa.* 1986. Buenos Aires: Seix Barral. 1995.
_____ *La vuelta completa.* 1966. Buenos Aires, Seix Barral, 2001.
Schoentjes, Pierre. "Ironie". *Le Dictionnaire du littéraire.* Paris: PUF, 2002. 320-21.
_____ *Poétique de l'ironie.* Paris: Éditions du Seuil, 2001.
Watzlawick, Paul, Janet Helmick Beavin, y Donald de Avila Jackson. *Une logique de la communication.* Paris: Éditions du Seuil, 1972.
Yupanqui, Atahualpa. "Coplas de Baguala del valle Calchaquí". *Testimonios.* UMSM, 2003.

Ironía y cinismo

Los saberes de Ismene: violencia, melancolía y cinismo en Insensatez *de Horacio Castellanos Moya*

TERESA BASILE
Universidad Nacional de La Plata – CONICET

> *Maldigo luna y paisaje,*
> *los valles y los desiertos,*
> *maldigo muerto por muerto*
> *y el vivo de rey a paje*
> Violeta Parra, "Maldigo del alto cielo"

PRELIMINARES

Horacio Castellanos Moya cruza, en su novela *Insensatez* (2004), los testimonios de las matanzas perpetradas por los militares contra los indígenas que se desataron durante la guerra civil en Guatemala (1960-1996) con el disparate y el cinismo, provocando una frotación y fricción entre dos mundos en principio tan disímiles como la violencia radical y el humor. Se trata de un modo de narrar la violencia extrema ya no desde una matriz trágica sino desde la tradición satírica.

EL HUMOR LIBERADOR O CÓMO SALIR DE LA ANGUSTIA

La línea argumental de *Insensatez* se centra en el proceso de lectura y corrección de estilo de las cuartillas del Informe sobre las masacres cometidas (*Guatemala. Nunca más!* [1998]) y en la progresiva sumersión del protagonista en la violencia experimentada por las víctimas, lo que le provoca una serie de trastornos y lo conduce a identificarse con ellas, lo instala en el "cuadro patológico" de la melancolía con su herida abierta y no en la sutura terapéutica del duelo.[1]

Los conceptos de "duelo" y "melancolía" han servido para reflexionar sobre diversos modos de tramitar las pérdidas en los debates en torno a las prácticas de la memoria reciente en el Cono Sur (en especial respecto a la figura del "desaparecido") y, desde luego, en las aproximaciones a la Shoá.

La "escena del entierro" protagonizada por Antígona se ha constituido en el emblema desde el cual se simboliza y se discute la posibilidad del *duelo*. Pero *Insensatez* se abre con un epígrafe que cita las palabras de Ismene cuando dice "Nunca, señor, perdura la sensatez en los que son desgraciados, ni siquiera la que nace con ellos, sino que se retira" (*Antígona* de Sófocles). ¿Por qué Castellanos Moya elige a la prudente y obediente Ismene para abrir e iniciar su texto, a ese personaje subsidiario y secundario (que secunda) de su hermana Antígona, que parece configurarse como la sombra contrapuesta que sirve para resaltar y valorar a la verdadera heroína de la tragedia sofóclea, a Antígona, la portadora de la "santa rebeldía", aquella que se atreve a desafiar el poder y la ley del tirano Creonte enterrando a su hermano Polinices?

Insensatez desplaza simbólicamente la escena del *duelo* (el entierro/ Antígona) que supone reconocer la pérdida del objeto amado, desligarse de él, enterrarlo y curar la herida para poder elegir un nuevo objeto donde colocar la libido. Y, en el lugar del duelo la novela coloca el escenario del "cuadro patológico" de la *melancolía* (lectura e interpretación/Ismene), en el cual la pérdida se vuelve sobre el yo, sin lograr una retracción de las investiduras necesarias para el establecimiento del estado de reposo. Es por ello que "el complejo melancólico se comporta como una herida abierta" y se resiste al "deseo de dormir del yo"; mientras el duelo reconoce que el objeto ya no existe, elige renunciar al mismo y cortar su ligamen con él (Freud, "Duelo y melancolía" 250). De allí la importancia que la melancolía (en detrimento del duelo) va adquiriendo en las reflexiones sobre las políticas de la memoria ya que se trata de no olvidar a las víctimas.

En *Insensatez*, entonces, no hay duelo entendido como una práctica que logra desligarse de las ataduras con el objeto perdido y que supondría una clausura de la memoria. El protagonista no logra alcanzar la "normalidad" ni un "estado de reposo" ni cumplir el "deseo de dormir del yo" propios del duelo; se niega a sustraer la libido del objeto perdido (las víctimas) y la pérdida se vuelve sobre el yo (el protagonista) impidiendo que alcance el estado de reposo (locura, paranoia, identificación, posesión) y, de este modo, reinscribe constantemente el trauma en el *acting out*, reconoce las pérdidas del genocidio guatemalteco y exhibe el cuadro patológico de la melancolía que comparte con los testimoniantes ("un morboso estado de tristeza" 149).[2] En la novela de Castellanos Moya se niega la sutura del duelo y su consecuente *olvido* de lo perdido, para apostar al espacio sedicioso, inacabado, activo y perturbador de la herida abierta de la *memoria* melancólica.

La centralidad que el cuadro patológico adquiere en la novela se condensa en la primera frase que el protagonista recupera del Informe "Yo no estoy completo de la mente" (13) y que oficia como punto inicial y matriz para expandirse en una deriva barroca proliferante que, por un lado, recorre y refiere a diversos actores sociales (las víctimas pero también los victimarios, así como el protagonista) y, por el otro, despliega un imaginario en torno a la insensatez en tanto "fuera de sus cabales" (14), "totalmente desquiciado" (17), "cordero que va al sacrificio" (17), "al borde del trastorno" (16). Un desvarío de la lengua que culmina en una *boutade* cuando remite a las chicas guapas:

> [...] y yo me decía que en alguna parte tenían que estar escondidas las chicas guapas, porque las que me había presentado el chiquitín no sólo estaban incompletas de la mente, sino también del cuerpo, pues carecían de cualquier rastro de belleza [...] al paso de los días descubrí que era intrínseco a esa institución, y no solo a la extrema izquierda, como yo antes pensaba, que las mujeres feas eran un atributo exclusivo de las organizaciones de extrema izquierda, no, ahora comprendía que también lo eran de los organismos católicos dedicados a velar por los derechos humanos. (21)

Se trata del empleo del tropo de la *gradatio* en su forma descendente que va desde el clímax de la frase tomada de los testimonios hasta su anticlímax burlón, que va de la mente de las víctimas al cuerpo de las chicas, de la congoja a la risa, de lo alto a lo bajo, y en ese tránsito libera la angustia y se corre momentáneamente del sentido trágico de la primera frase. Así, el protagonista desarrolla estrategias a través del empleo del humor como un modo de tramitar la violencia que va leyendo en los testimonios. Esta vía liberadora de la angustia que el humor permite vehiculizar es percibido por el protagonista en varias ocasiones como una "catarsis". Las escenas de paranoia, los desbordes de ira, los brotes de miedo, los ataques de pánico están siempre sesgados por alguna comicidad.

Las tecnologías del quinismo

La *gradatio* provocada por el humor del narrador protagonista a lo largo de toda la novela instituye un proceso que va de lo serio a lo cómico, de la tragedia a la sátira, de la mente al cuerpo, del amor al sexo, de las ideas sublimes a los costos concretos, de los fines a los medios, de los grandes doctrinas a las miserias de lo real, de las purezas a los "vicios", de la normalidad a la locura, de la lengua poética a la lengua soez, es decir, de lo alto a lo bajo. Este proceso implica, por un lado, un acto de desenmascaramiento de aquello que se muestra como puro, ideal y sublime, y por el otro exhibe aquello sucio, real y bajo que permanece oculto. El *desenmascaramiento* y el *exhibicionismo* son dos estrategias fundamentales de lo que Peter Sloterdijk describe como el *quinismo*, en su obra *Crítica de la razón cínica* (1983):[3] un quinismo como arma crítica contra el cinismo del Estado y contra las grandes narrativas salvadoras de la izquierda.

A partir de la figura de Diógenes de Sínope, el filósofo griego cínico y extravagante, con espíritu burlón, mordaz y provocador, Sloterdijk caracteriza una corriente de pensamiento de dilatadas y diversas ramificaciones a lo largo de la historia de Occidente a la que denomina "quinismo". Constituye un modo particular de reflexionar y argumentar desde el cuerpo, atento a la materialidad de la existencia, considerando las sensaciones y los sentidos, apostando a la praxis vital y a las múltiples dimensiones de lo real. Todo lo cual supone una inversión del idealismo ajeno a la realidad, de las abstracciones de la palabra suelta, de las elucubraciones desmedidas de la razón reificada. Procura convencer a partir de actos corporales provocadores e insolentes que desenmascaran las buenas costumbres, que embisten contra la hipocresía imperante, que atacan las abstracciones del pensamiento y la demagogia de la moral para exhibir aquello que se oculta, así por ejemplo Diógenes responde a la exquisita doctrina de Platón sobre el Eros con una masturbación pública (Sloterdijk 175); o despluma un gallo ante la definición platónica del hombre como un animal bípedo e implume (Sloterdijk 178). Es una inteligencia desclasada, plebeya, inferior, práctica, empirista, realista, que desde "abajo" arremete contra los supuestos valores altos, sublimes, contra el engaño de las abstracciones idealistas, contra la estupidez doctoral. Emplea el arsenal de la tradición satírica, las armas del grotesco, de la pantomima, de la parodia, del carnaval de las que extrae una fuerte agresividad, insolencia, irreverencia y provocación que se vuelve productiva en su capacidad para desenmascarar y exhibir a través de la carcajada, de la risa fuerte, indecorosa y plena.[4] En varias figuras representantes del quinismo se acentúa una apuesta al disfrute y a la celebración de la vida en su plenitud, una conciencia energética puesta en el aquí y en el ahora, que se dedica al placer, a la embriaguez del sexo, a las pulsiones sensuales del cuerpo, a la alegría, a la frivolidad, a lo "demoníaco", al epicureísmo.

El humor, la parodia, la burla y el sarcasmo con los que el narrador desenmascara tanto el cinismo del Estado como los grandes relatos emancipatorios de la izquierda; la exhibición de lo oculto, de la peste, de la locura, de la violencia, del mal radical, del "asco" que se desataron a partir de las masacres recientes; el empleo de una lengua por momentos soez, carnicera y baja, el siempre presente deseo sexual, el disfrute de la belleza femenina, las descripciones de las escenas sexuales con desenfado y sin inhibición, y el interés por el dinero señalan claros elementos quínicos en el protagonista de *Insensatez*. La fuerte pulsión de los sentidos lo acerca, incluso, al perfil de ciertos personajes que se reiteran en otros relatos y narraciones de Horacio Castellanos Moya y que podríamos recolocar en la figura del "gran masturbador".[5] En varias ocasiones, sin embargo, el disfrute choca y se quiebra frente a la experiencia de la violencia radical. Gran parte de la obra de Horacio Castellanos Moya nos habla de este cortocircuito entre el deseo del goce y su imposibilidad (entre el principio del placer y el principio de realidad). En el relato homónimo, la figura del *gran masturbador* se coloca como una tercera alternativa frente a los animales (los militares) y los locos (los guerrilleros) enfrentados en la guerra civil que asola la ciudad, como una posibilidad de configurar un espacio por fuera de esa lucha. Mientras los animales son bestias salvajes, sanguinarias, voraces; los locos, que surgieron para combatirlos, se parecen cada vez más a sus enemigos –nos dice el narrador– y en medio de ambos deambula una raza de escépticos, apáticos, contempladores y víctimas de la acción –agrega (53). Dentro de este último grupo podemos colocar al gran masturbador que se recorta como la figura del escritor que, por un lado, se sitúa por fuera de la participación en los bandos que la guerra enfrenta, prefiere la escritura a la violencia radical, apuesta a la literatura y no a la política y es un escéptico que contempla la destrucción provocada por estos combates. Por otro lado procura sustituir el primer relato político sobre el enfrentamiento, el secuestro, el espionaje, la vigilancia, la tortura con el segundo relato erótico en torno a Viviana, es decir, intenta imaginar una ficción erótica que venga a salvarlo de la destrucción circundante, del sinsentido y del absurdo contiguo (aunque esta sustitución resulta imposible y deviene solo una prótesis, una excusa para poder "transcurrir otra noche de bombazos y apagón" 72). Como figura de escritor, el gran masturbador se distancia del lugar de la víctima, del perfil del militante de izquierda o del intelectual comprometido de los sesenta.

En *Insensatez* esta tensión entre el placer y la violencia de la historia reciente se visualiza en dos espacios entre los que se mueve el protagonista: la Iglesia y la cantina. El Palacio Arzobispal es el lugar en donde tiene su oficina y trabaja con los testimonios de la masacre (con el dolor y la violencia que contienen), su ingreso es percibido como la entrada a "unas catacumbas siempre temidas y aborrecidas" a "un mundo prohibido e indeseable" (25). En cambio la cantina es donde va a festejar, a beber, a mirar a las muchachas, es el espacio del disfrute que, sin embargo, se va contaminando hasta convertirse en un espacio para liberar su angustia, donde va a beber para calmar su "sistema nervioso" sacudido por la lectura de las barbaries volcadas en los testimonios. Este "ateo vicioso" (16) incluso desplaza irónicamente la lengua sacra para referirse a la cantina: su cercanía con el Palacio en un "hecho casi milagroso", "un guiño de los cielos", un "motivo de tranquilidad espiritual" (23) –nuevamente emplea una *gradatio* que va de la religión al "vicio".[6] La figura del animal suele ser central en el quinismo a través de la imagen del perro (que se encuentra en la raíz etimológica del "cinismo" que proviene del griego κύων: 'perro') como emblema del filósofo que apuesta a su cuerpo, y que ladra y muerde. La zona animal que destaca y caracteriza al protagonista se ve también encerrada y devorada por la perturbación que va quebrando su aparato psíquico para convertirlo en un "animal enjaulado" (16) y en un "animal enfermo" (139).

En *Insensatez* el protagonista, como ya adelantamos, apuesta al cuerpo, al acto sexual, al disfrute sensual que le provocan las mujeres y se burla de las escenas lacrimógenas de Pilar, de los lamentos amorosos y del "mal llamado amor" (los desenmascara). El deseo sexual aparece, en primera instancia, como una vía para salir de la obsesión por la violencia vertida en los testimonios: "un buen polvo, de ser posible, relajaría mis nervios y gratificaría mis sentidos" (53); "rica carne tierna y sin destazar para elevar mi ánimo" (41). Pero rápidamente el protagonista sufre una retracción de su libido y sus dos acercamientos sexuales resultan fracasos rotundos: en el caso de Pilar, esta termina vistiendo un "pijama franquista utilizado en conventos de época pretérita" (57), y el vínculo sexual con Fátima se ve entorpecido por el hedor que emana de sus pies al sacarse las "botas militares", por el tufo, la "insoportable hediondez" (97), el asco (los exhibe). Esta pestilencia va a derivar en peste, en enfermedad venérea, en contaminación. La infección que descubre en el pus de su pene, esta enfermedad sexual, se desata sin embargo cuando el protagonista lee en las cuartillas del Informe el caso de Teresa. Capturada por los militares en una protesta estudiantil a los dieciséis años, es violada reiteradas veces y luego obligada a mirar una brutal escena de castración de un guerrillero salvadoreño prisionero (111). Mientras el narrador atribuye el contagio sexual a Fátima (en un proceso de desplazamiento –en varios desplazamientos a través del pijama franquista y de las botas militares–), el texto lo conecta y atribuye a la violencia sexual del caso de Teresa, a las aberrantes violaciones sexuales cometidas por los militares que ahora el protagonista experimenta oblicuamente en su cuerpo.

Recordemos que el quinismo, según Sloterdijk, es exhibicionista y argumenta con la animalidad del cuerpo y por ello Diógenes defeca, ventosea, orina y se masturba en la calle pública, ante los ojos del ágora ateniense. El idealismo solo ve lo verdadero, lo bello y lo bueno: la sátira considera lo torcido, lo oblicuo, la porquería. *Insensatez* procura iluminar las barbaries cometidas por los militares durante la guerra civil y advertir sobre sus necesarias consecuencias en toda la sociedad, de allí que finalmente exhiba un cuerpo enfermo, hediondo y apestado (que remite al cuerpo golpeado, tajeado, destazado, castrado, violado en los testimonios) en lugar del cuerpo gozoso.

De este modo, la sexualidad no es ajena al cuadro patológico que venimos describiendo: a través de ella el protagonista absorberá en su cuerpo las violaciones sexuales cometidas por los militares exhibiendo otro costado hediondo de la "herida abierta" y procurará liberarse (de sus propios fracasos sexuales y de la violencia sexual leída en los testimonios) a través del humor.[7]

En estas escenas sexuales con Pilar y con Fátima, en gran medida fallidas, reaparece el humor, en especial el deseo de ir a buscar el "spray con desodorante ambiental" (98) ante el repentino hedor de los pies de Fátima: se trata de una práctica higienista en clave disparatada como un canal para elaborar la violencia sexual leída en los testimonios. El humor aceita este proceso de elaboración a través de su capacidad liberadora de la angustia. Se trata de la facultad liberadora del humor —expuesta por Sigmund Freud— en tanto el "yo se rehúsa a sentir las afrentas que le ocasiona la realidad […] el humor no es resignado, es opositor […] es capaz de afirmarse aquí a pesar de lo desfavorable de las circunstancias reales" en tanto impone el principio del placer ante las exigencias de la realidad ("El humor" 158).

El quinismo frente al cinismo estatal y al desencanto de la izquierda revolucionaria

Es posible percibir en el quinismo, siguiendo a Sloterdijk, tanto un discurso crítico ante el cinismo del Estado como un acto de deconstrucción de las grandes narrativas emancipatorias. En este ejercicio de desenmascarar, la mirada pragmática del quínico –quien "mira al mundo sin gafas"– penetra en los dobleces del poder y en las promesas incumplidas.

El cinismo estatal se funda en una doble lógica, en una doble ley, en un doble pensar a través del cual el Estado dice una cosa y practica otra, realiza con la mano derecha lo que jamás permitió a la mano izquierda, justifica el empleo de la violencia para alcanzar grandes fines. La figura del "doble agente" simboliza esta duplicidad en las políticas estatales y crea un clima de sospecha y paranoia. El contexto de la posguerra en Guatemala inaugurado por los Acuerdos de Paz se convierte en un tembladeral dominado por el cinismo estatal que juega a dos puntas entre las demandas de justicia y la protección a los genocidas.

Por otro lado, la mirada quínica horada el hueco de las grandes narrativas salvadoras, de las promesas de liberación para iluminar los costos, los sacrificios, los muertos en nombre de ideales incumplidos, para mostrar la trampa de apostar a un futuro siempre desplazado que demanda un sacrificio constante del presente. La crítica (y la autocrítica) a la izquierda armada en Centroamérica, los límites de los valores del discurso revolucionario, las hipocresías de sus morales, las traiciones de los ideales, el cuestionamiento del sacrificio de los jóvenes y las memorias incómodas de la izquierda constituyen notables preocupaciones de los textos de Horacio Castellanos Moya. *Insensatez* deja traslucir el clima de desencanto de los ideales y las prácticas de la izquierda armada centroamericana.

A su vez, el narrador proyecta en el lenguaje una práctica desenmascaradora a través de un sintagma que reitera una y otra vez cuando habla del "mal llamado/mal llamada". Así descubre con sarcasmo las imposturas en el empleo del lenguaje –el uso de eufemismos que enmascaran las barbaries– por parte del gobierno, de los partidos políticos, de las diversas instituciones y de la sociedad en especial cuando se refieren al conflicto de la guerra civil tal como se aprecia en algunos ejemplos: "Los miles de soldados y paramilitares que habían destazado con el mayor placer a sus mal llamados compatriotas" (14); "al fragor del mal llamado conflicto armado entre el ejército y la guerrilla" (17); "del mal llamado Estado Mayor Presidencial" (24); "los mal llamados veladores de los derechos humanos" (43), entre otros ejemplos.

Crítica al cinismo del Estado

La paranoia, que etimológicamente significa "estar fuera de la propia mente" (παρά: fuera/ νόος: mente), atraviesa toda la trayectoria del protagonista, quien sufre de una manía persecutoria. Esta paranoia enhebra un humor anclado en el equívoco (en tanto parte constitutiva de la paranoia misma que interpreta aquello que no es) y desata una comedia de las equivocaciones.

En tanto supone una percepción distorsionada del mundo, la paranoia del protagonista tiene dos instancias claves. En la primera de ellas, la paranoia se manifiesta efectivamente como una percepción distorsionada del entorno, como el producto de la imaginación enfermiza del protagonista. Así acontece, por ejemplo, con el chisme intrascendente de Polo Rosas publicado en el periódico *Siglo XX* y que el protagonista interpreta exageradamente como un "clarísimo" mensaje de amenaza del "Estado Mayor Presidencial" (61).

En cambio, en la escena final de la novela la paranoia deja de ser el producto de la imaginación perturbada del protagonista para justificarse con la contundencia de lo real, cuando recibe la noticia del asesinato de monseñor luego de presentar el Informe en la catedral.[8] Este crimen viene a dar una real justificación, viene a convalidar y legitimar la paranoia –y también la huida– del protagonista ("Da gracias que te fuiste" 155) ya que los asesinos tienen cuerpo y andan sueltos. Pasamos, así, de la imaginación enfermiza del narrador a un Estado enfermo que aún protege y da espacio político a los criminales de guerra, vamos de la sospecha a lo real. En esta línea Castellanos Moya parece reflexionar sobre las fuerzas oscuras que aún están enquistadas en el poder y en las instituciones estatales de Guatemala en el presente.

Entre ambas escenas de paranoia podemos situar una tercera que es más compleja ya que va de un extremo al otro, de la imaginación paranoica a la realidad (funciona como bisagra entre las dos escenas anteriores) a través de la yuxtaposición de dos cuadros. En el cumpleaños de Jonny Silvermann se desgranan una serie de equívocos salpicados de humor cuando el protagonista cree que Charlie es argentino y resulta uruguayo, cuando cree ser perseguido (y no lo es) por quien cree que es el novio de Fátima, Jota Ce (quien tampoco lo es) y se oculta en el baño. Frente a esta espiral paranoica montada en una cadena de equivocaciones, se levanta otra paranoia cuya veracidad el lector no descarta necesariamente (tampoco la convalida): el protagonista, en su intento de huida, descubre una reunión secreta entre Erick, Jonny Silvermann y un sujeto al que cree identificar como el General Octavio Pérez Mena,[9] el "masacrador de indígenas" quien al finalizar la guerra se convirtió (nos dice la novela) en Jefe de Inteligencia del Ejército y que "ahora, dieciséis años después, era un respetable general que se paseaba orgulloso y ufano por esta misma ciudad" (109) donde transitaban sus víctimas. Aquí se apunta al cinismo y a los dobleces (la doble ley) del Estado (una "tragedia de las equivocaciones") en sus políticas de Derechos Humanos en la posguerra atravesadas por la complicidad con los responsables de las masacres. Esta última paranoia tiene un asidero en lo real, en la evidencia de que los asesinos, torturadores y criminales caminan por las calles junto a sus víctimas.

Los equívocos del Estado crean en gran medida ese clima de confusión, complicidad o confabulación que dispara la paranoia del protagonista. Así, la escena en la cual Joseba le pregunta si conoce "lo que era el Archivo" (87), el protagonista sufre un ataque de pánico que desencadena una "febril perorata" (88) en la cual se atropellan las palabras y se dispara una artillería verbal –que bajo una aparente incoherencia lanza una serie de críticas irreverentes y sin filtros– en un intento por "salir del ataque de pánico que sólo cedía al conjuro de la perorata" (89). El humor aquí resulta una vía para escapar al ataque de paranoia pero a su vez remite a un secreto de Estado, a aquello que no puede decirse sin correr el riesgo de convertirse en una nueva víctima. Estos ejemplos remiten, entonces, a la factura de un gobierno que en la posguerra aún no ha logrado una política coherente de Derechos Humanos que distinga a las víctimas de los victimarios, a la existencia de un Estado corrupto e impune que todavía mantiene y oculta complicidades con los victimarios.

El desencanto de la izquierda armada

La burla y el quinismo, además, configuran la perspectiva "desencantada" del protagonista quien lee la realidad desde la *derrota* y la *desilusión* tanto de los valores y las banderas de la izquierda revolucionaria como de los nuevos "humanismos", para colocarse en el espacio de lo políticamente incorrecto o en el territorio de lo *impolítico* (Esposito) que le permite trabajar en el terreno de los derechos humanos pero sin comprometerse con la totalidad de una institución o de una posición política.

El lugar de lo *impolítico* supone dos cuestiones. Por un lado, el corrimiento de una adhesión completa y vertical a una ideología, a un grupo político, a una bandería, a un partido, y por el otro una crítica y deconstrucción de las grandes narrativas. Respecto a la primera cuestión, Esposito se vincula con los debates en torno a la "comunidad" que exploran nuevos modos de articulación del ser humano con diversos tipos de comunidades, instituciones y agrupaciones políticas que no supongan la fusión o comunión íntima de una serie de miembros como un modo de fraguar un vínculo común; ni la necesidad de compartir una identidad, un proyecto, una mitología, una teleología, un macrorrelato o una obra (la comunidad desobrada); ni la ocupación de un espacio común delimitado por fronteras; sino que procuran pensar una comunidad abierta a la diferencia más radical, a la alteridad, al afuera y a lo inconmensurable; que sustituya la figura del individuo (lo indiviso) por la del ser singular (siempre plural); que abandone la instancia de una fusión o comunión por una partición, conexión, comunicación o "ser-con"; que habite un "lugar común múltiple" con espacios adyacentes y vicarios; es decir, que se articule en términos de una comunidad "inesencial" no sujeta por la "unión de esencias", sino por la "dispersión de la existencia", en definitiva "una comunidad sin presupuestos y sin sujetos", irrepresentable, inidentificable.[10]

En segundo lugar, para el filósofo italiano lo impolítico se ofrece como una perspectiva demoledora tanto de las certezas apodícticas de la ciencia política como del carácter normativo de las éticas públicas. Distante de lo político y de lo antipolítico (su reverso), lo impolítico se ocupa de advertir los límites de lo político, de señalar su finitud cortando el hilo que ata lo político a fines que le son trascendentes, quebrando el nexo entre bien y poder, consignando el "fin de todo fin de la política". Desde allí, lo impolítico deconstruye la matriz teológica, mítica, sagrada que reviste lo político: mostrando la pérdida de su *telos* trascendente, con lo cual horada la plenitud mítico-operativa empleada en su función representativa (tanto la representación que el poder hace del bien, como la que el mandatario hace de los ciudadanos). Lo impolítico quiebra asimismo la unidad de la comunidad al mostrar que la modalidad de la representación es la de la *reductio ad unum*, incapaz de representar la pluralidad, expulsando las alteridades, "lo que queda obstinadamente fuera de la política", lo "irrepresentable", el "silencio que envuelve al poder" (Esposito 7-43).

Como hemos procurado argumentar, el narrador no solo evita anclarse en una posición político-ideológico claramente definida y previamente institucionalizada, además se aboca a la tarea de desmantelar continuamente con burla y sarcasmo toda institución y credo político, mostrando un notable escepticismo.

Beatriz Cortez en *Estética del cinismo. Pasión y desencanto en la literatura centroamericana de posguerra* (2010) señala en el contexto de la posguerra en Centroamérica –iniciado con el final del periodo sandinista en Nicaragua y la firma de los acuerdos de paz en El Salvador y Guatemala– la emergencia de una "sensibilidad del desencanto" que va ligada a una producción cultural que define como "estética del cinismo" y que contrasta con la estética utópica de la esperanza que ha estado ligada a los procesos revolucionarios (23). Esta lúcida propuesta nos ha servido como punto de partida para analizar luego las particularidades que adquiere en la narrativa de Horacio Castellanos Moya. En *Insensatez* no se trata de una desilusión tamizada por el hastío. El clima turbulento de la historia reciente, los conflictos, las pugnas y los desafíos de los acuerdos de paz y de las políticas de la memoria están lejos de propiciar un clima de tedio; por el contrario el escenario político de la posguerra se encuentra sacudido por fuerzas enfrentadas y en desacuerdo. En este contexto el desencanto se vuelve un arma para explorar tanto las grietas de las políticas estatales frente a las deudas con las víctimas, como las fallas y complicidades de la izquierda revolucionaria en la historia reciente. Es una vía que abre el camino a la crítica y a la autocrítica de los grupos guerrilleros. El humor y el sarcasmo del narrador se mezclan con ataques de ira y de rabia: es un humor caliente.

El protagonista se distancia no solo del posible lugar de víctima, sino también de cierto perfil heroico decantado por la izquierda, y prefiere incluso caer en el rol del burlado. Se mofa constantemente de sí mismo, de su propio desquiciamiento, de sus ataques de paranoia, de su trabajo para la "pérfida Iglesia católica" siendo un "ateo vicioso" (16), y con frecuencia se sitúa en el lugar del ridículo. Desconfiando de las morales y de las imposturas, y ridiculizando el "mal llamado amor" con su "drama" y sus "mocos" (50), no tiene problema en expresar su interés por el dinero y por el sexo, como vimos. Se desplaza de cualquier figura épica, heroica o sublime mofándose de las "causas mesiánicas" (45), de la "sandez llamada corrección política" (47), criticando los "horribles versos de mediocres poetas izquierdistas vendedores de esperanza" (41).

La figura un tanto delirante de Chucky, quien antes fue un guerrillero que cometió una serie de atropellos disparatados en los que "arriesgó su vida y cobró vidas ajenas" y ahora es un "respetable director de una ONG" (65), ejemplifica las reacomodaciones obscenas dentro de la izquierda y señala la debilidad de las consignas ideológicas de ciertos sectores que se reconocen como progresistas.

En esta línea el quínico con su filosofía pragmática arremete contra el engaño de las perspectivas utópicas y desconfía del principio esperanza anclado en el futuro. También la figura del ironista acuñada por Richard Rorty (1991) se ocupa de desarticular la metafísica oculta detrás de los relatos sociales y de deconstruir las fundamentaciones metafísicas, teleológicas, universales, ahistóricas de las narrativas para en su lugar colocar la contingencia. Rorty propone sustituir al *metafísico* con el *ironista*: mientras el primero sostiene la existencia de una realidad única, el ironista conoce la contingencia de lo real y su instancia lingüística, retórica; mientras el metafísico postula una unidad entre lo público y lo privado, el ironista separa ambas esferas y contrapone valores. En su trabajo demoledor de los relatos emancipatorios, en su atención a la contingencia y materialidad de lo real, en su valorización de la intimidad, en su interés por las retóricas y estéticas de los testimonios, el protagonista se articula en *Insensatez* como un ironista.

Hacia una estética del quinismo

También, y sobre todo, la elección del humor, la ironía y la pulsión quínica es una decisión estética, que supone la factura de una escritura, el tono de un relato, el perfil de sus personajes, entre otras cuestiones. En el corazón de un relato necesariamente doloroso y trágico ("pantanal de dolor"; "orgía de sangre y pólvora" 81), se trata de evitar el tono del lamento y el costado victimizante. Por ello, en la cantina El Portalito rechaza y se burla de la marimba con su música "triste y llorona" (24), así como se mofa del lamento de Pilar a causa del "mal llamado amor" o le gustaría deshacerse del crucifijo de su oficina y poner en su lugar motivos que alegraran su ánimo (15). Según Sloterdijk al quínico le corresponde la especialidad cómica, no la trágica (270).

En esta línea, configurar una escritura desde el humor y sus posibilidades implica un renuevo respecto a las escrituras fuertemente vinculadas al testimonio como vía privilegiada para hablar de las masacres de la historia reciente.

Asimismo, el énfasis puesto en la dimensión poética de las frases (los testimonios) de las víctimas significa considerar y valorar desde otro lugar las posibilidades del testimonio, desanclarlo de un formato demasiado vinculado en ciertas ocasiones al realismo, al tono de denuncia, al lamento. La lectura estética que el protagonista hace de los testimonios es, además, una incorrección política, tal como él mismo lo advierte cuando dice

[...] me hizo temer que él me consideraba un literato alucinado en busca de versos allí donde lo que había era una brutal denuncia de los crímenes de lesa humanidad perpetrados por el ejército contra las comunidades indígenas de su país, que él pensara que yo era un mero estilista que pasaba por alto el contenido del informe. (69)

Hay además un claro rechazo de las diversas formas de la literatura de izquierda no solo de la línea testimonial más cristalizada sino también de los "horripilantes versos de poetastros izquierdistas" (44) o de las canciones de la Nueva Trova Cubana (53).

No ahorra tampoco el uso de una lengua por momentos soez, sexual, carnicera,[11] irónica y maldiciente, una verba violenta, iracunda, brutal, sin los filtros de las buenas costumbres ni los eufemismos al uso,[12] que contrasta y combina con la dimensión poética rescatada de las frases del Informe –y a través de las cuales sí se filtra la tristeza y la desolación–. Así va configurando una estética disfónica que va del lirismo al quinismo, de la poesía al asco, de la tragedia a la comedia, y que se advierte fundamentalmente en dos procedimientos: la *yuxtaposición* intempestiva de la lengua poética y trágica de los testimonios con la lengua sarcástica, sexual y carnicera del narrador por momentos crea una violenta fricción entre dos universos imaginarios y lingüísticos contrapuestos; y el empleo de la *gradatio*, un tropo que vehiculiza una de las principales pulsiones del quinismo que consiste en desplazar la mirada de lo alto a lo bajo, del universo de las abstracciones de las ideas a las redes de la empiria corporal, de la tragedia a la comedia. La escena en la que el protagonista visita a Joseba, el psiquiatra artífice de la mitad de las mil cien cuartillas de los testimonios, presenta una gradación que va desde la descripción del trabajo del médico con los testimonios de víctimas traumatizadas por la "orgía de sangre y pólvora" hasta la imaginación de una escena sexual llena de humor pornográfico entre Fátima y Joseba (83).

Insensatez explora, entonces, la posibilidad de hablar sobre las barbaries de la historia reciente desde el cruce entre la "calidad poética" y las varias posibilidades del humor, es decir, entre la tradición latinoamericana de los "heraldos negros" de Vallejo, y la tradición satírica de Quevedo (33).

No solo se trata de la búsqueda de una renovación de la escritura, de los procedimientos literarios, del perfil de los personajes para hablar de la violencia radical, sino que además está en juego el lugar del intelectual y del escritor en el escenario de la posguerra, la índole y las formas de su compromiso en la lucha por los derechos de las víctimas. El desencanto no se convierte en tedio ni inmoviliza al protagonista, por el contrario éste tomó la decisión de colaborar y trabajar en la corrección de los manuscritos, de asumir con cierto entusiasmo esa tarea ("Por culpa de un entusiasmo estúpido y peligroso", "me entusiasmaría con la idea de involucrarme en semejante proyecto" 17-18). El acto de transcribir las frases de los indígenas en su "libreta personal" (30) (y con ello apropiárselas) inicia el proceso que va desde la lectura y corrección como un trabajo hasta la asunción del compromiso con la experiencia de la violencia, un compromiso que supone tanto una decisión política como una decisión como escritor (que igualmente atañe a Horacio Castellanos Moya). En ese acto de transcribir las frases se articula un nuevo espacio para reinscribir y renovar la figura del intelectual comprometido, ya no con la izquierda revolucionaria sino con la defensa de la memoria de las víctimas del genocidio guatemalteco, ya no integrado a una institución política o bajo las normas y demandas de una ideología sino desde el espacio de lo impolítico que permite asumir prácticas políticas sin la sumisión a una totalidad ideológica.

Notas

[1] Tomo algunas perspectivas desarrolladas en la Introducción al volumen *Derrota, melancolía y desarme en la literatura latinoamericana de las últimas décadas*, Ana María Amar Sánchez y Teresa Basile, eds., *Revista Iberoamericana* 80/247 (2014): 327-49.

[2] Valeria Grinberg Pla (2007) explora a partir del análisis de *Insensatez* los diversos vínculos (sesgados por las diferencias de clase, etnia, género e ideología) con la experiencia de la violencia extrema de la que fueron víctimas directas los indígenas y los intelectuales mestizos. Para el vínculo entre narradores y testimoniantes, véase Vila (2014). Coincido con la sutil interpretación de Manzoni (2015) para quien "el narrador no 'se hace solidario' con el terror de los testigos sino que recupera el miedo del otro, participa de su locura y de la desconfianza" (119).

[3] En el relato "El gran masturbador", de *Con la congoja de la pasada tormenta. Casi todos los cuentos* (2009), de Horacio Castellanos Moya, Viviana recomienda la lectura de *Crítica de la razón cínica* de Peter Sloterdijk (69).

[4] "[…] al quínico, hablando literalmente, le corresponde la especialidad cómica, no la trágica, la satírica, no el mito serio" (Sloterdijk 270).

[5] En esta línea discrepo con las perspectivas críticas que consideran al narrador protagonista como un personaje frío o egoísta, interesado exclusivamente en ganar dinero, sin compromiso con su trabajo y al que solo le preocupa correr detrás de las mujeres (aun cuando muchos de estos elementos estén). Estimo que *Insensatez* explora otro tipo de subjetividad por fuera de ciertos modelos como el del militante de izquierda o el políticamente correcto defensor de los derechos humanos.

⁶ Quedaría pendiente encarar una perspectiva más amplia sobre la ciudad. En este sentido Vila (2014) se pregunta por los modos en que Castellanos Moya representa las ciudades en su narrativa: "¿Cómo se las mira? ¿Hasta qué punto esa atención no es más que la representación del modo en que se entiende y se visualiza el país?" (562).

⁷ En general la crítica suele contraponer la actividad sexual del protagonista con su tarea como corrector de los testimonios mientras que, si bien esta contraposición se articula en un primer momento, luego es posible advertir estrechos vínculos que se ocultan detrás de los desplazamientos del trauma que el protagonista lleva a cabo.

⁸ Se trata de monseñor Juan Gerardi, director del Informe *Guatemala: Nunca Más*. La crítica ya ha señalado reiteradas veces la justificación de la paranoia del protagonista con el asesinato de monseñor. Véase Grinberg Pla (2007); Besse (2009); Pérez de Medina (2008); entre otros.

⁹ El nombre del personaje ficticio del General Octavio Pérez Mena se parece al de Otto Pérez Molina, el actual presidente de Guatemala (2012-2016), sospechoso de participar en las masacres contra la etnia ixil con su nombre de guerra Tito Arias. Véase Ángel Berlanga, "¿Quiénes son los asesinos en Guatemala?", en *Página/12*, 29 de abril de 2013.

¹⁰ Cfr. las reflexiones en torno a la comunidad que se fraguaron desde comienzos de los años ochenta, cuyos principales textos (de los cuales he citado los términos entrecomillados) son: Jean-Luc Nancy, *La comunidad desobrada* (2007); Jean-Luc Nancy, *Ser singular plural* (2006); Maurice Blanchot, *La comunidad inconfesable* (2002); Giorgio Agamben, *La Comunidad que viene* (2006); Roberto Esposito, *Communitas: origen y destino de la comunidad* (2003); entre otros.

¹¹ Podríamos hablar de una *lengua carnicera* en la abundante presencia de verbos como "despedazar", "descuartizar", "destazar", "cortar", "tasajear", "desgarrar", "reventar", "machacar", entre otros. Véase Besse.

¹² Celina Manzoni (2014) en su interesante artículo sobre *Insensatez* analiza el empleo de la diatriba y su vínculo con el cinismo.

OBRAS CITADAS

Amar Sánchez, Ana María y Teresa Basile. "Introducción". *Derrota, melancolía y desarme en la literatura latinoamericana de las últimas décadas*. Revista Iberoamericana 80/247 (2014): 327-49.

Basile, Teresa. *Literatura y violencia en la narrativa latinoamericana reciente*. La Plata: Colectivo crítico, 2015.

Berlanga, Ángel. "Quiénes son los asesinos en Guatemala?" *Página/12* 29 abril 2013. <www.pagina12.com.ar>.

Besse, Nathalie. "Violencia y escritura en *Insensatez* de Horacio Castellanos Moya". *Especulo. Revista de Estudios Literarios* 41 (2009). <pendientedemigracion.ucm.es>.

Castellanos Moya, Horacio. *Con la congoja de la pasada tormenta. Casi todos los cuentos*. Buenos Aires: tusquets, 2009.

_____. *Insensatez*. Madrid: Tusquets, 2004.

Cortez, Beatriz. *Estética del cinismo. Pasión y desencanto en la literatura centroamericana de posguerra*. Guatemala: F&G Editores, 2010.

Esposito, Roberto. *Categorías de lo impolítico*. Buenos Aires: Katz, 2006.
Freud, Sigmund. "Duelo y melancolía". *Obras Completas*, tomo XIV. José Luis Etcheverry, trad. Buenos Aires: Amorrortu, 1976. 235-56.
_____ "El humor". *Obras Completas*, tomo XXI. José Luis Etcheverry, trad. Buenos Aires: Amorrortu, 1976. 153-62.
Grinberg Pla, Valeria. "Memoria, trauma y escritura en la posguerra centroamericana: Una lectura de *Insensatez* de Horacio Castellanos Moya". *Istmo. Revista virtual de estudios literarios y culturales centroamericanos* 15 (2007). <istmo.denison.edu>.
LaCapra, Dominick. *Representar el Holocausto. Historia, teoría trauma*. Buenos Aires: Prometeo, 2008.
Manzoni, Celina. "Narrativas de la violencia: hipérbole y exceso en *Insensatez* de Horacio Castellanos Moya". *Literatura y violencia en la narrativa latinoamericana reciente*. Teresa Basile, ed. La Plata: Colectivo crítico, 2015. 111-27.
Pérez de Medina, Elena. "*Insensatez* o el malestar del sobreviviente". *El despliegue: de pasados y de futuros en la literatura latinoamericana*. Noé Jitrik, ed. Buenos Aires: NJ Editor, 2008. 325-330.
Rorty, Richard. *Contingencia, ironía y solidaridad*. Barcelona: Paidós, 1991.
Sloterdijk, Peter. *Crítica de la razón cínica*. Madrid: Siruela, 2003.
Vila, María del Pilar. "Las ilusiones perdidas: narrar la violencia. Acercamientos a la obra de Horacio Castellanos Moya". *Revista Iberoamericana* 80/247 (2014): 553-70.

El diario de un cínico (en dos partes): Sebregondi se
excede *y* Las hijas de Hegel *de Osvaldo Lamborghini*

AGNIESZKA FLISEK
Uniwersytet Warszawski

Boris Tomashevski, en su artículo de 1923 titulado "Literatura y biografía", observa que el siglo XX ha creado un tipo particular de escritor: "el escritor con biografía ostentosa". Éste –dice Tomashevski– no tiene pelos en la lengua y reconoce de buena gana: "Miren qué cínico soy y qué canalla. Mírenme y ni se les ocurra darme la espalda, porque son igual de rastreros. La diferencia es que también son pusilánimes y prefieren ocultarlo, mientras yo tengo el coraje de desnudarme y no me avergüenza andar en pelotas delante del público" (122, traducción mía).

Nos parece que Osvaldo Lamborghini (1940-1985), el *enfant terrible* de la literatura argentina, encarna a la perfección este paradigma esgrimido por Tomashevski. Sin embargo, no fue tanto la "magia personal" del autor (Rodolfo Fogwill), ni tampoco su vida –al parecer mucho menos escandalosa que su leyenda– la que se encargó de fundar su "maldito mito" (Alan Pauls) del "populista oligárquico", lleno de "cinismo" (German García) y "mala fe" (Oscar Masotta), a la vez que del "lumpen impresentable" (Fogwill) –si bien de "modales aristocráticos" y de "severa cortesía" (César Aira).[1] Estas representaciones contradictorias que se acumulan sobre el Lamborghini biográfico se deben sobre todo a su obra:[2] habitada por tipos monstruosos y vomitivos, jadeante de sexo y de violencia, una obra que chorrea injurias y se regodea en lo escatológico y lo escabroso, en fin, una obra que aun hoy, cuando el campo cultural se ha convertido en "un gigantesco dispositivo de captura de los [...] comportamientos profanatorios" (Agamben 114),[3] no pierde nada de su fuerza transgresora. En otras palabras, la singularidad de Lamborghini, como suele pasar con los "malditos" de la literatura, no reside en sus peripecias vitales, sino en su escritura y, en este sentido, su "biografía ostentosa" es apenas un apéndice de su producción.[4]

Por otro lado, sin embargo, *Sebregondi se excede* (1981) y *Las hijas de Hegel* (1982), novelas cortas que son el objeto del presente estudio, visiblemente quieren dar la razón a la tesis de Tomashevsky, según la cual el escritor del siglo XX, a diferencia de sus predecesores, no se limita a deslizar confesiones enmascaradas o alusiones sutiles que coadyuvasen a fabricar una leyenda biográfica como un agregado a su obra, sino que inserta descaradamente su biografía en sus propios textos (Tomashevski 123). Así, al igual que la poesía de Vladímir Mayakovski que ilustra los argumentos tomashevskianos, *Sebregondi se excede* y *Las hijas de Hegel* se constituyen en una suerte de diarios personales o íntimos,[5] que, por momentos, se deslizan hacia la autobiografía.[6] En ambos textos Lamborghini no solo parece resistirse a pretender que el sujeto de la enunciación sea alguien más que "el mismo Lamborghini" ("En este momento finjo escribir para lograr, a cualquier precio, que me publiquen Lamborghini. Me llamo Osvaldo" (91), "–Che, Osvaldo. ¡Osvaldo, Osvaldo!" (170), "–¡Che, Lamborghini! Mr. Lambor? ay, su pose" (178), sino que también –de creer a su biógrafo Ricardo Strafacce– registra prolijamente, y "en la más pura ortodoxia realista [...] su miserable presente" (Strafacce 691) su pésimo estado de salud, una situación económica precaria y la dependencia absoluta en este sentido de su familia, la falta de empleo y, lo más importante, de una obra que justificara las otras carencias.

Strafacce, como cualquier biógrafo genuino, saborea la idea de que las dos *nouvelles* nacieran de un deseo de "catarsis autobiográfico" (693). No tenemos por qué no creerle, ambos textos abundan en autorreferencias: "Voy a conferenciar a la Escuela Freudiana de Buenos Aires" (Lamborghini, *Novelas y cuentos* 88); "Una tarde Masotta hizo mi diagnóstico" (91); "Al empezar este libro (*Sebregondi se excede*) estaba completamente equivocado" (101); "[...] me vine a vivir a casa de mi madre y de mi hermana [...], me vine aquí, que es Mar de Plata, en agosto, después de medio año catalán. Yo tengo cuarenta y dos, abril doce, mil novecientos cuarenta" (163). Sin embargo, todas estas verdades que Lamborghini aparentemente revela de sí mismo están sospechosamente condicionadas por necesidades rítmicas y sonoras, como en este jugoso párrafo que relata los supuestos negocios fraudulentos de su padre con el general peronista Manuel Savio, además de las costumbres sexuales de los hombres de su familia y las suyas propias:

> El proyecto delirante "south americ ano", a lo Savio, de la fabricación de tanques a granel, con (casi sin) chirolas, más baratos. Resultado: el afano. Dinero con *b* larga, gastado en un "sabio" expatriado (venía a casa, hablaba 22 charlas, y se volvió loco con la sierva riojana –hubo que cedérsela–, una menor: me pajeo todavía, y a mis años: la sierva riojana: en ella pensando. [...] Mi padre total: ya se la había garchado igual, también mi hermano mayor: él siempre ligaba algo. Yo, asido. Paja. Paja. Otra paja. Otra vez, paja, asa: El Niño Taza. Uno de los ver ti sets del triáng es el yo, es decir, el t-yo o zt-yo, la japa, la paja. (*Novelas y cuentos* 87)

El fraseo y la casi incontenible deriva de esta escritura implican una perfecta desconsideración del género autobiográfico y de sus principios de autenticidad y precisión. Pues, a pesar de la incansable insistencia personal e histórica, al confiar su vida a la aventura del lenguaje, más aún, al recurrir a la escisión gramatical donde la primera y la tercera persona se alternan con un mismo referente, pero sobre todo al superponer en todo momento lo entendido, el malentendido, la equivocación, lo desdicho, además de la insinuación de lo que falta por decir, Lamborghini no pudo haber construido sino lo que Serge Doubrovsky llamó, lisa y llanamente, autoficción, es decir "la ficción que en tanto escritor decid[ió] dar[s]e de [s]í mismo, al incorporar a ella, en el sentido pleno del término, la experiencia del análisis, no sólo en la temática sino en la producción del texto" (citado en Robin 46).[7]

Ahora, si ya tenemos claro que la trama que Lamborghini teje en ambas novelas es una autoficción cuyo centro, como quisiera Régine Robin, se encuentra en el mismo acto de narrar y cuyo resultado, por lo tanto, es el sujeto ficticio; en otras palabras, si damos por sentado que no existe ninguna adecuación entre el autor, el narrador y el personaje –condición *sine qua non* para que haya autobiografía, según Lejeune (*El pacto* 61)–, podemos dejar de lado el problema irresoluble de la identidad del sujeto de la enunciación y de sus relaciones con la realidad extratextual y ocuparnos únicamente de la ficción de un "yo" que escribe (aunque se presenta diciendo que "vive"), de un "yo" que se encarna en una voz nacida en el texto y que solo en él tiene existencia.

Porque de esta voz se trata: una voz que se sitúa en un punto medio entre la afirmación y el asentimiento, entre la confesión y el camuflaje, una voz sincera, descaradamente sincera, pero a la vez sinuosa y confabuladora, una voz cruel que con una seguridad irritante profiere verdades como puños y no deja de regodearse –hasta el delirio y la embriaguez– con esta brutal concienciación sobre la realidad, una voz profanadora de todas las fes, desdeñosa de todos los valores, desenmascaradora de todas las ilusiones. En fin, una voz que, al igual que la del "escritor con biografía ostentosa" tomashevskiano, se reconoce, sin pelos en la lengua, como cínica. Solo que el cinismo de Lamborghini es algo más que una cuestión del tono y algo más que un gesto insolente de aquellos poetas futuristas deseosos de *épater le bourgeois* que fueron modelos de Tomashevski. Es todo un programa filosófico y literario o, más bien, antifilosófico y antiliterario en tanto que hace tambalear la creencia en conceptos generales y en el pensamiento totalizante, en tanto que atenta contra la literatura entendida como una institución ("el arte no, ya no, desde Céline sabemos que el arte es obra –exquisita– de editores, *marchands*, productores de laya y grey" [Lamborghini, *Novelas y cuentos* 154]), pero sobre todo como una máquina productora del sentido. Y este programa cínico es el que aquí nos proponemos esbozar.

Desde luego no es casualidad que Lamborghini –según cuenta Strafacce– en su carta del 1 de octubre de 1982 a Hanna Muck, mujer con la que compartió los últimos años de su vida en Barcelona, le hubiera pedido expresamente el envío de *Cynisme et passion* (1981) del filósofo y escritor francés André Glucksmann: "Aquí no se consigue y lo necesito con urgencia para lo que estoy escribiendo" (738). Lo que estaba escribiendo era *Las hijas de Hegel*. Strafacce no encuentra una relación directa entre ambos libros y, en base a unas cuantas frases subrayadas por Lamborghini en el ejemplar que pudo revisar en la biblioteca de Hanna Muck, concluye que el ensayo de Glucksmann le había servido al escritor argentino más bien "como una especie de manual de autoayuda" y no como un verdadero aporte teórico para su novela. Es cierto que no podemos encontrar en *Las hijas de Hegel* referencias directas a *Cynisme et passion*,[8] sin embargo, el concepto del cinismo, tal como lo entiende Glucksmann, es decir, como la capacidad de ver todas las contradicciones, pero también como la voluntad, a partir de esta constatación de la realidad, de controlarlo todo plenamente, gravita sin duda alguna sobre el texto de Lamborghini. Ahora, de la lectura de la *nouvelle* no es posible concluir que la única alternativa al cinismo sea la pasión, presentada en el ensayo de Glucksmann como la capacidad de crear, de hacer algo nuevo, de ser un artista. El autor de *El fiord* está muy lejos de compartir el relativo optimismo del pensador francés; para él, como vamos a ver, ser un artista es precisamente ser un cínico, estar de vuelta de todo. En cambio, hay otro libro, un verdadero compendio de saber sobre el cinismo, que si bien no lo haya leído Lamborghini, manifiesta no pocas afinidades con *Sebregondi se excede* y *Las hijas de Hegel*. Se trata de la influyente *Crítica de la razón cínica* (1983) de Peter Sloterdijk.

De hecho, como Glucksmann, Sloterdijk diagnosticó la universalidad de la postura cínica en la sociedad contemporánea. El filósofo alemán define este nuevo cinismo como un "estado de la conciencia que sigue a las ideologías *naif* y a su ilustración" (37), es decir como una "falsa conciencia ilustrada". Esta le pertenece, según Sloterdijk, a aquellos que se dan cuenta de la distancia que separa las máscaras ideológicas de lo real, pero que aun así prefieren seguir llevando estas máscaras, bien porque ven un peligro de crisis social en la desaparición de los grandes relatos, bien porque se rinden al poder de "las cosas que se han acercado cáusticamente a la sociedad humana" (Benjamin citado en Sloterdijk 22). La conciencia conservadora de los primeros los induce a seguir propugnando las ilusiones en los que no creen, pero con las que alimentan al pueblo. Los segundos —que de hecho son la legión, el verdadero signo de nuestros tiempos exhaustos o líquidos— son los adaptados a las circunstancias: no se dejan engañar por la mentira, el error ni las ideologías, sin embargo se sienten incapaces de romper con la sociedad. Su "mimetismo autoconsciente que ha sacrificado una mayor clarividencia a las 'necesidades'" (43) desemboca en una negatividad madura, teñida de melancolía. Pues, como explica la ética polaca Magdalena Środa, si el cínico pretende preservar el *status quo*, no lo hace porque esté convencido de que "cada cambio será para peor", sino en nombre del melancólico "da igual, nada tiene sentido" (Środa 33, traducción mía).[9]

Esta postura neocínica contemporánea poco tiene que ver con el pesimismo metodológico y la pureza de aquellos "monje[s] de una desesperanza íntima", una especie en vías de extinción, cuyo último gran representante habría sido Emil Cioran (Vásquez Rocca 87), ni mucho menos con la insolencia y el radical inconformismo de los antiguos quínicos. Por ello, no resulta tan paradójico que en el legado de Diógenes de Sinope y de la autodenominada "secta del perro" Sloterdijk busque patrones de resistencia contra la dominación de la razón instrumental convertida en razón cínica. Y entre los distintos puntos del ideario cínico clásico, orientado a la búsqueda de la felicidad individual a despecho de toda norma moral, institución social o ley política, el filósofo alemán destaca su posición materialista. Los quínicos oponen al idealismo, al "juego del discurso" (Sloterdijk 177), un materialismo existencialista, un materialismo sucio y exhibicionista de la vida del cuerpo. Ventosear, mear, defecar, masturbarse, estas "animalidades" propias de la experiencia privada del cuerpo el quínico las realiza en plena calle, convirtiéndolas en espectáculo público. Lo inferior, lo abyecto, lo excluido —esperma, orina, excrementos—, el cuerpo activo y desvergonzado entra en el ágora para retar al *logos* que convierte el vivir en las "formas de vida". Pues la "filosofía del perro [...] no se satisface con palabras, sino que pasa al terreno de la argumentación material que rehabilita el cuerpo" (181).

Las "conciencias desdichadas" modernas difícilmente pueden prescindir de la teoría y el discurso, sustituirlos con el silencio, la risa visceral o el gesto insolente, desinhibido y desdeñoso del poder y el saber. Sin embargo, el impulso quínico contagia ciertas formas del pensamiento y del discurso crítico (polémica, sátira, parodia) que se dirigen contra los idealismos, los dogmatismos, los esencialismos, la última justificación y la visión general, es decir contra todas las formas de la "teoría señorial". Lo hacen contraponiendo al orden la arbitrariedad, la naturaleza a la ley, el *caos* del mundo humano al *kosmos* del universo, lo disgregado a la unidad, lo ridículo a lo sublime, lo inacabado y lo chapucero a lo conseguido y lo perfecto, lo torcido y lo asqueroso a la bondad y la belleza, el derecho a la mentira al deber incondicional de servir a la verdad, la pantomima y la expresión directa a la argumentación. Son estas formas del discurso polémico o estético las que, según Sloterdijk, permiten introducir en el pensamiento socialmente organizado los principios quínicos de "materialización y resistencia" (427).

Ahora bien, las opiniones acerca del carácter cínico de la literatura de Lamborghini están divididas. Julio Premat habla de su "cinismo radical que convierte todo en asuntos pulsionales" (126), siendo lo pulsional una cuestión tanto del tema –Lamborghini dice lo sexual, una sexualidad puramente transgresiva– como del decir mismo: la suya sería –o, al menos, desearía ser– una especie de "escritura de goce" barthesiana que se sitúa del lado de lo indecible, de la pérdida, de la pregunta, una escritura que, al hacer vacilar los fundamentos psicológicos, históricos y culturales, pone en crisis el lenguaje mismo, descompone la morfología, la sintaxis, la semántica, en cada gesto rehuyéndose a sí misma (cf. Barthes). En cambio, Eduardo F. Silveira sostiene que Lamborghini dista de ser un cínico puro –como lo fueron para este autor Diógenes, Cioran o Céline–, puesto que no es capaz de desprenderse de las ideologías y "en este caso el cinismo pierde toda su esencia y la vitalidad, vitalidad de la que surge el sarcasmo y la risa" ("Osvaldo Lamborghini").

Como vemos, Premat apunta al aspecto quínico de la escritura lamborghiniana, mientras que Silveira, incluso sin querer, la define como neocínica. De hecho, *Sebregondi se excede* y *Las hijas de Hegel* no dejan de ser la expresión de una "falsa conciencia ilustrada", es decir de una inteligencia enredada irremediablemente en las ideologías, pero consciente de su engaño, y cuyo discurso, por lo tanto, no hace sino manifestar tensiones, odios y violentas reacciones de defensa contra los fetiches ideológicos interiorizados. Los dos aspectos no son fáciles de separar, pero intentaremos desbrozar este complejo entramado del cinismo lamborghiniano.

Como sostiene Silveira, el narrador de *Las hijas de Hegel* se reconoce como "un hegeliano [con] conciencia desdichada", siendo la causa principal de esta desdicha su "amo(r) esclavo a 'Martín Fierro'" (Lamborghini, *Novelas y cuentos* 154). Así, al igual que su ídolo José Hernández, prefiere, *"en cuanto a la literatura* [...] el lirismo y la aventura", pero a diferencia del poeta gauchesco y también del mismo Martín Fierro, quien "cuando [s]e pon[ía] a cantar / no ten[ía] cuándo acabar" (Hernández 113), confiesa ser un escritor muy pobre en aventuras e historias. Pues, qué más da si casi todas las frases de la segunda parte de la novela titulada "La novia del gendarme" contienen en sí un relato: "La señora tenía frío en primavera" (157); "Las muchachas calientan los sentidos, todos los sentidos, y se ríen del doble coolie (¿flor?)" (157); "El pétalo que cae (rumbo a Siberia)" (157); "El sapo desafina: 'Es el último cheque y no habrá otro, no habrá más'" (158); "Una mano indiferen escala un [ala] bragueta" (158).

La narración siempre "se cansa en partidas" (a decir de su maestro José Hernández): el relato queda apenas enunciado, sin encontrar nunca un desarrollo, ni mucho menos cuajar en una historia sólida.[10] Es como si la promesa del relato encerrada en cada frase fuera más novelesca que un relato efectivamente narrado. Así, la prosa de "La novia del gendarme", sometida a una suerte de *zapping* televisivo, sufre cortes vertiginosos, salvajes entre frase y frase, entre escena y escena, resistiéndose a organizarse en un argumento, en unidades convencionales, en una estructura de conflicto dramático, permitiendo que la realidad múltiple y multiforme titile en las hojas del libro como en la pantalla de un televisor.

Tampoco en la primera ni en la última parte del libro Lamborghini desiste de echar arena en el engranaje de la máquina literaria para bloquear la producción de sentido. En "Pura mierda, putas cochinadas" comienza por fabular, eso sí atascándose una y otra vez en circunloquios y digresiones, la historia de una tal María Yiraldín –ninguna *yiranta* callejera, como podría sugerir su nombre, sino mantenida de un oligarca argentino, un tal doctor Sampicho–, para truncarla casi en seguida y, en un pivoteo discursivo, abrir paso a la aventura criminal del sacristán Golay, intercalada entre disquisiciones sobre el arte ("El arte es chabacano a más no poder. A más no poder, no poder más: todo un arte. Pero el arte es chabacano, *es* el mal gusto: las grandes obras, sobre todo, esas pirámides que soportamos con hombros frágiles y pies de arena" [148]). En la tercera parte se impone, en cambio, el relato sobre Pretty Jane, la magnánima prostituta neoyorquina que salva a una miserable rata de las garras de un gato asesino, suscitando con ello la ira del público ansioso de ver un espectáculo de sangre. Jane recibe una descomunal paliza y, encima, en un estado de postración casi absoluta, es salvajemente violada por su cafishio Al Féizar.

Por lo fragmentarias e inconclusas, de nada sirve intentar encontrarle un sentido unitario a estas historias. "El meollo del asunto" no está en los argumentos, sino más bien en el impulso de resistirse a la tentación del argumento, o, en otras palabras, en la puesta de manifiesto

—aun en la exhibición obscena— de la misma fábrica discursiva, de un macedoniano pensar-escribir en estado de gestación, en un hacerse sin fin.

Cortada, fragmentaria, hormigueante, esta escritura "en proceso" (11) no se decide por ninguno de los géneros (el nombre de *nouvelle* que asignamos a los dos textos es apenas provisorio y no del todo adecuado), no se asienta nunca en una trama, en un concepto, y en todo momento amenaza con deslizarse por la línea del *nonsense*. He aquí los fundamentos quínicos de la estética de Lamborghini: una estética en la que todo significado superior y todo sentido profundo han de ser *superados* en un continuo movimiento de montaje, desmontaje, improvisación y refutación, una estética que, llevada por el impulso a la vida, necesariamente tiene que rechazar el arte de la representación, tiene que rechazar el estilo como una apariencia de sentido, en fin, tiene que destruir este pedazo de autoritarismo que es la literatura, la gran máquina productora de conceptos, ideas y valores (Sloterdijk 783). Y el epítome de la literatura en *Las hijas de Hegel* es precisamente el famoso poema épico *Martín Fierro* (1872).

Ahora bien, al ser un "hegeliano", Lamborghini no puede ser meramente iconoclasta. Para medirse con la que viene a ser la obra central del canon argentino debe elegir formas de ataque más sutiles que un simple exabrupto, insulto o blasfemia, debe manifestar su oposición no por medio de la exclusión sino, al contrario, a través de la inclusión y la acumulación:

> Y en cuanto a la literatura *yo prefiero*, señor –que no se trabe mi lengua, ni me falte la palabra– el lirismo y la aventura. (144)
> Vengan santos milagrosos, vengan todos en mi ayuda. El cantar mi gloria labra. La punta de tristeza inevitable... (144)
> «Viene uno como dormido / cuando vuelve del Desierto»: *José Hernández*, Martín Fierro. Jamás me lo sacaré. De la puta cabeza. (148)

Lamborghini repite, parafrasea y cita en exceso, como si quisiera agotar el sentido del poema, para de una buena vez hacerlo caer en desuso. Pronto debe reconocer que "Martín Fierro es la verdad, universal. Pero eso precisamente es lo malo y para descubrirlo se pasa por revoluciones y por guerras. Para descubrirlo, sin poder responder, porque quizás no haya *qué* responder, porque tal vez: no hay que responder" (154). El narrador, como cualquier cínico moderno, es portador de una conciencia infeliz y escindida entre la conciencia de libertad y sujeción, de ser uno mismo y el otro.

Sin embargo, este desgarramiento no es un mero síntoma de la "angustia de las influencias" y Lamborghini no busca en las "masmédulas" y las "novelas de la eterna" –es decir en las obras de Oliverio Girondo (*En la masmédula* [1956]) y Macedonio Fernández (*El Museo de la Novela de la Eterna* [1967]): vanguardistas, irracionales, obras que arremetían, al mismo tiempo, contra el lenguaje y el ser–[11] un simple antídoto contra las toxinas de admiración. Pues ni Lamborghini es un escritor imberbe obsesionado con la idea del parricidio, ni *Martín Fierro* es un clásico inofensivo.

Es evidente que esta impotencia del narrador, esta mudez frente a la obra que considera su Biblia y su Carta Magna (154) se debe a la convicción sobre el innegable poder performativo que tiene el poema, a la convicción de que el tono de lamento y de protesta contra los sufrimientos del hombre rural encubre una gran labor constructiva y confabuladora: "Los directamente implicados en el fraude, en el negocio flatulento de la mentira, ésos: esos cultivan el lenguaje. *Aquí se trata de matar*. Prueba. Prueba, la Vuelta de Martín Fierro, que la Ida, de entrada y desde el vamos. Ya camaleaba en grande" (89, énfasis mío). El lenguaje de Hernández, antes de ser un lenguaje poético, es una afirmación de la comunidad, e incluso cada acto artístico –y de ello es muy consciente Lamborghini– es una injerencia en el orden de la percepción de lo real que puede modificar las maneras de conceptualizarlo (cf. Rancière). De hecho, el poema, que en un principio se concebía apenas como una denuncia de la política de Sarmiento frente al gaucho, resultó ser una obra fundadora de la identidad cultural argentina, una obra que –he aquí la gran paradoja– entronizaba al representante de un grupo social cada vez más minoritario y marginado como quintaesencia del ser nacional. En términos de Lamborghini, esta tarea constructora de la ideología nacional equivale al acto de matar: matar a la "vida" –para denominar de alguna manera lo que en el pensamiento de Lacan, tan caro al autor de *El fiord*, recibiría el nombre de "lo real", lo real indecible–, sometiéndola a la normalización, atravesándola con órdenes, modelándola, gestionándola, en fin, convirtiéndola en su "representación".[12]

Vemos entonces que la estética del cinismo de Lamborghini está orientada al desenmascaramiento de axiologías, sobre todo las que fueron canonizadas por la prédica nacionalista. Por ello, *Martín Fierro*, "nuestra Carta Magna y nuestra Constitución, inscripta, grabada a fuego por un genio" (154), deviene en la escritura de Lamborghini poco menos que el epítome de la Argentina, la Argentina que, como dijo alguna vez el escritor, es la patria por excelencia de la representación (Aira 12), puro "efecto alucinatorio de la verosimilitud, [donde] no hay vida más allá de la creencia" (Lamborghini, *Tadeys* 88).

Denunciar esta falsa conciencia nacional, denunciar todo tipo de idealismos e ilusiones es una de las tareas centrales de la escritura antialucinatoria de Lamborghini. En este sentido, su cinismo no está muy lejos de la ironía, si la entendemos, con Richard Rorty, como un radical antifundamentalismo epistemológico y axiológico, que para el autor de *Contingencia, ironía y solidaridad* equivale a un no menos radical antirrepresentacionalismo.[13] De hecho, en el discurso lamborghiniano percibimos continuamente un irónico distanciamiento entre el enunciador y el enunciado, entre el yo y su mundo histórico:

> El movimiento obrero revolucionario renace siempre de una madre virgen. (154) [...] Que las masas saben quienes son los verdaderos revolucionarios. (157) [...] La vida: la vida no es divertida sin Hitler. (158) [...] A los palestinos les falta algo, ¿es el Doktor Mengele lo que a los palestinos les falta? (158) [...] Yo quisiera ser obrera textil, pero para llegar (primero) a delegada de sección, mujer, luego de fábrica, y luego, ¡en un momento dado!, a secretaria mujer de sindicato. (159-60)

La "ironía militante" de Lamborghini se asemeja a la ironía dadaísta que, al fin y al cabo, no era otra cosa que la ironía romántica: una superación (*Aufhebung*) de la seriedad, de lo sublime, del pathos (cf. Sloterdijk 782); o, para decirlo con Rorty, es el desarrollo de una sensibilidad ética –y lingüística– que ha de proteger contra los dogmatismos, contra la seducción por un determinado "léxico último". Solo que el cinismo en seguida exacerba la ironía (Jankélévitch 16), cayendo en los dominios del escándalo, la blasfemia y la desfachatez, de "pura mierda" y "putas cochinadas":

> Sin pelos en la lengua mandar a la mierda, ya, a hacer puñetas, ya, a los largueros; a los que se enconchan (o enviscan: es lo mismo) en interminables

introducciones. [...] (143)

A ustedes les gusta la guerra, la política? A mí, sí. ¿A ustedes les gustan las putas? Ya sé: ésa es una cuestión de otro orden. (146)

El cínico lamborghiniano le quita todo idealismo al lenguaje, sexualizándolo y colocando las grafías de lo obsceno en el sitio de los tópicos y los símbolos sagrados (un poco al estilo de Horacio Oliveira que usaba la "hache" de penicilina contra la inflación retórica): "[...] las heces polacas: es rico el vodka y hacer sus eses les encanta, lo que no les gusta es trabajar. Quieren destruir el socialismo" (96).[14] Sin embargo, sus objetivos son mucho más ambiciosos que divertirse en fastidiar a los filisteos (Jankélévitch 16). También son mucho más radicales que los del ironista de Rorty, quien, al asumir "la contingencia del lenguaje", su poder de "redescripción", intenta renunciar a la argumentación de la racionalidad dominante practicando un narrativismo. Pues, si bien el ironista puede y debe tener "dudas radicales y permanentes acerca del léxico último que utiliza habitualmente", si bien nunca "piensa que su léxico se halle más cerca de la realidad que los otros" (Rorty 91), tampoco duda de la necesidad de crear nuevos lenguajes y, con ellos, nuevas "formas de vida". En fin, la ironía crea una distancia y una mediación, pero jamás intenta romper con el lenguaje;[15] al contrario, su finalidad es la redescripción constante que fomenta la contingencia de éste.

En cambio, la escritura cínica de Lamborghini manifiesta un insaciable deseo de destruir la lengua –y la institución literaria– en el centro de su propia significación. Se trata de una escritura que describe una imposible línea de fuga hacia un afuera del discurso (de sí misma), que corta, tajea, desgarra "el español cerrado / cerrado como cu de muñeco" (*Poemas 1969-1985* 180) para abrirse a lo real, para alcanzar esa frágil "línea, frontera" en la que la vida muda hace ademanes y aspavientos para evidenciar la distancia que la separa de la representación, de la creencia, del sentido.

Sin embargo, lo real no se alcanza solo desenmascarando ideologías, sino también adoptando una actitud de sinceridad frente a la vida, pensamientos, proyectos y fracasos de uno mismo. En este sentido, Lamborghini, quien, por regla general, transmuta –nietzscheanamente– todos los valores,[16] parece hacer una única concesión a la ética humanista de Fromm y, en concreto, a su principio de sinceridad, frente al cual todos los demás valores morales resultan secundarios. Pues, de acuerdo a la teoría de Fromm, la "ética del ser" es una actitud consciente solo cuando, llevados por el amor a la rectitud, eliminamos toda vergüenza y reconocemos lo que somos.[17] En otras palabras, la ética del ser "busca la verdad en la veracidad; por ello, fomenta y exige la confesión y el honrado hablar de sí mismo como una virtud cardinal" (Sloterdijk 447).

Este principio de sinceridad Lamborghini parece llevarlo hasta sus últimas consecuencias en *Sebregondi se excede* y *Las hijas de Hegel*, y la forma de diario que adoptan ambos textos cobra, en este sentido, una mayor relevancia. Así, el escritor Lamborghini de *Las hijas de Hegel* hace cuenta detallada de la actualidad de "Videla y su Gang" (*Novelas y cuentos* 147), de la "Argentina (¡Argentina, Argentina!) [que] especula con la caída del imperio británico" (158), de "Las Malvinas en el corazón de Buenos Aires" (159), de "los cadáveres [que] se ocultan, precisamente en el instante en que se los quisiera ver" (149). Sin embargo, mientras todo este horroroso presente ejerce su presión, imponiéndose con la violencia y la muerte, el narrador lamenta ser "[el] terrorífico mismo yo (o Yo)" (150), muy pobre en historias para contar, que se pierde en divagaciones desconcertantes y circunloquios plagados de contrasentidos. También "Mr. Lambor" de *Sebregondi se excede* sufre el clásico síndrome del bloqueo ("¡Qué dificultades para escribir, Dios mío!" [85]), pues no puede satisfacer, "[...] su deseo, deleo más íntimo: como la perla íntima, como: el íntimo cuchillo en la garganta: *escribir*. Algo íntimo" (91). El narrador parece vivir solo para ello, por ello conserva "un artero (abyecto) deseo de sobrevivir": para "escribir algo íntimo". Ésta es la única "causa justa" que abraza el escritor, incapaz de un "arte del es así, enfrentado a la infamia del entonces y el luego" (96), carente de vocación testimonial y, sin embargo, empeñado en mostrar o, más precisamente, en mostrarse.

"Primero publicar, después escribir" (89), esta paradójica frase, repetida machaconamente, con distintas variantes, a lo largo de *Sebregondi se excede*, se vuelve algo más legible si reparamos en el significado etimológico de la palabra "publicar": "hacer visible para el pueblo", significado que implica una unidad fáctica de "mostrar" y "generalizar". Quizás, entonces, "el publicar" de Lamborghini encierre una voluntad –y una necesidad– de desnudarse, de mostrarse, antes de desaparecer convertido en una forma o un estilo de escritura.[18]

El narrador lamborghiniano se muestra ansioso por rehuir las certezas "del arte del es así" y la fijeza del "yo mismo". De ahí que, cada dos por tres, su voz se deslice hacia la zona de lo íntimo cotidiano y banal, ofreciendo al público su propio cuerpo enfermo ("¡Qué dificultades para mear, Dios mío! La goya empieza a fallar. Atascada la goya, atascada la esperanza [85]; "Proseguir entonces con la hebra de nicotina y proyectar, al mismo tiempo, sobre una aldaba (aldabón) esa pantalla: la radiografía del pulmón" [92]), un cuerpo estremecido, como el de Baudelaire, por las más abyectas adicciones y deseos ("Me muero de hambre, así, Asís, y hace como un año que no garcho" [89]; "Hacer botellas. Beber. Hasta la última gota beber, que contengan" [89]). Más aún, impúdicamente airea los trapos sucios de la vida familiar –desde la corrupción en el servicio público hasta la corrupción de menores–, desenmascarando la pulcra imagen de su privacidad burguesa: "[...] vivíamos bien: siempre algún vómito de escocés en la salita-sala, antecámara del salón. Cagábamos opíparamente" (87).

Así lo abyecto, cuya represión, elisión o simple maquillaje, según Kristeva (2006), en la modernidad se ha vuelto una condición necesaria para la formación de la identidad social, psicológica y sexual; y la escritura de Lamborghini, movida por un claro impulso quínico, lo coloca en el centro de la escena, ante los ojos atónitos del lector.

Lamborghini, empeñado en exhibirse como un presumido y perverso esnob, y, a la vez, como un ridículo y repulsivo payaso (Astutti 83), de un lado, golpea el principio del pudor, ese sentido de decoro que supuestamente prohíbe al hombre argentino cualquier acto de apertura al otro.[19] Al mismo tiempo, al convertir en un espectáculo obsceno y trivial lo que él llama su "inmunda biopsia" (100), parodia –y, aun, profana– la modalidad autobiográfica de la confesión, tal como fue determinada por San Agustín y después renovada por Rousseau, es decir, como una narración reveladora de los secretos de la existencia privada, pero también afirmadora del "yo", de sus ideas y convicciones, y sobre todo centrada en la evolución o cambio moral del sujeto, que posee un valor ejemplar. En cambio, el discurso "autobiográfico" lamborghiniano se asemeja más a una declaración del culpable, un testamento del delincuente, un informe del enfermo, una historia de sufrimientos o canalladas, entroncando con la tradición que va de François Villon a Louis-Ferdinand Céline y también con la confesión en tanto auto-delación y reconocimiento de la heterodoxia, tal como era entendida en la práctica inquisitorial. Pues, como señala Edmond Cros en su estudio sobre *El Buscón*, para la Inquisición la confesión tenía una importancia capital, ya que "en ella vienen a coincidir la realidad de la intención herética y la validez de la sospecha" (227). Es por medio de la confesión como la Inquisición "hace surgir, reproducir y perpetuar los signos de la infamia que marginaliza".

La sociedad argentina bajo el régimen dictatorial se rige –al igual que la española del siglo XVII– por la sospecha; orientada como aquella a codificar el discurso rector y, al mismo tiempo, cualquier equívoco, desviación o heterodoxia, se esfuerza, por todos los medios posibles, en destapar lo que ocultan, detrás de comportamientos y palabras, los potenciales "elementos subversivos". En ese clima del terror, Lamborghini escribe –¿sin intención de publicar?– la siguiente "confesión": "Ocurrió como en El fiord. Ocurrió. Pero ya había ocurrido en pleno fiord. El 24 de marzo de 1976, yo, que era loco, homosexual, marxista, drogadicto y alcohólico, me volví loco, homosexual, marxista, drogadicto y alcohólico" (100).

Esta frase, que relata el momento del encuentro del yo con el poder, momento en el que el yo reconoce la infamia de su existencia en el discurso del poder, es –como ya ha advertido Astutti (81)– algo más que un gesto de automarginación del escritor y algo más que un acto de declararse víctima de la represión. Esta frase no es válida porque su veracidad pueda ser confirmada con los datos biográficos del autor, sino porque constituye una especie de grado cero de su escritura: lo que debería quedar recluido en lo privado a riesgo de convertirse en una marca de la infamia, se pone en evidencia y al mismo tiempo, mediante su serialización, resiste los dispositivos del poder que intentan capturarlo.[20] Pues, parece evidente que la serie de significantes, "loco", "homosexual", "marxista", "drogadicto", "alcohólico", sirve menos para "designar [al] personaje y manifestar su identidad" que para "distribuir su diferencia y producir su desdoblamiento" (Deleuze 59-60), ya que el cambio, el desfase, el deslizamiento de una serie sobre la otra frustra cualquier intento de asignar a los términos de ésta el valor de una totalidad o esencia.

"Las partes son algo más que partes. Dejan de ser partes cuando la última ilusión de cosagrande redonda está pinchada. [...] No hay partes. No hay muchos uno ni muchos ni uno uno" (37), reza el íncipit de *Sebregondi retrocede*. He aquí la base cínica o, más precisamente, quínica de la escritura de Lamborghini y, a la vez, su objetivo principal: defender lo real frente a la "ilusión de cosagrande redonda". La moderna "conciencia infeliz" que protagoniza *Las hijas de Hegel* y *Sebregondi se excede* busca desprenderse de las ideologías reivindicando el cuerpo, aun sus aspectos más sórdidos, retornando a las funciones pulsionales en las que el hombre deviene animal. Así, mediante la restitución de lo corporal y la apuesta por lo abyecto, esta literatura quiere superar —en el sentido hegeliano de la palabra— lo reconocido y lo elaborado, cifrando o al menos prometiendo la respuesta de la vida a todo aquello que la teoría y las ideologías le han hecho.

NOTAS

[1] Estos calificativos contradictorios sobre Lamborghini dichos por su ex colaborador –de la revista *Literal*– y amigo arrepentido Germán García, su maestro Oscar Masotta, quien lo introdujo –como a todos los hispanohablantes– en los arcanos del psicoanálisis lacaniano, y su fiel albacea César Aira, fueron recogidos por Alan Pauls en el artículo titulado precisamente "Maldito mito" (2003). Las apreciaciones de Rodolfo Fogwill proceden de "Ese lumpen impresentable", publicado en el número 7 de la revista *NaN* (41).

[2] Durante su corta vida Lamborghini publicó apenas tres delgadísimos libros. El primero, *El fiord*, apareció en 1969 y se vendió durante muchos años, cuenta César Aira, "mediante el trámite de solicitárselo discretamente al vendedor, en una sola librería de Buenos Aires" (Prólogo 7). A éste se añaden dos títulos más: *Sebregondi retrocede* (1973) y *Poemas* (1980), que también circulaban fuera del flujo comercial oficial. En cambio, es mucho más amplia su obra póstuma, transcrita y editada por el mismo Aira. *Novelas y cuentos*, que apareció en 1988 bajo el sello de las Ediciones del Serbal, aparte de los textos mencionados, reúnen los inéditos *Sebregondi se excede*, *Las hijas de Hegel*, *El Pibe Barulo* y *El Cloaca Iván*, así como *La causa justa*, publicada previamente en la "exquisita y extinguida" revista *Innombrable*, y *Matinales* y *Neibis*, antes solo accesibles en "fotocopias mugrientas" (Pauls, "Maldito mito"). En 1994, en la misma editorial apareció el ciclo *Tadeys*, una vez más compilado por Aira, que comprende tres novelas (la última de ellas inconclusa) y un extenso *dossier* de notas y relatos escritos en 1983.

[3] En la misma línea en su "Postmodernism, or the Cultural Logic of Late Capitalism" (1984) Frederic Jameson señala que el *ethos* de lo feo, disonante, inmoral, subversivo, antisocial del Modernismo, así como las características ofensivas postmodernas "–desde la oscuridad y la inclusión de materiales sexuales explícitos hasta la pobreza sicológica y las expresiones abiertas del desafío social y político [...]– ya no escandalizan a nadie y no sólo son recibidos con la mayor complacencia, sino que han sido ellos también institucionalizados y forman parte de la cultura oficial de la sociedad occidental" (19-20).

[4] Así lo confirma Ricardo Strafacce, el autor de la monumental biografía de Lamborghini (2008), al declarar que la razón que lo indujo a emprender la tarea fue "la satisfacción de una curiosidad: saber si el hombre se parecía a la voz" (D.L., "Vida y obra").

5   Philippe Lejeune distingue entre el diario personal (*journal personnel*), que nace de anotaciones registradas día a día, del diario íntimo (*journal intime*), tardío y aún raro en la cultura europea, que permanece envuelto en un halo de secreto al ser concebido para tener como único destinatario al propio autor (*Le journal* 23).

6   Mientras el diario personal, según Lejeune, es una "serie de huellas fechadas" (*série de traces datées*), es decir, una escritura cotidiana (*écriture ordinaire*) que exhibe las huellas del presente ("De la autobiografía" 85-86), la autobiografía, en el sentido estricto de la palabra, es un "relato retrospectivo en prosa que una *persona real* hace de su propia existencia, poniendo énfasis en su vida individual y, en particular, en la historia de su personalidad" ("El pacto autobiográfico" 48).

7   La relación entre la autoficción y el psicoanálisis que Doubrovsky establece en su artículo "Autobiographie/verité/psychoanalyse" (1980) resulta muy seductora en el caso de una literatura tan visiblemente informada de la experiencia analítica como la de Lamborghini. Pues, más allá de las referencias en *Sebregondi se excede* a las preparaciones para dar su primera conferencia en la Escuela Freudiana de Buenos Aires (*vide supra*), es evidente que la experiencia del psicoanálisis (y sobre todo del psicoanálisis lacaniano con su desmontaje general de la significación) le prohíbe a Lamborghini elaborar su "autobiografía" como un discurso liso, nítido y transparente. Sin embargo, la lectura de los dos textos a la luz de la teoría de Lacan abre un camino de interpretación por el que no podemos aventurarnos a riesgo de perder de vista la problemática central del presente trabajo.

8   Hay, en cambio, numerosas referencias a *Escupamos sobre Hegel. Escritos de "Rivolta Femminile"* (1972) de Carla Lonzi, empezando por el irónico título que no solo niega el escupitajo a quien ni siquiera quiso incluir a la mujer en su relación dialéctica amo-esclavo, es decir en el orden social (10-15), sino que convierte a las feministas en sus hijas.

9   De hecho, afirma Środa, el cínico es el cuñado del melancólico; como éste, niega el sentido de la realidad y se siente hastiado de todo. Los dos se ahogan en un estado de incapacidad creativa, ante la que claudican y la que los envenena. Sin embargo, el cínico encuentra el antídoto en la mofa y el desdén (33, traducción mía). Según veremos, el cinismo lamborghiniano cobra fácilmente este sesgo melancólico.

10 Por supuesto, Lamborghini no pudo aplicar la técnica del *zapping*, por la sencilla razón de que éste todavía no existía en la Argentina de los primeros años ochenta, si acaso la inventa para la literatura. Sin embargo, este torrente de microrrelatos de una sola frase corresponde perfectamente a la sucesión vertiginosa de imágenes televisivas y de ello hay referencias en el texto: "Es el televisor, es el televisor es: (el frente resquebrajado de las clases)" (157), "Llevan coros de niños a la televisión, los van formando. Las palabras del canto se volatilizan en el color y luz. Después el lavarropas, el automóvil y el anuncio 'Ejército Argentino'" (158).

11 "¡y cuántos? –cuántas–, cuánt*as* masmédulas y cuánt*as*, cuánt*as* novelas de la eterna [...] serán necesarias para des programar, para desatar todo lo que estaba atado –y bien atado?" (171).

12 Aunque, al mismo tiempo, Lamborghini bien puede aludir a la complicidad de Hernández –que se vuelve evidente en *La vuelta de Martín Fierro*, la segunda parte del poema publicada en 1879– con el ambiente triunfalista posterior a las famosas campañas del desierto del general Roca que supusieron el exterminio de la población indígena.

13 "Excluir la idea del lenguaje como representación y ser enteramente wittgensteiniano en el enfoque del lenguaje, equivaldría a desdivinizar el mundo. Sólo si lo hacemos podemos aceptar plenamente el argumento [...] de que hay verdades porque la verdad es una propiedad de los enunciados, porque la existencia de los enunciados depende de los léxicos, y porque los léxicos son hechos por los seres humanos" (41).

14 Las "eses" confundidas con las heces fecales son, evidentemente, las de la Solidaridad. *Sebregondi se excede* registra, entre otros acontecimientos del momento, las huelgas de Gdańsk (1980) y las amenazas de la intervención soviética en Polonia (1981).

[15] La ironía, señala Agnieszka Doda, "no se desbanda de la lengua, como máximo, se escapa de la narración legible en uno de los niveles (psicológico, físico u ontológico y de comunicación). No es comparable con hablar sin sentido" (56, traducción mía).

[16] Luis Gusmán se refiere a Lamborghini como un "autor que escribió su propia ética" (citado en Astutti 24).

[17] "La incapacidad para obrar con espontaneidad, para expresar lo que verdaderamente uno siente y piensa, y la necesidad consecuente de mostrar a los otros y a uno mismo un seudoyó, constituyen la raíz de los sentimientos de inferioridad y debilidad. Seamos o no conscientes de ello, no hay nada que nos avergüence más que el no ser nosotros mismos y, recíprocamente, no existe ninguna cosa que nos proporcione más orgullo y felicidad que pensar, sentir y decir lo que es realmente nuestro" (299).

[18] Remito acá menos al concepto de la muerte del autor que Michel Foucault propone en su famosa ponencia de 1969, "¿Qué es el autor?", donde dice que "La huella del autor está sólo en la singularidad de su ausencia" (335). Esta definición aterroriza a la conciencia de Gombrowicz por la sospecha de ser una forma cerrada, un estilo, un apellido. En el primer tomo de su *Diario* leemos: "Esta conciencia de que ya he devenido. Ya soy. Witold Gombrowicz; estas dos palabras que llevaba sobre mí, ya realizadas. Soy. Soy en exceso. Y aunque podría cometer aún algo inesperado hasta para mí mismo, ya no tengo ganas; no puedo tener ganas, porque soy en exceso" (295).

[19] Aunque, Adolfo Prieto, en *La literatura autobiográfica argentina* (1966), sostiene que "cuantitativamente, al menos, no tiene asidero la presunción de una particular reserva del hombre argentino para hablar de sí mismo. Con moderada frecuencia, el argentino vierte a la expresión literaria un caudal de referencias personales que niegan la hipótesis de inhibiciones profundas o de un supuesto sentido de decoro que frena toda la apertura al prójimo" (19).

[20] Agamben, explicando la aporía de la subjetividad de Foucault, subraya que "El sujeto [...] no es algo que pueda ser alcanzado directamente como una realidad sustancial presente en alguna parte; por el contrario, es aquello que resulta del encuentro y del cuerpo a cuerpo con los dispositivos en los cuales ha sido puesto –si lo fue– en juego". Sin embargo, "la subjetividad se muestra y resiste con más fuerza [precisamente] en el punto en que los dispositivos la capturan y la ponen en juego. Una subjetividad se produce donde el viviente, encontrando el lenguaje y poniéndose en juego en él sin reservas, exhibe en un gesto su irreductibilidad a él" (93-94).

Obras citadas

Agamben, Giorgio. *Profanaciones*. Buenos Aires: Adriana Hidalgo Editora, 2005.

Aira, César. Prólogo. *Novelas y cuentos*. Osvaldo Lamborghini. Barcelona: Ediciones del Serbal, 1988.

Astutti, Adriana. *Andares clancos. Fábulas del menor en Osvaldo Lamborghini, J. C. Onetti, Rubén Darío, J. L. Borges, Silvina Ocampo y Manuel Puig*. Rosario: Beatriz Viterbo, 2001.

Barthes, Roland. *Le plaisir du texte*. Paris: Éditions du Seuil, 1973.

Cros, Edmond. *El Buscón como sociodrama*. Granada: Editorial Universidad de Granada, 2006.

Dabove, Juan Pablo y Natalia Brizuela, comps. *Y todo el resto es literatura. Ensayos sobre Osvaldo Lamborghini.* Buenos Aires: Interzona, 2008.
Deleuze, Gilles. *Lógica del sentido.* Barcelona: Planeta-De Agostini, 1994.
D. L. "Vida y obra". *Página/12.* 4 mayo 2003. <www.pagina12.com.ar>.
Doda, Agnieszka. *Ironia i ofiara.* Poznań: Wydawnictwo Naukowe UAM, 2007.
Doubrovski, Serge. "Autobiograpie/verité/psychoanalyse". *L'Esprit créateur* 20/3 (1980): 87-97.
Fogwill, Rodolfo. "Ese lumpen impresentable". *NaN (Novedades sobre las Artes Nuestras)* 7 (2012): 41.
Foucault, Michel. "¿Qué es un autor?" *Entre filosofía y literatura I.* Barcelona: Paidós, 1999. 329-60.
Fromm, Erich. *El miedo a la libertad.* Buenos Aires: Paidós, 2005.
Glucksmann, André. *Cynisme et passion.* Paris: Grasset et Fasquelle, 1981.
Gombrowicz, Witold. *Diario, 1 (1953-1956).* Madrid: Alianza Editorial, 1988.
Hernández, José. *Martín Fierro.* Madrid: Cátedra, 1997.
Jameson, Frederic. *Ensayos sobre el postmodernismo.* Buenos Aires: Ediciones Imago Mundi, 1991.
Jankélévitch, Vladimir. *La ironía.* Madrid: Taurus, 1982.
Kristeva, Julia. *Poderes de la perversión.* Ciudad de México: Siglo XXI Editores, 2006.
Lamborghini, Osvaldo. *Novelas y cuentos.* Barcelona: Ediciones del Serbal, 1988.
_____ *Poemas 1969-1985.* Buenos Aires: Sudamericana, 2004.
_____ *Tadeys.* Buenos Aires: Sudamericana, 2005.
Lejeune, Philippe. "De la autobiografía al diario: historia de una deriva". *RILCE* 28/1 (2012): 82-88.
_____ "El pacto autobiográfico". 1973. *Suplementos Anthropos* 29 (1991): 47-61.
_____ *El pacto autobiográfico y otros estudios.* Madrid: Megazul/Endimión, 1994.
Lejeune, Philippe, y Catherine Bogaert. *Le journal intime. Histoire d'une anthologie.* Paris: Les Éditions Textuel, 2006.

Lonzi, Carla. *Escupamos sobre Hegel. Escritos de "Rivolta Femminile".* 1972. Barcelona: Anagrama, 1981.
Pauls, Alan. "Maldito mito". *Página 12.* 4 mayo 2003. <www.pagina12.com.ar>.
Premat, Julio. "Lacan con Macedonio". *Y todo el resto es literatura. Ensayos sobre Osvaldo Lamborghini.* Juan Pablo Dabove y Natalia Brizuela, comps. Buenos Aires: Interzona Editor, 2008. 121-54.
Prieto, Adolfo. *La literatura autobiográfica argentina.* Buenos Aires: Ed. Jorge Álvarez, 1966.
Rancière, Jacques. *Estetyka jako polityka.* Warszawa: Wydawnictwo Krytyki Politycznej, 2007.
Rorty, Richard. *Contingencia, ironía y solidaridad.* Barcelona: Paidós, 1991.
Silveira, Eduardo F. "Osvaldo Lamborghini o la perversión vacía". *Asterión* 21/7 (S.A.) <http://www.asterionxxi.com.ar/numero7/lamborghini.html>.
Sloterdijk, Peter. *Crítica de la razón cínica.* Madrid: Siruela, 2007.
Strafacce, Ricardo. *Osvaldo Lamborghini, una biografía.* Buenos Aires: Mansalva, 2008.
Środa, Magdalena. "Cynizm jako widowisko". *Etyka* 30 (1997): 25-39.
Tomashevski, Boris. "Literature and Biography". *Twentieth-Century Literary Theory: An Introductory Anthology.* Vassilis Lambropoulos y David Neal Miller, eds. Albany: State U of New York P, 1987. 116-23.
Vásquez Rocca, Adolfo. "Peter Sloterdijk. Del pesimismo metodológico al cinismo difuso de nuestras sociedades exhaustas". *Konvergencias. Filosofía y Cultura en Diálogo* 4/15 (2007): 84-92.

Lista de autores

BRIGITTE ADRIAENSEN es doctora por la Universidad Católica de Lovaina (KU Leuven) y profesora titular de Literaturas Hispánicas en la Radboud Universiteit de Nimega (Países Bajos). Dirigió el proyecto de investigación sobre *The Politics of Irony in Contemporary Latin American Literature on Violence*, financiado por el NWO (Organización Holandesa para la Investigación Científica). Entre sus libros destacan *La poética de la ironía en la obra tardía de Juan Goytisolo* (2007, Verbum), *Narrativas del crimen en América Latina* (2012, co-editado con Valeria Grinberg Pla, LitVerlag), *Todos los mundos posibles: una geografía de Daniel Guebel* (2015, co-editado con Gonzalo Maier, Beatriz Viterbo) y *Narcoficciones en México y Colombia* (2016, co-editado con Marco Kunz, Iberoamericana/Vervuert).

ANA MARÍA AMAR SÁNCHEZ obtuvo su Ph.D. por la Universidad Nacional de Buenos Aires. Catedrática de literatura latinoamericana en la Universidad de California-Irvine. Es autora de *El relato de los hechos. Rodolfo Walsh: testimonio y escritura* (1992, reeditado en 2008 en Ed. De la Flor), *Juegos de seducción y traición. Literatura y cultura de masas* (2000, Beatriz Viterbo) e *Instrucciones para la derrota. Narrativas éticas y políticas de perdedores* (2010, Anthropos). Ha publicado antologías y dossiers en *Revista Iberoamericana*, *Katatay* e *Iberoamericana* (Vervuert) y numerosos artículos sobre narrativa contemporánea, ética, política y cultura de masas. Su actual proyecto explora las relaciones entre estética y política en la literatura latinoamericana de las últimas décadas. Fue presidenta del *Instituto Internacional de Literatura Iberoamericana*, University of Pittsburgh, por el período 2012-2016.

Teresa Basile es doctora e investigadora del Centro de Teoría y Crítica Literaria (CTCL), y se desempeña como profesora en la cátedra de Literatura Latinoamericana II y en Seminarios de la Maestría en Historia y Memoria de la Universidad Nacional de La Plata (Argentina). Es directora del proyecto I+D Tetra anual 2015 del Programa de Incentivos del Ministerio de Educación de la Argentina bajo el título "Violencia, literatura y memoria en el campo literario latinoamericano de las últimas décadas". Es miembro fundador de la red de investigación "Violencia y representación en América Latina" (VYRAL), y de la "Red Académica de Docencia e Investigación en Literatura Latinoamericana Katatay". Ha publicado los volúmenes colectivos *La vigilia cubana. Sobre Antonio José Ponte* (2008); *Lezama: orígenes, revolución y después...* (2013; con Calomarde); *Onetti fuera de sí* (2013, con Foffani); *Literatura y violencia en la narrativa latinoamericana reciente* (2015), y *Derrota, melancolía y desarme en la literatura latinoamericana de las últimas décadas*, 2014, Revista Iberoamericana (IILI), de Pittsburgh (con Amar Sánchez). Es directora, junto con Enrique Foffani, de la revista *Katatay. Revista crítica de Literatura latinoamericana*.

Bruno Bosteels enseña literatura latinoamericana y comparada en Cornell University (Ítaca, Nueva York). Es autor de varios libros, entre ellos *Alain Badiou o el recomienzo del materialismo dialéctico*, *El marxismo en América Latina: nuevos caminos al comunismo* y *Marx and Freud in Latin America: Politics, Religion, and Psychoanalysis in Times of Terror*. También es el traductor al inglés de varios libros de Alain Badiou. En la actualidad prepara dos nuevos libros: *La Comuna mexicana* y *Filosofías de la derrota*.

Dorde Cuvardic García es Doctor en Periodismo y Ciencias de la Comunicación por la Autónoma de Barcelona y Magister en Literatura Española por la Universidad de Costa Rica. Es profesor de Teoría literaria en la Escuela de Filología, Lingüística y Literatura de la Universidad de Costa Rica. También imparte docencia en el Doctorado en Estudios de la Sociedad y la Cultura, de la misma universidad. Sus áreas de especialización son la literatura decimonónica, la literatura comparada, la cultura visual y el análisis del discurso (entre otros tópicos, el uso de la ironía en el discurso periodístico y literario). Publicó en el 2012 el libro *El flâneur en las prácticas culturales, el costumbrismo y el modernismo*.

STÉPHANIE DECANTE es profesora titular de la Universidad de Paris Ouest Nanterre (Francia), donde enseña literatura hispanoamericana. Sus publicaciones se centran en la literatura chilena contemporánea (Eltit, Lemebel, Fuguet, Contreras, Santa Cruz, Bolaño, Zúñiga, Zambra, Uriba, Zurita, Maquieira), en sus relaciones con problemáticas de la representación de la violencia, la memoria y/o las políticas editoriales y culturales llevadas a cabo en este país desde la década de los 90.

FRANÇOIS DEGRANDE es doctor en Lenguas y Letras por la Universidad Católica de Lovaina (Louvain-la-Neuve, Bélgica) con una tesis sobre "La poética del juego en las cinco primeras novelas de Juan José Saer" (2010). Ha colaborado en distintas publicaciones especializadas con artículos sobre la literatura hispanoamericana. Sus principales ejes de trabajo son la antropología del juego, la violencia y el rumor en la literatura latinoamericana. Entre sus trabajos más representativos destacan "Escritura y duelo en *El limonero real* de Juan José Saer" (2015, *Revista Caravelle*), "Azar y psicoanálisis: una interpretación del sueño en *Nadie nada nunca* de Juan José Saer" (2014, *Revista chilena de literatura*) y "Ludopatía y estrategias narratológicas. Caso de estudio literario: Barrios, el gordito loser de *Responso* de Juan José Saer" (2015, *Revista Orbis Tertius*, 2015).

JULY DE WILDE es doctora en Lengua y Literatura por la Universidad de Gante (Bélgica) con un análisis de la traducción de la ironía en novelas de Mario Vargas Llosa, Adolfo Bioy Casares y Guillermo Cabrera Infante. Actualmente es profesora e investigadora del departamento de Traducción, Interpretación y Comunicación multilingüe en esa misma universidad. Su investigación se centra en la metodología de la traducción, el multilingüismo, la traducción y la narratología así como la literatura hispanoamericana. Sus publicaciones más importantes se publicaron en *Meta, Linguistica Antverpiensia, TTR: traduction, terminologie, rédaction, Language and Literature* y *Journal of Language and Politics*.

GENEVIÈVE FABRY es doctora por la Universidad Católica de Lovaina (Louvain-la-Neuve, Bélgica) y catedrática de literatura española e hispanoamericana en esta misma universidad en la que se desempeña como vice-decana de la Facultad de Filosofía, Artes y Letras. Como investigadora, se ha dedicado al estudio de la expresión literaria de la violencia política, así como al estudio de la resemantización de las fuentes bíblicas y místicas en la literatura contemporánea, especialmente la poesía argentina y chilena. Entre sus publicaciones, se pueden mencionar: *Las formas del vacío. La escritura del duelo en la poesía de Juan Gelman* (2008, Rodopi); con I. Logie y P. Decock (eds.) *Imaginarios apocalípticos en la literatura hispanoamericana contemporánea* (2010, Peter Lang); con M. Á. Pérez López, *La actualidad de la posvanguardia*, dossier en *Guaraguao* 45 (2014): 7-150.

AGNIESZKA FLISEK es doctora en Humanidades por la Universidad de Varsovia. Trabaja como profesora de literatura hispanoamericana y teoría de la literatura en el Instituto de Estudios Ibéricos e Iberoamericanos de la Universidad de Varsovia. Ha publicado una treintena de artículos y estudios sobre la narrativa argentina e hispanoamericana del siglo XX y, últimamente, las vanguardias latinoamericanas. Es directora de *Itinerarios. Revista de estudios lingüísticos, literarios, históricos y antropológicos* y coeditora, entre otros, de: *¿Dentro/fuera? Nuevas perspectivas sobre la identidad y la otredad en las literaturas hispánicas* (2011), *América Latina: dos siglos de Independencia. Fracturas sociales, políticas y culturales* (2010), *W kręgu literatury i kultury iberyjskiej i iberoamerykańskiej. Migracja i transformacja dyskursów - dialog międzykulturowy* (2009).

HERMANN HERLINGHAUS es profesor de Literaturas Latinoamericanas en el Instituto de Literaturas y Lenguas Románicas de la Albert-Ludwigs-Universität Freiburg. Anteriormente ha sido profesor en el Departmento de Lenguas y Literaturas Hispánicas de la Universidad de Pittsburgh. En sus temas de investigación y enseñanza se cruzan aspectos de la teoría cultural, la antropología, la farmacología y los estudios de cine. Es autor y editor de más de una docena de libros publicados en español, inglés y alemán. Entre sus monografías se encuentran *Renarración y descentramiento: Mapas alternativos de la imaginación en América Latina* (2004, Iberoamericana/Vervuert), *Violence Without Guilt: Ethical Narratives from the Global South* (2009, Palgrave Macmillan) y *Narcoepics: A Global Aesthetics of Sobriety* (2013, Bloomsbury).

BARBARA JAROSZUK es profesora adjunta en el Departamento de Literaturas en Lengua Española del Instituto de Estudios Ibéricos e Iberoamericanos de la Universidad de Varsovia. Entre sus publicaciones recientes destacan: "Modos de resistencia: la narrativa argentina reciente frente a la historia oficial de la Argentina del siglo XIX" (en prensa), en *Soy lo prohibido. Algunas (es)calas literarias: de La Habana a Buenos Aires* (Ángeles Mateo del Pino, ed.); "'O tej porze wszystko miesza się i godzi', czyli o stawce pewnej argentyńskiej gry w postkolonializm", en *Teksty Drugie* 6 (2014): 321-342; "Civilización y barbarie otra vez. *Los cautivos* de Martín Kohan como novela revisionista", en *Itinerarios* 18 (2013): 33-54; y *Traumy i zabawy. Współczesna proza argentyńska (1983-2013)*, Biblioteka Iberyjska, Warszawa 2013. Ha traducido al polaco obras de Ricardo Piglia, Carlos Fuentes, Rodrigo Rey Rosa, Hernán Rivera Letelier, Eliseo Alberto y Marcelo Figueras, entre otros.

MARCO KUNZ (Basilea, 1964) estudió filología iberorrománica y francesa en la universidad de Basilea, donde se doctoró en literatura iberorrománica en 1995. De 2005 a 2009 fue profesor titular de literaturas románicas en la Universidad de Bamberg, Alemania, y desde 2009 es catedrático de literatura hispánica en la Universidad de Lausana, Suiza. Ha publicado numerosos artículos sobre narrativa española e hispanoamericana contemporánea y también los libros *Trópicos y tópicos. La novelística de Manuel Puig* (1994, Lausanne), *La saga de los Marx, de Juan Goytisolo. Notas al texto* (1997, Basilea), *El final de la novela. Teoría, técnica y análisis del cierre en la literatura moderna en lengua española* (1997, Madrid) y *Juan Goytisolo. Metáforas de la migración* (2003, Madrid), y es co-autor de *La inmigración en la literatura española contemporánea* (2002, Madrid). Además, ha editado varios libros sobre narrativa española y mexicana y es director de la revista *Boletín Hispánico Helvético*.

ILSE LOGIE es doctora en filología románica por la Universidad de Amberes con una tesis sobre Manuel Puig (*La omnipresencia de la mímesis en la obra de Manuel Puig: análisis de cuatro novelas*, 2001, Amsterdam: Rodopi). Desde 2005 es profesora titular en la Universidad de Gante, donde enseña literatura hispanoamericana. Sus publicaciones se centran en la narrativa rioplatense contemporánea (Bolaño, Borges, Cohen, Copi, Chejfec, Cortázar, Pauls…) y en la traducción literaria. Recientemente ha editado *Juan José Saer. La construcción de una obra* (Colección Escritores del Cono Sur, Universidad de Sevilla, 2013). Ha llevado a cabo un proyecto de investigación sobre "los imaginarios apocalípticos en la literatura hispanoamericana contemporánea" y ha codirigido un proyecto sobre "el canon en la narrativa contemporánea del Caribe y del Cono Sur (1990-2010)". Últimamente ha trabajado sobre todo la representación de la violencia en la literatura conosureña contemporánea (la producción cultural de los "hijos") y el plurilingüismo en la escritura autobiográfica latinoamericana.

BENJAMIN LOY cursó estudios de filología románica y germana en Saarbrücken, Potsdam y Santiago de Chile. Desde 2013 es profesor asistente del departamento de Lenguas Románicas en la Universidad de Colonia (Alemania). Su tesis de doctorado en curso lleva como título "La biblioteca salvaje: estética y política de la lectura en la obra de Roberto Bolaño". Desde 2015 es miembro del grupo de investigación "Reading Global. Constructions of World Literature and Latin America" en la Universidad de Colonia. Su intereses de investigación se centran en las literaturas latinoamericanas y francófonas entre el siglo XIX y la actualidad. Además, ha traducido a numerosos autores latinoamericanos del castellano al alemán.

GONZALO MAIER enseña literatura en la Universidad Andrés Bello (Chile). Ha publicado *El libro de los bolsillos* (2016), *Material rodante* (2015) y *Leyendo a Vila-Matas* (2011). También coeditó el volumen *Todos los mundos posibles: una geografía de Daniel Guebel* (2015) junto a Brigitte Adriaensen.

DIANNA C. NIEBYLSKI (Ph.D., Comparative Literature, Brandeis University), es profesora de Literatura y Cultura Latinoamericana en la

Universidad de Illinois-Chicago. Se especializa en estudios de género, especialmente en relación a las biopolíticas y retóricas de la exclusión. Su otra área de especialización es el estudio del humor, la ironía y la risa en la literatura del tardío siglo veinte. Sus publicaciones incluyen *Latin American Icons: Fame Across Borders* (volumen co-editado con Patrick O'Connor), *Sergio Chejfec: Trayectorias de una escritura, Rosario Ferré. Maldito amor y otros cuentos, Humoring Resistance: Laughter and the Excessive Body in Latin American Women's Fiction*, y numerosos artículos sobre literatura y cultura. De próxima aparición es un volumen de ensayos sobre *Estéicas de la pobreza y la precariedad en el imaginario latinoamericano* (co-editado con Stephen Buttes). Es autora de numerosos artículos y actual editora de *Letras femeninas. A Journal of Women and Gender Studies in Hispanic Literatures and Cultures.*

CARLOS VAN TONGEREN estudió en la Radboud Universiteit Nijmegen, donde terminó recientemente su tesis doctoral sobre las encrucijadas entre la comicidad y la melancolía en la narrativa policiaca española y latinoamericana. Sus intereses incluyen la ironía, la historia intelectual en torno a la melancolía, la literatura y la cultura popular en México, Cuba y España.

www.ingramcontent.com/pod-product-compliance
Lightning Source LLC
Chambersburg PA
CBHW071359300426
44114CB00016B/2116